8 Lk 3 1015 (2)

Paris
1878

Lalore, Charles

Cartulaire de l'abbaye du Paraclet

Collection des principaux cartulaires du diocèse de Troyes

Tome 2

CARTULAIRE

DE L'ABBAYE DU PARACLET

COLLECTION

DES

PRINCIPAUX CARTULAIRES

DU DIOCÈSE DE TROYES

TOME II

CARTULAIRE DE L'ABBAYE DU PARACLET

PAR M. L'ABBÉ LALORE

Ancien Professeur de Théologie au Grand-Séminaire de Troyes

PARIS

ERNEST THORIN, RUE MÉDICIS, 7

1878

INTRODUCTION

I

Le Cartulaire du Paraclet (1), sur parchemin, a été écrit au XIV° siècle; il mesure 22 centimètres 6 millimètres de hauteur sur 15 centimètres de largeur; il comprend 288 feuillets (36 cahiers de 8 feuillets) et 373 numéros. Le Cartulaire proprement dit se termine au folio 280 inclusivement, et la dernière pièce porte le n° CCCLVI. A partir du folio 281 commence une nouvelle copie des principales chartes, faite sur la fin du même siècle; elle s'étend inclusivement du n° CCCLVII au n° CCCLXXIII, dont la fin manque. Dans notre édition, nous avons retranché les pièces en double; mais, d'un autre côté, nous avons ajouté quelques originaux, présents aux Archives de l'Aube, qui manquaient dans le Cartulaire manuscrit. Parmi les pièces numérotées, la plus ancienne, portant une date certaine, est du 23 novembre 1131, et la plus récente du 1er février 1396 (*Cartul.* n° 44). Quatre-vingts pièces appartiennent au XII° siècle, deux

---

(1) Bibliot. de Troyes, ms. 2284.

cent vingt-deux au XIII°, trente-quatre au XIV°.

Dans cette édition du Cartulaire du Paraclet, on trouvera quelques textes qui déjà ont été imprimés, mais ils sont fautifs ou incomplets.

Le Cartulaire se termine par deux Tables, l'une des noms de personnes et l'autre des noms de lieux. Un de nos excellents amis, M. Léon Pigeotte, dont le dévouement est acquis à tous les travailleurs, nous a généreusement donné son concours pour ces tables, dont le principal mérite lui revient.

II

Dans les Obituaires et les Calendriers du Paraclet, Abailard porte le titre de fondateur de l'abbaye (1); le souvenir d'Héloïse est rappelé en ces termes :

« XVII Kal. (junii) mater nostre religionis Heloissa, prima abbatissa, documentis et religione clarissima (2). » Héloïse est désignée dans les bulles sous le titre de prieure jusqu'en 1144 (n. 5); à partir de 1147, elle est appelée abbesse (n. 6-13).

La fondation du Paraclet se rattache à l'an 1130 (3); cet établissement monastique fut approuvé par le pape Innocent II le 23 novembre 1131 (n. 1); mais il ne paraît avoir été érigé canoniquement en abbaye que le 1er novembre 1147, par le pape Eugène III (n. 6).

---

(1) « XI Kal. (maii) obiit Petrus Abelardus fundator.. Al. Petri Abelardi hujus loci fundatoris, nostreque religionis institutoris. » Bibliot. de Troyes, ms. 2450. — Bibliot. de Chaumont, ms. 106.

(2) Ibid., ms. 2450.

(3) Qui quidem fundare cenobium cepit anno Domini MCXXX; approbarique fecit per Eugenium papam (Ibid., ms. 2450).

C'est à cette même date qu'Héloïse porte le nom d'abbesse (1).

L'abbaye et toutes les maisons de sa filiation ont toujours suivi la règle de saint Benoît (n. 14, 25-44). Mais cette règle était modifiée, comme dans la plupart des abbayes, par des coutumes particulières établies par Abailard et Héloïse, coutumes qui introduisirent dans la liturgie un Propre local, dont nous parlerons ailleurs; dans la nourriture, l'usage de la viande plusieurs fois par semaine; dans le vêtement, quelques adoucissements; jusqu'en 1247 (n. 26), on appela à l'élection de l'abbesse du Paraclet les supérieures des maisons de dépendance; enfin, jusqu'au XVII° siècle, les affaires temporelles de l'abbaye sont gérées par un administrateur laïque qui est appelé *administrator, porveor, porveeur, procureour*.

III

Au bord de l'Ardusson, sur le territoire actuel de Quincey (Aube), on voit encore un petit château et une exploitation agricole portant le nom de Paraclet. C'est l'emplacement avec quelques restes de l'ancienne abbaye fondée par Abailard et Héloïse et canoniquement érigée le 23 novembre 1131 par le pape Innocent II. Ce monastère s'appela d'abord tout à la fois « Oratorium Sancte Trinitatis, Paraclitus, Monasterium Sancti Spiritus, Oratorium Sancti Spiritus (n. 1-17) »; mais, à partir de 1195, il porte invariablement le nom de « Paraclitus » ou « Paracletus ».

---

(1) Dans l'Obituaire, l'approbation canonique du Paraclet est attribuée à Eugène III. *Ms. 2450 jam cit.*

Dans cette Introduction, nous devions parler d'Abailard et d'Héloïse et nous étendre sur les premières origines du Paraclet, sur les causes et le sens de cette fondation monastique ainsi que sur ses constitutions primitives. Mais nous avons dû momentanément abandonner cette tâche. Dans les temps anciens comme dans les temps modernes, aux noms d'Héloïse et d'Abailard s'attachent les appréciations les plus diverses. L'opinion paraît emportée par deux courants opposés : c'est le parti pris de tout louer ou celui de tout blâmer dans la vie de ces deux personnages. Nous voulions remonter aux documents primitifs pour étudier et saisir la véritable physionomie historique d'Abailard et d'Héloïse et pour présenter la fondation du Paraclet sous le caractère qui lui est propre; mais les plus anciens souvenirs que la tradition écrite nous apporte sur ces points si intéressants appartiennent-ils entièrement à l'histoire ou bien n'ont-ils pas été exploités par le romantisme? Après une étude sérieuse, les documents qui servaient de base à notre travail, l'*Historia calamitatum*, les *Epistolæ*, la *Regula* (qui est évidemment interpolée)... ne nous ont pas paru offrir toutes les garanties désirables d'authenticité. Nous réservons donc pour un travail spécial les questions que nous ne pouvons traiter ici avec tout le développement convenable.

IV

Les principaux droits de l'abbaye sont rappelés dans une instruction autographe (1) rédigée au Para-

---

(1) Archiv. de l'Aube, F. Paraclet, *origin*.

clet, le 1ᵉʳ août 1620, à l'occasion d'un procès avec le prieuré de Noëfort.

« Angenoust, seigneur d'Avans et de Rosières, ancien conseiller de la cour et président, et lieutenant général à Troyes... à qui Madame Marie de la Rochefoucauld, à présent abbesse du Paraclit, à fait l'honneur de luy communiquer ses tiltres... » certifie

« Que l'abbesse du Paraclit est exempte de toute cognoissance et juridiction episcopale, quelle ne recognoist que le Saint-Siége, et qu'en recognoissance des concessions, libertés, franchisses et immunités quelle tient des papes elle doit payer un droict qu'on appelle la maille d'or pour chacun an ; quelle est chef d'ordre et quelle a soubs soy non seulement des religieuses, mais aussi des religieux (tant profès que novices et oblats ou frères et sœurs donnés) ; mais des prieurés ; voir mesme des cures ou elle pourvoit. » Signé : « Angenoust d'Avans. »

L'abbaye du Paraclet avec tous ses biens fut prise sous la protection et la juridiction du Saint-Siége le 23 novembre 1131 (*Cartul.* n. 1). En signe de dépendance, l'abbaye devait payer tous les ans au Palais de Latran « sex nummos ». Plus tard, cette redevance est désignée sous le nom de *obolus aureus* et *maille d'or*. On trouve dans les archives de l'abbaye des quittances de la maille d'or datées de 1302, 1390, 1464. Cependant l'Évêque de Troyes avait droit de visite et de procuration au Paraclet dans les limites fixées par la jurisprudence canonique. Nos documents concordent sur ce point avec le pouillé de 1407, portant : « Abbatissa de Paraclito ordinis sancti Benedicti : procurationem et visitationem. »

L'abbaye du Paraclet était chef d'ordre, ayant sous sa dépendance une abbaye et plusieurs prieurés :

Le prieuré de *Sainte-Madeleine-de-Traînel* (Aube) fut fondé en 1142, au plus tard, par le prêtre Gundric (n. 48);

Le prieuré (plus tard abbaye) de *La Pommeraye* (Yonne, a. Sens, c. Sergines, co. La Chapelle-sur-Oreuse) était fondé dès 1147 (n. 6);

Le prieuré de *Laval* (Seine-et-Marne, a. Provins, c. et co. Donnemarie-en-Montois) est désigné dans la bulle d'Anastase IV, 26 janvier 1154 (n. 7);

Le prieuré de *Noëfort* (Seine-et-Marne, a. Meaux, c. Dammartin, co. Saint-Pathoz), ainsi que le prieuré de *Saint-Flavit* (Aube, a. Nogent-sur-Seine, c. et co. Marcilly-le-Hayer), figurent dans la bulle d'Adrien IV, 1er décembre 1157 (n. 9);

Le prieuré de *Boran* ou *Saint-Martin-aux-Nonnettes* (Oise, a. Senlis, c. Neuilly-en-Thelle, co. Boran) est désigné dans la bulle du 6 avril 1163 (n. 12).

L'abbesse du Paraclet présentait aux cures de Quincey et de Saint-Aubin (Aube); la présentation à cette dernière cure fut concédée au Paraclet par Garnier de Trainel, évêque de Troyes, en 1194 (n. 18, 86).

Une bulle du pape Eugène III, en date du 1er novembre 1147, qui énumère les principaux biens de l'abbaye s'étendant sur le territoire de plus de soixante villages des départements actuels de l'Aube, de l'Yonne, de la Seine-et-Marne et de la Marne, établit les accroissements rapides qu'avait pris la nouvelle fondation (n. 6). Ces biens provenaient en majeure partie de la générosité des fidèles ; des évêques de Troyes, de Meaux, et des archevêques de Sens ; des rois de France, des comtes de Champagne, des seigneurs de Nogent et de Traînel. Toutefois, une partie de ces biens avait été acquise à titre onéreux ; car, à la date du 29 avril 1440, nous trouvons une « contrainte contre des cautions pour 20 marcs sterling de biens » empruntés par le Paraclet (n. 3).

Dès le XIIe siècle, les biens du Paraclet se groupaient autour de dix granges ou centres d'exploitation :

La grange de *Chantelou*, finage de Marcilly-le-Hayer (Aube);

La grange de *Fontenay-le-Pierreux*, finage de Soligny-les-Étangs (Aube);

La grange de *Maurepas*, finage de Marcilly-le-Hayer (Aube);

La grange des *Mergers*, finage de Saint-Aubin (Aube);

La grange dite *Mons-Dei*, près de Nangis (Seine-et-Marne);

La grange du *Paraclet* ou de l'*Abbaye*, tenant au monastère ;

La grange du *Petit-Paraclet* ou des *Essarts*, finage de Sourdun (Seine-et-Marne);

La grange de *Saint-Flavit*, finage de Marcilly-le-Hayer ;

La grange de *Teilloy* ou *Le Tillet* (Cfr. *Errata*), finage de Prunay (Aube);

La grange dite *Vide-Grange*, près Pons (Aube).

Aux granges, il faut ajouter plusieurs celliers ou pressoirs :

Le cellier de Chalautre-la-Grande (Seine-et-Marne, a. Provins, c. Villiers-Saint-Georges);

Le cellier de Hannepont (Seine-et-Marne, a. et c. Provins, co. Poignis);

Le pressoir de Vindey (Marne, a. Epernay, c. Sézanne).

Parmi les biens qui constituent la dotation primitive de l'abbaye, il faut compter les revenus désignés dans les anciens censiers sous ce titre: « Ce sont li cens, les rentes et les coustumes que l'eglise dou Paraclit ha à Provins, chascun an, et ès villes dequi entour (1). » C'est à Provins, et peut-être au Petit-Paraclet, qu'Abailard habita avant de se fixer au bord de l'Ardusson.

Nous ne savons pas quelle était la fortune du Paraclet au XII° siècle, parce que nous ne connaissons pas quelle était au XII° siècle la valeur des biens que nous venons d'énumérer. Toutefois, on remarquera qu'en 1196, les religieuses du Paraclet se plaignirent au Saint-Siége qu'on forçait la communauté à recevoir plus de sujets « Quam facultates patiuntur », et elles demandèrent que le nombre des religieuses ne dépassât pas soixante. Le privilége « Quod numerus non excedat ultra LX monialium » leur fut concédé au mois de novembre de la même année (n. 20).

V

On trouve dans le Cartulaire (n. 246) un « compte de l'estat des biens de céans à la feste de saint Clément (11 juin), en 1249. » Ce compte accuse un état

---

(1) Les plus anciens de ces censiers sont de 1226-1227, 1281-1282, 1305-1306 (Archives de l'Aube, F. *Paraclet*).

assez prospère ; toutefois, la dette de l'abbaye monte à 180 l. tournois.

Dans la seconde moitié du XIII⁰ siècle, le temporel du Paraclet entre peu à peu dans une voie de décadence, et, par suite d'embarras financiers, l'abbaye contracte des emprunts; elle se jette même entre les mains des banquiers juifs, comme on le voit dans le compte de 1288, cité plus bas. Or, il ne faut pas perdre de vue les usages de la banque au XIII⁰ siècle en Champagne : les banquiers chrétiens basaient le calcul du taux de l'intérêt sur la période de temps qui séparait les termes de payement de chacune des six foires de Champagne ; cette période durait en moyenne deux mois ; mais, pour les banquiers juifs, la période légale était la semaine. Ils exigeaient trois deniers pour livre par semaine, soit 65 fr. 62 c. pour cent par an. A la vérité, une ordonnance rendue, en 1206, par Philippe-Auguste, Blanche de Navarre et Gui de Dampierre, obligea les juifs à baisser l'intérêt à deux deniers, mais c'était encore une rente de 43 fr. 75 c. pour cent par an ; d'ailleurs, les juifs observèrent mal cette ordonnance, et souvent ils ne donnaient que trente semaines à l'année.

Nous ne pouvons mieux faire connaître l'état temporel du Paraclet qu'en donnant des extraits du compte de 1288, qui est plein de détails intéressants à plusieurs points de vue. Il comprend trois époques : *Li compes mons. Pierre Lenfant,* — *dou tens l'abaesse,* — et *li compes Miles.*

C'est li compes Mile de Chaumont porveeur des biens temporex dou Paraclit des receptes et des mises faites par li pour la dite abbaye des le lundi devant la feste saint

Simon et saint Jude de l'an LXXXVIII jusques au dimanche après la saint Denise l'an LXXXIX, par li semaine.

[§ I.] Recepte.

Recepte en deniers : Somme : iii° xx l. x s. iiii d.

Item de rentes en deniers par le dit terme : — A Provins. — A Chalette.

Somme : viii^{xx}xi l. xi s. xi d.

Item de blez venduz de la messon LXXXVIII et LXXIX :

Somme de froment vendu : xxvi modii vii set. i bichet;

Somme de l'argent *pro eodem* : cviii l. i d.

Metail vendu de la messon LXXXVIII et LXXXIX :

Somme du metail vendu : xiii muis ii set. et myne ;

Somme de l'argent *pro eodem* : xxxix l. vi s. iii d. o.

Segle vendu de la messon LXXXVIII et LXXXIX :

Somme de segle vendu : xviii mod. i set. ii bichetz;

Somme des deniers *pro eodem* : lviii l. xvi s. ii d.

Orge vendu de la messon LXXXVIII et de viez, item de la messon LXXXIX :

Somme d'orge vendu : xvii mod. x set. vii bichetz;

Somme de deniers *pro eodem* : liii l. xv s. iiii d.

Aveine vendue de la messon LXXXVIII :

Somme de l'aveine vendue : lviii mod. iii set. vi bichetz;

Somme des deniers *pro eodem* : viii^{xx} l. xv s. xxii d.

Somme tote des deniers des blez venduz : iii°xxx l. viii d. o.

Recepte commune en deniers :

(Vieilles berbiz vendues.. — piaus de berbiz.. aignelins).

Somme : xx l. vii s.

Recepte damprunt : viii^{xx}v l. xvi s.

Somme de toute la recepte : xi°viii l. v s. xi d. o.

[§ II.] Despens pour le terme dessus dit.

[4°] *Despens pour le couvent* :

Pour les gastiaus à la saint Mortin x s. et pour la pitance de haren fres, xxxv s. ;

Pour les gastiaus al O. (*obitus*) l'abaesse, x s.

Pour xvii morues pour la pittance la Vegile de Noel, vi l. ;

Pour les gelines aux dames a Noel, viii s. ;

Pour les gastiaus a Lapparition, xi s. ;

Pour vi pors pour la pittance de Quaresme Prenant, vi l. viii s. ;

Pour la pittance de Pasques Flories, et pour les harens dou Mandé, vii l. xii s. ;

Pour la pittance de poisson la Vegile de Penthecoste, cx s. ;

Pour vi^{xx}ii livres de cire et pour iiii^{xx} et xi aunes de drap pour chauces et chaucons au dames, xx l. pour l'an LXXXVIII ;

Item pour vii^{xx} livres et demie de cire pour les dames pour l'an LXXXIX, iiii l. ix s. iii d. ;

Pour c aunes de drap une moins, et l aunes de blanchant pour les chauces et chaucons pour le couvent et robes au convers et au converte, xviii l. xii s. ;

Pour vin acheté : premièrement pour une queue achetée à Nogent le mardi devant Pasques Flories, lxv s. ;

Pour xx muis et demi achetez a Chalete landemain de Pasques Flories, xxviii l. xix s. vi d. ;

Pour viii muis achetez de Milet de la Chapele Saint Nicholas, xii l. iii s. ;

Pour ii muis achetez de Perrin La Chose, lxxv s. ;

Pour iiii muis achetez de Maceant de Chalete, cx s. ;

Pour ii muis achetez de Margole de la Chapele, li s. vi d. ;

Pour vin prins chiez Peraut Audigier le samedi après Pentecoste, v s. ;

Pour une queue achetée de Perrot de Quinci, lxxv s. ;

Pour une queue amenée de Nogent le mardi devant la saint Jehan, lii s. ;

Pour une queue achetée de Jehan Malapart, iiii l. ;

Pour xxi quartes prinses chiez Perrot Lachose le jour de feste saint Aubin, xiiii s. Item pour vi quartes, iiii s. ;

Pour xxviii quartes et une pinte prinses chiex Perrot de Quinci landemain de saint Aubin, xiiii s. iii d. ;

Pour ı mui acheté de Jeubert le clerc de Marnay à Saint Aubin, xxxvııı s.;

Pour xxxıııı quartes prinses au Dagonelat lou jour de la Translacion saint Martin, xıı s.;

Pour ııı tonniaux achetez de Guillaume de Lesignes, xı l.;

Pour ıı queues achetées de Jehan Pogeise, vıı l. et pour le chargier, vı d.;

Pour xxxıı muis vııı set. achetez de cels de Vauluisant, xlııı l. ıııı s.;

Pour v muis achetez de Pierre Aliaume, xlııı s.;

Pour v muis xı set. achetez de Maceant de Chalete, x l.;

Pour vı setiers de sel pris à Pierre Lombard, au feur de ıx s. et vı d. le setier, lvıı s. Item pour ıı set. xvıı s. Item pour ıı setiers, xvııı s.;

Pour pois et feves achetez : Pour ı bichet de pois et ı bichet de feves en la semaine de Touzsains, vııı s.;

Pour ııı setiers de feves achetez a Provins la semaine de saint Martin, xxx s.;

Pour ı set. de pois achetez en cele semaine, xvı s.;

Pour ı bichet de pois achetez à Pons en la semaine de feste saint Climent, xıı s.;

Pour ı set. achete a Provins la semaine de l'Apparition, xv s.;

Pour ııı setiers ıı bichets par frere Rychard, xlvııı s. ıx d.;

Pour v set. achetez à Nangis, cx s.;

Pour ıı set. achetez la semaine d'apres Pasques, xxxı s.;

Pour ıııı setiers achetez a Provins le dimanche devant l'Ascension, lvı s.;

Pour ı setier de pois bis achetez a Treignel, xvıı s. ıııı d.;

Pour ı mine achetée a Pons lou premier jour de may, xııı s. ıııı d.;

Pour ııı mines de feves, et v bichets de pois achetez a la grande mesure, l. s.

Somme : ıı° l l vı s. v. d.

[2°] *Despens pour la cusine devers le Mestre* :

Pour Mile et sa compeignie quand il lia este a l'ostel ; pour Estienne et pour sa mesnie ; pour Reheours recouvreours et autres ouvriers et hostes pour vin et poisson pris à Nogent et char fresche achetée, cv s. ;

Pour heren, oex et moutarde, poivre et autres menues choses achetées, xxv s. ;

Pour xxxiiii fromages achetez a Pons, ix s. ;

Pour xiii gelines achetées a Pons, v s. iiii d. ;

Somme : vii l. iiii s. iiii d.

Li couvens dou Paraclit et pour son vestiaire ; et des prevoires ; et de Guillaume le clerc, dou terme de la saint Martin l'an LXXXV, que l'abeesse leur dut paier pour demi an jusques a la saint Jehan l'an LXXXVI, et des la dite Saint Jehan jusques a la saint Jehan l'an LXXXIX, pour iii ans cest asavoir pour xliiii dames dont la prieuse set les nons, au feur de xxx s. l'an par chacune, *pro toto* : ii^c xxxi l.

Pour viii dames mortes Marie de Segni.., Marguerite de Sézanne.., Marguerite de Mescringes.., Helviz de la Forest.., Adeline de Saint Remy.., Agnes de Treignel, de vi termes, iiii l. x s. — *pro toto* : xxv l. x s. ;

Pour les trois prevoires, au feur de xl s. l'un...

[3°] *Despens communs* :

Pour deniers bailliez à i evesque exillé, pour raison de procuration par la lettre de l'Apostole, xlv s. ;

A Thomas le procureour envoié à Senz pour porter ces deniers, pour ii foiz, v s. vi d. ;

A monseigneur Henri pour depens à aler à monseigneur l'evesque pour sa absolution, iii s. et pour i papier pour les despens, ii s. ;

A Adam envoié au commandeur dou Manil pour l'absolution au dames, en despense, ii s. ;

Au doyen de Marcigny pour le senne des esglises de Saint Aubyn et de Saint Flavy, de Pasques et de septembre, xxi s. iiii d. ;

Pour les despens dou grand arcediacre, pour son giste en vin et en poisson, xxii s. iiii d. ;

Pour l'aumone le jour de Quaresme Prenant en deniers, iiii l. ;

Pour xiii paires de sollers le Jeudi Absolut pour les povres, xv s. vi d. ;

Pour deniers departiz au pauvres a ce jour, vi s. i d. ;

Pour l'absolution Adam qui en fu escomeniez, xviii d. ;

Pour le past à la mainie à la Touz Sainz, par chacun iii o., ix s. A Noel *pro eodem*, ix s. A Quaresme Prenant *pro eodem*, ix s. A la Pentecoste, *pro eodem*, ix s. ;

Pour aler au mestre de Coleors qui avoit fait escomenier le covent et pour lou procureour qui porta l'absolution, v s. vi d. ;

Pour aler a la court a Troies per ii foiz contre les detteurs feu Lenge et pour lettres, vii s. ;

Pour aler a Troies la semaine de la Saint Jehan querir Perret le Bourgoing pour le compe Mile faire, iiii s. ;

Pour une lettre dou legat contre les parans feu Lainge, iiii s. ;

Pour vi^{xx}ii livres de sif acheté pour faire chandoille, l s. item pour viii livres de chandoille de sif echetees, iiii s. ;

Pour le chapelain au legat qui vint pour la procuration dou legat, xx s. ; et pour son sergent, v s. ;

Pour xii peles a fiens charger, xxxii d. ;

Pour xii charrues achetees a Soubligny, xxiiii s. ;

Item pour aler ii fois a Troies pour avoir consoil de la semonce dou covent par devant le legat pour la fille Adam de Peronne, escuier, que le legat commanda a recevoir a nonain, et pour la lettre que li covent envoia, *pro eodem*, ix s. ;

Item pour iiii^{xx}vi l. de sian batu pour oindre la charrette puis Pasques, xxxvi s. viii d. ;

Pour xxv queues de vin achetees de Estienne d'Eschemines, iii s. la queue, lxv s. ;

A Renier dou Pas marcheant pour les coustemanz de

vi^{xx}xl. que on li doit pour la foire de la saint Jehan LXXXVIII xx s. Pour la foire saint Ayol *pro eodem*, c s.; pour la foire saint Remy *pro eodem*, c s.; pour la foire Laigny *pro eodem*, c s.; pour la foire de Bar LXXXIX *pro eodem*, vii l.; pour la foire de may ensuigant *pro eodem*, viii l. xv s.;

Pour les coustemanz de viii l. empruntez de Benoit de Pons, juyf, sur V hanés, au feur de ii d. la livre par xxx semaines, xl s.;

Pour les coustemanz de xi l. empruntez de Sanse le juyf de Nangis, xxiii s.;

Pour les coustemanz de c s. empruntez à Provins, v s.;

Pour les coustemanz de xv livres empruntez au feur de iii d. la livre...

[§ III.] C'est li compes des blez

Recepte de Fromant : De la remanence dou compe monsieur Pierre Lenfant [li muis iiii bichetz i boissel];

Item de la messon LXXXIX.

Somme toute de recepte de froment : vi^{xx}xi muis vi set. vi bichetz.

Recepte de Metail : Somme toute : xxii muis vi set.

Recepte de Soigle : Somme tote iiii^{xx}iii muis viii set.

Orge : Somme tote : iiii^{xx}xi muis xi set. iii bichetz.

Avoine : Somme tote : iii^{c}lxvi muis iii set. vi bichetz i boissel.

Parmi les « Despens de fromant » :

Pour les coigniaus au dames à Noel, i mine;

Pour la fleur au dames a Quaresme Prenant, ii setiers;

Pour les ruissoles a Pasques, i mine;

Pour les flaonnez a l'Ascension, i mine;

Pour les flaons a Pentecoste, i mine;

A l'enfermiere, i setier que on li devoit en la grange;

A l'oublier de Ponz pour son mestier, iii mines;

De fromant livré pour le pain de couvent, au feur de vi setiers vi bichetz la semaine, *pro toto* : xv muis v setiers.

Parmi les « *Despens de soigle* » :

Pour l'aumone de Quaresme Prenant, iii set. ;

Pour les mychez lou Jeudi Absolu, mine ;

Pour le pain de venredi, au feur de vi bichetz la semaine dès la saint Simon et Jude jusques au Brandons en suivant ; et dès les Brandons jusques a la saint Denise, au feur de v bichetz la semaine ;

Pour le pain a la mesnie, jusques a Pentecoste pour xxxi semaines au feur de ii set. la semaine, v muis ii set. et des la Pentecoste jusquau dimanche apres la saint Denise ; pour xx semaines au feur de iii setiers la semaine, v muis.

Parmi les « *Despens d'orge* » :

Pour l'aumone le jour de Quaresme Prenant, vii setiers ;

Pour les michoz dou Mandé pour tote Quaresme, ii set. et mine ;

D'orge donné au povres en lieu de vece, ii set. v bichetz ;

Pour l'aumone du Jeudi Absolu, iii mines ;

Pour le pain au covent le grant Venredy, iii mines (1).

Au XIIIe siècle, les prieurés dépendant du Paraclet étaient aussi dans un état peu florissant au point de vue du temporel. Dès le mois de mai 1244, l'abbesse du Paraclet (n. 238, 239) règle que le nombre de vingt religieuses ne sera pas dépassé dans les prieurés de Saint-Martin-de-Boran (Oise) et de Traînel (Aube) ; et, au mois d'août 1250, l'évêque de Meaux, « de par l'autorité de nostre S. P. le pape Honoré tiers, por la povreté du prioré de Noefort », réduit « à xxv non-nains » le nombre des religieuses de ce prieuré (2).

Le vendredi « ante Cineres », 1297 (v. st.), le Paraclet paie au roi la taxe décimale montant à 70 l. tournois petits (*Cartul.* n. 300).

(1) Archiv. de l'Aube, origin.
(2) T. Duplessis, *Hist. de l'Église de Meaux*, t. ii, p. 134.

VI

« Le 15ᵉ jour d'avril 1342, madame la reine Jeanne d'Évreux, jadis épouse du roy Charles [Le Bel] roy de France et de Navarre, a donné céans LX livres tournois pour acheter LX soldées de terre pour faire pitence au couvent.. ou pour être convertis en réparations, soutenements et restaurations de l'église de céans.. ma ditte dame trespassa le 4ᵉ jour de mars en l'an 1370. Le cœur de cette princesse repose aux Cordeliers de Paris (1). »

Une note des archives du Paraclet signale la peste qui, en 1348 et les années suivantes, ravagea les contrées voisines de Provins. C'est « en considération de cette peste » que les droits du Paraclet sur le « minage » de Provins, déjà modérés en 1244 (*Cartul.* n. 237) à deux muids de blé, que les Templiers de Provins payaient au Paraclet, sont réduits en 1353 à un muid de froment et trois setiers d'avoine (2). La même année 1348, le vendredi avant la saint Martin d'hiver, « Aalipdis », abbesse du Paraclet, aussi en considération de la peste et parce que « Sorores Minores de Pruvino » n'avaient pas le vin nécessaire à leur consommation, accorde à ces religieuses des lettres d'amortissement pour deux arpents de vignes sis à « *Monthanepon* in parrochia de Poigniaco », dans les censives du Paraclet (3).

L'abbaye du Paraclet souffrit beaucoup de l'invasion anglaise. Elle fut saccagée en 1359, sans doute par

---

(1) *Obituaire du Paraclet.*
(2) Archiv. de l'Aube, *origin.*
(3) Ibid., *origin.*

les bandes d'Eustache d'Auberticourt, qui fut défait aux portes de Nogent-sur-Seine par Henri de Poitiers, évêque de Troyes, dans la sanglante journée du 13 juin (1). En 1366, l'évêque de Troyes entreprit de restaurer le Paraclet, *totum destructum usque ad aream propter guerras et discordias*, et d'y rétablir la régularité claustrale. Le 19 janvier 1367, Hélissende des Barres, abbesse du Paraclet depuis trois ans passés, croyant que l'évêque de Troyes lui demandait trop, interjetait appel; entre autres observations qu'elle oppose au mandement épiscopal, elle déclare qu'il est impossible de faire revenir, en quelques mois, les religieuses qui sont dispersées de tous côtés (*Cartul.* n. 336).

A ces malheurs, il faut ajouter de nombreux procès intentés à l'abbaye; nous en mentionnerons seulement un, parmi les principaux, qui fut gagné par le Paraclet.

« Le mercredi avant la fête de saint Martin d'hiver, l'an 1379, Herlissem des Barres, abbesse du Paraclet » donne quittance au chapitre de Troyes, condamné par le bailly de Sens à 125 l. « en principal et en dépens » pour torts commis à Plantis au préjudice de l'abbaye du Paraclet. L'évêque de Troyes, Pierre d'Arcis, prêta 50 l. au chapitre pour lui faciliter le paiement de cette somme (2).

Le pape Benoît XIII, de son côté, accorda, le 1er février 1396, de grandes indulgences aux fidèles qui

---

(1) Une chapelle dédiée au Dieu-de-Pitié fut élevée sur le champ de bataille, au bout du faubourg de Béchereau, et on lisait, naguère encore, sur l'une des pierres du portique :
Trux fuit hic bellum,
Nostrates inter et Anglos.
23 jun. 1359.

(2) Bibliot. de Troyes, *copie*. Mss. de Sémillard, 2317, t. III, p. 39.

contribueraient aux réparations de l'abbaye, dont les bâtiments « propter guerras que in illis partibus diucius viguerunt, adeo sint destructa » qu'ils ne peuvent être réparés sans les aumônes des fidèles (n. 44).

VII

Cependant le pouillé de 1407 porte la *taxatio ad decimam* du Paraclet à 70 l., c'est la même taxe qu'en 1297 ; ce qui prouverait que les revenus de l'abbaye étaient restés moralement dans le même état.

Pendant la durée du XVe siècle, le Paraclet ne put échapper « aux infortunes de guerre » et « aux passages des gens d'armes » qui désolèrent particulièrement et presque sans relâche les contrées qui s'étendent entre Nogent-sur-Seine et Troyes (1).

En 1482 (4 id. octobris an. 12), le pape Sixte IV, « consideratione Ludovici [XI] Francorum regis » nomme Catherine de Courcelles (qui est déjà abbesse du Paraclet), abbesse de Notre-Dame-aux-Nonnains de Troyes, tout en conservant le Paraclet. Catherine est « de nobili genere procreata et in vigesimo nono etatis anno ». Le pape fait le plus grand éloge de la piété, du zèle, de la prudence et de l'habileté administrative de Catherine. A notre-Dame-aux-Nonnains, elle succède à Isabelle ; le pape annule l'élection de Claude « de Veisenay » et toute autre élection faite par les religieuses de Notre-Dame (2).

(1) Courtalon, *Topographie histor.*, t. I. — D'Arbois de Jubainville, *Inventaire des Archiv. de l'Aube*; *Archiv. ecclés.*, t. I, p. I-LXVIII.

(2) Archiv. de l'Aube, origin., le sceau pendait à des fils de soie rouge et jaune.

Le 2 mai 1497, à la prière de Catherine de Courcelles, abbesse du Paraclet, eut lieu la translation des corps d'Abailard et d'Héloïse de la chapelle Saint-Denis ou Petit-Moustier (*loco humido et aquoso*) dans l'église de l'abbaye, avec la permission de Jaques Raguier, évêque de Troyes. Les deux corps furent inhumés séparément dans le chœur de l'église (*separatim in duobus locis chori*), de chaque côté de l'autel, près de la grande grille, le corps d'Abailard à droite et le corps d'Héloïse à gauche en allant du chœur au maître autel (*accedendo a dicto choro ad majus altare*). A cette époque, il n'y avait à l'abbaye que dix sœurs officières et l'abbesse (1).

En 1499, le 4 avril, Jaques Raguier, évêque de Troyes, visita le Paraclet pour opérer quelques réformes (2). Il signale entre autres un abus criant : depuis longtemps, les religieuses avaient coutume de se rendre en procession, avec les habitants de Saint-Aubin, d'Avant et de Mâcon, la veille de l'Ascencion, à une croix dite la *Croix au Maistre*, et là, après quelques répons chantés devant la croix, elles ouvraient la danse, accompagnée de chansons quelquefois assez légères (*aliquando illicita et inhonesta*).

VIII

Le 15 octobre 1513, le pape Léon X, sur la démission de Catherine de Courcelles, nomme à l'abbaye du Paraclet Charlotte de Coligny, nièce de l'abbesse

---

(1) Archiv. de l'Aube, *origin*.
(2) Ibid., *Reg. G.* 1314.

démissionnaire, et trésorière de Notre-Dame-aux-Nonnains de Troyes (1).

On lit dans l'Obituaire du Paraclet : *Jacobus Raguier, episcopus Trecensis obiit anno 1518, die 14 novembris, qui hoc monasterium reformavit in muris et craticulis anno 1509* (2).

L'Obituaire du Paraclet porte au 9 juillet : « Obiit bone memorie Catharina *de Courcelles*, abbatissa nostra et Beate Marie Trecensis, anno Domini 1519, die vero julii 9. [Son cœur repose dans la chapelle de la Sainte-Vierge.] Ista struxit claustrum, refectorium, dormitorium, et alia edificia tali signo signata (*une tête de religieuse*). »

Le 14 mai 1533, provisions adressées par la cour de Rome à Antoinette de Bonneval, qui venait d'être élue abbesse (3).

Léonarde de Turenne *alias* de La Tour, abbesse du Paraclet, étant morte le 1ᵉʳ septembre 1560, le Saint-Siège accorda d'abord des bulles à Anne du Moulinet, religieuse de Jouarre; mais les religieuses du Paraclet ayant élu Jeanne de Chabot, ce fut elle qui succéda à Léonarde. Ses bulles sont du 12 octobre 1560; elle fut installée le 13 août 1561, après le désistement de Madeleine Larcher et d'Edmée de La Châtre (4).

Des lettres de sauvegarde sont accordées au Paraclet en 1568 par « le comte Daremberghe, baron de Barbanson, capitaine général des gens de guerre

(1) Archiv. de l'Aube, *origin.*
(2) Bibliot. Nation. Ms F. Franc., 14410.
(3) Archiv. de l'Aube, *origin.*
(4) Ibid., *origin.*

envoyez de la part du roy Catholicque au secours et service du roy très chrestien », le 24 janvier; et, le 27 du même mois, par le roi, Charles IX (1).

Sous l'administration de Jeanne de Chabot, fille et sœur d'amiraux de France, au mois de mai 1576, les reitres avaient passé la rivière d'Yonne, et dès le 10 de ce mois ils occupaient les villages entre Vauluisant et la Seine et le village même de Quincey. Nous trouvons le récit suivant dans les *Mémoires de Claude Haton* (2) :

« L'abbesse du Paraclet-lez-Nogent-sur-Seine, en la paroisse et village de Quincey, estant advertie que lesdis reistres passaient la rivière d'Yonne pour tirer ès lieux susditz où ilz estoient logez et en son pays, envoya demander une saulve-garde aux commissaires et conducteurs d'iceux reistres, pour exempter son abbaye et son village en faveur d'elle et des dames religieuses de saditte abbaye, laquelle, quelque grande dame et noble qu'elle fust, ne put avoir responce d'exemption à son gré, et si luy faisoit mal d'absenter pour une passée son monastère, qui est assez fort quand il a gens de deffense ; dedans lequel elle retira le bestial et meubles des villages dudit Quincey, de St-Aulbin et de la Chapelle St-Michau-lez-Nogent, qui sont les plus proches villages de sondit monastère. De quoy elle se repentit incontinent, et pensa que le bestial et butin d'iceux village seroient cause de faire forcer sa maison ; mais, pitoiable qu'elle estoit, pensa que, si elle les jettoit dehors, ilz seroient au danger de tout perdre. Parquoy délibéra en elle de

(1) Archiv. de l'Aube, *origin*.
(2) P. 843.

faire cercher es villes de Nogent, de Pons, de Villenauxe et villages d'alentour tous bons soldatz et gens de cœur, pour mettre en garnison en sondit monastère, et fut faicte une si bonne dilligence en ceste affaire qu'en vingt-quatre heures elle en enferma le nombre de deux cents avec elle en sondit monastère, qui firent si bien leur debvoir que lesdis reistres n'y entrèrent point, combien qu'il y en eust de logé dans le village. Et pour payer iceux soldatz, qui l'avoient secourue et les biens des bonnes gens, feit faire une taille sur tous ceux qui avoient serré et retiré en sondit monastère, chascun selon le bien qu'il avoit, que les bonnes gens payèrent voluntiers. »

« Les reistres, après avoir séjourné six et sept jours entre la rivière de Seine et Vauluisant, en délogèrent le 16 et 17° dudit moys de may et s'allèrent loger ès villages qui sont entre la ville de Troyes en Champaigne et la ville de Méry-sur-Seine, ou ilz furent près de 15 jours à faire du travail aux bones gens des dis villages. »

Jeanne de Chabot donna le scandale d'une abbesse professant ouvertement la religion réformée. Quand l'autorité parvint à mettre dehors du monastère cette indigne abbesse, en 1592, il n'y avait plus que trois religieuses de chœur dans la communauté, Jeanne de Chabot en avait trouvé dix-huit à son intronisation en 1560 (1).

Au mois de juillet 1593, le roi nomma abbesse du Paraclet, après le « décès de sœur Johanne de Chabot.. sœur Flandrine de Nansau (Nassau), cousine-germaine

---

(1) Archiv. de l'Aube, *origin*.

du duc de Montpensier » ; mais Flandrine étant trop jeune pour régir une abbaye, elle est remplacée le 22 août de la même année par Marie de La Rochefoucault de Chaumont; à charge par cette dernière de payer une pension annuelle de 500 écus sur le revenu du Paraclet jusqu'à ce que Flandrine puisse être pourvue d'une abbaye (1). Marie de La Rochefoucault ne put obtenir ses bulles qu'en 1599.

Le duc de Guise, pair et grand-maître de France, gouverneur et lieutenant général de Champagne et de Brie, accorde une sauvegarde au Paraclet, le 31 mars 1594.

Marie de La Rochefoucault de Chaumont, à sa prise de possession, le 27 septembre 1599, fait le serment traditionnel d'obéissance au Saint-Siége :

« Ego Maria de La Rochefoucault, abbatissa.. ab hac
» hora in antea fidelis et obediens ero B. Petro, Sancte
» et Apostolice Ecclesie, et domino nostro Clementi
» pape VIII, et suis successoribus canonice intrantibus.

» Non ero in consilio, consensu vel facto ut vitam
» perdant aut membrum (2).. »

IX

Le 8 septembre 1605, un incendie attribué à la malveillance dévora tous les bâtiments de la basse-cour consistant en deux granges, écuries, pressoir, bûchers, greniers avec les récoltes et provisions. C'est seulement le 5 novembre 1614 qu'on trouve le *procès-*

---

(1) Archiv. de l'Aube, *origin*. Flandrine, fille de Guillaume de Nassau, prince d'Orange, et de Charlotte de Bourbon (qui était fille de Louis II de Bourbon, duc de Montpensier).

(2) Ibid., *origin*.

verbal des bâtiments brûlés et à réédifier au Paraclet (1).

En 1621, Marie de La Rochefoucault, abbesse du Paraclet, fit faire « la translation des corps de maistre Pierre Abaillard et d'Héloïse, lesquels ont été enlevés, l'un du costé dextre, l'autre du costé senestre de la grande grille de l'église, pour être transportés sous le grand-autel en un charnier (2). »

René de Breslay, à Paris, dans la maison épiscopale du faubourg Saint-Michel, le 1ᵉʳ septembre 1622, signe les lettres d'union de la paroisse de Saint-Aubin (Aube) à l'abbaye du Paraclet. Sur la démission de Jean Angenoust, « curé de Saint-Aubin et seigneur d'Avanz et de Rosières », Richard de Cancerveux est nommé vicaire perpétuel de ladite paroisse le 22 seprembre 1622 (3).

Au commencement de décembre de 1627, l'Évêque de Troyes se présenta au Paraclet et en fit la visite canonique. Mais le 24 juin 1628, « Marie de La Rochefoucault, abbesse du Paraclet et membres dépendants d'icelle abbaye, ordre de sainct Benoist » proteste (4) contre la visite que messire René de Breslay, évêque de Troyes, avait tenté de faire au Paraclet, « au commencement du mois de décembre 1627, soubz prétexte de vouloir remédier à quelques bruitz calomnieusement divulguez au préjudice de

---

(1) Archiv. de l'Aube, *origin.*
(2) Biblfot. de Troyes, *Nécrologe du Paraclet*, v. 19 — Ms. 2450.
(3) Archiv. de l'Aube, *Reg. G. 95, fol. 142, rº et vº.*
(4) Archiv. de l'Aube, *origin.* La procuration de l'abbesse est « scellée d'un grand sceau en cire rouge ou est empreinte l'ymage de la Trinité (Dieu le Père tenant entre ses genoux son Fils crucifié, le Saint-Esprit, sous forme de colombe, sur la poitrine du Père et la tête du fils); et de l'autre côté un contre scel des armes de la dicte dame ».

certaines personnes ». Cette protestation fut signifiée par huissier le 27 juin 1628 à l'Évêque de Troyes.

On lit dans l'Obituaire du Paraclet : « Madame Marie de la Rochefoucault, qui a été quarante-cinq ans abbesse du Paraclet, est décédée le 19 février 1639 et a laissé la maison en bonne observance de réforme, a mis en bon ordre les bâtimens, augmenté le revenu de plus de 4,000 livres, et donné le voile à cinquante religieuses. Priez Dieu pour son âme. »

En 1637, le Paraclet se trouva sur le passage des gens de guerre, mais, grâce au crédit de l'abbesse, Marie de La Rochefoucault, l'abbaye fut protégée par deux sauvegardes, l'une du roi Louis XIII, en date du 8 avril; l'autre signée : « Colligny », comte, seigneur de Châtillon, maréchal de France, lieutenant général pour le roy en son armée de Champagne et de Lorraine (1).

« Anne-Marie de La Rochefoucault de Lanzac *alias* Langhac », nommée abbesse, obtint ses bulles en date du 7 juillet 1638; elle ne fut installée qu'au mois de mars 1639; son serment fut insinué le 26 du même mois (2).

Le 30 mai 1645, en vertu de bulles d'Innocent X du 5 octobre 1644, « Gabrielle de la Rochefoucault » est installée par procuration « coadjutrice de révérende Anne-Marie de la Rochefoucault, abbesse, avec future succession. (3) »

« Le 28ᵉ jour de may 1646, Révérende Dame madame Anne-Marie de la Rochefoucault, abbesse du

---

(1) Archiv. de l'Aube, *origin*.
(2) Ibid., *origin*.
(3) Ibid., *origin*.

Paraclet, est passée de cette vie à une plus heureuse, après avoir souffert de grandes maladies et témoignée une patience très grande (1). » Gabrielle-Marie de la Rochefoucault lui succéda le 7 septembre... le procès-verbal de son installation donne l'état complet des dignités et charges claustrales du Paraclet. Sont désignées présentes :

Élisabeth de Harlay, grande prieure.
Suzanne Joyau, prieure.
Anne de Saint-Aubin, ancienne.
Françoise de Pinedon, maîtresse des novices.
Marguerite Angenoust, ancienne.
Bonaventure Pietory, infirmière.
Louise Dubois, grenetière.
Marie Lelièvre, portière.
Edmée Rose, dépositaire.
Louise de Nugault, chapelaine.
Élisabeth Lefèvre, cellerière.
Renée Nioche, 2ᵉ portière.
Élisabeth de Brunfay, communaultière.
Marie-Madeleine du Tillet, tourière.
Claire de Harlay, crossière.
Louise de Culont, 2ᵉ dépositaire.
Françoise Tenel, 2ᵉ grenetière.
Marguerite Charpentier, 1ʳᵉ chantre.
Nicole de Chantegrelle, 2ᵉ chantre.
Gabrielle Lebrun, 2ᵉ infirmière.
Christine de Castelmort, 2ᵉ cellerière.
Madeleine Royer, 2ᵉ communaultière.
Louise de la Faye, 4ᵉ chantre.

(1) *Obituaire du Paraclet.*

Marie Rose, 2ᵉ tourière.
Anne Moreau, 3ᵉ portière.
Barbe Cousin, apothicairesse.
Catherine Desforges, 3ᵉ chantre (1).

Un ouragan, le 10 août 1650, dévaste les bâtiments de l'abbaye. Le clocher, qui « avoit 12 thoises de hault », fut rompu et tomba sur la toiture, qu'il brisa; « Il faudrait plus de 3,400 livres pour le réparer, y ayant 60 pieds de hault à travailler.. La piramide qui est sur le pignon de l'église et qui couvre l'orloge, et le dosme qui couvre un degré se sont aussi trouvé ruinés.. sur une chapelle et un pavillon la couverture a esté emportée.. La maçonnerie d'un pignon de l'église est ébranlée, les voûtes mêmes ont été rompues.. le cloitre est découvert.. le nopviciat, l'infirmerie, l'apotiquairie, la boulangerie, le logis de madame du Paraclit sont endommagés.. les vitres brisées montent à 1250 pieds de ver, estimés avec le plomb à 8 sols le pied, ce qui reviendrait à 500 livres. » Un arrêt du Parlement, en date du 6 septembre 1651, permit aux religieuses du Paraclet d'emprunter 18,000 livres pour fournir aux frais des réparations (1). Ces désastres furent réparés par Gabrielle-Marie de la Rochefoucault.

Le 9 juillet 1666, (an 12 de son pontificat), Alexandre VII accorde aux religieuses du Paraclet la permission de manger de la viande trois fois par semaine. On lit dans la bulle que l'usage de manger de la viande, contrairement à la règle de saint Benoît, est immémorial au Paraclet; que l'abstinence avait commencé en 1627

---

(1) Archiv. de l'Aube, *origin*.
(2) Archiv. de l'Aube, *origin*.

à la demande de 13 religieuses, dont 10 professes et 3 sœurs converses ; qu'en 1631, l'abbesse et la majeure partie de la communauté s'engagèrent à observer le nouvel usage en laissant aux anciennes sœurs la liberté d'user d'aliments gras quand elles voudraient ; que les religieuses, enfin, demandèrent à revenir à l'ancien usage de manger de la viande trois fois par semaine (1).

Catherine de La Rochefoucault, nommée abbesse du Paraclet, prend possession le 24 juin 1675 (2).

D'après le Pouillé, publié par Camusat en 1612, le Paraclet payait annuellement au roi 122 l. de décimes.

X

En 1701, Catherine fit des embellissements à la sépulture d'Abailard et d'Héloïse ; sur la tombe de marbre noir posée en 1621, elle fit transporter le groupe de la Trinité qu'Abailard avait fait sculpter et qui a été décrit par Mabillon (3). Sur la plinthe du tombeau, une inscription, à la louange des deux défunts, reproduite par Alexandre Lenoir (4), se terminait ainsi : « Par très haute et très puissante dame Catherine de la Rochefoucault, abbesse, le 3 juin 1701. »

Marie de Roye de La Rochefoucault de Roucy est nommée, le 15 août 1705, par le roi, abbesse du Paraclet, à condition qu'une rente viagère de 1,200 l. sera payée par elle à Catherine de La Rochefoucauld, dernière titulaire (5).

(1) Archives de l'Aube, *origin*.
(2) Ibid., *origin*.
(3) *Annales Benedict.*, t. VI, p. 85.
(4) *Musée des monum. franç.*, t. I, p. 228. Paris, an IX — 1800
(5) Archives de l'Aube, *origin*.

« Le 7 janvier 1710 est décédée madame Catherine de la Rochefoucault, abbesse de cette maison, qu'elle a sagement et saintement gouvernée l'espace de 30 ans au bout des quels elle s'est démise en faveur de Marie de Roye de La Rochefoucault (1). »

En 1730, le revenu de l'abbaye, fourni par l'abbesse, Marie de Roye de La Rochefoucault est (sans y comprendre les biens non affermés), de 8,390 l. 6 s. 8 d. dans le diocèse de Troyes, et, dans le diocèse de Sens, de 4,174 l. 5 s. Sur ce revenu, il faut acquitter, dans le diocèse, pour 700 l. de portions congrues et pourvoir à l'entretien d'un personnel qui se compose de 24 religieuses de chœur, 12 converses, 20 domestiques et 9 servantes. Dans l'état de l'abbaye, fourni par la même abbesse en 1756, le personnel de l'abbaye se compose de 24 religieuses de chœur, 10 converses, 5 religieux dont 2 confesseurs aux appointements de 200 fr., 1 médecin et 1 chirurgien à 300 fr., 20 domestiques, 9 servantes. Pour la nourriture du couvent, il fallait annuellement 100 muids de vin à ajouter à la récolte de 6 arpents de vigne; la viande fournie par le boucher monte à la somme de 2,500 l. Le revenu de l'abbaye est déclaré de 16 à 17,000 l. (2).

Nous rappellerons ici le droit de régale, exercé, trop souvent au détriment de la régularité claustrale, dans l'abbaye du Paraclet, à chaque mutation d'abbesse. Lorsque Marie-Charlotte de La Rochefoucault-Bayers succéda, en 1768, le 19 mai, à Marie de Roye de La Rochefoucault, « décédée le 24 février 1768, agée de

(1) *Obituaire du Paraclet.*
(2) Archiv. de l'Aube, *origin.*

90 ans, et 63 de son gouvernement », Louis XV faisait adresser à la nouvelle abbesse la lettre suivante :

« Madame l'abbesse, ayant été informée que demoiselle Charlotte de L'Estrade, pensionnaire à Auxonne d'Angoulême, est dans la volonté d'embrasser la vie monastique et quelle a toute la piété et les autres qualitez requises à une personne appelée à cette vocation, je luy ay accordé la place de religieuse de chœur que j'ay droit de donner dans l'abbaye du Paraclet, ordre de saint Benoit, diocèse de Troyes, à cause de la nomination de votre personne à la dite abbaye ; et vous fais cette lettre pour vous dire d'y recevoir gratuitement la d. demoiselle Charlotte de L'Estrade, de luy donner l'habit religieux, la recevoir en ses vœux lorsqu'elle le requerrera, et luy faire le même bon traitement qu'aux autres religieuses de chœur qui ont été dottées ; a quoy étant persuadé que vous vous conformerez ; je prie Dieu qu'il vous ait, Madame l'abbesse, en sa sainte garde. Écrit à Versailles le 19ᵉ jour de juin 1768. *Signé* : Louis. »

Suit le brevet de place de régale accordé le même jour à Charlotte de L'Estrade (1).

La dernière abbesse, Marie-Charlotte de La Rochefoucault de Roucy, fut installée dès le commencement de l'année 1778. Elle fit construire la salle du chapitre et un bâtiment de 120 pieds de long. Elle est décédée à Reims le 6 juillet 1829, à l'âge de 87 ans. Sous son administration, 18 religieuses de chœur habitaient l'abbaye (2).

C'est elle qui, en 1779, s'occupa de la translation des restes mortels d'Abailard et d'Héloïse. Pour les recevoir, elle fit élever un monument dans le caveau,

(1) Archiv. de l'Aube, *origin.*
(2) Ibid., *origin.*

sous le maître-autel, avec l'épitaphe suivante, qu'elle avait demandée à l'Académie des Inscriptions et qu'on croit avoir été rédigée par Marmontel :

Hic
Sub eo dem marmore jacent
Hujus monasterii
Conditor Petrus Abælardus
Et Abbatissa prima Heloisa
Olim studiis, ingenio, amore, infaustis nuptiis
Et poenitentia;
Nunc œterna, quod speramus felicitate
Conjuncti.
Petrus obiit XX prima Aprilis, anno M. C. XLII.
Heloisa, XVII Maii, M. C. XLIII.
Curis, Carolæ de Roucy, Paracleti abbatissæ
M. DCC. LXXIX (1).

La cérémonie de la translation n'eut lieu que le 6 juin 1780. Elle fut présidée par Vincent, curé de Quincey, qui en envoya la relation au *Mercure de France*, le 10 août suivant (2). « Les ossements, tirés
» des deux tombeaux, furent placés séparément dans
» un cercueil de plomb divisé en deux portions par
» une lame.. Le cercueil ayant été remonté et exposé
» pendant un quart d'heure.. on l'a scellé; après
» quoi, on l'a transporté en récitant les prières des
» Défunts, dans le chœur des Dames; ensuite, à
» l'issue des Vêpres des Morts qui ont été chantées,
» on l'a déposé sous l'autel ou est placé le monu-

---

(1) Cette inscription, relevée par Lenoir, p. 226, est fautive dans le *Mercure de France* et dans Courtalon, *Topographie*, t. III, p. 208.
(2) *Lettre au rédacteur du Mercure*, vol. Octobre 1780, p. 138.

» ment.. Cela fait, on a posé au pied de l'autel la
» tombe en marbre noir sur la quelle on avait gravé
» l'épitaphe.. l'acte de cette auguste cérémonie, a été
» dressé le même jour, et, le lendemain, nous avons
» avons chanté pour eux une messe solennelle. »

Le Paraclet fut vendu le 14 novembre 1792 au sieur Thevenot, domestique du pasteur Mesnard, pour le prix de 78,600 fr. C'est alors que le sieur Mesnard, *pasteur* (comme on disait alors) de Nogent-sur-Seine, et les notables de la ville allèrent en cortége au Paraclet lever les corps d'Abailard et d'Héloïse, qui furent solennellement déposés dans l'église de Nogent, puis inhumés avec honneur dans le cimetière. Ces corps seront de nouveau exhumés, et, le 3 floréal an VIII, sur des ordres ministériels, ils seront remis à Lenoir, qui les transportera à Paris (1).

Avant que le marteau des démolisseurs ne vînt endommager le Paraclet, une belle vue de cette abbaye a été publiée en 1793 par J. La Vallée et Brion (2). Une grande partie des bâtiments claustraux a disparu; les parties les plus anciennes des constructions actuelles sont du XVII° siècle. De l'église, il ne reste plus que les caveaux : 1° celui ou reposaient depuis 1621 les corps d'Abailard et d'Héloïse; il était sous l'abside : longueur, 6 m. 30; largeur, 2 m. 40; hauteur, 1 m. 50; voute en berceau; 2° un caveau situé sous la nef de l'église, et divisé lui-même en deux nefs et quatre travées : longueur, 17 m. 20; largeur, 7 m. 90; hauteur, 1 m. 70; trois

(1) *Musée des monum. franç.*, t. I, p. 220.
(2) *Voyage dans les départements de la France. — Départem. de l'Aube*, p. 20.

piliers carrés supportent une voûte d'arête ; 3° dans un bâtiment qui dépend de la ferme, il faut peut-être reconnaître le cellier de l'ancienne abbaye ; il se compose d'un rez-de-chaussée voûté et d'un étage non voûté ; le rez-de-chaussée forme une nef divisée en cinq travées ; voûtes d'arête sur doubleaux en plein-cintre : longueur, 20 m. ; largeur, 5 m. ; hauteur, 3 m. (1).

Dans cette Introduction, qui a pour but principal de compléter le Cartulaire, nous avons indiqué par ordre chronologique les principaux documents qui peuvent servir à l'histoire de l'abbaye du Paraclet. Plusieurs de ces documents rectifient simplement des dates erronées.

N. B. *Les pièces du Cartulaire comprennent d'abord les bulles pontificales rangées par ordre chronologique (n. 1-44) ; viennent ensuite toutes les autres pièces dans le même ordre (n. 45-336).*

(1) D'Arbois de Jubainville, *Rép. archéol. du dép. de l'Aube*, p. 91.

CARTULAIRE

DE L'ABBAYE DU PARACLET

1. — 28 novembre 1131. *Confirmacion des biens de l'église dou Paraclit.*

Innocentius, episcopus, servus servorum Dei, dilectis in Xpristo filiabus Heloysse, priorisse, ceterisque sororibus in Oratorio Sancte Trinitatis, quod in pago Trecensi, in parrochia Quinceii supra fluvium Arduconem situm est, divino famulatui mancipatis, tam presentibus quam futuris, in perpetuum. Quotiens illud a nobis petitur quod rationi cognoscitur convenire, animo nos decet libenti concedere et petentium desideriis congruum impertiri suffragium. Proinde, dilecte in Domino filie, vestris justis postulationibus assensum probentes, monasterium Sancte Trinitatis, in quo divino vacatis servitio, sub Apostolice Sedis protectione suscipimus, et presentis scripti pagina communimus, statuentes ut quascunque possessiones, quecunque bona impresentiarum juste et legitime possidetis, aut in futurum concessione pontificium, liberalitate regum vel principum, oblatione fidelium, seu aliis justis modis, prestante Domino, poteritis adipisci, firma vobis in perpetuum et illibata permaneant. Sane laborum vestrorum decimas, quas propriis excolitis sumptibus, seu animalium vestrorum, absque contradictione aliqua vobis concedimus possidendas. Nulli ergo hominum fas sit prefatum monasterium temere perturbare, aut ejus possessiones auferre, vel ablatas retinere, minuere, aut aliquibus vexationibus fatigare, sed hec omnia integra conserventur, vestris usibus perpetuo profutura. Ad indicium autem percepte hujus a Romana ecclesia libertatis, sex nummos quotannis Lateranensi palatio persolvetis. Si qua igitur in futurum ecclesiastica secularisve persona, hanc nostre constitutionis paginam sciens, contra eam temere venire temptaverit, secundo tertioque commonita, si non reatum suum satisfactione congrua emendaverit, potestatis honorisque sui dignitate careat, et a sacratissimo corpore et sanguine Dei et Domini Redemptoris nostri Jesu Xpristi aliena fiat, atque in extremo examine districte ultioni subjaceat. Conservantes autem ejusdem monasterii jura, intervenientibus beatorum apostolorum Petri et Pauli meritis, gratiam Domini nostri Jesu Xpristi et eterna felicitatis premia consequantur. Amen. Ego Innocentius, catholice Ecclesie episcopus. — Datum Antissiodori per manum Almerici, sancte Romane ecclesie diaconi cardinalis et cancellarii, IIII kal. decembris, indict. X, Incarnationis Dominice anno M° C° XXXI°, pontificatus vero domini Innocentii pape II an. II°.

(*Cartul.* fol. 1 r°. — Archiv. de l'Aube, copie.)

2. — 17 juin 1435 (1136 d'après le système Pisan). *Confirmacion de biens de l'église dou Paraclit.*

Innocentius, episcopus, servus servorum Dei, dilectis in Xpristo filiabus Heloyse, ceterisque sororibus in Oratorio Sancte Trinitatis, quod in pago Trecensi, in parochia Quinceii supra fluvium Arduconem situm est, divino famulatui mancipatis tam presentibus quam futuris in perpetuum. Quotiens illud ... (*repetit bullam* n. 1)... concedimus possidendas. Ad hec aditientes statuimus, ne propter benedictionem et consecrationem percipiendam de monasterio exire cogamini; nec pro electione abbatisse, aut alia qualibet occasione episcopus, vel alia quelibet persona, ullum vobis gravamen vel molestiam inferre presumat. Nulli ergo hominum..... (*ut supra* n. 1)... ultioni subjaceat. Cunctis autem eidem monasterio sua jura servantibus sit pax Domini nostri Jhu Xpi, quatenus, et hic fructum bone actionis percipiant, et apud districtum Judicem premia eterne pacis inveniant. † (*Place du cercle concentrique, avec la devise :* Adjuva nos Deus, salutaris noster) Ego Innocentius, catholice Ecclesie episcopus, Bene Valete. † Ego Willelmus, Prenestinus episcopus, ss. † Ego Theodewinus, Sancte Rufine episcopus, ss. † Ego Gerardus, presb. cardin. tituli Sancte Crucis in Hierusalem, ss. † Ego Lictifredus, presb. cardin. tituli Vestino, ss. † Ego Lucas, presb. cardin. tituli SS. Johannis et Pauli, ss. † Ego Martinus, presb. cardin. tituli Sancti Stepfani, ss. † Ego Azo, presb. cardin. tituli Sancte Anastasie, ss. † Ego Gregorius, diac. cardin. SS. Sergii et Bacchi, ss. † Ego Guido, cardin. diac. Sancti Adriani, ss. † Ego Hubaldus, diac. card. Sancte Marie in via Lata, ss. † Ego Crisogonus, diac. cardin. Sancte Marie in Porticu, ss. † Ego Guido, indignus sacerdos, ss. — Data Pisis, per manum Almerici S. R. E. diaconi cardinalis et cancellarii, XV kal. julii, indict. XIII, Incarnationis Dominice anno M° C° XXXVI°, pontificatus domini Innocentii pape II anno VI°.

(Cartul. fol. 1 v° et 34 r°. — Archiv. de l'Aube, origin. Le sceau pendait à double corde de chanvre.)

3. — *29 avril 1140. Contrainte contre des cautions pour 20 marcs sterling de biens.*

Innocentius, episcopus, servus servorum Dei, dilectis in Xpo filiis venerabili fratri episcopo et dilecto filio Drogoni canonico Trecensibus, salutem et Apostolicam benedictionem. Significaverunt nobis dilecti filii P. de Tita et A. de Roman. cives Romani quod, cum in viginti marcis sterlinquorum bonorum Bartholomeus, rector ecclesie Aubuexelli, et Petrus de Bachi, clericus, decanus Trecensis, pro monialibus Paracliti ipsis fidejusorie teneantur astricti, nondum super hiis eis satisfacere curaverunt. Quocirca discretioni vestre per Apostolica scripta mandamus, quatinus, fidejussores ipsos, ut prefatos cives super hoc reddant, sicut tenentur, indampnos, monitione premissa, compellatis, nullis litteris veritati justitie prejudicantibus a Sede Apostolica impetratis. — Datum Laterani III kalend. maii pontificatus nostri anno XI°.

(Cartul. fol. 27 r° et 63 v°. Manque dans Jaffé.)

4. — 30 décembre 1138-1142.

Innocentius, episcopus, servus servorum Dei, dilectis in Xpristo filiabus Heloysse, abbatisse, et sanctimonialibus Paraclitensis cenobii, salutem et Apostolicam benedictionem. Religiosis desideriis dignum est facilem prebere consensum, ut fidelis devotio celerem sortiatur effectum. Quanto itaque femineus sexus exstat fragilior, tanta magis erga vos paternam curam atque sollicitudinem volumus exhibere, et in quibus secundum Deum possumus, quieti et utilitati vestre salubriter providere. Locum itaque suum cum omnibus ad ipsum pertinentibus, quem Gundricus, sacerdos, in paterno predio constructum religiosorum precibus et consilio rationabiliter vobis concessit, auctoritate vobis Apostolica confirmamus, et concessionem ipsam presentis scripti pagina roboramus. Si quis autem, hujus nostre constitutionis paginam sciens, contra eam temere venire temptaverit, secundo tertiove commonitus, si non reatum suum congrua satisfactione correxerit, indignationem omnipotentis Dei et beatorum Petri et Pauli apostolorum ejus, se noverit incursurum. Datum Laterani III kal. januarii.

(Cartul. fol. 28 v° et 65 r°.)

5. — 1143 (v. st.) *Confirmacion des biens de l'église dou Pariclit.*

Lucius, episcopus, servus servorum Dei, dilectis in Xpo filiabus Heloysse, priorisse, ceterisque sororibus in Oratorio Sancte Trinitatis, quod in pago Trecensi, in parrochia Quinceii supra fluvium Arduconem situm est, divino famulatui mancipatis, tam presentibus quam futuris, in perpetuum. Quotiens illud a nobis petitur.. *(repetit bullas n. 1 et 2)* † *Place du cercle concentrique, avec la devise :* Ostende nobis domine misericordiam tuam) Ego Lucius, catholice Ecclesie episcopus, Bene Valete. † Ego Conradus, Sabiniensis episcopus, ss. † Ego Theodewinus, Sancte Rufine episcopus, ss. † Ego Stephanus, Prenestinus episcopus, ss. † Ego Higmarus, Tusculanus episcopus, ss. † Ego Petrus, Albanensis episcopus, ss. † Ego Gregorius, presb. cardin. tituli Calixti, ss. † Ego Guido, cardin., presb. tituli Sancti Crisogoni, ss. † Ego Goizo, presb. card. tituli Sancte Cecilie, ss. † Ego Thomas, presb. cardin. tituli Vestine, ss. † Ego Guido, in Romana ecclesia altaris minister indignus, ss. † Ego Hubaldus, presb. cardin. tituli Sancte Praxedis, ss. † Ego Gilibertus, presb. cardin. Sancti Marci, ss. † Ego Nicolaus, presb. cardin. tituli Sancti Cyriaci, ss. † Ego Rainerius, presb. cardin. tituli Sancti Stephani de Celio Monte, ss. † Ego Gregorius, diac. cardin. SS. Sergii et Bachi, ss. † Ego Otto, diac. cardin. Sancti Georgii, ss. † Ego Guido, diac. cardin. SS. Cosme et Damiani, ss. † Ego Gerardus, diac. cardin. Sancte Marie in Domnica, ss. † Ego Gregorius, diac. cardin. Sancti Angeli, ss. † Ego Gr., indignus serviens Romane ecclesie diaconus, ss. † Ego Petrus, diac. cardin. Sancte Marie in Porticu, ss. † Ego Johannes, diac. cardin. Sancte Marie Nove, ss. † Ego Astaldus, diac. cardin. Sancti Eustachii juxta templum Agrippe, ss. Data Laterani per manum Baronis, capellani et scriptoris, idus martii, indict VII, Incarnationis Dominice anno M° XL° III, pontificatus vero domini Lucii II pape anno I°.

(*Cartul.* fol. 21 v° et 58 r°. — Archiv. de l'Aube, origin. Le sceau pendait à double lacs de soie rouge et jaune.)

6. — 1er novembre 1147. *Confirmacion des biens dou Paraclit.*

Eugenius, opiscopus, servus servorum Dei, dilectis in Xpristo filiabus Heloysse, abbatisse monasterii Sancti Spiritus, ejusque sororibus, tam presentibus quam futuris regularem vitam professis, in perpetuum. Ad hoc nobis a provisore omnium bonorum Deo pastoralis officii cura commissa est, ut beneplacentem Deo religionem laboremus statuere, et stabilitam exacta diligentia conservare. Ea propter, dilecte in Domino filie, vestris justis postulationibus clementer annuimus, et prefatum monasterium in quo divino mancipate estis obsequio, sub beati Petri et nostra protectione suscipimus, et presentis scripti privilegio communimus, statuentes ut quascunque possessiones, quecunque bona in agris, vineis, pratis, silvis, molendinis, aquis, decimis, seu aliis idem monasterium in presentiarum juste et canonice possidet, aut in futurum concessione pontificum, largitione regum vel principum, oblatione fidelium, seu aliis justis modis, Deo propitio, poterit adipisci, firma vobis, eisque que post vos successerint, et illibata permaneant, in quibus hec specialiter duximus adnotanda. Terram, videlicet, in qua ipsum monasterium constructum est. Culturas in monte Limarsum. Quidquid habetis ex venditione seu donatione Milonis. Duo jugera terre ante ipsum monasterium. Aliam terram in eodem loco. Culturam de Fonte Aman. Totam terram, quam Rainaldus habebat in parochia de Quinceio, ex utraque parte fluvioli Arducionis. Molendinum de Brusleto. Culturam et quasdam alias terras, quas Hilduinus, decanus, et seguinus, frater ejus, et cognati eorum monasterio vestro dederunt. Medietatem furni de Quinceio, et vineam Baboel de Calestra. Quidquid Arpinus de Mairiaco tenebat de feodo Milonis, ex illa parte Sequane in qua monasterium est. Terram de Busseio; terras quas habetis apud Fontanetum Petrosum; et apud Brociam Vagonis; et in valle Faiel; quatuor oschas de terra apud Ferroum. Medietatem totius nemoris et terre de Furnellis. Decem jugera terre apud Bocennaium. Tertiam partem molendini molentis et sextam terentis; et totam piscationem quam Maria de Balbusia habebat apud Pontes; et terram apud Pomerulos. Modium frumenti singulis annis ab illustri comite Theobaldo vobis donatum, et totam piscationem in molendinis suis apud Pontes. Vineam quam dedit vobis Herfridus de Calestra, et duodecim denarios census apud Sanctum Ferreolum; vineam apud Chalestram, censum quinque solidorum in eodem loco. Apud Montem Potarium censum trium solidorum. Terram de Croisum. Terram totam, quam Rainaldus, filius Milonis, habebat in Murgeriis (1). Usus nemorum de Curgivolt, de Poiseio, de Marcilliaco, de Charmeio et omnium nemorum Anselli de Triagnello, tam ad pasturam pecorum quam ad edificia, seu alia necessaria. Censum quinque solidorum in ponte de Baldimento; et sex solidos in molendino de Canturane; et quinque solidos in oscha Teoldi apud Curgivolt; et vineam de Fonte Beton; et quidquid Willelmus habebat in prato Guandelen; vineam de Saldon. Ex dono Gauterii de Curtimain duos sextarios siliginis singulis annis. Terram de Tilliaco. Quidquid legitime habetis ex dono Hernulfi de Insula apud Villam Novam et apud Tranqueil. Terram de Spineto; terram apud Gumeri; terram apud Summum Fontem; et apud Trembleium. Molendinum de Barsam. Medietatem

---

(1) *In bulla origin.* Murgeoris.

molendini de Fonte Aman. Partem molendini Pagani de Ferrou (1). Quidquid habetis apud Plantoiz. Censum sex denariorum ab Uberto de Tranqueil. Quidquid Thescelinus habebat in eodem loco preter homines. Terram Amici, militis, de Summo Fonte. Quidquid Ermengardius Postellus habebat in molendinis canonicorum Ville Maurorum; et in hortis ultra pontem Vane. Partem piscationis quam Felix, miles, habebat in aqua Bucennaii, et partem quam habebat in terra Scrobium, et censum duorum solidorum ab eodem. Terram in qua grangia vestra est, et oschiam in eodem loco. Terram quam dederunt Amaldricus et Hilduimus. Prata de Vergeron. Terras quas habetis apud Quinceium. Quartam partem prati de Mella (2). Quatuor arpennos prati apud Tilleium. Medietatem molendini de Quinceio. Totum tenementum Gaufridi. Dimidium arpennum vinee apud Postingiacum. Ex dono Hygonis Capri vineam de Monte Arpon, et domum in qua ipse manebat, et cellarium. Tenementum Guarini apud Saucetum. Vineam apud Sezanam. Terram inter Pisiacum et Aizium. Molendinum de Brecenniaco. Molendinum, terram et pratum apud Marcilliacum. Octavam partem nemoris de Poisiaco (3), aliam partem in eodem nemore. Ex dono Gualterii Rungifer, quatuor arpennos prati, et quadraginta solidos census. Ex dono Heloisse de Villari terram, vineam et domum. Quidquid Radulphus Gaius habebat in bosco Fraxi-

(1) *In bulla origin.* Frou. (2) *Ibid.* Orella. (3) *Ibid.* Plsisco.

neti. Ex dono prefati comitis Theobaldi sexdecim sextarios annone in molendino de Stagno. Unum modium frumenti in molendino de Changeio. Quindecim sextarios annone in molendino de Planca. Molendinum de Justiniaco. Medietatem molendini de Crevecuer (1) et vineam a Scolastica. Medietatem furni vicecomitisse. Medietatem prati subter ecclesiam Sancti Nicolai. Vineam Paule et Emmelline; tenementum Petri de Valle; et tres denarios census de Ponne. Vineas Gualcherii Cementarii. Arpennum vinee et XIIII denarios census a Frodmondo Peregrino. Vineam Hugonis Butarii. Vineam Rahaldis. Septem jugera terre a Petro de Ponne. Quatuor jugera ab Alburge de Ponne. Duo jugera et aream a predicto Galcherio. Septem jugera ab Ada de Altomuro. Arpennum prati, et dimidium, et medietatatem domus ab Emmelina Rebursata. Arpennum prati et dimidium a Bona de Pruvino ; ¡XII denarios census de prato Teodorici Goherel. Domum Ascrane et plateam. Domos Rahaldis, Paule, Hugonis Butarii, Loherii, Aden, Joannis Tiranni et dimidiam domum Isimbardi. Domum Bonelli Waure, et medietatem alterius domus, tres cameras et vineam ejusdem. Modium avene et XX gallinas a Margareta vicecomitissa de Marrolis. Molendinum de Roscha. Quartam partem domus ab Andrea. Sex jugera terre in Campo Levato, et decem et octo jugera desuper Montem Hanepon. Quartam partem terre de villa

---

(1) *In bulla origin.* Crevacor.

Cren. Dimidium plante de Filiniaco. Ab Evrardo vineam et XII denarios census. Tenementum uxoris Pagani sellarii, et tres solidos census apud Lisinas, et domum ejusdem Pagani apud Provinum. Terram Radulphi canonici apud Lisinniam. Medietatem domus in atrio Sancti Nicholai. Septem solidos census apud Calestram. Viginti solidos apud Provinum. Viginti solidos apud Lisinnias. Septem solidos et dimidium a Tescia majorissa. Decem et septem solidos de Monte Hanepon. Quatuor solidos et duos denarios de Buath. Duos solidos a Godefrido monetario. Viginti solidos in terris Corileti. Terram Greviarum. Ex dono preterea Atonis, Trecensis episcopi, medietatem omnis decime de Sancto Albino, et medietatem candelarum in Purificatione Sancte Marie. Totam decimam de Avenz. Quidquid Petrus Sanctus habebat in oblatione ecclesie de Trenqueil, et partem decime ejusdem loci, tertiam partem prefate oblationis, et censum atrii; et majorem partem decime de Parigniaco. Quidquid habetis in decimis de Balbusia; et apud Sanctum Parrum; in decimis de Quinceio; et apud Ulmellos; duas partes decime de Curgivolt. Quidquid habetis in decima de Villagruis. Tertiam partem decime de Nogennio. Decimam quam habetis apud Aurigniacum; apud Occo; et Malpigniacum; et Sanctum Flavitum. Quidquid habetis apud Marigniacum in decimis et oblatione; et apud utramque ecclesiam de Bocennay; apud Ferroum, apud Capellam; et et apud Codes; apud Calestram; apud Maserias; apud Bernerias. Quidquid etiam

Petrus, sacerdos de Parigniaco, vobis donavit in domibus, vineis, seu aliis. De dono Henrici, Senonensis archiepiscopi, decimam de Lisignis, et partem decime de Cuchermeo. Loca vero de Triagnello et Pomario, quemadmodum vobis rationabiliter concessa sunt, cum universis appendiciis suis auctoritate vobis Apostolica confirmamus, et in vestra subjectione manere decernimus, juxta videlicet dispositionem Paraclitensis abbatisse suarumque sororum priorisse statuantur et mutentur. Decernimus autem, ne propter consecrationem vel benedictionem percipiendam de monasterio exire cogamini, nec pro electione abbatisse, aut alia qualibet occasione, episcopus vel alius gravamen vobis vel molestiam inferat. De laboribus etiam vestris seu animalibus nullus a vobis decimas exigat. Ad indicium itaque percepte hujus a Romana ecclesia libertatis, unum obolum aureum singulis annis nobis nostrisque successoribus persolvetis. Nulli ergo hominum liceat prefatum monasterium temere perturbare, aut ejus possessiones auferre, vel ablatas retinere, minuere, aut aliquibus molestiis fatigare : sed omnia integra conserventur earum, pro quarum sustentatione et gubernatione concessa sunt, usibus profutura, salva Sedis Apostolice auctoritate. Si qua igitur in posterum ecclesiastica scularisve persona... † (*Place du cercle concentrique avec la devise* : Domine signum in bonum fac meum) Ego Eugenius, catholice Ecclesie episcopus, Bene Valete. † Ego Albericus, Ostiensis episcopus, ss. † Ego Imarus, Tusculanus episcopus, ss. † Ego Guido, presb. cardin. SS. Laurentii et Damasi, ss. † Ego Hugo, presb. cardin. tituli in Lucina, ss. † Ego Jordanus, presb. cardin. tituli Sancte Suzanne, ss. † Ego Oddo, diac. cardin. Sancti Georgii ad Velum Aureum, ss. † Ego Octavianus, diac. cardin. Sancti Angeli, ss. † Ego Johannes, diac. cardin. Sancte Marie Novo, ss. † Ego Iacinthus, diac. cardin. Sancte Marie in Cosmydyn, ss. — Datum Catalauni, per manum Guidonis Sancte Romane ecclesie diaconi cardinalis et cancellarii, kal. novembris, ind. XI, Incarnationis Dominice anno M° C° XXXX° VII°, pontificatus vero domini Eugenii III pape anno III°.

(*Cartul.* fol. 2 v° et 35 r°. — Archiv. de l'Aube, origin.)

7. — 1153. *Confirmacion des biens de l'église dou Paraclit.*

Anastasius, episcopus, servus servorum Dei, dilectis in Xpristo filiabus Heloise, abbatisse, ceterisque sororibus in Oratorio Sancti Spiritus, quod in pago Trecensi, in parochia Quinceii supra fluvium Arduconem situm est, divino famulatui mancipatis, tam presentibus quam futuris, in perpetuum. Religiosis desideriis dignum est facilem prebere assensum ut fidelis devotio celerem sortiatur effectum. Quanto itaque femineus sexus fragilior esse dignoscitur, tanto magis erga vos patriam curam atque sollicitudinem volumus exhibere, et in quibus secundum Deum possumus quieti et utilitati vestre salubriter, auxiliante Domino, providere. Ea propter... (*repetit bullam n.* 6, *cum his additis*) ...*Apud Sanctum Ferreolum.* Quicquid vinearum et census et alicujus possessionis habetis apud Calestram et apud Villonissam ...*Apud Montem Potarium censum trium solidorum.* Terram Amici, militis, de Summo Fonte. Quicquid habetis apud Capellam Sancti Flaviti... *Ex dono Gaulerii Rungifer* quatuor arpennos prati et quatuor arpennos terre, quadraginta solidos census et corveas... *in Bosco Fraxineti.* Decimam annone et denariorum in molendino de Stagno et decimam panum et denariorum in tota domo furni de foro novo, que dedit Teobaldus, comes. Decimam minagii quam dedit Evrardus Rungifer. ... *a Godefrido monetario.* Decem solidos census a Fulcherio Pentecoste et quidquid habebat in furno allodii. Quinquaginta solidos census a defuncto Stephano, vicario, et Andrea nepote suo. Quinque solidos census a defuncta Aalis. Decem solidos census a Petro de Porta. Quidquid habetis apud Suliniacum et apud Pontem ab uxore Gualterii de Fontineto ...*Loca vero de Triagnello, et Pomario, et Leavallo..* † (*Place du cercle concentrique, avec la devise :* Custodi me domine ut pupillam oculi) Ego Anastasius, catholice Ecclesie episcopus, Bene Valete. † Ego Imarus, Tusculanus episcopus, ss. † Ego Hugo, Hostiensis episcopus, ss. † Ego Gregorius, presb. cardin. tituli Calixti, ss. † Ego Guido, presb. cardin. tituli Sancti Grisogoni, ss. † Ego Aribertus, presb. cardin. tituli Sancte Anastasie, ss. † Ego Octavianus, presb. cardin. tituli Sancte Cecilie, ss.

† Ego Henricus, presb. cardin. tituli SS. Nerei et Achillei, ss. † Ego Odo, diac. cardin. tituli Sancti Georgii ad Velum Aureum, ss. † Ego Rodulfus, diac. cardin. Sancte Lucie in Septa Solis, ss. † Ego Guido, diac. cardin. Sancte Marie in Porticu, ss. † Ego Johannes, diac. cardin. SS. Sergii et Bachi, ss. † Ego Gerardus, diac. cardin. Sancte Marie in Via Lata, ss. † Ego Odo, diac. cardin. Sancti Nicholai in Carcere Tulliano, ss. — Datum Laterani per manum Rolandi, sancte Romane ecclesie presb. cardin. et cancellarii, VII kal. febr., indict. II, Incarnationis Dominice anno M° C° LIII°, pontificatus domini Anastasii IIII pape anno II°.

(Cartul. fol. 5 v° et 39 r°. — Archiv. de l'Aube, origin. Le sceau pendait à lacs de soie rouge et jaune.)

8. — 13 février 1156.

Adrianus, episcopus, servus servorum Dei, dilectis in Xpristo filiabus Heloisse, abbatisse, ceterisque sororibus Paracleti, salutem et Apostolicam benedictionem. Et injuncti nobis a Deo apostolatus officium nos impellit, et bone vestre conversationis odor hortatur justis postulationibus vestris benignum impertiri consensum, et que ad utilitatem et quietem vestram pertinent libenti animo adimplere. Ea propter, dilecte in Domino filie, laboribus vestris providere volentes, sepeliendi apud abbatiam vestram tum fratres vestros proprium non habentes, liberam vobis, et iis que post vos successerint, licentiam auctoritate Apostolica indulgemus. Nulli ergo hominum liceat hanc paginam nostre constitutionis infringere, vel ei ausu temerario contraire. Si quis autem hoc attenptare presumpserit indignationem omnipotentis Dei, et beatorum Petri et Pauli apostolorum ejus se noverit incursurum. — Datum Beneventi, id. februarii.

(Cartul. fol. 31 v° et 68 r°.)

9. — 1er décembre 1157.

Adrianus, episcopus, servus servorum Dei, dilectis in Xpristo filiabus Heloisse abbatisse, ceterisque in Oratorio Sancti Spiritus, quod in pago Trecensi situm est, divino famulatui mancipatis, tam presentibus quam futuris in perpetuum. Ad hoc nobis a provisore... *(ut supra n. 6. dein repetit bullam n. 7)* ... Loca vero de Pomario, Triagnello, Leavallo, Neoforto, Sancti Flaviti, quemadmodum vobis rationabiliter concessa sunt, cum universis appendiciis suis, auctoritate vobis Apostolica confirmamus. Decernimus autem... Nulli ergo hominum... Si qua igitur. — Datum Laterani, per manum Alberti, Sancti Adriani diaconi cardinalis, vicem Domini Rolandi, sancte Romane ecclesie presbyteri cardinalis et cancellarii, gerentis, kal. decembris, ind. XI, Incarnationis Dominice anno M° C° LVII°, pontificatus vero domini Adriani pape IV anno III°.

(Cartul. fol. 17 v° et 53 v°.)

10. — 1ᵉʳ décembre 1157.

Adrianus, episcopus, servus servorum Dei, dilectis in Xpo filiabus Heloisse, abbatisse, ceterisque sororibus in Oratorio Sancti Spiritus quod in pago Trecensi situm est, divino famulatui mancipatis, tam presentibus quam futuris, in perpetuum. Prudentes virgines et a Xpisto vero sponso annulo fidei subarratas, que abjectis carnalibus desideriis in amorem Conditoris totis visceribus succenduntur, tanto celerius decet nos atque attentius in suis postulationibus exaudire, et tam eas quam earum bona sub nostra defensione suscipere, quanto magis constat eas celestibus desideriis inardere et pro bonis operibus que gesserunt venienti Sponso accensis occurre lampadibus coronandas. Eapropter... (*ut supra* n. 6, p. 7) ...Terram, videlicet, in qua ipsum monasterium constructum est. Loca vero de Pomerio, Triagnello, Leavalle, Neoforto, Sancti Flaviti quemadmodum vobis rationabiliter concessa sunt, cum omnibus appendiciis suis, auctoritate Apostolica vobis confirmamus et in vestra subjectione manere decernimus, juxta videlicet dispositionem Paraclitensis abbatisse suarumque sororum et priorisse statuantur et mutentur. Appendicia vero Pomerii sunt hec : omnia, videlicet, que Anselmus Biselenmen in territorio Pomerii habebat. Quicquid Rainaldus Crassus et Oddo de Villonissa ibidem habebat. Censum territorii ejusdem quod est apud Giseium cum prato et vinea. Quicquid etiam Balduinus et Garinus de Naxlai in predicto territorio habebant. Quicquid Ugo cognomine Monachus in manu sua habebat; compositionem quoque quo inter vos et ecclesiam Sancte Columbe super prato, terra juxta pratum, terra pariter et decima territorii, ex utriusque partis assensu, rationabiliter facta est, sicut in scripto exinde facto noscitur contineri, vobis nichilominus confirmamus. Ex dono Stephani Gorgie censum XVIII denariorum apud Sanctum Martinum; vineam apud Vionovium; dimidium gurgitem apud Moscium; unam partem terre in territorio Pomerii terram de feudo Gualterii Rungefer. Ex dono Gile terram apud Sanctum Martinum persolventem XII denarios pro censu; partem allodii apud Toriniacum; vineam Reginaldi et Avelino de Capella; ex dono Tebaldi *Rastiz* quasdam partes nemoris super Capellam et super Sanctum Martinum; ex dono Mainardi et Hilduini *Boeses* dimidium nemoris Rahaldi; ex dono Bone et filie ejus terram de Carccio; decimam et terram de Compenniaco. Alodium et terram censualem; terram et nemus de feudo Agnetis, filie Guiardi de Urmellis; decimam de Cheverio; ex dono Salonis de Corileon decimam de Compenniaco; ex dono Milonis Bosleni censum et terram apud Sanctum Clementem et censum de Capella; terram et censum de Gisei; censum et rationabilem consuetudinem de Gaufridi de Palo; terram super Pontellum; censum de Villanova; censum de Grangeis; censum apud Sanctum Dionysium; terram de Runca; censum apud Pontem; molendinum quod

emistis a Bertranno ; ex dono Erleobaldi ceci vineam in territorio de Misiri ; vineam de Campo Rubeo ; ex dono Erlebaldi de Pleseio terram quamdam apud Cureium et medietatem pratorum super via Senonensi, et infra ; ex emptione Giraldi et Hugonis tres partes terre unam retro grangiam, aliam apud capellam, tertiam super molendino. Ex dono Garini de Maslei terram et pratum apud Cercloz. Ex dono Belerii censum duorum solidorum apud Privilgnum. Terram quam emistis ab Hugone Monacho ultra Poncellum. Decimas terrarum Anselmi Biselemenne et Eustachie, filie ejus, in valle Miseriaci, rationabiliter vobis concessas. Ex dono Guiardi *Poonelli* terras et rationabiles consuetudines in parrochia Compenniaci. Ex dono Aveline et Milonis filii ejus de Breetes terram de Nespilo, et totum alodium apud Charceium, et rationabilem consuetudinem de Pesrel, et censum quatuor denariorum de vinea que est juxta portam Desiderii. Decernimus autem ne propter consecrationem... (*ut supra p.* 13)
† (*Place du cercle concentrique, avec cette devise :* Oculi mei semper ad Dominum) Ego Adrianus, catholice Ecclesie episcopus, Bene Valete. † Ego Hymarus, Tusculanus episcopus, ss. † Ego Gregorius, Sabinensis episcopus, ss. † Ego Hubaldus, presb. cardin. tituli Sancte Praxedis, ss. † Ego Julius, presb. cardin. Sancti Marcelli, ss. † Ego Ottavianus, presb. cardin. tituli Sancte Cecilie, ss. † Ego Johannes, presb. cardin. tituli SS. Johannis et Pauli tituli Pamachii, ss. † Ego Henricus, presb.

cardin. tituli SS. Nerei et Achillei, ss. † Ego Oddo, diac. cardin. Sancte Marie in Porticu, ss. † Ego Yacinthus, diac. cardin. Sancte Marie in Cosmydyn, ss. † Ego Johannes, diac. card. SS. Sergii et Bachi, ss. † Ego Ardicio, diac. cardin. Sancti Theodori, ss. — Datum Laterani, per manum Alberti, S. Adriani diaconi cardin., vicem domini Rolandi, S. R. E. presb. cardin. et cancellarii, gerentis, kalendis decembris, indict. XI, Incarnationis Dominice M° C° L° VII°, pontificatus vero domini Adriani pape IIII anno III°.

(*Cartul.* fol. 17 v° et 53 v°; Archiv. de l'Aube, origin. Bulle de plomb sur fils de soie rouge et jaune.

11. — 25 novembre 1156-1158.

Adrianus, episcopus, servus servorum Dei, dilectis in Xpristo filiabus Heloisse, abbatisse monasterii de Paracleto, ejusque soribus, salutem et Apostolicam benedictionem. Quotiens religiose persone a nobis talia postulant, que a rationis tramite non discordant, ad concedendum quod petitur non debemus difficiles inveniri. Eapropter, dilecte in Xpristo filie, vestris justis postulationibus gratum impertientes assensum, auctoritate vobis Apostolica concedimus, ut eos qui de facultatibus suis ecclesie vestre grata conferunt solatia charitatis, si forte non proprio reatu, sed pro alienis sunt excessibus interdicti, liceat vobis ad sepulturam recipere, et ipsos in cemeterio vestro cum aliis fidelibus tumulare. — Datum Laterani, VIII kal. decembris.

(*Cartul.* fol. 31 v° et 68 v°.)

12. — 6 avril 1163.

Alexander, episcopus, servus servorum Dei, dilectis in Xpristo filiabus Heloisse, abbatisse, ceterisque sororibus in Oratorio Sancti Spiritus, quod in pago Trecensi situm est, divino famulatui mancipatis, tam presentibus quam futuris, in perpetuum. Ad hoc nobis a provisore... (*ut supra n.* 6 ; *dein repetit bullam n.* 9)...Loca vero de Pomario, Triagnello, Borrenco, Leavalle, Neoforto, Sancti Flaviti, quemadmodum vobis rationabiliter concessa sunt, cum universis appendiciis suis... Decernentes ne propter consecrationem vel benedictionem percipiendam de monasterio exire cogamini ; nec et pro electione abbatisse, dictorumque locorum provisione, visitatione, aut alia qualibet occasione, episcopi vobis sint gravamini. Nulli ergo hominum... Si qua igitur... Datum Parisius, per manum Hermanni, sancte Romane ecclesie subdiaconi et notarii, VIII id. Aprilis, ind. X, Incarnationis Dominice anno M° C° LXIII°, pontificatus vero domini Alexandri papa III anno IV°.

13. — 6 avril 1163.

Alexander, episcopus, servus servorum Dei, dilectis in Xpisto filiabus Heloisse, abbatisse, ceterisque sororibus in Oratorio Sancti Spiritus, quod in pago Trecensi situm est, divino famulatui mancipatis, tam presentibus quam futuris, in perpetuum.

ind. XI, Incarnationis Dominice anno M° C° LX° IIII°, Prudentes virgines... (*ut supra n.* 10; *dein repetit bullam n.* 12.) — Datum Parisius, per manum Hermanni, sancte Romane ecclesie subdiaconi et notarii, VIII id. aprilis, ind. X, Incarnationis Dominice unno M° C° LXIII°, pontificatus vero domini Alexandri pape III anno IV°.

<small>(*Cartul.* fol. 8 v° et 42 v°. Archiv. de l'Aube, copie authent. collationnée sur l'original. On lisait sur le repli de la bulle : J. de Palacolis.)</small>

14. — 21 mars 1164.

Alexander, episcopus, servus servorum Dei dilectis in Xpo filiabus Ameline, abbatisse monasterii de Pomerio, ejusque sororibus tam presentibus quam futuris regularem vitam profossis, in perpetuum. Desiderium, quod ad religionis propositum et animarum salutem pertinere monstratur, sine aliqua est dilacione cumplendum. Eapropter, dilecte in Domino filie, vestris multis postulacionibus clementer annuimus et prefatum monasterium in quo divino mancipate estis obsequio, sub B. Petri et nostra protectione suscipimus et presentis scripti privilegio communimus. Imprimis siquidem statuentes ut ordo monasticus, qui secundum Deum et beati Benedicti regulam in vestro monasterio noscitur institutus, perpetuis ibidem temporibus inviolabiliter observetur. Preterea, quascumque possessiones, quecumque bona idem monasterium impresentiarum juste et canonice possidet aut in futurum concessione pontificum, largitione regum vel principum, oblacione fidelium, seu aliis multis modis, Deo propicio, poterit adipisci, firma vobis et his que post vos successerint, et illibata permaneant, in quibus hec propriis duximus exprimenda vocabulis : omnia, videlicet, que Anselmus Biselenmeins *repetit bullam n.* 10 *cum his additis*) ...*que est juxta portam Desiderii.* Ex dono comitisse et Henrici, comitis, III modios frumenti et III modios tremesii et molendinum de porta de *Busancaies* apud Barboniam. Mediam partem terre arabilis et partem de vineis Nicholai, majoris Barbonie, pro se et pro filia sua. Ex dono Guiardi, militis, terram de Cornilleo pro filia sua ; et terram romagne cum clauso et nuceariis; et aliam partem terre, que est romagnam et nucearium defuncti Oberti ; et terram in qua Petrus manet; et terram quam Jocelmus tenebat; et dimidiam terram Putei ; et III denarios census quos monasterium vestrum prius eidem Guiardo solvebat de terra Gualteri ; et alios III denarios census ; et quartam partem decime Compenniaci. Ex dono Alberici de Marolio, militis, quicquid habebat apud Flurinnaci, tam in magna quam in illa que vocatur decima novarum ; usuarium quoque cum omni integritate in nemore de Valeriis, in illa scilicet parte quam ibi habebat; et etiam unum campum terre arabilis, qui est prope callem Braii Castri. Ex dono karissimi in Xpo filii Ludovici, illustris Francorum regis, et Adelaidis, regine, decimam totius vini quod in vita sua expendent Senonis quandiu simul erunt ibidem aut separatim ; aream molendini, que est supra Orosium, emptam a Stephano converso, consentiente Balduino de Clauso Fonte et uxore sua. Nemus Rahaldi quod Hulduinus Boesses et Mainardus de Braites rationabiliter vobis dederunt. Ex dono Milonis Bolens pro filia sua censum quem habebat apud Capellam, et apud Sanctum Clementem, et apud Gileium (*al.* Giseium), et apud Sanctum Salvatorem juxta Braium. Quicquid acquisiistis juxta molendinum, quod dedit vobis comitissa, a Johanne Velea et Thecia, ejus sorore. Medietatem molendini, quod emptum fuit ab Anselmo. Tertiam partem decime de Cusiaco, quam Adam vobis juste contulit. Quinque solidos census, quos Naviotus, filius ejusdem Ade, vobis rationabiliter dedit. Libertatem quoque sive immunitatem a karissimo in Xpo filio nostro Ludovico, illustri Francorum rege, rationabiliter vobis indultam ut, videlicet, de omnibus rebus propriis vestris quecumque vendideritis vel emeritis per totam terram suam neque teloneum, neque transitum, nec ullam omnino consuetudinem imperpetuum exsolvatis, sicut in scripto ejus authentico continetur, vobis et ecclesie vestre auctoritate Apostolica confirmamus. Conventionem autem, que inter vos et Paraclitense monasterium, mediante venerabili fratri nostro Hugone, Senonensi archiepiscopo, super quibusdam capitulis rationabiliter intercessit, vobis nichilominus confirmamus, que videlicet talis est : quod si in substituenda abbatissa inter vos non poterit unanimiter concordare, non aliunde nisi a Paraclitensi monasterio vobis licet abbatissam suscipere ; nec aliam nisi Paraclitensem ordinis institutionem tenere. Ob reverentiam vero ejusdem monasterii abbatissa vestra semel in anno ecclesiam illam ad discendum ordinem, sicut abbatisa ejus ordinis, visitabit. E converso, abbatissa Paraclitensis monasterii, que pro tempore fuerit, semel in anno ad ecclesiam vestram veniet, et sedens in capitulo vestro tanquam magistra, emendabit de ordine, si quid fuerit corrigendum, vel de alio ad ipsum ordidem pertinente. Sane novalium vestrarum, que propriis manibus aut sumptibus colitis, sive de nutrimentis animalium vestrorum nullus a vobis decimas exigere aut extorquere presumat. Decernimus ergo, ut nulli omnimo hominum..... † *Place du cercle concentrique, avec cette devise :* Vias tuas domine demonstra michi) Ego Alexander, catholice Ecclesie episcopus, ss. † Ego Humbaldus, Hostiensis episcopus, ss. † Ego Bernardus, Portuensis et Sancte Rufine episcopus, ss. † Ego Gualterius, Albanensis episcopus, ss. † Ego Guillelmus tituli Sancti Petri ad Vincula, presb. cardin., ss. † Ego Iacinthus, diac. cardin. S. Marie in Cosmydyn, ss. † Ego Oddo, diac. cardin. S. Nicolai in Carcere Tulliano, ss. † Ego Boso, diac. cardin. SS. Cosme et Damiani, ss. † Ego Petrus, diac. cardin. Sancti Eustachii juxta templum Agrippe, ss. † Ego Manfredus, diac. cardin. Sancti Georgii ad Velum Aureum, ss. — Datum Senonis per manum Hermanni sancte Romane ecclesie subdiaconi et notarii, XII kal. aprilis,

pontificatus vero domini Alexandri papa III
anno VI°.

<small>(Archiv. de l'Aube, tirée d'un *vidimus* authent. sur parchem., du mois de février 1442, *more Gallicano*. Manque dans Jaffé.)</small>

15. — 15 février 1182.

Lucius, episcopus, servus servorum Dei, dilectis in Xpo filiabus Milesendi, abbatisse, et sororibus monasterii de Paraclito, salutem et Apostolicam benedictionem. Suscepte ammonet officium servitutis justis petentium desideriis facile inclinari et vota eorum, effectu prosequente, complere. Eya propter, dilecto in Xpo filie, vestris justis postulationibus annuentes, Apostolica vobis auctoritate concedimus eos qui de facultatibus suis ecclesie vestre grata conferunt solatia caritatis, si apud vos elegerunt sepeliri, nec fuerint pro reatu proprio interdicti, ad sepulturam recipere, salva justitia ecclesiarum a quibus mortuorum corpora assumuntur, in cimeterio vestro cum fidelibus tumulare. Interdicimus autem ne quis in ecclesiam vestram interdicti, aut servientes ejus excommunicationis vel suspensionis, sententiam absque manifesta et rationabili causa promulget. Preterea quascumque possessiones, quecumque bona monasterium vestrum impresentiarum rationabiliter possidet vel in futurum, Deo propitio, poterit adipisci, firma vobis, et illis que post vos successerint, et illibata permaneant. In quibus hec propriis duximus exprimenda vocabulis : terram, videlicet, in qua ipsum monasterium constructum est. Culturam in monte Limarsum. Quicquid habetis ex venditione seu donatione Milonis : duo jugera terre ante ipsum monasterium ; aliam terram in eodem loco ; XL solidos redditus quos dedit Girardus, gener ipsius Milonis, in foro Nogennii. Quicquid habetis ex venditione seu donatione Manasses de Charz in nemoribus de Poisi. Totam terram quam vendidit vobis Simon de Noes, quam habebat citra aquam ; et partem totam quam habebant ipse et soror sua in nemoribus de Poisi. Quicquid habebant Richerius *li Cortes*, Durannus et Martinus, et heredes sui in nemoribus de Poisi. Quicquid habetis ex venditione monachorum Vallis Lucentis. Terram videlicet et prata ; IIII sextaria annone que dedit vobis Adam de Mentum in molendino suo de Sancto Lupo. Partem decime quam dedit vobis Girardus Canis apud Orviler. Quicquid Roca, uxor Girardi Crolebois, dedit vobis in decima de Savins in parte sua. IIII solidos census apud Pontes, quos dedit vobis Gaufridus de Regiis. Terram quam vendidit vobis Symon de Quinceio in cultura de Cassegren et usuarium pasture ad reparationem molendini quod habetis in ipsa villa. Modium annone quod dedit Maria et filii ejus in molendino suo de Sancto Albino. Terram quam vendidit vobis Petrus de Marnaio ad Marcellam Murgeri. Terram quam dedit Gertrudis. Terram quam dedit vobis Theobaldus de Auçon. Decimam de Valle Putei totam. Quicquid Hugo Rumphart dedit vobis in decima de Plesseio. Terram totam quam habetis apud Suleni a Gualterio et Wilelmo, fratre suo. Medietatem partis sue quam dedit vobis Roca in decima Barbusie. VI sextarios annone, III videlicet frumenti et III ordei, quos habetis apud Justini, quos habetis in molendino Mathei Muscoli ; et XII denarios census, et X jugera terre que dedit Anselmus ad Tumulas. Decimam de Mesnil Milonis. Quicquid habetis apud Marigniacum in decimis et oblationibus ; et apud utramque ecclesiam de Boccenai. Duas partes decime Ville Nove. Et totum tractum quem habetis ab Ernulfo de Insulis. Partem decime de Able quam habetis a Jocelino filio Galonis. VIII sextarios siliginis que habetis a Galterio de Cudes. VI solidos census apud Paregni. Et modium avene apud Pontes ex dono comitis Hugonis. III sextaria annone que habetis a Radulpho de Marnaio apud Laneri. Dimidium modium frumenti in molendino de Justini. Duos modios annone in molendinis Ville Nove, que sita est juxta Pontes. III partes terre altaris quas habetis in parrochia de Avent ; II solidos census quos habetis a Petro de Tornella in eadem villa. X solidos census quos habetis ab Emelina, vicecomitissa de Joniaco, apud Molinum. Nulli ergo omnino hominum... Si quis autem hoc attemptare... — Datum Laterani, XIII kal. martii.

(*Cartul.* fol. 22 v° et 59 r°. — Archiv. de l'Aube, origin. Le sceau était sur fils de soie rouge et jaune. Manque dans Jaffé.)

16. — 5 février 1181-1185. *Permission d'accepter toutes dotations.*

Lucius, episcopus, servus servorum Dei, dilectis in Xpo filiabus abatisse et sororibus monasterii de Paraclito, salutem et Apostolicam benedictionem. Justis nos convenit vestris petitionibus clementer annuere et pia desideria, effectu prosequente, complere, ut tanto fortius sentiatis Apostolicum munimentum quanto minus potestis pro sexus fragilitate vos tueri. Eapropter, dilecte in Xpo filie, vestris justis postulationibus annuentes, presenti vobis pagina indulgemus ut licitum sit cuilibet in extrema voluntate rebus juris sui vobis impendere et caritatis beneficia impertiri, vobisque illa recipere, et ad utilitatem vestri cenobii retinere.. Nulli ergo omnino hominum... Si quis autem hoc attemptare... — Datum Laterani, nonas februarii.

(Cartul. fol. 27 v° et 64 r°.)

17. — 5 février 1181-1185. *Permission d'accepter et tenir tous menues dixmes.*

Lucius, episcopus, servus servorum Dei, dilectis in Xpo filiabus abbatisse et sororibus monasterii Sancti Spiritus, salutem et Apostolicam benedictionem. Justis petentium desideriis dignum est nos facilem prebere consensum et vota que a rationis tramite non discordant, effectu prosequente, complere. Eapropter, dilecte in Domino filie, vestris justis postulationibus grato concurrentes assensu, decimas minutas quas de quibusdam locis juste percipitis, sicut eas predecessores vestre hactenus habuerunt, ut vos sine controversia possidetis, devotioni vestre auctoritate Apostolica confirmamus. Statuentes ut nulli omnino hominum... Si quis autem hoc attemptare... — Datum Laterani, nonas februarii.

(*Cartul.* fol. 30 v° et 67 v°.)

18. — 6 juillet 1195.

Colestinus, episcopus, servus servorum Dei, dilectis in Xpo filiabus M., abbatisse, et monialibus Paraclitensibus, salutem et Apostolicam benedictionem. Cum universarum religionum professoribus ecclesia Romana, habito ad ipsorum conversationem et honestatem respectu, gratiam exhibere consueverit specialem, nos tanto libentius volumus exaudire et ad augmentum ecclesie vestre et vestrarum utilitatem quanto nos ad id muliebris fragilitatis infirmitas potius exhortatur et honesta conversatio vestra ac observantia regularis requirunt. Cum igitur venerabilis frater noster Trecensis episcopus, de assensu archidiaconi sui, vobis parrochialem ecclesiam Sancti Albini, que monasterio vestro vicina existit, cum appendiciis suis in perpetuum duxerit concedendam, nos, concessionem suam ratam habentes, ecclesiam ipsam, sicut juste ac pacifice possidetis, devotioni vestre super nos Paraclitensi monasterio auctoritate Apostolica confirmamus et presentis scripti patrocinio communimus. Nulli ergo omnino hominum... Si quis autem hoc attemptare... — Datum Laterani, II non. julii pontificatus nostri anno quinto.

(Cartul. fol. 27 r° et 63 r°. Manque dans Jaffé.)

19. — 26 novembre 1196.

Celestinus, episcopus, servus servorum Dei, dilectis in Xpo filiabus... abbatisse et conventui Paraclitensi, salutem et Apostolicam benedictionem. Eapropter, dilecte in Xpo filie, vestris justis postulationibus gratum impertientes assensum, sententiam quam venerabilis frater noster.. Senonensis archiepiscopus contra ecclesiam Sancti Lupi Trecensis super oblationes altaris de Marigniaco et quibusdam decimis, ex delegacione Sedis Apostolice rationabiliter promulgavit, sicut rationabiliter lata fuit, nec legitima appellatione suspensa, ut in ipsius authentico plenius continetur, auctoritate Apostolica confirmamus et presentis scripti patrocinio communimus. Ne igitur in posterum de ipsius forma sententie valeat dubitari, autenticum ipsum de verbo ad verbum nostris duximus litteris inserendum, quod tale est : « Excellentissimo patri domino Celestino... (n. 90) Decernimus ergo ut ulli omnino hominum liceat hanc paginam nostre confirmationis infringere vel ei ausu temerario contraire. Si quis autem hoc attemptare presumpserit, indignationem omnipotentis Dei et beatorum Petri et Pauli, apostolorum ejus, se noverit incursurum. — Datum Laterani VI kal. decembris pontificatus anno sexto.

(Archiv. de l'Aube, origin. Le sceau était sur fils de soie rouge et jaune. Manque dans Jaffé.)

20. — Novembre 1196. *Privilegium quod numerus non excedat ultra LX monialium.*

Celestinus, episcopus, servus servorum Dei, dilectis in Xpo filiabus abbatisse et conventui Paraclitensi, salutem et Apostolicam benedictionem. Dati, quanquam preter merita, speculatores a Domino super ecclesias universas, necessitatis articulo imminente, illud vobis et ecclesie vestre munimen duximus misericorditer concedendum, per quod in gravaminibus et oppressionibus, sub quorum pondere pre muliebris sexus fragilitate succumbitis, vobis utiliter possit et congrue provideri. Cum enim, sicut per vestram nobis relationem innotuit, circumstantium vicinorum ecclesia vos et ecclesiam vestram infestet ad recipiendum plures in vestro ordine moniales quam vestre facultates patiuntur, vobis auctoritate Apostolica indulgemus, quatinus numero LX monialium, qui juxta possibilitatem vestram et facultates tolerabile apparebit, contente de cetero per indulgentie nostre remedium maneatis. Insuper firmius inhibemus ne aliquis numerum illum, qui predicto modo competens esse videbitur, presumat extendere vel quomodolibet ampliare. Preterea ne extra Senonensem provinciam trahi possitis in causa auctoritate vobis presentium indul-

34 CARTULAIRE

gemus. Decernimus ergo ut nulli omnino... (*ut supra p.* 32). Si quis autem hoc attemptare... Datum Laterani, novembri, pontificatus nostri anno sexto.

(*Cartul.* fol. 123 r°. Manque dans Jaffé.) 17442

21. — 24 avril 1198.

Innocentius, episcopus, servus servorum Dei, dilectis in Xpristo filiabus abbatisse monasterii de Paraclito, cunctis sororibus tam presentibus quam futuris regularem vitam professis, in perpetuum. Prudentibus virginibus que sub habitu religionis, accensis lampadibus, per opera sanctitatis vigilanter se preparant ire obviam sposo, Sedes Apostolica debet patrocinium impertiri, ne forte cujuslibet temeritatis incursus aut eas a proposito revocet, aut robur, quod absit, sacro religionis enervet. Eapropter, dilecte in Xpristo filie, vestris justis postulationibus clementer annuimus et prefatum monasterium de Paraclito, in quo divino mancipate estis obsequio, sub beati Petri et nostra protectione suscipimus et presentis scripti privilegio communimus. Statuentes ut quascumque possessiones, quecumque bona idem monasterium in presentiarum juste et canonice possidet, aut in futurum concessione pontificum, largitione regum vel principum, oblatione fidelium, vel aliis justis modis, prestante Domino, poterit adipisci, firma vobis vestrisque successoribus et illibata permaneant, in quibus hec specialiter exprimenda vocabulis. Locum ipsum in quo prefatum monasterium situm est cum omnibus pertinentiis suis. Ex dono Helisabet de Nogento grangiam juxta Sanctum Albinum sitam, cum omnibus terris et pertinentiis suis, et XIIII libras annuatim percipiendas in pedagio de Nogento. Ex dono Marie, comitisse Trecensis, XIIII arpenta vinearum, scilicet vineam que fuit Roberti, prepositi; vineam que fuit Guerrici; vineam de Hulmo; vineam Petri Teptonici; clausum inter duas vias; et vineam de Partelonge; et vineam Bacelin. Ex dono Guarnerii Trianguli duo arpenta vinearum juxta Ulmum, et duo juxta domum Paracliti. Ex dono Luce, prepositi, tria arpenta vinearum; vineam de Flimiis. Ex dono Helie de Villamari XI libras annuatim percipiendas, scilicet VI libras in pedagio de Marceliaco et C solidos in pedagio de Villamari. Totum tenementum defuncti Aitonis de Quintiaco et redditus omnes et terragios ad illud pertinentes. Duas partes magne decime de Trembloi; et consuetudines quas Henricus Rufus de Triangulo habebat in eadem villa; totum terragium d'Esgemines quod fuit Petri de Pars. Ex dono Guarnerii Nigri et Nigre, uxoris sue, duas vineas que vocantur Chichot; et domum suam et terram domui adjacentem, et unum torcular. Ex dono Ade de Monteor IV sextarios bladi percipiendos annuatim in molendino juxta domum suam sito. Ex dono Petri de Maupegni duos sextarios bladi in terragio suo ad Sanctum Lupum. Ex dono Guarnerii de Triangulo quartam partem decime d'Oci. Ex dono Corbe unum sextarium frumenti apud Sanctum Martinum.

Ex dono Felicis Latrue tres solidos census apud Marigniacum. Duodecimam partem totius decime de Lesines que fuit Radulphi Sarraceni. Ex dono Milonis de Nogento XL solidos apud Poisi. Octo sextarios bladi quos Herbertus de Brettenai debet pro molendino de Paraclito, vel ejus heredes. Ex dono Leonis, militis, unum torcular apud Vinci. Ex dono Milonis de Colaverdi viginti solidos apud culturas singulis annis reddendos. Ex dono Anselli Carnaz totam decimam de Menil Milon. Ex dono Helisabet sexdecim solidos apud Sanctum Martinum. Totam decimam de Justegni et quartam partem terre communis apud Poisi; medietatem totius nemoris quod vocatur *Coure* in territorio Marcelli, que fuit Anselli de Triangulo. Totam decimam de Langies, que infra feodum de Reuel continetur, tam in planitie quam in essartis. Totam partem decime Doureor. Totam decimam de Montapon. Duas partes decime de Bohal. Totam decimam de Quinci. Totam decimam de Maregniaco, excepta parte Radulphi juvenis, et parte Gualterii Cargon. Totam minutam decimam de Maregniaco; terciam partem totius magne decime de Sancto Flavito et de Bellavilla; et totam minutam decimam Sancti Flaviti. Totam terragium ultra Arducum quod Helisabet de Nogento tenebat; decem solidos de *bien* apud Cerfoi. Plateam in foro novo apud Pruvinum ante domum Paracliti. Deserta juxta Pontem sita. Totam decimam d'Abloi. Decem arpenta terre apud Ulmum Galamart. Unum arpentum prati apud Molinlopoolt. Ex dono Petri de Durtan quatuor arponta prati. Ex dono Guarini de Meri pasturas tam per plana quam per nemora in territorio Marcellei. Ex dono Radulphi Jaiaci sextam partem totius nemoris de Fresnoi, et sextam partem totius terre plane. Tres partes decime de Lesines. Totam decimam de Luurric. Prata Guarini, presbiteri, infra *Lu Bruel* et in Ungeron. Pratum Petri Sementarii de Mannai in Ungeron. Pratum quod fuit Petri de Mannai. Omnia prata et omnes terras que tenetis a Sancto Dionisio. Unum modium frumenti in molendino de Janchi, et tres sextarios frumenti in molendino de Soveroim. Terras, prata cum aliis redditibus, que tenetis apud Curterellem. Ecclesiam Sancti Albini, quam venerabilis frater noster G., episcopus, et G., archidiaconus Trecensis, cum omni jure suo, vobis pietatis intuitu contulerunt. Ex dono Radulphi Jaiaci totam decimam terre sue infra decimationem de Villegruis. Sive novalium vestrarum, que propriis manibus aut sumptibus excolitis, sive de nutrimentis animalium vestrorum, nullus a vobis decimas exigere vel extorquere presumat. Ad hec liberas et absolutas mulieres e seculo fugientes liceat vobis in monasterio vestro ad conversionem recipere, et eas absque contradictione aliqua retinere. Nulli ergo post factam in eodem loco professionem licitum sit de monasterio vestro nisi arctioris religionis obtentu discedere, discedentem vero absque litterarum communium cautione nullus audeat retinere. Cum autem generale interdictum terre fuerit, liceat vobis in monasterio vestro, clausis jahuis, exclusis excommunicatis et interdictis, non pulsatis campanis, suppressa voce divina officia celebrare. Benedictiones vero monialium, ordinationes capellanorum vestrorum, qui ad sacros ordines fuerint promovendi, a diocesano episcopo gratis vobis et sine pravitate aliqua volumus exhiberi. Sepulturam quoque ipsius loci liberam esse decernimus ut eorum devotioni et extreme voluntati, qui se illic sepeliri deliberaverunt, nisi forte excommunicati vel interdicti sint, nullus obsistat, salva tamen justitia illarum ecclesiarum a quibus mortuorum corpora assumuntur. Obeunte vero te, nunc ejusdem loci abbatissa, vel aliarum aliqua que tibi successerit, nulla ibi qualibet surreptionis astutia seu violentia proponatur, nisi quam sorores communi consensu vel sororum pars consilii sanioris secundum Dei timorem et beati Benedicti regulam providerint eligendam. Decernimus ergo ut nulli omnino hominum... (*ut supra p.* 32) † (*Place du cercle concentrique, avec la devise* : Fac mecum signum in bonum) Ego Innocentius, catholice Ecclesie episcopus, Bene Valete. † Ego Octavianus, Hostiensis et Velletrensis episcopus, ss. † Ego Petrus, tituli Sancte Cecilie presb. card., ss. † Ego Johannes, tituli Sancti Clementis cardin., Viterbiensis et Tuscanus episc., ss. † Ego Guido, Sancte Marie Trans Tyberim tituli Sancti Calixti presb. cardin., ss. † Ego Johannes, tituli Sancti Stefani in Celio Monte presb. cardin., ss. † Ego Gratianus, SS. Cosme et Damiani diac. cardin., ss. † Ego Gerardus

Sancti Adriani diac. cardin., ss. † Ego Gregorius, Sancti Georgii ad Velum Aureum diac. cardin., ss. † Ego Nicolaus, Sancte Marie in Cosmidin diac. cardin., ss. † Ego Gregorius, Sancti Angeli diac. cardin., ss. † Ego Bobo, Sancti Theodori diac. cardin., ss. † Ego Petrus, Sancte Marie in Via Lata diac. cardin., ss. — Datum Rome apud Sanctum Petrum, per manum Raynaldi, notarii vicem agentis cancellarii, VIII kal. maii, indict. I, Incarnationis Dominice anno M° C° XC° VIII°, pontificatus vero domni Innocentii pape tercii anno I°.

<small>(*Cartul.* fol. 11 v°. Archiv. de l'Aube, origin. Manque dans Potthast.)</small>

22. — 6 mai 1202. *Excommunication contre ung chenoine qui avoit battu des chappelains et convers dou Paraclit.*

Innocentius, episcopus, servus servorum Dei, dilectis filiis.. Sancti Lupi, et.. Sancti Martini abbatibus et M. archidiacono Trecensibus, salutem et Apostolicam benedictionem. Sua nobis dilecta in Xpo filia abbatissa et conventus Paraclitensis, conquestione monstrarunt, quod P., quondam eorum canonicus, Trecensis diocesis, in capellanos et conversos earum manus injecit violentas. Cum igitur non sit dubium injectores manuum in clericos in canonem incidere sententie, promulgare discretioni vestro per Apostolica scripta mandamus, quatenus, si verum est quod asseritur, dictum sacrilegium tam diu nuncietis excommunicationis vinculo subjacere, et faciatis, appellatione remota, ab omnibus arctius evitari donec passis injuriam satisfaciat competenter et cum vestrarum testimonio litterarum ad Sedem venerit Apostolicam absolvendus, nullis litteris veritati et justitie prejudicantibus a Sede Apostolica impetratis. Quod si non omnes his exequendis potueritis interesse, duo vestrum ea nichilominus exequantur. — Datum Laterani, II nonas maii pontificatus nostri anno quinto.

(Cartul. fol. 32 r° et 69 r°. — Archiv. de l'Aube, origin.
Le sceau était sur double corde de chanvre.)

25. — 23 mars 1203. *Previlège comant les religieuses ne doivent plaidier que devant l'arcevesque de Sens, l'evesque de Troyes, et celuy de Meaulx.*

Innocentius, episcopus, servus servorum Dei, dilectis in Xpo filiabus abbatisse et monialibus de Paraclito, salutem et Apostolicam benedictionem. Ea propter, dilecte in Domino filie, vestris justis postulationibus grato concurrentes assensu, vobis de auctoriiate Sedis Apostolice duximus indulgendum, ut non liceat alicui persone pro aliquis causis vos, ultra vestram spontaneam voluntatem, extra Senonensem, Trecensem, et Meldensem curias provocare. Nulli ergo omnino hominum liceat hanc paginam nostre indulgentie infringere vel ei ausu temerario contraire. Si quis autem hoc attemptare presumpserit indignationem omnipotentis Dei et beatorum Petri et Pauli, apostolorum ejus, se noverit incursurum. — Datum Laterani, X kalend. aprilis pontificatus nostri anno sexto.

(Cartul. fol. 31 r° et 213 r°. — Archiv. de l'Aube, origin. sur parchem.)

24. — 8 avril 1206. *Validation des novales donneés par l'archevesque de Sens en son diocèse.*

Innocentius, episcopus, servus servorum Dei, abbatisse et monialibus Paraclitensibus, salutem et Apostolicam benedictionem. Solet annuere Sedes Apostolica piis votis et honestis petentium precibus valorem benevolum impertiri. Ea propter, vestris precibus inclinati, decimas novalium vobis a venerabili fratre nostro archiepiscopo Senonensi concessas, sicut in ipsius litteris proponitur contineri, auctoritate Apostolica confirmamus. Nulli ergo... Apud Sanctum Petrum, VI idus aprilis pontificatus nostri anno nono.

(Cartul. fol. 26 v° et 62 v°.)

25. — 13 novembre 1244. *Dou nombre des dames à Treignel* (au dos de la bulle).

Innocentius, episcopus, servus servorum Dei, dilectis in Xpo filiabus.. priorisse, et monialibus prioratus de Triangulo ordinis sancti Benedicti, Senonensis diocesis, salutem et Apostolicam benedictionem. Cum a nobis petitur quod justum est et honestum, tam vigor equitatis quam ordo exigit rationis ut id per sollicitudinem officii nostri ad debitum perducatur effectum. Ea propter, dilecte in Xpo filie, vestris justis postulationibus grato concurrentes assensu, XXV monialum numerum, quem dilecte in Xpo filie.. abbatissa et conventus monasterii Paracliti ordinis Sancti Benedicti, Trecensis diocesis, quibus prioratus ipse subesse dicitur pleno jure, in eodem, consideratis ipsius facultatibus, duxerunt deliberatione provida statuendum, prout in litteris confectis exinde plenius dicitur contineri, sicut est provide institutus, auctoritate Apostolica confirmamus, et presentis scripti patrocinio communimus. Statuentes ut idem prioratus prefato numero sit contentus, nisi adeo ipsius facultates excreverint quod ipsum merito exigat augmentari, mandato Sedis Apostolice semper salvo. Nulli ergo omnino hominum liceat hanc paginam nostre confirmationis infringere vel ei ausu temerario contraire. Si quis autem hoc attemptare presumpserit indignationem omnipotentis Dei et beatorum Petri et Pauli, apostolorum ejus, se noverit incursurum. — Datum apud Segusium, id. novembris pontificatus nostri anno secundo.

(Manque au *Cartul.* — Archiv. de l'Aube, origin.; le sceau pendait à double lacs en soie rouge.)

26. — 30 mai 1247.

Innocentius, episcopus, servus servorum Dei, venerabili fratri.. episcopo Albanensi, salutem et Apostolicam benedictionem. Cum super electione in monasterio monialium de Paraclito ordinis sancti Benedicti, Trecensis diocesis, celebrata, quibusdam monialibus prioratum ejusdem monasterii dicentibus se in quasi possessione juris, una cum monialibus in dicto monasterio commorantibus, eligendi existere, ac ad electionem hujusmodi se admitti petentibus et nequaquam admissis, et ex certis causis ad Sedem Apostolicam appellantibus, ut asserunt, questio sit suborta, nos ad te hujusmodi negotium totaliter duximus remittendum, fraternitati tue per Apostolica scripta mandantes, quatinus, vocatis qui fuerunt evocandi, et auditis hinc inde propositis, quod canonicum fuerit, appellatione remota, decernas; faciens quod decreveris per censuram ecclesiasticam firmiter observari. Testes autem qui fuerint nominati, si se gratia, odio, vel timore subtraxerint, per censuram eamdem, appellatione cessante, compellas veritati testimonium perhibere. — Datum Lugduni, III kal. junii pontificatus nostri anno IIII°.

(Manque au *Cartul.* — Archiv. de l'Aube, origin. Le sceau était sur double corde de chanvre. *Sur le repli :* adog. P.)

27. — 22 avril 1254.

Innocentius, episcopus, servus servorum Dei, dilecto filio.. thesaurario Senonensis ecclesie, salutem et Apostolicam benedictionem. Divini cultus diligentes augmentum super eo volumus haberi propitii per quod augmentum ipsum libere valeat obtineri. Hinc est quod nos, inclinati precibus dilecte in Xpo filie Marie, abbatisse monasterii de Paraclito ordinis sancti Benedicti, Trecensis diocesis, discretioni tue per Apostolica scripta mandamus, quatinus, eidem abbatisse auctoritate nostra concedas quod in monasterio ipso unam mulierem idoneam in monialem instituere valeat, nonobstante statuto de certo sororum numero ejusdem monasterii, juramento, vel confirmatione Sedis Apostolice, seu quacumque firmitate vallato ; vel si monasterium ipsum de mandato nostro et legatorum Apostolice Sedis sit super aliorum provisione seu receptione gravatum ; sive aliqua indulgentia personis ejusdem monasterii communiter vel divisim ab Apostolica Sede concessa quod suspendi vel interdici aut excommunicari non possint, nisi de indulgentia ipsa plena et expressa seu de verbo ad verbum in nostris litteris mentio habeatur. Contradictores autem, si qui fuerint, vel rebelles, monitione premissa, per censuram ecclesiasticam, appellatione remota, compescas. — Datum Laterani, X kal. maii pontificatus nostri anno XI°.

(Archiv. de l'Aube, origin. en parchem. Le sceau était sur double corde de chanvre. *Sur le repli inférieur* : A. Q.)

28. — 25 avril 1254.

Innocentius, episcopus, servus servorum Dei, dilecte in Xpristo filie Marie, abbatisse monasterii de Paraclito ordinis sancti Benedicti, diocesis Trecensis, salutem et Apostolicam benedictionem. Ex tenore tue petitionis accepimus quod cum tu, olim monialis de Paraclito, in abbatissam ipsius monasterii assumpta fuisses, locum quem in eodem monasterio velut monialis habueras, Agneti, abbatisse monasterii de Pomeria, Senonensis diocesis, tunc moniali Sancte Marie Antissiodorensis prout ad eam spectare dicitur, conferre curavisti. Quia vero, dicta

Agnete post modum assumpta in abbatissam ejusdem monasterii de Pomerio, prefatus locus vacat ad presens, maxime cum ibidem certus numerus monialium habeatur. Nos, obtentu venerabilis fratis nostri archiepiscopi Rotomagensis, qui pro eadem Maria, germana sua, personaliter Apostolicam gratiam imploravit, ipsius Marie supplicationibus annuentes, litterarum nostrarum auctoritate sibi duximus concedendum, ut si forte pro infirmitate ac debilitate tui corporis cesseris regimini abbatie, predictum locum, aliqua consuetudine seu constitutione contraria non obstante, ad opus tuum, quoad vixeris, valeas retinere. Nulli ergo omnino hominum... Si quis autem hoc attemptare..... Datum Laterani, VII kal. maii pontificatus nostri anno XI°.

(*Cartul.* fol. 30 r° et 67 v°. — Archiv. de l'Aube, origin. Le sceau était sur fils de soie rouge et jaune. *Sur le repli supérieur :* † Stephanus †. *Sur le repli inférieur :* A. S.)

29. — 25 avril 1254.

Innocentius, episcopus, servus servorum Dei dilecto filio.. thesaurario ecclesie Senonensis, salutem et Apostolicam benedictionem. Ex tenore petitionis dilecte in Xpo filie Marie, abbatisse monasterii de Paraclito ordinis sancti Benedicti, diocesis Trecensis, accepimus quod quondam ipsa olim monialis monasterii ejusdem... (*ut supra n.* 28) retinere. Quocirca discretioni tue per Apostolica scripta mandamus, quatinus, dictam abbatissam non permittas super hiis contra concessionis nostro tenorem ab aliquibus indebite molestari. Molestatores hujusmodi per censuram ecclesiasticam, appellatione post posita, compescendo, nonobstante si aliquibus a Sede Apostolica sit indultum quod suspendi vel interdici aut excommunicari non possint, nisi de indulto hujusmodi sibi concesso plena et expressa et de verbo ad verbum in nostris litteris mentio habeatur. — Datum Laterani, VII kal. maii pontificatus nostri anno XI°.

(Archiv. de l'Aube, origin. en parchem. Le sceau était sur double corde de chanvre. *Sur le repli supérieur :* † Stephanus † ; *sur le repli inférieur :* An. Q.)

30. — 13 février 1258.

Alexander, episcopus, servus servorum Dei, dilecto filio abbati S. Jacobi de Pruvino, Sononensis diocesis, salutem et Apostolicam benedictionem. Ad audientiam nostram pervenit quod tam dilecte in Xpo filie abbatissa et conventus monasterii de Paraclito ordinis sancti Benedicti, Trecensis diocesis, quam que precesserunt easdem, quibusdam clericis et laicis quasdam domos, pascua, prata, vineas, redditus, grangias, possessiones et res alias dicti monasterii, ejusque membrorum, quibusdam eorum ad vitam, quibusdam ad non modicum tempus, aliquibus ad vitam et ad firmam, et aliis perpetuo sub annuis censibus seu redditibus, datis super hoc litteris, factis renuntiationibus, adjectis penis, et juramentis interpositis, in gravem lesionem ipsius monasterii concesserunt ; quorum aliqui dicuntur super hiis in forma communi a Sede Apostolica, vel legatis ejusdem, seu ab ordinariis, confirmationis litteras impetrasse. Quia igitur nostra interest lesis ecclesiis et monasteriis subvenire, discretioni tue per Apostolica scripta mandamus, quatinus, ea que de bonis ipsius monasterii et dictorum membrorum per concessiones hujusmodi alienata inveneris illicite vel distracta, nonobstantibus litteris, instrumentis, penis et confirmationibus supradictis, ad jus et proprietatem ipsorum monasterii, et membrorum, studeas legitime revocare ; contradictores per censuram ecclesiasticam, appellatione postposita, compescendo. Testes autem qui fuerint nominati, si se gratia, odio, vel timore subtraxerint, censura simili, appellatione cessante, compellas veritati testimonium perhibere. — Datum Anagnie, IIII id. februarii pontificatus nostri anno quinto.

(*Cartul.* fol. 28 r°. et 64 v°.)

31. — 23 août 1263.

Urbanus, episcopus, servus servorum Dei, dilectis in Xpo filiabus.. abbatisse, et conventui monasterii de Paraclito ordinis sancti Benedicti, Trecensis diocesis, salutem et Apostolicam benedictionem. Exigentibus devotionis vestre meritis, dignum ducimus ut vobis, quantum cum Deo possimus, a gravaminibus caveamus. Hinc est, quod vestris precibus inclinati, auctoritate vobis presentium indulgemus, ut procurationes in pecunia non teneamini exhibere alicui nuncio vel legato Sedis Apostolice, qui non fuerit Romane ecclesie cardinalis, nec ad id compelli aliquatenus valeatis per ipsius Sedis litteras non facientes de hac indulgentia mentionem. Presentibus post triennium minime valituris. Nulli ergo omnino hominum liceat hanc paginam nostre concessionis infringere, vel ei ausu temerario contraire. Si quis autem hoc attemptare presumpserit indignationem omnipotentis Dei et beatorum Petri et Pauli, apostolorum ejus, se noverit incursurum. — Datum apud Urbemveterem, X kal. septembris pontificatus nostri anno secundo.

(Manque au *Cartul.* — Archiv. de l'Aube, origin. Le sceau était sur fils de soie rouge et jaune. *Sur le repli :* Jo. de Camp.)

32. — 28 octobre 1285.

Honorius, episcopus, servus servorum Dei, dilectis filiis.. Sancti Lupi, et.. Sancti Martini monasteriorum abbatibus, ac.. decano ecclesie Trecensi, salutem et Apostolicam benedictionem. Conqueste sunt nobis.. abbatissa, et conventus monasterii de Paraclito ordinis sancti Benedicti, diocesis Trecensis, quod.. abbas et conventus monasterii de Joyaco Cisterciensis ordinis, Senonensis diocesis, super quibusdam decimis, nemoribus, pratis, debitis, possessionibus et rebus aliis injuriantur eisdem. Ideoque discretioni vestre per Apostolica scripta mandamus, quatinus, partibus convocatis, audiatis causam et appellatione remota fine debito decidatis; facientes quod decreveritis per censuram ecclesiasticam firmiter observari. Testes autem qui fuerint nominati, si se gratia, odio, vel timore subtraxerint, censura simili, appellatione cessante, cogatis veritati testimonium prehibere. Quod si non omnes hiis exequendis potueritis interesse, duo vestrum ea nichilominus exequantur. — Datum Rome apud Sanctam Sabinam, V kal. novembris pontificatus nostri anno primo.

(Manque au *Cartul.* — Archiv. de l'Aube, origin. en parchem. Le sceau était sur double corde de chanvre. *Sur le repli :* P.)

33. — 19 mai 1298.

Bonifacius, episcopus, servus servorum Dei, dilectis in Xpo filiabus.. abbatisse, et conventui monasterii de Paraclito ordinis sancti Benedicti, Trecensis diocesis, salutem et Apostolicam benedictionem. Devotionis vestre precibus inclinati auctoritate vobis presentium indulgemus, ut, cum generale interdictum terre fuerit, liceat vobis, clausis januis et submissa voce, in monasterio vestro reddere Domino horas canonicas et audire divina officia a capellano proprio, dummodo vos et idem capellanus causam non dederitis interdicto, nec in vobis et dicto capellano contingat specialiter interdici. Nulli ergo omnino hominum... Si quis autem hoc attemptare... — Datum Rome apud Sanctum Petrum, XIIII kal. junii pontificatus nostri anno IIII°.

(*Cartul.* fol. 25 v° et 62 r°. — Archiv. de l'Aube, origin. Le sceau était sur fils de soie rouge et jaune. *Sur le repli :* Sy. T... *Au dos :* P. Theatinus.)

34. — 19 mai 1298.

Bonifacius, episcopus, servus servorum Dei, dilectis in Xpo filiabus.. abbatisse et conventui de Paraclito ordinis sancti Benedicti, Trecensis diocesis, salutem et Appostolicam Benedictionem. Cum a nobis petitur quod justum est et honestum, tam vigoris equitatis quam ordo exigit rationis, ut id per sollicitudinem officii nostri ad debitum perducatur effectum. Ea propter, dilecte in Domino filie, vestris justis postulationibus grato concurrentes assensu, personas vestras et locum in quo divino estis obsequio mancipate, cum omnibus bonis que impresentiarum rationabiliter possidet, aut in futurum justis modis, prestante Domino, poterit adipisci, sub beati Petri et nostra protectione suscipimus. Specialiter autem decimas, prata, pascua, nemora, possessiones, et alia bona vestra, sicut ea omnia juste et pacifice possidetis, vobis et per vos monasterio vestro, auctoritate Apostolica confirmamus et presentis scripti patrocinio communimus, salva in decimis supradictis moderatione concilii generalis. Nulli ergo omnino hominum.. — Datum Rome apud Sanctum Petrum, XIIII kal. junii pontificatus nostri anno quarto.

(*Cartul.* fol. 25 r° et 61 v°; Archiv. de l'Aube, origin. *Sur le repli :* P. As.. *Au dos :* P. Theatinus.)

35. — 19 mai 1298.

Bonifacius, episcopus, servus servorum Dei, dilectis in Xpo filiabus.. abbatisse et conventui monasterii de Paraclito ordinis sancti Benedicti, Trecensis diocesis, salutem et Apostolicam benedictionem. Cum sicut ex parte vestra fuit propositum coram nobis, quod vos et alie que in monasterio vestro fuerunt pro tempore, quibusdam privilegiis et indulgentiis a predecessoribus nostris Romanis pontificibus monasterio vestro concessis, propter simplicitatem, et juris ignorantiam, use non fueritis temporibus retrohactis, nos vestris supplicationibus inclinati et ejusdem monasterii indempnitatibus volentes imposterum precavere, utendi de cetero eisdem privilegiis ac indulgentiis, dummodo eis non sit per prescriptionem vel alias legitime derogatum, auctoritate vobis presentium concedimus facultatem. Nulli ergo omnino hominum.. Si quis autem hoc attemptare.. — Datum Rome apud Sanctum Petrum, XIIII kal. junii pontificatus nostri anno quarto.

(Cartul. fol. 26 r° et 62 v°. — Archiv. de l'Aube, origin. Sur le repli : Sy. T.. Au dos : P. Theatinus.)

36. — 28 mai 1298.

Bonifacius, episcopus, servus servorum Dei, dilectis in Xpo filiabus.. abatisse et conventui de Paraclito ordinis sancti Benedicti, Trecensis diocesis, salutem et Apostolicam benedictionem. Cum a nobis petitur quod justum est et honestum, tam vigoris equitatis quam ordo exigit rationis, ut id per sollicitudinem officii nostri ad debitum perducatur effectum. Ea propter, dilecte in domino filie, vestris justis postulationibus grato concurrentes assensu, omnes libertates et immunitates a predecessoribus nostris Romanis pontificibus sive per privilegia, vel alias indulgentias vobis et monasterio vestro concessas, necnon libertates et exemptiones secularium exactionum a regibus et principibus aliisque Xpi fidelibus rationabiliter vobis et monasterio predicto indultas, sicut eas juste ac pacifice obtinatis, vobis et per vos eidem monasterio auctoritate Apostolica confirmamus, et presentis scripti patrocinio communimus. Nulli ergo omnino hominum... Si quis autem hoc attemptare... — Datum Rome apud Sanctum Petrum, V kal. junii pontificatus nostri anno quarto.

(Cartul. fol. 24 v° et 60 v°. — Archiv. de l'Aube, origin. Le sceau était sur fils de soie rouge et jaune. Sur le repli : Sy. T.. Au dos : P. Theatinus.)

37. — 28 mai 1298.

Bonifacius, episcopus, servus servorum Dei, dilecto filio.. abbati monasterii S. Martini Trecensis, salutem et Apostolicam benedictionem. Sub religionis habitu vacantibus pio vite studio ita debemus esse propicii, ut in divinis beneplacitis exequendis malignorum non possint obstaculis impediri. Cum igitur, dilecte in Xpo filie.. abbatissa et conventus monasterii de Paraclito ordinis sancti Benedicti,

Trecensis diocesis, a nonnullis qui nomen Domini, sicut accepimus, recipere in vacuum non formidant multiplices patiantur injurias et jacturas : nos volentes eisdem abbatisse et conventui providere quieti et malignorum conatibus obviare, discretioni tue per Apostolica scripta mandamus, quatinus, dictas abbatissam et conventum, pro nostra et Apostolice Sedis reverentia, favoris opportuni presidiis prosequens, non permittas eas contra indulta privilegiorum Sedis ejusdem ab aliquibus indebite molestari; molestatores hujusmodi per censuram ecclesiasticam, appellatione postposita, compescendo. Attentius provisimus, ne de hiis super quibus lis est forte jam mota, seu que cause cognitionem exigunt, et que indulta hujusmodi non contingunt, te aliquatenus intromittas; nec in episcopos aliosve superiores prelatos excommunicationis vel suspensionis, aut in universitatem aliquam interdicti sententias promulgare presumas. Nos enim, si secus presumpseris, tam presentes litteras quam etiam processum, quem per te illarum auctoritate haberi contigerit, omnino carere viribus, ac nullius fore decernimus firmitatis. Hujusmodi ergo mandatum nostrum sic prudenter et fideliter exequaris, ut ejus fines quomodolibet non excedas. Presentibus post triennium minime valituris. — Datum Rome apud Sanctum Petrum, V kal. junii pontificatus nostri anno quarto.

(Cartul. fol. 24 r°. — Archiv. de l'Aube, origin. Le sceau était sur double corde de chanvre. *Sur le repli:* Sy. T.. *Au dos:* P. Theatinus.)

38. — 20 Mars 1325.

Johannes, episcopus, servus servorum Dei, dilecto filio.. priori Sancti Ayoli de Pruvino, Senonensis diocesis, salutem et Apostolicam benedictionem. Dilectarum in Xpo filiarum.. abbatisse et conventus monasterii de Paraclito ordinis sancti Benedicti, Trecensis diocesis, precibus inclinati presencium tibi auctoritate mandamus, quatinus, ea que de bonis ipsius monasterii alienata inveneris illicite vel distracta, ad jus et proprietatem ejusdem monasterii legitime revocare procures, contradictores per censuram ecclesiasticam, appellatione postposita, compescendo. Testes autem qui fuerint nominati, si se gratia, odio, vel timore subtraxerint, censura, simili appellatione cessante, compellas veritati testimonium perhibere. — Datum Avenione, XII kal. aprilis pontificatus nostri anno nono.

(Archiv. de l'Aube, origin. *Sur le repli* : G. Lucanus. *Au dos* : Nicolaus de Po..)

39. — 24 novembre 1335.

Benedictus, episcopus, servus servorum Dei, dilecto filio.. abbati monasterii S. Johannis Senonensis salutem et Apostolicam benedictionem. Dilectarum in Xpo filiarum.. abbatisse et conventus monasterii de Paraclito ordinis sancti Benedicti, Trecensis diocesis precibus inclinati.. (*ut supra n.* 38.)

— Datum Avenione, VIII kal. decembris pontificatus nostri anno primo.

<small>(Archiv. de l'Aube, origin. Le sceau était sur double corde de chanvre. *Sur le repli* : A. Raynaldus. *Au dos* : Aubertus de Girignicurte.)</small>

40. — 3 juillet 1342.

Clemens, episcopus, servus servorum Dei, dilecto filio.. abbati monasterii Sancti Remigii Remensis, salutem et Apostolicam benedictionem. Dilectarum in Xpo filiarum.. abbatisse et conventus monasterii de Paraclito ordinis sancti Benedicti, Trecensis diocesis, procibus inclinati.. (*ut supra* n. 38.) — Datum Avenione, V non. julii pontificatus nostri anno primo.

<small>(Archiv. de l'Aube, origin. Le sceau était sur double corde de chanvre. *Sur le repli* : P. Ro.. *Au dos* : Aubertus de Girignicurte.)</small>

41. — 4 février 1343.

Clemens, episcopus, servus servorum Dei, ad perpetuam rei memoriam. Ad Romani pontificis spectat officium, suorum predecessorum inherendo vestigiis, tota que per suos predecessores laudabiliter ac provida ratione pro statu et quiete personarum sub regulari observantia assidue studio pie vite vacantium gesta sunt, ut majorem obtineant roboris firmitatem quo sepius fuerint Apostolico presidio communita, sui presidii munimine roborare ac illa etiam de novo concedere, prout rationabilis cause suadent et in Domino conspicitur salubriter expedire. Sane pro parte dilectarum nobis in Xpo filiarum abbatisse et monasterii Paraclitensis, in Trecensi diocesi, aliarumque priorissarum et conventuum eidem monasterio subjectorum, nobis ut nuper exhibita petitio continebat, placet ipsas, earumque conventus, et eis serventes, bonaque omnia, jamdudum per felicis recordationis Alexandrum tertium pluresque Romanos pontifices predecessores nostros, prout nobis legitime constitit, sub ipsorum pontificum et Apostolice Sedis protectione recepto et recepta, necnon a prestatione decime terrarum quas propriis manibus seu sumptibus excolunt, ac etiam nutrimentorum animalium suorum exempte et exempta fuerint; attamen pro potiori earum quiete predictis nostre approbationis robur adjici, illaque omnia per nos eis de novo concedi humiliter desiderant ac supplicant. Hinc est, quod nos singulorum presertim sub regulari observantia pie vite studio vacantium quieti providere cupientes, ut eo liberius Domino Deo, sponso suo, devotum et sedulum famulatum reddere possint, hujusmodique supplicationibus inclinati, hujusmodi privilegia eis concessa ac singulas desuper confectas litteras, cum omnibus et singulis in eis contentis clausulis, auctoritate Apostolica et ex certa scientia, tenore presentium approbamus, ac perpetue et inviolabilis firmitatis robur obtinere decernimus, supplentes omnes et singulos defectus, si qui forsan intervenerunt in eisdem. Et nichilominus pro potioris cautele suffragio eas, earumque

monasteria, terras, loca et membra a visitatione et
subjectione diocesanorum, necnon a prestatione
hujusmodi decimarum, auctoritate et scientia predictis, perpetuo prorsus eximimus et totaliter libe-
ramus. Nulli ergo omnino hominum liceat hanc
nostre confirmationis, decreti, suppletionis, innova-
tionis et libertatis voluntatem infringere vel ei ausu
temerario contraire. Si quis autem hoc attemptare
presumpserit indignationem omnipotentis Dei ac
BB. Petri et Pauli, apostolorum ejus, cum se noverit incursurum. — Datum Avinione, II nonas februarii pontificatus nostri anno I°.

(Archiv. de l'Aube, copie authent. collationnée sur l'origin. *Sur le repli :* Balduinus.)

42. — 18 janvier 1372.

Gregorius, episcopus, servus servorum Dei, dilecto filio.. decano ecclesie S. Nicolai de Pruvino,
Senonensis diocesis, salutem et Apostolicam benedictionem. Significarunt nobis dilecte in Xpo filie
.. abbatissa et conventus monasterii Paracliti ordinis sancti Benedicti, Trecensis diocesis, quod nonnulli
iniquitatis filii, quos prorsus ignorant, decimas, redditus, census, terras, vinos (*sic*), vineas, prata, pascua,
nemora, maneria, molendina, castra, casalia, pencio-
nes, legata, libros ecclesiasticos, cruces, calices,
ornamenta sacerdotolia, instrumenta publica, et
nonnulla alia bona ipsius monasterii tenere et mali-
ciose occultare et occulte detinere presumunt, non
curantes ea prefatis abbatisse et conventui exhibere

in animarum suarum periculum et ipsorum abbatisse et conventus ac monasterii non modicum detrimentum, super quo iidem abbatissa et conventus Apostolice Sedis remedium imploraverunt. Quocirca discretioni tue per Apostolica scripta mandamus, quatinus, omnes hujusmodi detentores occultos decimarum, reddituum, censuum et aliorum bonorum predictorum, ex parte nostra, publice in ecclesiis coram populo, per te vel per alium moneas ut infra competentem terminum, quem eis prefixeris, ea predictis abbatisse et conventui a se debita restituant et revelent ac de ipsis plenam et debitam satisfactionem impendant; et si id non adimpleverint infra alium competentem terminum, quam eis ad hoc duxeris peremptorio profigendum, ex tunc in eos generalem excommunicacionis sentenciam proferas et eam facias, ubi et quando expedire videris, usque ad satisfactionem condignam, solemniter publicari. — Datum Avinione, XV kal. februarii pontificatus nostri anno secundo.

(Archiv. de l'Aube, origin. *Sur le repli* : P. Salteti. *Au dos* : Jo. Torelli.)

45. — 26 avril 1381.

Clemens, episcopus, servus servorum Dei, dilecto filio.. abbati monasterii S. Lupi Trecensis, salutem et Apostolicam benedictionem. Ad audientiam nostram pervenit quod tam dilecte in Xpo filie abbatissa et conventus monasterii de Paraclito ordinis sancti Benedicti, Trecensis diocesis, quam ille que in dicto monasterio precesserunt easdem, decimas, redditus, terras, domos, vineas, grangias, piscarias, possessiones, prata, pascua, stangna, lacus, maneria, nemora, molendina, jura, jurisdictiones et quedam alia bona ipsius monasterii, datis super hoc litteris, confectis exinde publicis instrumentis, interpositis juramentis, factis renunciacionibus et penis adjectis, in gravem ipsius monasterii lesionem, nonnullis clericis et laicis aliquibus eorum ad vitam, quibusdam vero ad non modicum tempus, et aliis perpetuo ad firmam vel sub censu annuo concesserunt, quorum aliqui dicuntur super hiis confirmacionis litteras in forma communi a Sede Apostolica impetrasse. Quia vero nostri interest super hoc de opportuno remedio providere, discretioni tue per Apostolica scripta mandamus, quatinus, ea que de bonis ipsius monasterii per concessiones hujusmodi alienata inveneris illicite, nonobstantibus litteris, instrumentis, juramentis, renunciacionibus, penis et confirmacionibus supradictis ad jus et proprietatem ejusdem monasterii legitime revocare procures; contradictores per censuram ecclesiasticam, appellacione postposita, compescendo. Testes autem qui fuerint nominati, si se gracia, odio, vel timore subtraxerint, censura simili, appellacione cessante, compellas veritati testimonium perhibere. — Datum Avenione, VI kal. maii pontificatus nostri anno tercio.

(Extrait des lettres de publication de cette bulle par « Johannes Persin, abbas monasterii S. Lupi Trecensis » adressées aux curés, chapelains.. du diocèse de Sens, avec l'autorisation de « G., archiepiscopi Senonensis.. Die sabbati post octabus festi Epiphanie Domini, anno Ejusdem M° CCC° XC° III°. » Archiv. de l'Aube, origin. en parchem.)

44. — 1er février 1396.

Benedictus, episcopus, servus servorum Dei, universis Xpi fidelibus presentes litteras inspecturis, salutem et Apostolicam benedictionem. Licet is, de cujus munere venit ut sibi a fidelibus suis digne et laudabiliter deserviatur, de abundancia pietatis sue, que merita supplicum excedit et vota bene servientibus sibi multo majora retribuat qua valeant promereri, nichilominus tamen desiderantes Deo reddere populum acceptabilem et bonorum operum sectatorem, fideles ipsos ad complacendum ei quasi quibusdam alectivis muneribus, indulgenciis videlicet et remissionibus invitamus, ut inde reddantur divine gratie aptiores. Cum itaque, sicut accepimus, ecclesia et alia edificia monasterii monialium Paracliti ordinis sancti Benedicti, Trecensis diocesis, propter guerras, que in illis partibus diucius viguerunt, adeo sint destructa quod absque Xpi fidelium elemosinis commode reparari non possint : Nos cupientes ut dicta ecclesia congruis honoribus frequentetur, et dicta edificia reparentur, et ut Xpi fideles eo libentius causa devotionis confluant ad eandem et ad reparationem hujusmodi manus promptius porrigant adjutrices, quo ex hiis ibidem uberioris dono celestis gracie conspexerint se refectos, de omnipotentis Dei misericordia et beatorum Petri et Pauli, apostolorum ejus, auctoritate confisi, omnibus vero penitentibus et confessis, qui in Nativitatis, Circumcisionis, Epiphanie, Resurrectionis, Ascensionis et Corporis Domini nostri Jhu Xpi, et Penthecostes, ac Nativitatis, Annunciacionis, Purificationis et Assumpcionis ejusdem B. Marie, ac Nativitatis B. Johannis Baptiste, dictorum apostolorum Petri et Pauli, ac ecclesie ipsius monasterii Dedicacionis festivitatibus, et in celebritate Omnium Sanctorum ; necnon per ipsarum Nativitatis, Epiphanie, Resurrectionis, Ascensionis et Corporis Domini, ac Nativitatis et Assumptionis B. Marie, Nativitatis S. Johannis Baptiste, et Petri et Pauli apostolorum octabas ; ac per sex dies dictam festivitatem Penthecostes immediate sequentes, prefatam ecclesiam visitaverint annuatim, et ad reparacionem predictam manus adjutrices porrexerint, singulis videlicet festivitatum et celebritatis unum annum et XL dies, ac octabarum, et sex dierum predictorum diebus quibus ecclesiam visitaverint et manus porrexerint, ut prefertur, quinquaginta dies de injunctis eis penitenciis misericorditer relaxamus. Ceterum ut omnia et singula que per eosdem fideles sic offerri contigerit in usus ad quos oblata fuerint integre convertantur, sub interminacione divini judicii districtius inhibemus, ne quis, cujuscumque status condicionis vel dignitatis existat, quicquam de oblatis sibi aliquatenus appropriet vel usurpet. Si quis autem hoc attemptare presumpserit non possit a reatu hujusmodi ab aliquo, nisi apud Sedem Apostolicam, ac satisfactione debita prius impensa, preterquam in mortis articulo constitutus, absolucionis beneficium obtinere. — Datum Avenione, kal. februarii pontificatus nostri anno secundo.

<small>(Archiv. de l'Aube, origin. Le sceau était sur fils de soie rouge et verte. *Sur le repli* : II. Bur., *Au dos* : R[egistrata] ; *en bas* : N. Habardi.)</small>

45. — 1133. *Lettre de la moitié dou molin de Crevecuer, de certaines vignes, de quarante solz de cens et des dismes de Lisines ; et amortissement le comte Thibault.*

Quoniam multa hominum gesta temporis diuturnitate et hominum interitu a memoria in oblivionem elabuntur, que vero scribuntur memorie in perpetuum commendantur, magnis ac sapientibus viris visum est ea que in suis gesta temporibus in subsecuturis etiam vellent inconcusse manere, litteris assignando, posteris relinquere. Hanc igitur providentiam nos quoque approbantes, omnibus hominibus tam futuris quam presentibus notum fieri volumus, quod Galo et Adelaudis, uxor ejus, soror Ermeline, que se Deo et ecclesie Paracliti in sanctimonialem dedit, laudaverunt et concesserunt Deo et dicte ecclesie Paracliti et sanctimonialibus ibidem Deo servientibus medietatem molendini de *Creve Cor*, et vineas etiam de *Creve Cor*, et XL solidos census. Et in hoc censu habebunt sanctimoniales Paracliti censum Pruvini, et hoc quod restabit ad percipiendum de XL solidis capient apud Lesinas, si ibi inveniri poterit ; si vero ibidem inveniri non poterit, prefatus Galo, in propinquiori loco quem habuerit, predictos XL solidos consus perficiet. Preterea, prenominatus Galo et Adelaudis, uxor ejus, soror Ermeline, et ipsa Ermelina laudaverunt et concesserunt Deo et dicte ecclesie Paracliti decimam de Lisignis, quam Robertus Goisias dederat eidem ecclesie antequam monachus efficeretur, qui erat frater eorum. Hec concessio facta est apud Pruvinum, in presentia comitis Theobaldi, et Mathildis, comitisse, uxoris ejus, et per manum etiam ipsius comitis, qui comes, ut hec stabilis et inconvulsa in perpetuum permaneret, sigilli sui auctoritate corroborari precepit. Huic concessioni interfuerunt et testes sunt : Radulfus, capellanus comitis Theobaldi, qui hanc cartam sigillavit ; Radulfus Major, canonicus Sancti Quiriaci ; Gauterius Parvus ; Hugo Boterius, capellanus Sancti Quiriaci ; Johannes Consergius ; Gaufridus Furnerius ; Hato de Moneta ; Mauritius de Lanis ; Hugo Sapere ; Odo de Velonessa ; Roscelinus ; Hugo Pruvinonsis ; Bonardus, camerarius. — Actum est hoc anno ab Incarnatione Domini M° C° XXX° III°, regnante Ludovico, rege Francorum ; Henrico, archiepiscopo Senonensi cathedra residente ; Hatone, vero episcopo Trecensium existente.

(*Cartul.* fol. 72 v° et 281 r°.)

46. — 1135. *Lettre d'exempcion de totes coustumes.*

Ego Ludovicus, Dei gratia rex Francorum, notum fieri volumus universis Sancte Ecclesie filiis tam futuris quam presentibus, quod, pro amore Dei et salute anime nostre, sanctimonialibus de Paraclito in perpetuum concedimus quod nunquam de quibuslibet rebus, quas ipse vel servientes ipsarum ad usus earumdem emunt, vel pro suis necessitatibus de suis propriis rebus vendunt, aliquam nobis vel successoribus nostris consuetudinem in tota terra nostra persolvant. Quod ut ratum et inconcussum permaneat scripto commendari precipimus, et ne possit a posteris infringi sigilli nostri auctoritate roboravimus. — Actum publice apud Sanctum Germanum in Leia, anno Incarnati Verbi M° C° XXX° V° regni nostri XX° VII°, Ludovico, filio nostro, in regem sublimato, anno III°.

(Cartul. fol. 239 r°.)

47. — 1136. *Lettre dou disme de Lisines.*

Henricus, Dei gracia Senonensis archiepiscopus, notum fieri volo tam presentibus quam futuris, quod Heloysa, venerabilis abbatissa, totusque ejusdem loci sanctissimus conventus, humiliter a nobis petierunt ut decimam de Lesignis, quam Robertus Goes de Turre et Girardus Ispanellus diu possiderant et in manu nostra dimiserant, eis daremus. Quarum pie petioni assentientes, predictam decimam eis in perpetuum possidendam concessimus.

Et ut hoc ratum et inconcussum permaneat, sigilli nostri impressione firmavimus. Hujus rei testes sunt : Rainaldus, abbas Sancti Johannis ; Theobaudus, archidiaconus ; Simon, archidiaconus ; magister Goslenus ; Simon, Parisiensis ; Leobaudus, capellanus. — Actum est publice in curia nostra Senonis anno Domini M° C° XXXVI°, indict. XIIII, epacta XV, Ludovico rege Francorum regnante.

(Cartul. fol. 99 v° et 101 r°.)

48. — 1142 au plus tard. *Fondation du prieuré de Sainte-Madeleine de Trainel.*

In nomine Sancte et Individue Trinitatis. Ego Hugo, Dei gratia Senonensis archiepiscopus, notum fieri cupio omnibus tam presentibus quam futuris, quod quondam in die adventus sanctimonialium de Paraclito, donne Heloise, abbatisse Paraclitensi, ecclesiam B. Marie Magdalene, a Gundrico sacerdote datam cum universis ejus appenditiis, data clave, concessi. Deprecatus sum quoque Ansellum, predicti castri dominum, ut advenientibus ancillis Xpi consuleret et eis amore Dei ac salutis sue gratia provideret. Laudavi etiam prefate ecclesie quicquid idem Ansellus de feodo nostro eis dederat vel deinceps daturus erat. Hanc autem concessionem palam coram omni populo feci, ac sanctimoniales cum honore suscipiens, in locum predictum ibidem mansuras et Deo servituras introduxi, presentibus et laudantibus : Manasses de Garlanda, tunc Senonensis archidiacono, postea vero Aurelianensi episcopo ;

Rainaldo de Sancto Juliano, Pruvinensi archidiacono ; Mattheo, tunc tantum canonico, postea autem Senonensis ecclesie precentore ; presentibus etiam donno Ansello cum uxore sua et filiis suis. Hoc autem, ut firmum et stabile permaneat, presenti scripto firmavi et sigilli mei impressione munivi.

(Archiv. Aube, origin. en parchem.)

49. — 1144. *Lettre de l'accort de Val Luisent et nous.*

In nomine Sancte et Individue Trinitatis. Notum sit omnibus fidelibus tam presentibus quam futuris, quod Norpaldus, abbas Vallislucentis, et Heluidis, abbatissa Paraclitensis, quibusdam querelis quas inter se iste due ecclesie habuerant depositis, federationem quamdam propter pacis caritatisque custodiam inter se composuerunt, talem, videlicet, quod predictus abbas Vallislucentis dedit et concessit ecclesie Paraclitensi omnes partes nemorum quas ecclesia Vallislucentis habebat et possidebat in territorio Poiseiensi, a via que tendit a Poiseio Balneolis, nemus videlicet illud quod Elisabeth de Villamauri dedit ecclesie Vallislucentis et nemus illud quod Gauterus de Fonteneto dedit eidem ecclesie Vallis lucentis : ita tamen, quod terram arabilem, ubicunque fuisset, ecclesia Vallislucentis retinuit. Ista predicta ecclesia Vallisllucentis dedit et concessit ecclesie Paraclitensi. Et abbatissa Paraclitensis e converso dedit et concessit ecclesie Vallislucenti

quicquid habebat et possidebat in territorio Poiseiensi, ita tamen quod nemora sibi retinuit, a via
Poisei que tendit Balneolis, et tali pacto, quod nichil ulterius in territorio illo quoquomodo ecclesia
Paraclitensis acquireret. Et si in territorio illo aliquid ecclesie Paraclitensi pro elemosina datum fuerit, et ecclesia Vallislucentis hec habere voluerit,
dimittet ei ecclesia Paraclitensis cum consilio virorum sapientium et discretorum. Similiter et abbatissa Paraclitensis dedit ecclesie Vallislucentis quicquid habebat et possidebat in territorio Berneria-
rum, et tali pacto, quod nichil ulterius ecclesia Paraclitensis acquireret a vado quod est subtus domum
Radulphi de Fucherolis, et a via que tendit ad gra-
veriam de Pontibus inter duo nemora de Capella,
et a piro que vocatur de Croisun per viam que vadit
ad Fontem Macum usque ad riveriam Secane, ubi
pro elemosina aliquid eis datum fuerit, si ecclesia
Vallislucentis habere voluerit, dimittetur ei cum consilio virorum sapientium et discretorum. Similiter
ecclesia Vallislucentis nichil acquirere poterit a terminis istis qui nominati sunt usque ad Paraclitum,
et a Trambleio usque ad Sanctum Martinum de Bocenay, et a Sancto Martino usque Gelannas per
pontem abbatie. Similiter et nichil adquirere poterit ecclesia Vallislucentis a finibus Poisei per viam
que ducit Lanericum usque ad Marcilleium, et usque
ad Planteiz, ubi forte aliquid pro elemosina ei datum fuerit, et si ecclesia Paraclitensis hoc, quod
intra terminos istos ecclesie Vallislucentis datum

fuerit, habere voluerit, dimittetur ei cum consilio virorum sapientium et discretorum. Iterum a riveria Tranquillei usque ad abbatiam Vallislucentis ecclesia Paraclitensis nichil adquirere poterit ubi hoc modo quo dictum est. Nemus iterum illud quod abbas Vallislucentis retinuerat a via Poisei que tendit Balneolis, preter nemus Hugonis Paltunerii et nemus Sancti Pauli, dedit ecclesie Paraclitensi, ita quod illud non scinderet, nisi quantum necessarium esset usui carruscarum ; cetera sibi retinuit glandes scilicet, ita quod porci de Paraclito nisi de consensu abbatis Vallislucentis ibi pascere non poterunt. Hec federatio facta fuit primum apud Triagnum in monasterio sanctimonialium, ita quod mediator et testes fuit dominus Ansellus de Triagnio, et filius ejus, Garnerius ; et Theobaldus, capellanus ; et Gundricus, presbiter ; et Radulphus Buissuns ; et Theobaldus de Veneseio ; et domina Helissendis, uxor domini Anselli de Triagnio ; et soror ejus domina Comitissa. Hec federatio postea adcredentata, et totius capituli consensu confirmata fuit apud Paraclitum, et in ipso capitulo, presente domino Milone de Nogento, et Gauthero, nepote ejus ; et Erardo, presbitero ; et multis aliis. Et ut hoc ratum et inconcussum omni tempore habeatur, signatum est atque firmatum sigillo abbatis Vallislucentis et abbatisse Paraclitensis. Et sciendum est quod hoc quod unaqueque ecclesia alteri dedit, si forte aliquando querela ingruerit, omni tempore acquitabit. — Actum anno ab Incarnatione Domini M° C° XL° IIII°.

(*Cartul.* fol. 132 v°.)

50. — 1145, au plus tard. *Lettre dou disme de Villegruis.*

H[ato] Dei gratia Trecensis episcopus, notum facimus omnibus tam presentibus quam futuris, quod Radulphus Jaiacus concessit Deo et ecclesie Paracliti totam decimam de terra sua, tota que erat infra decimationem de Villegruis, a quocumque colebatur sive a se sive ab aliquo alio ; et etiam de nemoribus suis, que infra decimationem istam erant, si exartarentur et ad novalia devenirent. Hoc fecit caritatis intuitu et maxime pro una nepte sua, quam monialem fecit in predicta ecclesia. Hoc donum laudavit et concessit Elisabet, uxor ejus. Et quia hoc auctum fuit in nostra presentia et cum nostro assensu, auctoritatem sigilli nostri apposuimus ut in perpetuum ratum permaneret. Hujus rei testes sunt : Manasses et falco et Odo, nepos noster.

(*Cartul.* fol. 137 rº. — Archiv. de l'Aube, origin.)

51. — 1146. *Lettre commant l'esglise dou Paraclit n'est tenue de paier nulles coustumes.*

Ludovicus, Dei gratia rex Francorum, et dux Aquitanorum, notum fieri.., quod illustris memorie Ludovicus, rex Francorum pater meus, pro amore Dei et salute anime sue sanctimonialibus de Paraclito in perpetuum concessit, ut nunquam de quibuslibet rebus quas ipse vel servientes ipsarum ad usus earumdem emeretur, vel pro suis necessitatibus de propriis rebus venderetur, aliqua sibi vel successoribus suis consuetudinem in tota terra sua persolverent. Quod, ut ratum et inconcussum permaneret, scripto commendavit et sigilli sui impressione firmavit. Ego vero predicti patris mei vestigiis inherens, idipsum quod ab ipso factum est concedo et ratum et firmum haberi volo, et ne possit a posteris infirmari sigilli mei impressione corroboro. — Actum publice Parisius, anno Incarnati Verbi M° C° XLVI°, regni nostri X°. Data per manum Cadurci, cancellarii nostri.

(*Cartul.* fol. 173 v°.)

52. — 1146. *Lettre de l'usage dou boys de Mont-Morvoy, et de pluscurs chouses.*

Ego Theobaldus, comes, notum fieri volo tam presentibus quam futuris, quod Milo, dominus Nogennii, laudavit ecclesie Paraclitensi quicquid milites de feodo suo in elemosina ei darent. Concessit etiam usuarium nemoris Morvei ad omnia necessaria ; et totum mareschium, et totam aquam a Vado Rugiento usque ad Bruslettum Furnum Sancti Albini ; tertiam partem molendini de Guamnoneriis ; terram a Charma usque ad molendinum sub via que venit Paraclitum ; culturam unam que est inter Brusletum et viam. Vendidit etiam sanctimonialibus ejusdem loci pro CXX libris tertiam partem totius decime majoris et minute apud Calestiam ; brullium totum inter Marnaium et Pontes situm ; Pulcerias, et Runcherias, et totam terram que est a via regia subtus Pulcerias usque Pressorios et Trembleium et usque vicum Burdini, illud, videlicet, quod habebat in dominio suo et quicquid ex eo a rusticis quoquomodo acquirere poterunt quoquomodo intra prescriptos fines ; et pedagium omnibus Paraclitum venientibus VI denarios valens in elemosina afferentibus aut cum funere venientibus. Hoc autem factum est anno ab Incarnatione Domini M° C° XL° VI°, Eugenio papa, Ludovico regnante in Francia, laudante filia predicti Milonis, Isabel, et Girardo, genere suo, Freerio, Joiffrido, Gaucherio, Stephano, nepotibus suis. Hujus rei laudatores sunt et testes : Henricus, filius meus, comes Breennie, Petrus de Tornella, Joiffridus Ridel, Stephanus Ridel de Courtreclaim. Et ut conventiones iste firme stabiles et inconcusse maneant ego Teobaldus, comes, impressione sigilli mei confirmari precepi.

(Cartul. fol. 120 v°.)

53. — 1147, au plus tard.

Ego Hugo, Dei gratia Senonensis archiepiscopus, notum omnibus fieri volo, presentibus et futuris, quod Heloyssa, Paraclitensis abbatissa, interventu religiosorum virorum concessit Blesensi comitisse, laude et voluntate totius capituli sui, locum Pomerii ad construendam abbatiam, statutis inter se quibusdam conventionibus, quas duximus annotandas. Statutum itaque fuit et divisum, quod hac prima abbatissa Pomerii, que nunc est constituta, domina Gertrude, nobili et honesta femina, que canonice electa fuit apud Paraclitum de dominabus ejusdem ecclesie, cetere, que post ipsam primam substituentur in eodem loco, canonice eligentur secundum aliarum consuetudinem ecclesiarum, et assumentur de ipsa ecclesia, si in ea potuerint inveniri. Sin autem, transibunt ad ecclesiam Paracliti, et de ea sibi assument abbatissam, et ad aliam per electionem non licebit eis pertransire ecclesiam, quoniam alium ordinem, nisi Paraclitensem, non licebit eis observare. Abbatissa vero Pomerii semel in anno Paraclitum veniet ad discendum ordinem et sedebit in capitulo, sicut abbatissa de ordine Paracliti et religione assumpta. E converso autem, abbatissa Paracliti semel in anno ibit Pomerium, et sedens in capitulo emendabit, si quid fuerit emendandum, de ordine, vel de aliqua re ad ordinem pertinente. Pro concessione sane predicti loci dedit comitissa ecclesie Paracliti tres modios frumenti, per singulos annos in molendino suo Pruvini sub Crevecor, laude quidem filiorum suorum comitum Henrici, Theobaldi, et Stephani, promisitque rem juste garantire. Et hoc fuit ad voluntatem abbatisse Paraclitensis et totius capituli sui. Promisit et abbatissa Paracliti, promisit et comitissa, quod nec per dominum Papam, nec per alium aliquem quod factum fuerat aliquo modo immutaretur, sed et conditiones inter utramque ecclesiam superius designate a neutra parte abolerentur. Harum conventionum mediatorem me posuerunt et abbatissa, et comitissa, atque benigna utriusque partis postulatione in manu accepi rem sicuti fuerat simpliciter ac devote celebrata, opitulante Domino, in finem permanere. Ut autem et modernis et successure posteritati firmum et ratum habeatur, auctoritate sigilli nostri muniri fecimus sub cyrographi divisione.

(Archiv. Aube, cyrographe origin.)

54. — 1143. — 1147.

Ego Dei gratia Hugo, Senonensis archiepiscopus, notum fieri volo cunctis presentibus et futuris, qualiter quidam miles, Balduinus cognomine, de Clauso Fonte, ante nos venit et terram quam habebat ex parte Anne, uxoris sue, in territorio quod Pomerium vocatur, concedentibus ipsa uxore sua et filiis eorum, ecclesie sancte de Paraclito donavit in perpetuum, et concessit totam, eo tenore, ut ecclesia illa singulis annis in Nativitate B. Johannis Baptiste censum persolvat ei, videlicet, duos solidos. Terra autem hec est : quicquid videlicet maresii et prati predictus Balduinus habuerat a Salice, que est supra ripam fluminis in superius versus orientem, et quicquid terre arabilis habuerat inter Duas Ulmos in longum et latum usque ad viam superiorem ; insuper donavit terram, in qua molendinum sedet, sicut extensa est a lapidibus in inferius. Hec autem donatio facta est per manum Salonis, vicecomitis, presentibus et Rainaldo Crasso, qui inde fideijussor fuit ; et Stephano Gorgia ; et Guillermo, fratre ejus ; et Alberico de Marollio, qui omnes fuerunt ex parte profate ecclesie de Paraclito. Presentibus etiam :

Hugone, cognomine Monacho ; ..Pagano, fratre ejusdem Balduini ; Hugone de Vareliis, et isti fuerunt ex parte Balduini. Astantibus quoque et presentibus de fratribus nostris : Manasse, archidiacono; Simone, thesaurario; Rainaldo, Pruvinensi archidiacono; Odone, canonico. Quod autem, ut ratum magis sit et firmum, nostri auctoritate sigilli muniri fecimus et firmari. Subjungimus etiam, quod si censum ad diem denominatum solutum non fuerit ecclesia [...] faciat et non perdat.

(Archiv. Aube, copie.)

55. — 1154. *Lettre des dismes de Saint-Martin-des-Champs et de Boual emprès Provins.*

Ego Mathildis, comitissa Blesensis, tam presentibus quam futuris notum fieri volo, quod Guillelmus, clericus meus, dedit post decessum suum ecclesie Paracliti et sanctimonialibus ibidem Deo servientibus decimam suam de Sancto Martino de Campis et de Boal, quam per manum bone memorie comitis Theobaldi, domini mei, et Henrici, filii mei, concedente Bartholomeo de Verziaco et Hugone, fratre ejus, emerat. Hoc quidem donum laudavi et concessi ; et, ne prefate sanctimoniales super hoc in posterum inquietari possent, hanc cartam fieri et sigilli mei attestatione confirmari precepi. Hujus rei testes sunt : Girardus de Averliaco et Robertus de Tachi, milites ; Hugo de Pruvino, panetarius meus ; Fulcherius, camerarius meus ; Lupellus, hostiarius ; Hato et Obertus, armigeri mei. —

Actum est hoc apud Cellam Cantumerule anno ab Incarnatione Domini M° C° L° IIII°, regnante Ludovico, rege Francorum ; Hugone, archiepiscopo Senonensi existente.

(*Cartul.* fol. 79 v°. et 287 v°.)

56. — — 1155. *Accord à cause des dismes de Saint-Albin.*

Ad hoc eniti debent, qui sane sapiunt, ut ab ecclesia Xpi dissentionis et contentionis tollatur omnino scandalum. Contentio diu fuerat inter monachos Sancti Petri Trecensis et ecclesiam Paracliti. Requirebant sane monachi decimam terre, quam Paraclitenses excolunt in territoro Sancti Albini, cum enim utraque ecclesia medietatem habet in decima Sancti Albini ; et Paraclitenses decimam laborum suorum Romane auctoritatis privilegio absolute possidere niterentur, voluit donnus abbas Petrus contentionem compescere et predictam controversiam ad finem pacis perducere. Assensu igitur utriusque ecclesie admodiaverunt monachi ecclesie Paracliti totam decimam Sancti Albini, tam grossam quam minutam, per singulos annos pro III modiis et IIII sextariis annone, quorum IIII sextaria frumenti, VIII siliginis, et reliqui erant annone que erit in grangia, et in hac grangia redditur predicta annona infra festum sancti Martini ; et minutam decimam pro V solidis infra octavam sancti Remigii. Dabunt Paraclitenses et duos carros straminis, unum frumentacei et siliginei et alium straminis grangie, que portabuntur et reddentur in cella Sancti Petri apud Pontes. Quod si terra bellorum destructione seu tempestate omnino vastata fuerit, nichil reddent Paraclitenses. Ut autem hoc inconcussum permaneat sigillis utriusque ecclesie confirmatum est. Testes sunt : Petrus de Tornella; Engenoldus, frater abbatis ; et Herbertus Granerius. — Actum Paracliti et recognitum Trecis anno ab Incarnatione Domini M° C° L° V° Ludovico Juniore regnante in Francia; Henrico, comite; Henrico, Trecensi episcopo.

(*Cartul.* fol. 184 v°.)

57. — *1134-1158. Lettre dou disme dou Mesnil et de Saint-Morice.*

Quoniam ineffabilis divine magestatis clementia parvitatem nostram de stercore ereptam usque ad solium principum sublimare, et curam ovium suarum, quas proprio sanguine redemit, humeris nostris dignata sit imponere ; quanto ad altiorem dignitatis gradum promoti sumus tanto impensius decorem domus ejus debemus diligere, et pauperum suorum necessitatibus ex caritatis affectu misericorditer subvenire ; verum cum in omni etate femineum sexum virili fragiliorem esse evidenter appareat, eo vehemencius nobis et piis omnibus insistendum est, ne sancte mulieres que sub ecclesiastica disciplina arctum continentie votum Deo fecerunt, inflicta eis intolerabili rei familiaris inopia, a sancto, quod absit, virginitatis proposito decidere cogatur : ad relevandam igitur, cantulacumque ex parte, penuriam pauperum ancillarum Xpi, que apud Paraclitum sub arduo religionis proposito Deo devote famulantur, ego Manasses, Dei gratia Meldensis ecclesie humililis servus et minister, octavam partem tam magne quam parve decime do Melnillo, et medietatem minute decime de Tilliis, et quartam partem similiter minute decime de Sancto Maximo, et insuper quicquid deinceps in dyocesi nostra juste acquisiture sunt, tam ipsis quam earum successuris, caritative, episcopali jure, imperpetuum concedimus. Et ne quis eas ausu temerario super pretaxatis omnibus de cetero inquietare presumat presenti pagina interdicimus.

(*Cartul.* fol. 186 v°.)

58. — 1160.

Ego Henricus, Trecarum comes palatinus, presentibus et futuris notum fieri volo, quod Maltidis, Blesensis comitissa, domina et mater mea, molendinos suos de Pruvino ecclesie de Pomerio assensu meo dedit: quorum unus est juxta portam de Bossense, alii duo sunt juxta Pontem Benedictum. In molendino quoque qui est constitutus juxta portam prescriptam, pro remedio anime sue, ecclesie de Foissiaco unum modium frumenti annuatim imperpetuum persolvendum dedit. In aliis autem duobus que sunt juxta Pontem Benedictum ecclesie de Paraclito, propter excambiationem quam erga abbatissam ipsius Paracliti pro Pomerio fecit, tres modios frumenti singulis annis persolvendos imperpetuum tribuit. Preter hec in tholomeo meo de Pruvino ecclesie prefate de Pomerio singulis annis XXX et quinque libras imperpetuum persolvendas dedit, quarum : in nundinis sancti Martini V libras redditus constituit ; in nundinis vero maii XV libras ; in nundinis sancti Aygulphi alias libras XV. Et ne oblivioni tradentur hec sigillo meo corroboravi. Hujus rei testes sunt : dominus Hugo, Senonensis archiepiscopus ; dominus Henricus, Trecensis episcopus, Guillelmus, frater meus ; Stephanus, Trecensis canonicus ; Bernardus, Sancti Petri Trecensis ecclesie canonicus ; Odo de Monte Omeri ; Petrus Bursaudus. — Actum est hoc ab Incarnatione Domini M° C° LX° anno. Tradita est hec carta apud Pruvinum per manum Guillermi, cancellarii.

<small>(Archiv. Aube, copie authentique faite le 9 février 1514 « sur l'original en parchemin, scellé en double queue d'un sel ou quel est empraint ung homme à cheval. »</small>

59. — 1162. *Lettre des dismes de Cuchermoy.*

Raynaldus, Beati Jacobi abbas, et omnis conventus noster notum fieri volumus, tam presentibus quam futuris, quod contentio erat inter ecclesiam nostram et ecclesiam de Paraclito, quia eis dare nolebamus decimam agriculture nostre, que est in decimatione Cuchermeti, cum quibus diu altercati, tandem habito prudentium virorum consilio, ita composuimus : dimiserunt nobis quicquid habebant in decima illa et in tractibus ; sed duobus annis medietatem, et tertio anno duas partes, et totum strumen pro IIII modiis et dimidium annone, medietate frumenti et medietate avene, et VII solidis reddendis annuatim. Predicti solidi reddentur in festo sancti Remigii ; annona vero infra festum Omnium Sanctorum, tota si fieri poterit de decima ; sin autem, de grangia nostra frumentum bonum reddetur et laudabile ; sin autem minus valens, sex denarii per singulos sextarios meliore frumento vendibili in foro. Quam compositionem si exequi noluerimus, accipiant totam decimam suam plenario etiam de agricultura nostra. Quod si inde calumpnia emerserit, ferent nobis auxilium et defensionem. — Actum in curia Senonensis ecclesie, personis agentibus : Symone, thesaurario ; Guillelmo, preposito ; Odone, decano ; et Matheo, precentore. Hujus compositionis testes sunt : dominus Odo, prior ; Galterus de Vilonissa ; Osmundus ; Rolandus, et Arnulphus, major. Et ego Raynaldus apposui sigillum meum anno Incarnati Verbi M° C° LX° II°.

(Cartul. fol. 78 r° et 286 v°.)

60. — 1142-1168. *La lettre commant li arcediacres de Chalons requit à l'arcevesque de Sens que il nous revestit de pluseurs chouses qu'il possidoit.*

Reverendo patri ac domino Hugoni, Dei gratia venerabili Senonensium archiepiscopo, G., ejusdem patiencia Cathalaunensis archidiadonus humilis, salutem et dulcissime devotionis obsequium. Sicut sanctitatis vestre discretioni non ignotum esse credimus, quod pater meus, quidam et alii predecessores mei, exigentibus peccatis suis, crudeliter violentia et usurpatione ecclesiam de Nangeiis, et de Fontiniaco, et de Hermeto, et de Surdolio multis temporibus possederunt, tandem tamen pater meus in presentia predecessoris vestri, domini Henrici bone memorie, Senonensis archiepiscopi, culpam predecessorum suorum et suam humiliter recognoscens, quecumque in ecclesiis illis injuste et juste anathemate possiderant guerpivit; idem autem predecessor vester, quorumdam amicorum nostrorum precibus, de eisdem beneficiis me investivit. Ne igitur illud sanctum Crucifixi patrimonium, tam diu turpi laicorum occupatione quasi jure hereditario violenter usurpatum, iterum in fratris mei, vel alicujus heredum meorum in usurpationem inhonestam relabetur omnimodo timentes, vestre sanctitatis paternitatem suppliciter exoramus, quatinus illud, quod in ecclesiis illis possidemus, pauperibus sanctimonialibus de Paraclito impendere dignemini, eo vel pacto, scilicet, si de predictis beneficiis illis predictas sanctimoniales, pro remedio anime vestre et nostre, investire volueritis, quicquid in ecclesiis possidemus plane et absolute in conspectu Dei et vestro guerpimus. Quia hoc et quod de laicorum manu tenemus, apud vos, domine mi, satis secura esse non credimus, vestre paternitatis pietatem, ut hoc citissime perficere dignemini iterum et iterum exorare non veremur. Tempus vel breve est, nobis quoque necessarium est ut hec transeat inquitas in diebus nostris. Bene valeat sanctitas vestra.

(Cartul. fol. 264 v°.)

61. — 1174. *Amortissement de dismes et autres chouses.*

Ego Henricus, Trecensium comes palatinus, presentibus et futuris notum fieri volo, quod domum monialium de Paraclito, que fuit Johannis Tiranni, cum cellario et appendiciis, ecclesie Paracliti concessi et dedi quietam de hoc quod ad me pertinebat, et de hoc quod in manu mea erat. Preterea XL solidos annui redditus quos defunctus Girardus de Nogento dedit eidem ecclesie et assignavit in foro Nogenti, laudamento et assensu uxoris sue et filii, laudavi, et concessi eidem ecclesie quod de feodo meo erat. Confirmavi jam dicte ecclesie decimam de Sancto Martino, decimam de Boal, et censum quem defunctus Guillelmus Brito dedit in elemosinam jam dicte ecclesie; quod et laudaverunt Arnulphus *La Borde* et Henricus, frater ejus, de quorum feodo; et proinde tamen habuerunt de rebus ecclesie XX libras per manum meam. Ut vero ista firmius teneantur sigilli mei munimine confirmavi. Hujus rei testes sunt: Roricus, Meldensis archidiaconus; Theobaldus de Fimis; Guillermus, scriba; Ansellus de Triangulo et Garnerus, frater ejus; Guillermus, marescallus; Drogo de Pruvinio; Petrus Bristaldus, frater ejus; Deembertus de Ternantis; et Millo, filius suus. Actum est hoc Pruvini anno Incarnati

Verbi M° C° LXXI°. — Datum per manum Villermi, cancellarii.

(*Cartul.* fol. 79 v° et 286 v°.)

62. — 1176. *La lettre dou molin de Justigny et dou disme de Savins.*

Guillelmus, Dei gratia Senonensis archiepiscopus, Apostolice Sedis legatus, omnibus.. Noverit universitas vestra quod controversia, que inter moniales ecclesie Paraclitensis et Symonem de Louis, militem, vertebatur super molendino de Justiniaco, et quartam partem decime de Savins hoc modo per manum nostram pacificata est. Idem Symon prefatum molendinum, quod de feodo suo esse dicebat, tandem prefate ecclesie in perpetuum libere quictavit ac dimisit. Sanctimoniales autem quartam partem decime de Savins se de jure debere possidere asserebant, et hoc ipsum prefatus Symon inficiebatur. Nos vero pacem inter eos reformare volentes, utraque parte assentiente, statuimus, ut sepe dictus Simon vel quicumque decimam illam habuerit, singulis annis de eadem decima V sextaria annone, medietatem scilicet frumenti et medietatem avene in festo sancti Remigii ecclesie Paracliti in perpetuum persolvat. Quod, ut ratum et firmum permaneat, presentis scripti testimonio et sigilli nostri auctoritate confirmamus. — Actum Senonis anno ab Incarnatione Domini M° LXX° VI°.

(*Cartul.* fol. 80 v°. — Archiv. de l'Aube, origin. en parchem.)

63. — 1168-1176. *Lettre de demy muid de blé sur le minage de Provins.*

Guillermus, Dei gratia Senonensis archiepiscopus, et Apostolico Sedis legatus, omnibus.. Universitati vestre notum fieri volumus, quod dilecte filie nostre, sanctimoniales de Paraclito, in societatem et consortium et sanctimonialem filiam Radulphi, Da.. nomine, ad preces nostras receperunt. Radulphus vero pro filia sua recipienda dimidium modium annone, videlicet III sextarios frumenti et III avene, ecclesie Paraclito in minagio Pruvini nobis presentibus singulis annis concessit et donavit. Ut ergo predicta donatio et concessio futuris temporibus rata et inconvulsa permaneat, presentem paginam sigilli nostri impressione corroborari fecimus, et ecclesie de Paraclito auctoritate nostra confirmamus, statuentes ut nulli hominum hanc nostre confirmationis paginam infringere liceat. Si quis vero hoc attemptare presumpserit omnipotentis Dei maledictionem et iram nostram se incursurum noverit.

(Cartul. fol. 113 v°.)

64. — 1179. *Lettre dou don de 1 muy de blé ou molin de Villeneuve de costé Ponz.*

Ego Ertaldus, comitis Henrici camerarius, notum facio presentibus et futuris, quod dedi in testamento meo ecclesie de Paraclito unum modium bladi, de tali blado quale molendinum lucrabitur, medietatem scilicet unius et medietatem alterius, in molendino de Villa Nova juxta Pontes. Hoc laudavit Hodierna, uxor mea. Quod, ut ratum et notum permaneat, litteris annotatum sigilli mei impressione firmavi. Testes rei sunt : Stephanus, cancellarius; Ansellus de Triangulo ; Matheus, frater marescalli, et nepotes ejus ; et Josbertus, camerarius. — Actum est hoc anno Incarnati Verbi M° C° LXX° IX°. Data per manum Willermi, scribe, Pruvinensis.

(Cartul. fol. 159 r°.)

65. — 1179. *Lettre d'ung muy de blef sur un molin empres la Villeneuve au Chastellot.*

Notum facio tam presentibus quam futuris, quod ego Willelmus, marescallus, dedi in testamento meo ecclesie de Paraclito unum modium bladi, videlicet IIII sextarios frumenti et VIII sextarios de mosterange, in molendino de Villa Nova juxta *Castelet de Pont*. Hoc laudavit uxor mea. Quod, ut notum permaneat et ratum teneatur, litteris annotatum sigilli mei impressione firmavi. Et si aliquis contra hoc ire voluerit, recurrendum est ad cartam domini archiepiscopi et domini Henrici, comitis, que est in ecclesia Sancti Quiriaci, ibi invenitur hujus donationis testimonium. Hujus rei testes sunt : Stephanus, cancellarius; Ancellus de Triangulo ; Matheus, frater marescalli, et nepotes ejus ; Gosbertus, camerarius. — Actum est hoc anno ab Incarnatione

Domini M° C° LXX° IX° regnante Ludovico, rege; et Henrico, comite.

(Cartul. fol. 224 v°.)

66. — 1179. *Lettre de la terre de Planteiz.*

Sicut dignum est et officio caritatis conveniens ea que in contentionem veniunt rationabili fine decidere : ita rationi consentaneum est ea que decisa fuerint, ne depereant, fidei committere litterarum. Ea propter, ego H., dictus abbas de Ripatorio, notum facio presentibus et futuris, quod ego, laudante capitulo meo, concessi sanctimonialibus de Paraclito terram hominum de Planteid, que est intra metas in monte Sil; et sanctimoniales de Paraclito, laudante omni capitulo suo, concesserunt nobis totam terram quam habebant inter aquam et nemus. Testes : Guillermus, presbiter, magister de Paraclito; frater Renaudus; frater Humbertus; frater Abel de Paraclito; Mauricius, sacerdos; Richerius de Summo Fonte; Heris Carmond; Teobaldus Wastebleve. — Actum anno Incarnati Verbi M° C° LXX° nono.

(Cartul. fol. 121 v°.)

67. — 1180. *Lettre d'un muy de blé sur la terre des Hospitaliers à Villegruis.*

Ego frater Anno de Aïs, humilis minister Templi cis mare, notum facimus tam presentibus quam futuris, quod nos fratres militie Templi debemus singulis annis ecclesie Paraclitane unum modium bladi laudabilis ad mensuram Pruvini, VI sextarios frumenti et VI avene, et XII denarios, ad festum sancti Remigii, pro tota terra plana quam habemus apud Vilegruis, quam M., venerabilis abbatissa prescripte ecclesie, totusque conventus nobis concesserunt jure perpetuo possidendam. De memore autem nostro, in quo ipse sextam partem habent ubique, nec vendent nec exartabunt absque licentia nostra, nec nos absque sua. Ut autem hoc ratum permaneat, presentem cartam sigilli nostri munivimus impressione, consilio fratris Jocerani, et fratris Gaufridi Franceis, et fratris W. helemosinarii, hoc confirmantes. — Actum anno M° C° LXXX°.

(Cartul. fol. 114 r°.)

68. — *1181 au plus tard. Lettre de admortissement de pluseurs chouses à Loors, à Justini, à Perregni.*

Ego Henricus, Trecensium comes palatinus, notum facio presentibus et futuris me concessisse et laudasse quicquid Theobaldus de Loors dedit abbatisse de Paraclito pro sorore sua, scilicet, III sextarios bladi de terra quam tenet Galterus, in hoc est medietas frumenti et siliginis et alia medietas est avene. In terra Jocelini III sextarios, medietatem frumenti et siliginis, et aliam medietatem avene. In terra quam tenent leprosi de Pontibus III minas, medietatem frumenti et medietatem siliginis, in hoc blado est summa : modius. Item apud Pareigny IIII solidos et II denarios de Roberto, ad festum sancti Martini. De Garnero XVIII denarios et de Hugone, filio Theobaldi, IIII denarios, est summa : VI solidi. In molendino de Justigny annuatim VI sextarios frumenti, quale lucratur in molendino.

(*Cartul.* fol. fol. 84 v°. — Archiv. Aube, origin.)

69. — 1182 au plus tard. *Lettre dou disme de Lisines et de Saint-Martin-des-Champs.*

In nomine Patris, et Filii, et Spiritus Sancti. Ego Rainaldus, Dei gratia ecclesie B. Jacobi Pruvinensis humilis abbas, modernis et futorum posteritati notificare volo, quod quicquid in decima de Lesines, et in decima Sancti Martini de Campis habebamus ecclesie Paraclitane concessimus, tali modo : quod annuatim nobis persolvet prefata ecclesia in granario nostro XV sextarios bladi laudabilis, medietatem frumenti et medietatem avene. Hoc autem communi assensu capituli nostri factum est. Hujus rei testes sunt : Odo, prior noster; Arnulphus, nepos meus; Gaufridus, thesaurarius; Stephanus de Caladomo ; Johannes de Lourcino ; Adam de Roseto ; Odo, cellarius ; ex parte vero illarum : Guillelmus ; Robertus; Fulcho, magister, capellani ; Agnes, priorissa ; Constantia, subpriorissa; Genovefa, moniales ejusdem loci.

(*Cartul.* fol. 98 v°.)

70. — 1184. *Lettre d'ung discord entre les Hospiteliers de Rampillum et l'esglise de céans pour le disme de Nangis.*

Guido, Dei gratia Senonensis archiepiscopus, omnibus.. notum fieri volumus, quod controversia erat inter fratres Hospitalis et sanctimoniales de Paraclito super decima agriculture granchie, quam predicti fratres habent in parrochia de Nangiis. Sanctimoniales enim decimam illam repetebant quia antiquitus eam habere consueverant, fratres vero inde esse immunes volebant per privilegium Summi Pontificis. Inde ergo compositio facta est in hunc modum : quod de terris, quas prefati fratres propriis sumptibus excolunt, sanctimoniales medietatem decime percipient. Ut ergo id ratum maneat et firmum, presenti scripto confirmari fecimus et sigilli nostri impressione muniri. — Data per manum magistri Petri, cancellarii nostri. Anno Incarnati Verbi M° C° LXX° IIII°.

(De plus, *Vidimus* de cette charte donné par « Hemericus, decanus Xpistianitatis Pruvinensis.. Actum anno Domini M° CC° L° secundo, mense julio. » *Cartul.* fol. 94 v°.)

71. — 1185. *Lettre de demy muid de froment sur les dismes au prieur de la Chapelle à Villegruis.*

Manasses, Dei gratia Trecensis episcopus, omnibus ad quos littere iste pervenerint in Domino salutem. Universitati vestre notum esse volumus, quod

Manasses de Villa Grasii, miles, quietum clamavit in perpetuum ecclesie de Paraclito dimidium modium frumenti in grangia sua, scilicet de decima Sancti Nicholai de Chalestra apud Villam Grasii, datam eidem ecclesie ab Odone lo Gai, avo ipsius Manasses. Hujus rei testes sunt : Garnerius de Triangulo, Andreas de Brena, nobiles viri. — Actum anno Incarnati Verbi M° C° LXXX° V°.

(Cartul. fol. 177 r°.)

72. — 1185. *Lettre d'une maison à Sézanne et de certaines vignes.*

Ego Maria, Trecensis comitissa, universis tam futuris quam presentibus notum facio, quod Bencelina, uxor Guerrici de Pontibus, Deo et ecclesie Paracliti, ubi se monialem reddidit, in elemosinam dedit domum cum cellerario Sezanie sitam, ad portam de Mongardin, et tertiam partem alterius domus ei contigue, et II partes vinee d'Orgesvaus, et alterius vinee que dicitur vinea Hugonis, et etiam terciam partem predictarum vinearum. Hoc laudavit Guerricus, maritus ejus; et Aimericus, cantor Sezanie; et fratres ejus; et ceteri ipsius Benceline heredes ante consilium nostrum. Quod, ut notum permaneat et ratum teneatur, auctoritate sigilli mei confirmavi, his testibus : fratre Guillermo, elemosinario; domino Ansoldo de Columberio; Girardo de Sezanie; Milone de Pruvino; Petro Teutonico, tunc temporis Sezanie preposito. — Actum est

Sezanie anno M° C° LXXX° V°. — Datum apud Pontes per manum Haici, cancellarii, nota Guillermi.

(*Cartul.* fol. 188 r°.)

73. — 1185. *Lettre de vignes mouvant en sancive de la Celle.*

Ego G., Dei gratia Cantumerulensis ecclesie humilis minister, notum facimus tam existentibus quam posteris, quod quedam controversia, que vertebatur inter nos et domum Paracliti super vineis, quas G. de Sancto Albino domui Paraclitane concesserat, in presentia plurimorum honesta discretione paci hoc modo substetit; domui etenim nostre predicta domus Paraclitana supplicabat quatinus predicta controversia ad unitatem dilectionis ex utraque parte protenderetur. Nos vero, earum attendentes humilitatem et nostre karitatis gratiam, rem pacificavimus, ita quod fratrem nostrum Freherium de Selavilla, de cujus censu vinee erant, Paraclito in perpetuum laudare fecimus, salvo ejus censu et justitia ; et ex communi capituli nostri consensu hoc factum fuisse manifestamus, et, ne pactio aliqua occasione irritaretur auctoritate sigilli nostri corroboravimus. De laude fratris nostri hi sunt testes : Teobaldus Peregrinus; Henricus, capellanus de Selavilla ; Petrus de Fonte Danielis ; Anselmus de Veleri ; Manasses de Villagriis. De assensu capituli hi sunt : Petrus, prior ; Angenoldus ; Guillermus et omnes alii, Anno Incarnationis Domini M° C° LXXX° quinto.

(*Cartul.* fol. 137 v°.)

74. — Sans date.

Ego Guibertus, abbas Cantumellensis, et ego Millesendis, Paraclitensis ecclesie humilis ministra, notum fieri volumus omnibus tam presentibus quam futuris, quod querelam, que ventilata fuerat inter nos tociens super quadam decima quorumdam novorum essartorum, sedata litis contentione, pacem composuimus, et in hunc modum : quod ecclesia Cantumellensis tocius decime predictorum essartorum medietatem, scilicet illorum que facta sunt tempore domini Henrici, et Radulfi fratris ejus, vel que fient in posterum infra decimationem de Vilegruis in nemoribus ad predictos milites pertinentibus, ex integro percipiet ; ecclesia vero Paracliti alteram medietatem predicte querele ex toto accipiet. Ita mediavimus pacis compositionem : tam in dominio quam in ceteris que ad decimationem pertinent, predictas ecclesias pares fecimus. Possessiones autem, prout utraque ecclesia possidebat ante litis ortum, in pace possidebit. Et quia dominus abbas diu super hoc contendebat cum predictis militibus, scilicet H. et R., ecclesia Paracliti propter labores et expensas persolvit ei XX libras. Et quia hoc factum fuit de consensu utriusque capituli auctoritate sigillorum nostrorum munivimus ut illesum et illibatum permaneat in posterum.

(Archiv. de Aube, origin. scellé. Sur le premier sceau,

main tenant une crosse ; legende : † *Sigillum Guiberti, abbatis ecclesie Cantumerule.* Sur le deuxième sceau, une femme tenant une crosse de la main droite et un livre de la main gauche ; légende : † *Sigillum Milisendis, abbatisse ecclesie Paracliti.* Les queues en parchemin ont servi au brouillon de la charte.)

75. — 1186. *La lettre de VII livres que nous pregnons a Nogent surs le paaige et de VII livres sur le tonnu.*

Ego Maria, Trecensis comitissa, universis tam posteris quam existentibus notum facio, quod domina Elisabet de Nogento ecclesie Paracliti dedit in relaxatione peccatorum suorum, et patris, et matris sue, et mariti sui Girardi, et filiorum suorum Milonis et Johannis, XIIII libras singulis annis persolvendas, VII in Natale Domini et VII in festo sancti Johannis Baptiste assignavit, VII in pedagio de Nogento et VII in theloneo de Nogento, tali tenore, quod si aliquid ex supradictis nummis in pedagio defecerit, in theloneo recuperabitur et reciprociter. Receptores autem pedagii et thelonei, infra octo dies ante quam receperint nummos, ad Paraclitum venient et ibi fidelitatem facient quod terminis constitutis nummos reddent predicte ecclesie. Preterea, totam terram de via de Camart, que ducit ad Pontes, usque *as Grossois* et usque ad terram domini Gofridi ; et totam terram quam apud Sanctum Albinum colebat cum sua carruca benigne concessit predicte ecclesie. Dedit autem pro anima mariti sui Girardi quicquid habuit apud Poisi, preter justitiam quam sibi retinuit. Sexdecim autem solidos assignavit Paraclito in censum quem habebat apud Sanctum Albinum propter lampadem, que assidue ecclesie lumen administrabit, his sic assignatis : in tenemento Herberti, filii Everardi, XIIII denarii ; supra masuram et terram Herverii XXXIIII d.; super terram Hermosendis IIII d.; super tenementum Herberti sutoris IIII d.; in masura Landeri Daviet VIII d.; super occhiam Aalardi XXX d.; in terra de Chialoe, quam tenet Petrus cementarius VI d.; in masura et ochia Gauterii cordarii VIII d.; in masura Gileberti Parvi VI d.; super ochiam Gileberti Pare XII d.; in tenemento Hersendis de Curreclain, quod tenet Hersendis, neptis Garini sacerdotis, II solidi ; in masura Gileberti de Ponte II d.; in terra Johannis de Bello Monte VI d.; in terra ejusdem Montis, quam tenet Reinaudus VI d.; in masura Berengerii XII d.; in masura Reinerii XII d. Et hoc totum laudavit Helouvisa, uxor domini Milonis. Et ut hec rata sint et firmiter teneantur, ipsa Elisabeth rogante, consensu filii mei karissimi Henrici, auctoritate sigilli mei confirmavi. Hujus rei testes fuerunt : Willelmus, elemosinarius ; Galfridus Eventatus ; Ertaudus, frater ejus ; Nevelo de Aineto ; Gilbertus de Naudo ; Godefridus de Regiis ; Hugo de Malodivortio ; Hector de Quinciaco ; Drogo de Ferreus ; Petrus Posee. — Actum est hoc anno ab Incarnatione Domini M° C° LXXX° VI°. Datum per manum Haicii, cancellarii, apud Pruvinum, nota Willermi.

(*Cartul.* fol. 154 v°. — Archiv. de l'Aube, copie.)

76. — 1188. *Dou don, de la terre de Herbert d'Abloy.*

Guido, Dei gratia Senonensis archiepiscopus, omnibus ad quos littere iste pervenerint in Domino salutem. Notum fieri volumus, quod veniens ante nos Herbertus suam terram resignavit in manu nostra et abjuravit eam sanctimonialibus de Paraclito perpetuo possidendam; promisitque inde garantiam portare; deditque plegios de garantia Guidonem, cognatum suum, et Guillelmum de Serbona, avunculum suum. In cujus rei memoriam presentem cartam notari fecimus et sigilli nostri munimine roborari. — Actum apud Maaliacum, anno Incarnati Verbi M° C° LXXX° octavo. — Datum per manum magistri Petri, cancellarii nostri.

(*Cartul.* fol. 108 r°.)

77. — 1189. *Lettre dou don de la terre de Paleiz.*

Ego Gilo, dominus Planceii, notum fieri volo tam existententium presentie quam futurorum posteritati, quod Hugo, pater meus bone memorie, et assensu Elisabeth dilecte matris mee, donavit Caprarie, sorori mee, terram de Paleiz post ejusdem matris mee decessum libere possidendam. Ne igitur boni facti patris mei depravator videar esse, immo potius approbator, assentiente Elisabet, matre mea, et Holdeiarde, uxore mea, laudo et concedo. Quod si mater mea ab hac vita decesserit, vel terram tenere dimiserit, predicta Capraria et ejus heres prefatam terram, videlicet terram que est ex capite matris mee, preter quod in nemore, ubi ego et heredes mei usuarium habebimus, libere possidebit. Ita tamen, quod de heredibus de Mally qui predictam terram tenuerit homo ligius michi et heredibus meis erit. Ut hoc autem ratum permaneat sigilli mei roboravi munimine. Testes hujus rei sunt : Haicius, Garnerius de Triangulo, Milo de Sancto Quintino, Milo de Summesolt. Anno Incarnati Verbi M° C° LXXX° nono.

(*Cartul.* fol. 121 r°.)

78. — 1190. *Lettre de la cure de Saint-Albin.*

[Manasses], Dei gratia Trecensis episcopus, universis tam presentibus quam futuris ad quos presentes littere pervenerint, in Domino salutem. Noverit universitas vestra quod nos concessimus ecclesie Paracliti totam mensam que pertinet ad presbiterium Sancti Albini in perpetuum possidendam, sub hoc tenore, quod M., predicte ecclesie abbatissa, ex concessu capituli sui, tam nobis quam successoribus nostris quidquid habebat apud *Meceon*, tam in censu quam in decima, concessit. Et ut ratum et inconcussum permaneat, sigilli nostri auctoritate dignum duximus communiri. Hoc laudat G., archidiaconus noster. — Actum Aquis anno Incarnati Verbi M° C° LXXXX°.

(*Cartul.* fol. 173 v°.)

79. — 1191. *Lettre dou disme de Quinci.*

Ego Philippus, abbas Cormeriacensis, notum facimus tam futuris quam existentibus, quod concessimus dominabus de Paraclito totam decimam de Quinciaco, quam ecclesia nostra longe ante possederat. Et tali tenore, quod predicta ecclesia Paracliti ecclesie predicte de Pontibus in decima de Pariniaco X sextarios bládi, V avene et V tremesii, laudabiles, singulis annis concessit in pacis soliditate accipiendos. Et ut hoc ratum permaneat in perpetuum sigilli nostri auctoritate confirmavimus. Cujus rei hii sunt testes : Galterus, Trecensis archidiaconus ; Milo, Trecensis canonicus ; Johannes Tirant ; Guerricus, monachus ; Guatho, famulus jamdicte ecclesie de Pontibus. Factum est anno ab Incarnatione Domini M° C° XC° primo.

(Cartul. fol. 137 r°.)
141

80. — 1192. *Lettre dou disme d'Aspresaulve.*

Elouvis, domina de Nangis, notum facio omnibus, quod concessi Deo et ecclesie Paracliti totam decimam de novalibus de *Aspreselve*, que ad partem meam et ad partem filiorum meorum pertinerent, et etiam de omnibus terris quas coleremus cum nostris propriis carrucis, in perpetuum possidendam. Dedit predicta ecclesia nobis LXXX libras, quas persolvit in presentia abbatis Sancti Jacobi, de beneficio suo. Ego vero, et filii mei Henricus et

Drogo et Gilo, et Maria filia mea, et Lucia soror ejus, et Willelmus gener meus, ex communi consensu et laudatione hoc fecimus, et donum super altare posuimus. Hujus rei testes sunt: Henricus de Haudue; Milo, sacerdos de Trianello; Hugo de Maldestur; Vaslinus, prepositus meus. Et totus conventus illius ecclesie nos in beneficio et fraternitate recepit. — Actum est hoc apud Paraclitum anno ab Incarnatione Domini M° C° XC° II.

(Cartul. fol. 94 v°.)

81. — Sans date, 1192. *Quittance dou disme d'Aspresaulve.*

Ego Renaudus, Dei gratia ecclesie Sancti Jacobi Pruvinensis humilis minister, notum facio.. quod ecclesia Paracliti, in presentia nostra, persolvit LXXX libras Vaslino, preposito domine Helowise de Nangis, quas predicta ecclesia eidem domine Helowise dederat pro concordia que facta fuerat inter illam et Paraclitenses de decima novalium de Aspreselve, quam ipse tenebant.

(Cartul. fol. 91 v°.)

82. — 1193. *Lettre d'une partie dou griaige de Provins.*

Notum sit tam presentibus quam futuris, quod ego Lambertus, prior de Bello Loco Carnotensi, totusque conventus ejusdem loci, ad preces venerabilis patris ac domini Willermi, archiepiscopi Remorum, concessimus Gaufrido Challoth, ipsius servienti, et heredibus ejus, medietatem clamationis de Pruvino, quam in elemosinam tenebamus, in perpetuum possidendam. Eapropter, prefati Remorum archiepiscopi voluntati et precibus acquiescens domina nostra Aelidis, Blesensis comitissa, et ejusdem filius, comes Ludovicus, pro sua suorumque salute dederunt nobis in elemosinam XL solidos Carnotensis monete, singulis annis percipiendos de banno Penthecostes in civitate Carnotensi, et in perpetuum possidendos. Ut igitur hoc ratum permaneat et inconcussum permaneat sigilli nostri munimine fecimus roborari. — Actum Carnoti anno Verbi Incarnati M° C° XC° tertio.

(*Cartul.* fol. 267 r°.)

83. — 1194, *Confirmacion des dismes dou Paraclit en la diocèse de Troies.*

Garnerius, Dei gratia Trecensis ecclesie humilis minister, dilectis in Xpristo filiis, paterne dilectionis affectum. Nostis charissimi, noverunt omnes, quanto majorem sollicitudinem et curam filiabus suis unusquisque impendere debeat quam filiis, quarum et infirmior est sexus et ignominiosior lapsus; Dominus autem qui utrumque sexum redimere venit, et de muliere nascendo quantum infirmioris sexus virtutem dilexerit patenter exhibuit, non solum filios, sed etiam filias spiritales, proprias videlicet sponsas suas, providentie nostre commisit, et maxime Paraclytensibus ancillis Xpristi, que sub Dei et nostra protectione degunt, debemus specialiter curam impendere. Sed quoniam de proprio earum inopie sufficere non valemus, hoc unum saltem eis indulgemus ut qui in redditibus et decimis ecclesiarum seculares viri per violentiam tenent, si hec illis concesserunt, ipse nostra donatione hec libere habeant. Milo, dominus Nogennii, in cujus territorio Paraclytense constructum est Oratorium, ei loco donavit culturas tres; unam inter Brusletum et viam; alteram juxta Carmam; tertiam juxta viam Triagnelli ad sinistram; concessit insuper predicto loco quecumque homines sui de universo feodo suo ei darent; dedit etiam usuarium nemoris sui de Monte Morvei, omni tempore ad omnia necessaria ipsius loci; necnon et totum mareschium in Rivieria Ardutionis loco illi adjacens, tam ad hortos faciendos quam ad cetera necessaria, que omnia in dedicatione ipsius Oratorii seu benedictione cymiterii, et omnimodam immunitatem totius loci, coram omni populo qui aderat, in manu domini Trecensis episcopi posuit, et sic in perpetuum confirmavit, presentibus istis : Hilduino, decano; Hilduino Magno; Stephano Ridel; Rainaldo Carnail; die usuper illo quo sanctimoniales Oratorium ingresse possederunt, donavit eis piscaturam totam Arducionis fluminis penitus immunem a Sancto Albino usque Quinceium; qui etiam pro Comitissa, nepte sua, in sanctimonialem suscepta, dedit furnum de Sancto Albino cum usuario nemoris quod furnus habebat, presentibus : Ansello de Triagnello, Milone Sancto, et Petro, fratre suo; pro anima Hugo-

nis, filii sui ibidem sepulti, dedit culturam ad
Noereth cum tertia parte molendini de Guainnoneriis, presentibus illis qui sepulture affuerunt : Milone
videlicet Sancto ; Petro, fratre ejus ; Rainaldo Carnail : Harduino. Simon de Nogennio dedit de alodio
suo culturas, unam in qua ipsum Oratorium constructum est, et aliam in Monte Limarsum, in presentia Hilduini, decani, et Milonis de Nogennio. Hubertus de Nogennio dedit duo jugera terre ante ipsum Oratorium, per manum Milonis de Nogennio,
presentibus : Rainaldo Cernail, et Gascio. Harduinus de Brecis particulas quasdam terre, quas habebat juxta Ulmum, per manum Domini Milonis, presentibus : Hilduino, decano, Milone Sancto et Harduino de Nogennio. Joisbertus de Maarnaio culturam de Fonte Aman ; Rainaldus, frater ejus, totam
terram quam habebat in parrochia Quinceii ex utraque parte Arducionis fluvioli, per manum domini
Milonis, presentibus : Arduino, decano, Aalelmo et
Johanne, sacerdotibus, et Rainaldo Carnail. Garinus, prepositus de Nogennio, molendinum de Brusleto, per manum domini Milonis, concedente Harduino, filio suo, in presentia Hulduini, decani; Milonis Sancti ; et Rainaldi Carnail. Hulduinus, decanus,
et Seguinus, frater ejus, et Rogerius, cognatus eorum, culturam quamdam versus Quinceium, per
manum domini Milonis. Milo Sanctus pro filia sua
Comitissa, dimidium furnum Quinceii, per manum
domini Milonis, presente domino Ansello et Petro
Sancto ; pro alia filia sua Agnete dedit vineam Ba-

boel de Calestra, quam comes Theobaldus viginti quinque solidis redemit, laudante domino Milone. Harduinus de Mairiaco pro anima uxoris sue, ibi sepulte, et pro susceptione filie sue Eufemie quidquid tenebat citra Sequanam, de feodo domini Milonis de Nogennio, presente ipso Milone, Herberto Crasso, et Johanne de Curcimain, et Galcherio de Mairiaco. Huldierius de Quinceio tria jugera terre ad Buisseium, presentibus : Huldino, decano ; Bartholomeo, sacerdote ; domino Milone ; et Godefrido, preposito. Joisbertus, filius Vagonis, ad conversionem veniens, terram quam habebat apud Fontinetum Petrosum, et Brociam Vagonis, et in valle Faiel, in presentia Arnulfi de Insulis, Galterii Belet, et Radulphi Boissuns. Radulphus Maridon pro matre sua quatuor oschas apud Ferroum, teste et fidejussore Joiffrido Esventé, presentibus : Joiffrido Esventé, filio suo ; et Guillelmo, filio Adeline de Braio. Mater Haganonis Escornai decem jugera terre alodii sui apud Bocennaium. Maria de Balbusia tertiam partem molendini apud Pontos, et sextam partem molini Boiant, et totam piscationem quam ibi habebat, affuerunt : Hagano, pesbyter ; Simon de Balbusia ; Hagano, *Pain-et-Vin* ; et Petrus de Tornella : dedit etiam terram quam habebat apud Pomerullos. Venerabilis et Deo dilectus comes Theobaldus unum modium frumenti in molendinis suis apud Pontes, et totam piscationem. Herfridus de Calestra pro filia sua vineam unam, et duodecim denarios census apud Sanctum Ferreolum, testibus : Johanne, sacerdote ; Johanne Tirant ; Garnerio, majore. Robertus de Calestra partem suam vinee cujusdam pro anima sua, testibus : Johanne, sacerdote ; Herfrido et Constantio. Femina, Dulcia nomine, de Calestra, partem vinearum quam ibi habebat, et quinque solidos census, concedentibus filia sua et genero suo Constantio. Odo de Vilonissa pro sorore sua Hersendi quinque solidos census de alodio suo in eadem villa ad festum sancti Remigii, in presentia comitis, et Joiffridi de Bollipoth, et Tancre de Braio. Hildeburgis de Ruilleio pro filia sua Heloisa tres solidos ad Montem Potarium, presentibus : Mainardo, Ernulpho de Ruilleio, et Petro de Fontineto, concessu liberorum suorum. Joiffridus Esventez terram de Culoison, presentibus : domino Milone de Nogennio, Harduino, et Reginaldo Carnail. Rainaldus, filius Milonis, totam terram quam habebat apud Murgerios, presentibus : domino Milone ; et Milo Sancto ; et filio ejus Freerio ; et Freerio fratre ipsius Rainaldi, et Huldino, decano. Guillelmus de Curgivolt usuarium nemoris sui tam ad edificium domorum quam ad pastum porcorum, et ad omnia necessaria ; et quinque solidos in ponte Baldimenti ad festum sancti Remigii ; et quidquid habebat in prato Gandelen ; et sex solidos in molino de Canturane ; dedit etiam pro filiabus suis duas partes decime et custodiam grangie et tractum, et quidquid habebat in atrio, teste et concedente fratre ejus Gualeranno, et Petro, avunculo ejus de Novo-Vico, Johanne de Curgivolt, et Roberto de Villa

Nova cognatis ejus. Paganus de Herbleio pro filia vineam de Saldon, et facturam vinee, et tres solidos census, testibus : Galterio de Curcimain, et filio ejus Philippo, et Galterio, Roberto de Villa Nova, et Normanno, fratre ejus, et Sarraceno ; dederunt etiam Guillelmus et Paganus fidejussores Petrum de Novo Vico, Robertum de Villa Nova, et Normannum de Cantumerulo. Salo de Suleio terram de Villapec. Petrus Joiseta totam terram de Teilleio, presentibus : domino Milone de Nogennio, Gualcherio de Mairiaco, Milone de Curtenolt, et Freerio nepote domini Milonis, concessu matris et liberorum suorum ; qui etiam concesserunt eis quidquid de feodo suo acquirere poterunt. Girardus Berengarius usuarium nemoris de Poiseio, tam ad edificium domorum quam ad pastum porcorum, et ad quecumque necessaria, laudante Elia domina de Villamauri, et concedente Elisabeth, uxore ejusdem Girardi, et matre ejus, Hermengardi. Otrannus, filius Falconis, pro Agnete, sorore sua, molendinum de Bassain, per manum Thome, avunculi sui, testibus : Hulduino, decano ; Milone Sancto ; Stephano Ridel ; et Fromondo de Pomerulis. Comes Theobaldus molendinum de Fonte Aman dimidium emptum a canonicis Sancti Gregorii, laudante domino Milone de Nogennio, et testibus Freerio Sancto, et Stephano Ridel. Josselinus, molinarius, et Hersendis, uxor ejus, ibidem sepulti, partem quam habebant in molendino Pagani de Ferroum, testibus Herberto pellipario, et Herberto, filio ejus. Hugo de Regiis medietatem minute decime Sancti Albini, et medietatem candelarum in Purificatione Beate Marie, et postea medietatem magne decime. Radulphus de Buissons quartam partem decime tam magne quam minute de Avenz. Petrus Sanctus pro susceptione filie sue quartam partem decime, et quod habebat in oblatione ecclesie de Trenqueiel ; Radulphus Maridon quartam partem ejusdem decime et quidquid habebat apud Avenz, et minimam decimam de Trenqueiel, et tertiam partem oblationis, et censum atrii, et quidquid habebat in decima Parrigniaci. Maria de Balbuzia quidquid habebat in minuta decima, et in decima vini, et in oblatione altaris, et in magna decima ; pro filia sua medietatem illius partis quam pater suus tenuerat ; et Gascio, filius ejusdem Marie, tertiam partem ejusdem decime ; Hagano *Pain-et-Vin* tertiam partem ejusdem decime. Fulcherius Burda pro anima filii sui Joiffridi quidquid habebat apud Sanctum Parrum in decima tam vini quam annone. Gascio, filius Bone, tertiam partem decime Quinceii, et decime partem quam soror ejus habuerat apud Ulmellos ; Guillelmus de Curgivolt pro filiabus suis duas partes decime, et custodiam grangie, et quidquid habebat in atrio. Radulphus Jaius pro nepte sua quidquid habebat in decima de Villagruis ; et Odo, frater ejus, in eadem decima tres sextarios frumenti et tres sextarios siliginis ; Galterius de Curcimain unum sextarium frumenti et alterum siliginis in decima ejusdem ville pro nepte sua. Stephanus Ridel pro filia sua tertiam partem utriusque decime Nogennii, et turtellos ecclesie ejusdem castri in crastino Natalis Domini, et in Purificatione Sancte Marie omnes candelas et cereos, et residuum cerei Paschalis ; idem quoque Stephanus duas partes decime apud Aurigniacum, et custodiam et tractum grangie et baltum et volugranum et vaspale et paleas et stramen. Hilduiduinus Braidis tertiam partem decime de *Occe*, et tertium tractum, et decimam Malpiniaci. Pro Fania, filia Hugonis et Hermensendis defunctorum, dederunt propinqui partem decime de Ulmellis quam mater tenuerat, et terram de Grevis, et duos solidos census apud Senones. Garinus de Triagnel pro seipso totam minutam decimam de Sancto Flavito, et pro filia sua tertiam partem magne decime. Hugo de Bliva quartam partem de Avenz tam magne quam minute. Hec autem bona superius memorate ecclesie collata, rata firma et immobilia in perpetuum esse decernimus, et auctoritate nostra et impressione sigilli nostri confirmamus, salvo per omnia jure Trecensis ecclesie. Anno ab Incarnatione Domini M° C° LXXXX° IV°.

(*Cartul.* fol. 14 v° et 49 v°. — Archiv. de l'Aube, origin. Le sceau était sur double lacs de soie jaune et rouge.)

84. — 1194. *Lettre des dismes grans et menuz appartenanz au Paraclit.*

Garnerius, Dei gratia Trecassine sedis humilis minister, dilectis in Xpo filiis, paterne dilectionis affectum. Quum, sicut et meminit beatus Gregorius, quod loquimur transit quod scribimus permanet, posterorum memorie presenti scripto commendare curavimus que Paraclitensibus ancillis Xpi sub cura nostra degentibus a fidelibus collata sunt. Agnes de Marigniaco pro susceptione sua dedit ecclesie Paracliti duas partes minute decime ejusdem ville, et in ecclesia C candelas et VI solidos oblationis ; et Manasses, nepos ejus, tertiam partem minute decime. Ipsa etiam Agnes XX et IIII placentas de oblatione ejusdem ecclesie dedit; Theobaldus, filius ejusdem Agnetis, moriens, tertiam partem decime de Marigniaco dedit, laudante uxore sua, Letuysa, et Guidone de *Peen*, de cujus casamento erat, et Elizabeth, uxore ejus ; Ansellus vero, frater ejus, vendidit tertiam partem predicte decime eidem ecclesie CCC solidis. Galterus, filius Arduini, cognatus Anselli, laudante Manasse, fratre ejus, vendidit tertiam partem predicte decime CCC solidis ecclesie Pracliti ; tandem, Guido de Peen, iturus Jerusalem, laudavit quidquid de feodo suo Paraclitensis ecclesia acquirere poterit, et habuit de caritate ecolesie C solidos, et uxor ejus duos boves et unam vaccam. Felix de Bocennay quartam partem magne decime ejusdem ville dedit. Henricus de Ponte medietatem minute decime Sancti Petri de Bocennay, et Hodierna, uxor Felicis, medietatem alterius medietatis, et Garinus Malfiliaster medietatem residui. Idem quoque Henricus medietatem magne decime, preter partem sacerdotis ; quidquid habebat in magna decima et in atrio ; et apud Ferronem quidquid habebat in minuta decima ; et apud Parrigniacum tertiam partem magne decime. Havya, filia Galteri de Curcemain, et Normannus de Cantumerulo tertiam partem magne decime de Codes, et Joscelinus Turtella tertiam partem tertie partis ejusdem decime, et quod habebat in minuta decima. Milo, dominus Nogennii, tertiam partem minute decime apud Calestriam. Petrus de Tornella tertiam partem decime apud Melserias. Harpinus de Meriaco medietatem tertie partis decime apud Bernerias. Petrus, sacerdos Parrigniaci, dedit vineas suas et ortos suos apud Parrigniacum et libros suos et quidquid habebat tam in edificiis quam in mobili. Felix de Bocennay vendidit Paraclito quartam partem decime de Sancto Martino de Bocennay XIIII libras. Odo de Thesellis et Hulduinus vendiderunt Paraclito tres partes de Oci, VI libras ; Garnerius, dominus Triagni, quartam dedit. Ansellus de Charma decimam de Mesnil Milum pro susceptione neptis sue. Petronilla de Sarum tertiam partem decime de Almenches et tertium tractum pro susceptione sua. Henricus, miles de Blives, iturus Jerosolymam, vendidit Paraclito totam decimam de Tramblay L libras ; hoc laudavit Ernulfus, frater ejus. Petrus de Pars vendidit totum terragium suum de *Eschemines* XXV libras, laudante uxore sua, Maria, et Gaufrido, fratre suo. Aitors de Quinciaco vendidit totum tenementum suum C libras. Felix *la True* dedit tres solidos apud Marrigniacum pro sepultura sororis sue,

Adam de Montium dedit quatuor sextarios bladi pro sepultura filii sui, Joannis, quod laudavit uxor sua, Mathildis, in molendino Sancti Lupi. Petrus de Malpigneio pro sepultura uxoris sue, Hodierne, dedit molendinum de quo reddit VIII sextarios bladi in terragio suo apud Sanctum Lupum. Herbertus de Brecenay tenet molendinum Paracliti de quo reddit VIII sextarios bladi, II siliginis et II avene. Garnerius Niger de Calestra in eadem villa duas vineas et suam domum et terram adjacentem et torcular, laudante Nigra, uxore sua. Domina Comitissa dedit apud Ulmos scilicet vineam de Lorme et vineam de Parte Longue et Vineas Roberti prepositi et vineam de Ascelin et vineam Dorgier ; et dominus Garnerius in eadem villa III arpenta vinee Dorgier. Gauterius de Codes dedit unum arpentum cum dimidio vinee ad Limons. Petrus Patoilan dedit unam vineam in Rubro Monte, et tertiam partem domus in qua habebamus duas partes, hoc laudavit Henricus, cantor, et Odo, frater ejus, et habuerunt de caritate ecclesie C solidos. Garnerius de Marcilli pro sepultura filie sue dedit medietatem decime minute de Baaceon. Garinus, sacerdos de Sancto Albino, pro susceptione sui duas vineas apud Sanctum Patroclum. Henricus, comes, dedit unum modium avene apud Pontem et VI solidos census apud Parregni. Garinus de Marriaco dedit pasturam de Marceilli et de omnibus terris circa grangiam de *Maurepast*, que in justitia sua erant, hoc laudavit Aebra, uxor ejus. Ut autem hec rata permaneant, sigilli nostri auctoritate confirmamus. Anno ab Incarnatione Domini M° C° XC° IV°.

(Cartul. fol. 225 r°. *Vidimus* de cette charte donné par « Guillermus, decanus xpistianitatis de Pontibus super Secanam.. Anno Domini 1283, mense decembri. *Ibid.* fol. 225 r°.)

85. — 1194. *Lettre commant la cure de Saint-Aubin nous fu donée.*

Garnerius, Dei gratia Trecensis episcopus, universis ecclesie filiis presentes litteras inspecturis, salutem in Eo in quem conspicere angeli satiantur. Cum ibi locare beneficia debeamus ubi gratia locum invenit, et ubi meritum dignoscitur respondere, numerantes innumera liberalitatis obsequia que tam domina quam filia karissima nostra in Xpo Milessendis, meritis et honestate commendabilis, alti sanguinis ingenuitate spectabilis, Paraclitensis abbatissa, nobis impendere non cessavit; pensantes etiam devotionem, quam erga nos et nostros habebant tam universe quam singule sanctimoniales que in eodem monasterio Domino famulantur, predicte abbatisse suisque successoribus dedimus parrochialem ecclesiam de Sancto Albino cum pertinentiis ejusdem, et eis eamdem, de voluntate et assensu dilecti consanguinei nostri Galteri, archidiaconi Trecensis, concessimus jure perpetuo possidendam. Postmodum vero ad presentationem dilecte in Xpo filie Milessendis, abbatisse, Girardo presbitero ecclesiam ipsam contulimus, et ipsum de cura ejusdem ecclesie duximus investire. Post cujus obitum, quando abbatissa Paraclitensis de suis fratribus idoneum presbiterum presentabit, episcopus Trecensis tenebitur investire et curam illius ecclesie conferre. Sane dictus G., de dono prefate ecclesie, grangiam et appenditia ejus, que est apud Sanctum Albinum, ad vitam suam possidere debet, ob hoc siquidem prenominatus G. vovit se et dedit res suas, et sacramento coram nobis facto in capitulo Paraclitensi, juravit quod postquam in lecto mortali jaceret nullum legatum faciet, nisi de assensu et voluntate abbatisse Paraclitensis; Sed grangia et omnes possessiones predicti G. cum mobilibus suis ad ecclesiam Paraclitensem transferentur ; corpus vero ejus ibidem sepelietur. Ut autem hec nostra donatio tam solemnis, rata et immutabilis permaneat, eamdem presentis scripti patrocinio et sigilli nostri testimonio fecimus confirmari. — Actum apud Paraclitum anno Incarnationis Dominice M° C° XC° IV°.

(*Cartul.* fol. 135 v°. — Archiv. de l'Aube, *copie authentique*. « Guillermus, decanus Xpistianitatis de Pontibus super Secanum » vidime la charte précédente « die lune post festum sancti Johannis ante Portam Latinam.. Anno Domini 1294. » *Ibid.* fol. 136 r°.)

86. — 1194. *Lettre de la cure de Saint-Albin et de l'anniversaire de Garnier, évesque de Troies.*

Garnerius, Dei gratia Trecensis episcopus, universis ecclesie filiis presentes litteras inspecturis, salutem in Eo in quem conspicere angeli satiantur. Cum ibi locare beneficia debeamus ubi gratia locum invenit et ubi meritum dinoscitur respondere, numerantes innumera liberalitatis obsequia que tam domina quam filia charissima nostra in Xpo Milezendis, meritis et honestate commendabilis, alti sanguinis ingenuitate spectabilis, Paraclitensis abbatissa, nobis impendere non cessavit ; pensantes etiam devotionem, quam erga nos et nostros habebant tam universe quam singule sanctimoniales que in eodem cenobio Domino famulantur, predicte abbatisse suisque sororibus dedimus parochialem ecclesiam Sancti Albini cum pertinentiis ejusdem, et eis eamdem, de voluntate et assensu dilecti consanguinei nostri Galteri, archidiaconi ejusdem loci, concessimus jure perpetuo possidendam : ut sit predicta ecclesia cum suis habitantibus de nostra nostrior, et sue matri Trecensi ecclesie in futurum uterinior filia reddetur, et nos, hujus nostri respectu beneficii, bonorum et orationum que ibidem fiunt mereamur participium obtinere. Statuentes ut post hujus vite nostre labentis excursum, depositionis nostre dies anniversarius in predicta ecclesia Paraclitensi singulis annis prout decuerit celebretur. Ut autem hec nostra donatio tam solemnis, rata et immutabilis perseveret, eamdem presentis scripti patrocinio et sigilli nostri testimonio fecimus confirmari. — Actum anno Incarnationis Dominice M° C° XC° IV°. Data per manum Jacobi, notarii nostri.

(*Cartul.* fol. 135 v°. « Guillelmus, decanus xpristianitatis de Pontibus super Secanam » vidime cette charte « die lune post festum sancti Johannis ante Portam Latinam. Anno Domini 1294. » *Ibid.* fol. 136 r°.)

87. — 1194. *Lettre d'une place ou chastel de Provins ou jadis avoit trois estaus.*

Ego Maria, Trecensis comitissa, notum facio.. Quod ecclesie Paracliti contuli in elemosinam plateam quamdam sitam Pruvini, juxta domum quam eadem ecclesia in mercato Pruvini dinoscitur possidere : ita quod in platea illa aliquis non faciet aliquid, nisi de assensu et voluntate dicte ecclesie ; et ecclesia illa plateam illam semper in plateam retinebit, nec preter quam stallos currentes ibidem facere poterit. Actum anno M° C° nonagesimo IIII°. — Datum per manum Galterii, cancellarii, nota Theodorici Trianguli.

(*Cartul.* fol. 70 r° et 280 v°. — Archiv. de l'Aube, origin. Le sceau était sur fils de soie rouge.)

88. — 1195. *Lettre de sis sestiers de blé sur la granche de Wuide-Granche emprès Pons.*

Garnerus, Dei gratia Trecensis episcopus, omnibus ad quos littere iste pervenerint, in Domino salutem. Noverit universitas vestra, quod, cum inter dilectam in Xpo filiam M., abbatissam Paracliti, et Radulfi de Pontibus, militem, super quadam terra, que Vacua Grangia dicitur, questio verteretur, tandem coram nobis in hunc modum terminata est : R. terram illam possidebit, et ex ea dictis abbatisse et ecclesie Paracliti V sextarios avene et unum sextarium frumenti persolvere tenebitur annuatim ; post decessum autem ipsius, terra illa in possessionem ecclesie Paracliti, sine heredum suorum reclamatione aliqua, revertetur; super quo etiam coram nobis juratoriam exhibuit cautionem. In cujus rei testimonium presentem cartam scribi et sigillo nostro fecimus roborari.

(*Cartul.* fol. 191 v°.)

89. — *Mai* 1196. *Lettre de l'acort fait entre nous et l'abbé de Saint-Lou des oblacions de Maregni.*

Michael, Dei gratia Senonensis archiepiscopus, omnibus ad quos littere iste pervenerint, salutem in Domino. Notum fieri volumus quod cum controversia verteretur inter ecclesiam Paraclitensem et ecclesiam Sancti Lupi Trecensis super oblationibus altaris de Marigniaco et decimis terrarum, quam canonici propriis sumptibus excolunt in territorio ejusdem ville, parvitati nostre commiserit Sancta Sedes audiendam et fine debito terminandam : Nos igitur, per omnia judiciarium ordinem observantes, productis hinc inde testibus et diligenter examinatis, et attestationibus publicatis, inspectis etiam privilegiis Romane Sedis quibus utraque pars innitebatur, habito cum multa deliberatione cum viris prudentibus consilio, tandem ecclesie Paraclitensi adjudicavimus oblationes altaris Marigniaci secundum pensionem ab antiquo ei assignatam, videlicet, ut singulis annis recipiat ecclesia Paraclitensis pro oblationibus dicti altaris VI solidos et C candelas et XXIII panes de frumento. Misimus etiam ecclesiam Paraclitensem in possessionem omnium decimarum territorii de Marigniaco, a quocumque excolantu terre, excepta terra Radulphi Juvenis ad heredes suos jure hereditario pertinente ; et etiam in possessionem decimarum terrarum, quas canonici propriis sumptibus vel excolunt vel excoli faciunt, salvo jure proprietatis utriusque partis ; adjudicavimus etiam decimam de *Valladié* ecclesie Paraclitensi, ita quod singulis annis reddet III sextarios annone ad opus ecclesie Marigniaci, secundum quod continetur in autentio bone memorie Anselli, domini quondam Trianguli. Et quia super hiis auctoritate Apostolica usque ad definitionem sentencie processimus, nobis placuit presenti precepto sentenciam commendari memorie posterorum et sigilli nostri auctoritate communiri. Huic sentencie dande, prout dictum est, presentes et approbantes affuerunt : abbates Sancte Columbe, Sancti Petri Vivi, Sancti Johannis Senonensis ; decanus, et precentor ecclesie Senonensis ; et decanus Laudunensis, et alii quamplures viri laudabiles et discreti. — Actum anno Incarnati Verbi M° C° XC° VI°, mense mayo.

(*Cartul.* fol. 201 r°. — Archiv. de l'Aube, origin. en parchem.)

90. — 1196. *Lettre commant li arcevesque de Sens rescript de l'acort fait entre nous et l'abbé de Saint-Lou des oblacions de Muregni.*

Excellentissimo patri et domino Celestino, divina electione Summo Pontifici, M., ecclesie Senonensis minister humilis, salutem et tam debitam quam devotam in omnibus obedientiam. Placuit Sanctitati

Vestre causam que vertebatur inter ecclesiam Paraclitensem., (*ut supra n.* 89; cfr n. 49).. Rogamus vestram Celsitudinem, quatenus id, quod gestum est auctoritate nostra, ratum habere velitis et Apostolice approbationis robore confirmare.

(*Cartul.* fol. 151 r°.)

91. — 1196. *Discord jugé par la dame de Treignel.*

Omnibus ad quos littere iste pervenerint Ermancia, domina de Traignel, in Domino salutem. Noverit universitas vestra, quod, cum inter fratres ecclesie Vallislucentis et sanctimoniales de Paraclito super quibusdam querelis terrarum et nemorum diu habita fuisset discordia et, ex mandato domini Pape, in presentia domini M., Senonensis archiepiscopi et M., archidiaconi, super his sepius convenissent, nec causa coram eis compositione vel judicio terminari potuisset, tandem, ex utraque parte fuit in me compromissum. Que, siquidem inquisita diligentius rei veritate, necnon etiam super his legitimorum virorum et optimatum habito consilio, acceptis hinc et inde plegiis LX librarum quod meo starent arbitrio, assensu utriusque partis, statui, et decrevi ut abbas et fratres Vallislucentis Paraclitensibus habendum concederent quicquid adversus eas reclamabant. Predicte vero sanctimoniales quicquid habebant in nemoribus et terris, sicut via de Barneolis per crucem Venne versus villam de Poiseio protenditur, et XVI denarios in molendino de Poiseio memoratis fratribus libere possidendum et perpetuum quitarent. Quod ut ratum maneat, presentem cartam notari feci et sigilli mei munimine roborari. — Actum anno Incarnati Verbi M° C° CX° VI°.

(Cartul. fol. 104 r°.)

92. — 1196. *Lettre dou disme d'Abloi et de Cessoi.*

Michael, Dei gratia Senonensis archiepiscopus, omnibus ad quos littere iste pervenerint, in Domino salutem. Notum fieri volumus, quod constitutus in presentia nostra Herbertus de Ableio, miles, recognovit se dedisse ecclesie de Paraclito in perpetuam elemosinam quicquid in decima de Ableio habebat ; et decimas omnium novalium ejusdem decimationis et nemorum, que infra eamdem decimationem extirpata reducentur ad planum ; et quicquid habebat de *vien* et de vinagio apud Cessoium, prestito super hoc sacramento, quod super hanc concessionem ecclesiam de Paraclito in aliquo nec ipse molestaret, nec pro posse suo permitteret per alium molestari. Huic etiam donationi ipsius Herberti uxor Johanna, et Margarita, filia eorum, consensum suum solempniter prebuerunt. In cujus rei memoriam presentem cartam notari fectmus et sigilli nostri munimine roborari. — Actum anno Incarnati Verbi M° C° XC° sexto.

(Cartul. fol. 108 r°.)

93. — Octobre 1197. *Lettre de XI livres sur le péage de Villemor et de Marceilli.*

Ego Maria, Trecensis comitissa, notum facio presentibus et futuris, quod Helia de Villemauro, defuncti Milonis marescalli de Pruvino quondam uxor, in extremis laborans, in ecclesia Pracliti religionis habitum suscepit, et pro salute anime sue X libras annui redditus, de patrimonio suo proprio, Deo et ecclesie Paracliti in elemosinam contulit perpetuo possidendam : quarum X librarum assignavit in pedagio Marcilliaci C solidos et alios C solidos in pedagio Villemauri ; tali tamen conditione, quod si de pedagio Marcilliaci C solidi haberi non poterint annuatim, quod inde minus C solidis habebitur in pedagio Villemauri capietur. Preterea, dicta Helia XX solidos annui redditus quos Emelina, amita ipsius, in pedagio Marcilliaci tenebat, qui post decessum ipsius Emeline ad Heliam redire debebant, predicte ecclesie in perpetuam contulit elemosinam. Pro hujus autem elemosine beneficio venerabilis ejusdem ecclesie tunc temporis abbatissa, Melisendis, unam de filiabus Helie recepit in sororem, et eidem quamdiu vixerit XL solidos de hoc redditu singulis annis, de assensu totius sui capituli, habendos concessit. Testibus : Fraherio de Musteriolo ; Girardo Eventato ; Matheo Mouceri ; Fromundo Bornifero, ipsius Helie sororio ; domino Johanne, capellano meo ; Lamberto de Barro. Quod in mea sic ordinatum presencia, ut ratum teneatur et notum permaneat, lit-

teris annotatum sigilli mei testimonio confirmavi.
— Actum anno Incarnati Verbi M° C° XC° septimo, mense octobri. Datum per manum Galterii, cancellarii, nota Theoderici.

(Cartul. fol. 199 v°. — Archiv. de l'Aube, origin. sur parchem.)

94. — 1197. *Lettre commant les terres, qui sont au prieur de Saint-George qui sont à Marigny, doivent disme.*

G., Dei gratia Trecensis episcopus, universis presens scriptum inspecturis, in Domino salutem. Noverit universitas vestra, quod, cum ecclesia Paraclitensis in presentia nostra litigaret adversus priorem et canonicos Sancti Georgii super decima terrarum, quas dictus prior et canonici habent infra decimationem Marigniaci, auditis utriusque partis testibus, et juramento examinatis, prefate ecclesie adjudicavimus decimam omnium terrarum infra decimationem supradictam, a quocumque excolantur; excepta decima terre Galteri Cerion, de qua immunes erunt prior et canonici, quandiu propriis sumptibus eamdem terram colere dinoscentur. In cujus rei memoriam presens scriptum sigilli nostri testimonio dignum duximus roborandum. — Actum anno Verbi Incarnati M° C° XC° VII°.

(Cartul. fol. 235 v°.)

95. — 1197. *Lettre de l'accord fait entre nous et le curé de Corgivot suns la disme des novaux.*

G., Dei gratia Trecensis episcopus, omnibus ad quos littere presentes pervenerint, salutem in vero

Salutari. Ad vestram volumus universitatem pervenire, quod, cum dissentio haberetur inter ecclesiam Paraclitensem et Renardum, curatum de ecclesia de Curgivot, super decimatione novalium quam predicta ecclesia requirebat, grata pax in presentia nostra inter se reformata est in hunc modum : prefata siquidem ecclesia talem partem habebit in decimatione novalium, qualem in alia decimatione illius ville habere dignoscitur, videlicet, duas partes ; pro bono vero pacis conservando prenominata ecclesia de bonis suis usque ad X libras predicto R. contulit, propter expensas et laborem quem super hoc sustinuisse dignoscitur. Quod, ne in posterum aliquorum malignitate vel mutari valeat, vel deleri, ad petitionem utriusque partis, presentem paginam scribi et sigilli nostri patrocinio fecimus roborari. — Actum anno Incarnati Verbi M° C° XC° VII°.

(*Cartul. fol. 260 r°.*)

96. — 1197. *La lettre dou boys de Coldroi.*

Ansellus, dominus de Triangulo, omnibus ad quos littere iste pervenerint, salutem. Noverit universitas vestra quod prudentum memoria satis recolit ex justo procedere animabus predecessorum suorum in beneficio elemosinarum diligenter intendere, maxime vero pro eis, qui spectabiles alti sanguinis in vita permanserunt, honestius est quod ecclesia singulis diebus orationes persolvat. Nos enim attendentes justum esse orare pro anima domini

Ancelli, patris mei felicis memorie, concessimus Deo et ecclesie Paracliti medietatem totius nemoris quod vocatur *Coudroi* in territorio de Marcelliaco in perpetuum possidendum. Et notandum est quod quemadmodum ipse illud possedit liberum, ut alodium suum, et nos in hunc modum predicte ecclesie donavimus, scilicet, ab omni exactione et usuario et domino absolutum. Inde autem de caritate ecclesie nominate habuimus CC libras, et domina Ida, uxor nostra, X libras, quia suam apposuit laudationem. Maria, soror nostra, quamvis forisfamiliata erat ab ea quesivimus laudationem, ipsa laudavit, ne aliquis suorum heredum post nos in clamationem prorumperet. Et ne aliquis ausu temerario contra hoc venire niteretur, autoritate sigilli nostri muniri fecimus, quatinus in perpetuum maneat illesum. — Actum apud Paraclitum, anno Incarnationis Domini M° C° XC° septimo.

(*Cartul.* fol. 202 r°. — Archiv. de l'Aube, origin. en parchem.)

97. — 1198. *Lettre de certaines terres et noveaus à Treignel.*

Ego G., dominus Trianguli, notum facio omnibus tam presentibus quam futuris, quod querela versabatur inter Paraclitenses et Garinum Furnerium super quibusdam terris et novalibus, que Paraclitenses emerant a quibusdam, qui a domino Gaufrido Chauderunt et heredibus suis tenebant, que in presentia nostra sic pacificata est. Ipse vero predictus G., causa pietatis, ne aliquis ex sua parte ulterius injuste ecclesie Paracliti gravamen inferret, totam querelam quitavit tam de emptione quam de escambione. — Actum hoc Triangulum anno Verbi Incarnati M° C° LXXXX° VIII°.

(Cartul. fol. 243 r°.)

98. — 1198. *La lettre de nostre pressor de Vindi.*

Ego Hugo, dominus Brecarum, presentibus et futuris notum facio, quod Johannes, filius domini Leonis, concessit ecclesie Paracliti, pro redemptione anime matris sue, torcular, infra ambitum domus Paracliti Vinzi statutum, pro III solidis censualibus singulis annis reddendis, in perpetuum possidendum; ita tamen, quod nullus ibi torculabit preter Paraclitenses. Hec etiam intuitu pietatis diligenter laudavi. Ut hoc autem in perpetuum permaneret sigilli mei munimine roboravi. — Actum est hoc apud Brecas anno Dominice Incarnationis M° C° XC° octavo.

(Cartul. fol. 165 r°.)

99. — 1198. *Lettre commant la granche dou convent prent 1 muy de froment surs le disme de Villegruis.*

Ego M., Paracliti abbatissa, totumque ejusdem ecclesie capitulum omnibus ad quos presentes littere pervenerint, in Domino salutem. Notum fieri volumus tam presentibus quam futuris, quod controversia que versabatur inter canonicos Cantumelle et ecclesiam Paracliti de novis essartis de Villegruis, XX libris emptione pacificata est; quas Petrus, clericus, de Durtano, ecclesie Paracliti contulit; tali videlicet pacto, quod mater et soror ejus modium bladi, medium frumenti et medium avene, de ipsis essartis annuatim recipient. Quod si una earum a seculo migraverit totus integre modius viventi reddetur; et post decessum utriusque, ecclesie Paracliti in refectionem conventus in anniversario Petri de Durtano, et Gile, uxoris ejus, in perpetuum concessit possidendum. Et si predicta decima modium adimplere non poterit, ex decimatione de Villegruis, que ad ecclesiam Paracliti pertinet, eis perficietur et in eamdem domum deferetur. Hoc factum est de communi consensu ejusdem ecclesie capituli. Quod, ut ratum permaneat et inconcussum, sigilli nostri impressione corroboravimus. Si quis vero contra hoc venire temptaverit, digne subjaceat excommunicationi. — Actum est hoc apud Paraclitum anno Verbi Incarnati M° C° XC° VIII°.

(*Cartul.* fol. 221 v° et 264 r°. — Archiv. de l'Aube, origin. Le sceau était sur fils de soie rose et verte.)

100. — 1198. *La lettre dou disme d'Aspresaulve.*

Ego frater P. Piloz, domus Hospitalis provisor in Francia, et ego M., Paraclitensis ecclesie humilis ministra, notum facimus.. quod controversia orta esset inter nos super quibusdam partibus decime Aspere Silve, ea scilicet parte, quam ecclesia Paracliti a domina Heloysa tenebat; et parte illa, quam fratres domus Hospitalis emerunt a domino Milone de Corteri; et duabus partibus sexte partis magne

decime de Rampillum, quas ecclesia Paracliti a
longo tempore possidebat, ea tandem sic fuit mediante concordia terminata ; de arbitrio domini Girardi de Leprosia, et Stephani de Rampillum, et plurimorum aliorum ecclesie Paracliti concessum est
quidquid de supradictis querelis continebatur infra
decimationem de Nangies ; fratribus vero domus
Hospitalis concessum est quicquid de eisdem querelis infra parrochiam de Rampillum continetur,
exceptis duabus partibus sexte partis magne decime
de emptione dicti Milonis, et excepta decima de
Triste ; ita tamen, quod presbiter de Castello singulis
annis II modios bladi in parte Paracliti accipiat. Et
quia Hospitalarii super hoc cum domino Milone diu
contendebant ecclesia Paracliti eis, propter labores
et expensas, persolvit XXVI libras. Et quia hoc de
concensu utriusque capituli factum fuit auctoritate
sigillorum hostrorum munivimus. — Actum est hoc
anno Verbi Incarnati M° C° XC° octavo.

(*Cartul.* fol. 98 r°. — Archiv. de l'Aube, cyrographe origin. sur parchem.— *Vidimus* de cette charte donné : 1° par
« Michael, Dei gratia Senonensis archiepiscopus.. 1199,
mense junio. » *Cartul.* fol. 90 r° ; 2° par « Hemericus,
decanus Xpristianitatis Pruviniensis.. 1252, mense julio. »
Ibid. 90 v°.)

101. — Juillet 1199. *Lettre dou discort entre l'esglise
dou Paraclit et le prieur de Marigny.*

Frater D., Beati Lupi Trecensis abbas, et totum
ejusdem loci capitulum omnibus ad quos iste littere
venerint, in Domino salutem. Noverit universitas
vestra, quod discordia que inter nos et ecclesiam

Paracliti vertebatur super requisitione decime quarumdam terrarum, quas nos infra decimationem Marigniaci colebamus, mediante venerabili patre nostro M., Dei gratia Senonensi archiepiscopo, tali modo pacificata quievit : sane nos et ecclesia nostra in decimatione Marigniaci habebimus terras sufficienter quantum una charruca colere poterit liberas ab omni decima, et arpenta VI vinee similiter libera et absoluta. Exinde vero et ecclesia Paracliti percipiet in granchia nostra singulis annis unum modium bladi, scilicet IIII sextarios siliginis et VIII advene, ad mensuram Marigniaci, quandiu ipsas terras et vineas propriis sumptibus nostris excoluerimus ; si vero alius dictas terras excoluerit, decimam Paraclitensibus reddet, nos vero ab omni predicta decima liberi remanebimus. Similiter quoque ab omni minuta decima liberi erimus quantum ad nos pertinuerit imperpetuum. Hoc autem, quia factum est communi assensu capituli nostri, sigilli nostri munimine duximus roborandum. — Actum anno Domini M° C° XC° IX°, mense julio.

(*Cartul.* fol. 192 v°.)

102. — Sans date. *Amortissement de l'abbé de Saint-Denys (Hugues V ou Hugues VI) de certains prez à Marnay.*

Hugo, Dei gratia Beati Dyonisii abbas, et ejusdem ecclesie conventus, omnibus in perpetuum. Cum res gesta mandatur litteris universa calumpnie prevenitur materia, ne prestetur litis occasio successori. Noverint igitur universi presentes pariter et futuri, quod nos ecclesie Paracliti pratum, quod Garinus, presbiter, ei in elemosinam dedit, et pratum quod Petrus de Marigniaco ipsi vendidit, concessimus et in perpetuum quiete possidenda confirmamus, tali conditione, quod prefata ecclesia predictorum pratorum censum duplicabit; et ad festum sancti Johannis V solidos et VIII denarios ecclesie Marigniaci pro ipsis ipsa annuatim persolvet. Quod ut ratum permaneat, cartam hanc inde scriptam sigillis nostris roboramus.

(Cartul. fol. 211 r°.)

103. — Janvier 1199 (v. st.). *Lettre dou curé de Corgivot.*

Garnerius, Dei gratia Trecensis episcopus, omnibus ad quos littere iste pervenerint, in Domino salutem. Noverit universitas vestra, quod Renardus, curatus de Corgivoudio, coram nobis fide data, concessit et firmiter tenere promisit quod ecclesia Paracliti portionem decime Corgivoudii, que eam contingebat, usque ad septem annos, sine contradictione percipiet donec exinde VI modios bladi, quos eidem ecclesie debebat, ex integro recepisset. Quod ne in irritum valeat revocari, sigilli nostri munimine duximus roborandum. — Actum anno gratie M° C° XC° IX°. Datum apud Sezannam, mense januario.

(Cartul. fol. 262 v°. — Archiv. de l'Aube, origin.)

104. — Mars 1199 (v. st.). *Lettre des noveaus essars à Villegruis.*

Ego Th., Trecensis comes palatinus, notum facio presentibus et futuris, quod Henricus de Crocheto et Radulphus, frater ejus, in mea presentia recognoverunt se in perpetuam elemosinam dedisse et concessisse monialibus Paracliti et ecclesie Cantumerulensi totam decimam essartorum, que in terra, quam predicti H. et R. habent apud Vilegruis, facta fuerunt et in posterum facienda. Ut autem hec nota permaneant, et rata teneantur, in hujus rei testimonium presentem cartam fieri volui et sigilli mei munimine roboravi. — Actum anno Incarnati Verbi M° C° XC° nono, mense martio, teste me ipso, apud Pruvinum. Datum per manum Galteri, cancellarii ; nota Alermi.

(Cartul. fol. 240 v°.)

105. — 1200. *Lettre des essars de la paroche de Villegruis.*

Ego Garnerius, Trecensis ecclesie episcopus, omnibus ad quos littere iste pervenerint, in Domino salutem. Noveritis quod Henricus et Radulfus, fratres, milites, de Crocheto, in presentia nostra constituti dederunt in perpetuam elemosinam ecclesie Paracliti et ecclesie de Cantumerula totam decimam omnium essartorum, quecumque facta sunt et quocumque tempore in futuro fierent, intra parrochiagium de Villegruis. Ipsi etiam coram nobis firmiter promiserunt quod super hoc contra quoscumque legitimam garentiam portarent ; proindo de caritate dictarum ecclesiarum XVI libras receperunt. Quod, ne aliqua possit malignitate in irritum revocari, sigilli nostri munimine fecimus roborari. — Actum anno Domini M CC°.

(Cartul, fol. 137 ro. — Archiv. de l'Aube, origin. Le sceau était sur lacs de soie rouge, jaune, verte.)

106. — 1200. *La lettre dou disme de Villegruis.*

Garnerius, Dei gratia Trecensis episcopus, omnibus ad quos littere iste pervenerint, in Domino salutem. Noverit universitas vestra, quod, sicut ex autentico dilecte in Xpo filie abbatisse Paracliti et totius ejusdem ecclesie capituli cognovimus, Petrus, clericus, de Durtano, dedit in elemosinam ecclesie Paracliti XX libras pro pace reformanda super controversia novalium de Villegruis, que vertebatur inter canonicos Cantumerulo et predictam ecclesiam, ita videlicot, quod matri et sorori ejusdem P. unus modius bladi, medietas frumenti et medietas avene, de ipsis Essartis annuatim redderetur. Cum autem altera earum a seculo migraverit, totus integre modius viventi reddetur ; et post decessum utriusque ad ecclesiam Paracliti in refectionem conventus in anniversario Petri et Gile uxoris sue revertetur. Si vero predicta decima modium, bladi adimplere non poterit, ex decimatione de Villegruis, que ad dictam ecclesiam pertinet, eis perficietur. Hanc autem donacionem, sicut in authentico ipsius abbatisse et capituli continetur (n. 99), nos approbamus et sigilli nostri munimine confirmamus. — Actum ab Incarnatione Domini anno M° CC°.

(Cartul. fol. 247 r°. — Archiv. de l'Aube, origin.)

107. — 1200. *Lettre commant li sires de Quinci nous donna sa partie dou disme de Quinci.*

Ego Garnerius, Trecensis ecclesie episcopus, omnibus ad quos littere iste pervenerint, salutem in Domino. Noverit universitas vestra quod Milo de Quinceio, miles, in presentia nostra constitutus, de assensu uxoris sue, et filii sui Garnerii, et filie sue Isabel, qui omnes coram nobis erant, dedit in perpetuam elemosinam ecclesie Paracliti quicquid habebat in decima de Quinceio ; proinde de caritate dicte ecclesie XXXV libras recepit, et predictus filius ejus unum equm, et uxor ejus Petronilla et filia ejus XX solidos, qui donationem istam laudaverunt et benigne ipsi ecclesie, cum jam annos discretionis percepissent, quidquid eos contingere posset de predicta decima concesserunt. Quod, ne aliqua possit malignitate in irritum revocari, sigilli nostri munimine fecimus roborari. — Actum anno Domini M° CC°.

(Cartul. fol. 260 v°. — Archiv. de l'Aube, origin.)

108. — 1200. — *La lettre dou boys de Coldroy et des terres en dessoubz.*

Ermensandis, domina Trianguli, omnibus ad quos littere iste pervenerint in Domino salutem.

Noverit universitas vestra quod ego concessi et dedi ecclesie Paracliti quicquid habebam in nemore de Corroi, et in terra subjacente nemori, in elemosinam in perpetuum possidendam, nichil juris vel usuarii michi retinens. Quod ut ratum esset sigilli mei munimine feci roborari. — Actum anno Incarnati Verbi M° CC°.

(*Cartul.* Fol. 166. — Archiv. de l'Aube, origin. Le sceau était sur fils de soie rose et verte.)

109. — 1146 et 1202. *Lettre de l'évesque de Troyes de tesmoignaige dou don des seigneurs de Nogent.*

Garnerius, Dei gratia Trecensis episcopus, omnibus, ad quos littere iste pervenerint, in Domino salutem. Noverit universitas vestra, quod, sicut in autentico Theobaldi, illustris viri bone memorie Trecensis comitis palatini, diligenter inspeximus, vir nobilis Milo, quondam dominus de Nogento, laudavit ecclesie Paraclitensi quidquid milites de feodo suo eidem ecclesie erogarent in elemosinam. Concessit etiam usuarium in nemore de Morveo ad omnia ejusdem domus necessaria et etiam totum mareschium et totam aquam a Vado Rugiente usque ad Brusletum. Furnum Sancti Albini et tertiam partem molendini de Gaynoneriis. Terram a Charma usque ad molendinum sub via qua venitur ad Paraclitum. Culturam unam, que est inter Brusletum et viam. Vendidit etiam predicte ecclesie CXX libris tertiam partem totius docime majoris et minute ad Chalestram. Brullum totum inter Marnayum et Pontes situm, illud videlicet quod habebat in dominio suo, et totam terram que est a via Regis subtus Pulterias usque ad Pressorios et Trembleium et usque vicum Burdini. Et pedagium omnibus Paraclitum venientibus VI denarios valens in elemosina afferentibus, aut cum funere venientibus. Hoc autem factum fuerat a predicto comite Theobaldo anno ab Incarnatione Domini Mº Cº XLº VIº. Nos qui predictam ecclesiam Paracliti sincere diligimus et possessiones ipsius pacifice volumus conservari, sicut in autentico memorati Theobaldi continebatur expressum, eis quod audivimus et vidimus fidele testimonium perhibemus et sigilli nostri patrocinio communimus. — Actum a nobis anno Incarnati Verbi Mº CCº secundo.

(Cartul. fol. 148 vº. — Archiv. de l'Aube, origin.)

110. — 1202. *Lettre dou disme de Abloi et de Cessoi.*

G., Dei gratia Sancti Jacobi Pruvinensis dictus abbas,.. Noverit universitas vestra quod constitutus in presentia nostra Herbertus de Ableio, miles, recognovit se dedisse ecclesie de Paraclito in perpetuam elemosinam quicquid in decima de Ableio habebat; et decimas omnium novalium ejusdem decimationis; et nemorum que, infra eamdem decimationem extirpata, reducentur ad planum; et quicquid habebat de *vien* et de vinagio apud Cessorium, prestito super hec sacramento quod super hac concessione sua ecclesiam de Paraclito nec molestaret in aliquo, nec pro posse suo permitteret per alium molestari. Huic etiam donationi ipsius Herberti Johanna, uxor ipsius, et Margareta, filia eorum, concensum suum solempniter prebuerunt. Quod ut ratum et firmum permaneat presentem cartam notari fecimus et sigilli nostri munimine roborari. — Actum Pruvini, anno Incarnati Verbi, M° CC° secundo.

(*Cartul.* fol. 107 v°.)

111. — Juin 1202. *Autre lettre à ce propoz.*

Petrus, Dei gratia Senonensis archiepiscopus, omnibus, ad quos littere iste pervenerint, in Domino salutem. Noverit universitas vestra, quod, sicut in authenticis bone memorie Michaelis, predecessoris nostri (n. 92), et dilecti filii G., Sancti Jacobi Pruvinensis abbatis (n. 110), vidimus contineri, Herbertus de Ableio, miles, dedit ecclesie Paracliti in perpetuam elemosinam quicquid... Nos autem donationem ipsam gratam et ratam habentes, eam litteris presentibus confirmamus. — Actum anno Incarnati Verbi M° CC° secundo, mense junio.

(*Cartul.* fol. 107 r°.)

112. — Juin 1202. *La lettre de nostre granche des Essarz.*

Ego Blancha, comitissa Trecensis palatina, notum facio.. quod Girardinus Espenellus pro L libris vendidit dilecto et fideli meo Henrico, cambellano, de Pruvino, quicquid habebat apud Surdolium in omnibus modis et commodis ; et VI solidos census apud Pruvinum, qui colliguntur in domo Paracliti. Hec omnia ut nota permaneant et rata habeantur presentem cartam fieri volui et sigilli mei munimine roborari. — Actum apud Sezannam anno Incarnationis Domini M° CC° secundo, mense junio. Datum per manum Galteri, cancellarii mei, nota Johannis.

(*Cartul.* fol. 87 r°. — Archiv. de l'Aube, origin. Le sceau était sur fils de soie rose et verte.)

113. — Juillet 1202. *Lettre dou disme d'Oci.*

Ansellus et Milo, archidiaconi Trecenses, episcopatus yconomi, omnibus, ad quos littere iste pervenerint, in Domino salutem. Noverit universitas vestra, quod Garnerus de Potengiaco, miles, Symon, Isembardus et Theobaldus, clericus, fratres, nepotes ipsius Garneri, donaverunt in elemosinam ecclesie Paracliti quicquid habebant in decima Ociaci, ab eadem ecclesia jure perpetuo possidendum. Hanc autem elemosinam Droco de Sancto Martino, ad cujus feodum eadem decima noscitur pertinere, solempniter et precise laudavit, necnon Ermengardis et Agnes, sorores predictorum fratrum, huic donationi suum prebuere consensum, memorati vero Garnerus, miles, Symon, Isembardus et Theobaudus, fratres, de bonis Paraclitensis ecclesie XL libras Pruvinenses hujus elemosine intuitu receperunt. Nos autem donationem ipsam ratam et gratam habentes, eam, commisso nobis administrationis officio, litteris presentibus confirmamus. — Actum tum anno Incarnati Verbi M° CC° secundo, mense julio.

(Cartul. fol. 141 r°.

114. — Août 1202. *Lettre dou disme d'Aspresaulve et de Saincte-Coulombe emprès Nangis.*

Petrus, Dei gratia Senonensis archiepiscopus, omnibus, ad quos littere iste pervenerint, in Domino salutem. Ex nostre administrationis tenemur officio litibus ecclesiarum pro posse nostro finem imponere et discordes ad pacem et concordiam revocare. Notum igitur facimus universitati nostre, quod, cum controversia inter Hunoldum, presbiterum ecclesie de Nangies, et ecclesiam de Paraclito super decimis territorii Asperesilve et terrarum que dicuntur Sancte Columbe coram nobis auctoritate Apostolica verteretur : idem Hunoldus, inquisita super hoc diligentius veritate, sicut fide in manu nostra corporaliter prestita firmiter asseruit, se infra decimationes predictas nichil juris habere in nostra presentia publice recognovit. Et ne super hoc nova possit in posterum controversia suboriri, presentem paginam in testimonium juris ecclesie de Paraclito sigilli nostri munimine duximus confirmandam. — Actum Senonis in curia nostra anno Incarnationis Dominice M° CC° II°, mense augusto.

(Cartul. fol. 94 v°. — Archiv. de l'Aube, origin. et *Vidimus* donné par « Hemericus xpristianitatis Pruvinensis decanus anno Domini 1252, mense julio. »)

115. — 1202. *Des novaux de Malrepas.*

Garnerius, Dei gratia Trecensis episcopus, omnibus.. Sciat universitas vestra, quod, cum dominus Garinus Furnerius ecclesiam Paraclitensem perturbaret super quibusdam terris et novalibus que circa grangiam dicte ecclesie, que vulgo dicitur *Maurepas*, a Gaufrido Chauderon et heredibus suis fuerant adquisita, tandem ipse Garinus, mediante nobili viro Garino, domino Trianguli, querelas illas tam de emptione quam de excambio remisit ecclesie Paraclitensi omnibus modis et quitavit. Quam utique quitationem dicti etiam domini Garini annotatam ratam habemus et sigilli nostri testimonio confirmamus. — Actum anno Domini M° CC° II°.

(*Cartul.* fol. 128 r°.)
132

116. — 1202. *Lettre de XI livres surs le paaige de Villemor.*

Garnerius, Dei gratia Trecensis episcopus, omnibus.. Ea que a fidelibus religiosis domibus conferuntur nostrum est ea quantum possumus firmitate vallare, ne vel erogatio pie facta impie pervertatur, vel quies eorum qui debent Domino otiari concuti valeat insultibus malignorum. Innotuit nobis quod nobilis mulier Helia de Villemauro, relicta Milonis de Pruvino, quondam marescalli Campanie, in extremis laborans in ecclesia Paracliti habitu religionis assumpto, donavit eidem ecclesie de proprio patrimonio suo X libras annui redditus perpetuo possidendas, quarum C solidi in pedagio Villemauri vel in pedagio Marcilliaci si pedagium Villemauri non sufficeret. Cognovimus etiam quod eadem Helia XX *solidos* annui redditus, quos Emelina, amita ipsius, in pedagio Marcilliaci tenebat et post decessum ipsius Emeline ad eamdem Heliam reverti debebant, predicte ecclesie Paracliti in elemosinam contulit perpetuo possidendos. Insuper donatio ista per bone memorie Mariam, quondam Trecensem comitissam, meruit confirmari (n. 93). Nos autem eamdem donationem gratam et ratam habentes eam litteris presentibus confirmamus, ut ab ecclesia Paracliti perpetuis temporibus inconcussa et libera habeatur. — Actum anno Domini M° CC° II°.

(Cartul. fol. 159 r°.)

117. — 1202. *Confirmacion de XI livres surs le paaige de Villemor.*

Petrus, Dei gratia Senonensis archiepiscopus, charissimis in Xpo filiabus Melisendi, abbatisse, et universo conventui Paracliti, salutem in Domino nostro Jhu Xpo. Cum ex officio nobis injuncto justis singulorum desideriis satisfacere teneamur, Domino dicente : omni petenti a te tribue, maxime tamen ea que ad religiosas personas pertinent speciali tenemur affectione promovere, vestro igitur petitioni, karissime in Xpo filio, grato concurrentes assensu, vobis confirmamus X libras annui redditus.. (*ut supra* n. 116), sicut totum continetur in autentico bone memorio Marie, quondam Trecensis comitisse. (n. 93). — Datum anno Verbi Incarnati M° CC° secundo.

(*Cartul.* fol. 206 r°. — Archiv. de l'Aube, origin.)

118. — 1202. *Vidimus de la donation de Thibaut de Lours.*

Garnerus, Dei gratia Trecensis episcopus, omnibus, ad quos littere iste pervenerint, in Domino salutem. Sicut in autentico bone memorie Henrici, quondam Trecensis comitis palatini, vidimus contineri (n. 68), Theobaudus de Loors dedit ecclesie de Paraciito III sextarios bladi de terra quam tenebat Galterus, medietatem frumentum et siliginem, medietatem avenam. In terra Jocelini III sextarios, medietatem frumentum et siliginem, medietatem avenam. In terra quam tenent leprosi de Pontibus III minas, medietatem siliginem et medietatem frumentum. Item apud Parigniacum IIII solidos et II denarios de Roberto; de Garnero XVIII denarios; et de Hugone filio Theobaudi IIII denarios. Item in molendino de Justeniaco annuatim VI sextarios frumenti, quale in molendino ipso solvitur. Nos autem donationem istam gratam habentes litteris presentibus confirmamus. Actum anno Domini M° CC° II°.

(*Cartul.* fol. 145 v°. — Archiv. de l'Aube, origin.)

119. — 1202.

Garnerus, Dei gratia Trecensis episcopus, omnibus.. Noverit universitas vestra quod dilectus in Xpo filius Johannes, decanus noster de Chaletra, in presentia nostra et de assensu nostro, dedit ecclesie Paraclitensi quidquid in parrochia de Chaletra et etiam apud Sanctum Nicholaum acquisivit vel acquireret de cetero, tam in edificiis quam in vineis et aliis immobilibus, salva tamen sibi possessione et dispositione suorum mobilium, ita quod ecclesia de Paraclito omnia que acquisivit vel acquirere poterit post diem obitus dicti Johannis, vel si etiam habitum religionis assumeret, quiete et pacifice possidebit. De iis autem omnibus prefatus Johannes in conspectu nostro in generali capitulo seipsum devestivit et charissimam in Xpo filiam Milissannam, abbatissam, nomine ecclesie sue solemniter investivit. In cujus rei memoriam.. Actum anno Domini M° CC°.

(Cartul. fol. 140 r°. — Archiv. de l'Aube, origin.)

120. — 1202. *Lettre commant nous donnames une meson à Chalaute.*

M., Dei gratia Paraclitensis abbatissa, et omnis conventus ejusdem ecclesie omnibus, ad quos littere iste pervenerint, in Domino salutem. Noverit universitas vestra quod nos dilecto clerico nostro et amico Johanni, presbitero de Calestria, domum nostram, in eadem villa sitam, cum omnibus appenditiis suis, sumptibus nostris reparatam, concessimus quandiu vixerit, pacifice possidendam. Quod, ut ratum permaneat et firmum teneatur, sigilli nostri munimine roboravimus. — Actum anno Domini M° CC° II°.

(Cartul. fol. 261 v°.)

121. — Juillet 1203. *Lettre de IIII sextiers de blé sur le molin d'Egligny.*

Ego Blancha, comitissa Trecensis palatina, omnibus.. notum facio et testificor, quod dilectus et fidelis meus Gaufridus, de Egliniaco, dedit et concessit in perpetuam elemosinam Deo et ecclesie Paracliti IIII sextarios frumenti in molendino de Egleignoio ad mensuram Eglignetii reddendos ab eodem molendino singulis annis in festo sancti Remigii. Quod ut ratum maneat et firmum presentem cartam fieri volui et sigilli mei testimonio corroboravi. — Actum apud Nogentum anno Domini M° CC° tertio, mense julio. Datum per manum Galteri cancellarii mei, nota Johannis.

Cartul. fol. 186 r°. — Archiv. de l'Aube, origin.)

122. — Juin 1203. *Lettre de ung compromis de une granche de Ponz.*

Ego Symon, Cormeriacensis abbas, et ego Ansellus, Nigellensis abbas, omnibus, presentes litteras inspecturis, salutem in Domino. Sciant tam presentes quam futuri, quod, cum quedam controversia verteretur inter J., abbatissam Paraclitensem, et ejusdem loci conventum ex una parte, et R., presbiterum de Pontibus ex altera, super quadam grangia et apentitiis ejusdem grangie, tandem controversia sopita fuit in hunc modum : quod predictus R., in presentia nostra constitutus, dictam granchiam monialibus quitavit, easque ab omnibus querelis in pace dimisit; dictus vero R., presbiter, X libras cum quodam equo pro tali quitatione extorsit. Et quod illud pro certo habeatur presentes litteras sigillorum nostrorum munimine fecimus roborari. — Actum ab Incarnatione Domini M° CC° III°, mense junio.

(Cartul. fol. 147 v°.)

123. — 1203. *La lettre de VI livres surs le paaige de Rebez.*

Robertus, dominus de Miliaco, notum facimus omnibus tam existentibus quam futuris, quod nos concessimus Deo et ecclesie Paracliti in relaxatione peccatorum nostrorum VI libras singulis annis in perpetuum persolvendas, quas assignavimus in pedagio de Rebez, ita quod quicumque pedagium tenebit per annum sive per plures annos illas annuatim ecclesie predicte in crastino sancti Remigii sine delacione persolvet; et de receptione pedagii inde faciet securitatem Paraclito. Et si contingerit, quod absit, quod predictum pedagium amplius VI libris non valeret, ille predicte ecclesie persolverontur. Tali vero tenore quod due filie nostre A. et E. scilicet, quas apud Paraclitum monachavimus, illas libras ad opus vestimentorum quandiu vixerint recipient; una vero mortua, que supervixerit integrum redditum recipiet; post mortem vero utriusque, ad ecclesiam Paracliti sine reclamacione redditus redibit. Quod ut ratum et illesum permaneat, sigilli nostri auctoritate confirmavimus. — Actum anno Incarnati Verbi M° CC° tertio.

(Cartul. fol. 171 v°.)

124. — Juillet 1203. *Lettre de l'arcevesque de Sens à propoz de VI livres sur le paaige de Rebez.*

Petrus, Dei gratia Senonensis archiepiscopus, dilectis in Xpo filiabus abbatisse et conventui ecclesie de Paraclito salutem in Domino. Ex injuncti nobis officii ratione justis potentium desideriis tenemur aurem benignam et facilem inclinare. Ea propter, karissime in Xpo filie, justis vestris petitionibus gratum impertientes assensum, donationem VI librarum vobis singulis annis in perpetuum solvendarum in pedagio de Reibaco, quas nobilis vir Robertus de Miliaco ecclesie vestre in eodem pedagio assignavit, sicut in ejus autentico nobis exhibito continetur, auctoritate presentium vobis confirmamus; eadem auctoritate sub pena excommunicationis districtius inhibentes ne quis huic nostre confirmationi temere contraire presumat. — Actum anno Incarnati Verbi M° CC° tercio, mense julio.

(*Cartul.* fol. 172 r°.)

125. — 1204. *Lettre dou disme de Villeneuve et de Saint-Morisse.*

Dominus de Triangulo, notum facimus omnibus.. quod nos concessimus Deo et ecclesie Paracliti quicquid tenebamus infra decimationem Villenove et Sancti Mauricii, in decima novalium, libere et quiete in perpetuum possidendum. Et, ne aliquis ex parte nostra contra hoc venire niteretur, auctoritate sigilli nostri muniri fecimus, quatinus illesum permaneat in posterum. — Actum anno Domini M° CC° quarto. Hoc laudavit Ida, uxor nostra.

(Cartul. fol. 131 r°.)

126. — 1204. *Autre lettre à ce propoz.* I., domina de Triangulo, notum facimus omnibus.. Dans les mêmes termes que la précédente, à l'exception des mots : « Hoc laudavit.. » Actum anno M° CC° quarto.

(Cartul. fol. 131 r°. — Archiv. de l'Aube, origin.)

127. — 1204. *Lettre de une maison estaus à macel sis à Provins.* « G., Sancti Jacobi Pruvini dictus abbas » notifie « quod Hanricus, miles, de Crocheto, dedit domum suam de macello et stalla ecclesie Paracliti in elemosynam perpetuo habendam, pro filia sua quam ibidem sanctimonialem constituit. Anno Domini M° CC° III° mense maio.

Cartul. fol. 72 v° — Archiv. de l'Aube, origin.)

128. - *Octobre 1204 Lettre commant l'arcevesque de Sens donne les novales dans sa diocèse.*

Petrus, Dei gratia Senonensis archiepiscopus, omnibus, ad quos littere iste pervenerint, in Domino salutem. Notum fieri volumus.. quod nos dedimus et concessimus ecclesie de Paraclyto, ut, ubicunque et in qualicunque parochia in tota diocesi Senonensi eadem ecclesia percipit partem in majori decima, in decimis novalium ejusdem parrochie percipiat de dono nostro totam partem quotam partem ipsa ecclesia percipit in decima majori. Ut autem hec nostra concessio rata et firma permaneat eam presenti pagine fecimus commendari et sigilli nostri munimine roborari, sub anathemate prohibentes ne quis huic nostre concessioni temere contraire presumat. — Actum anno Incarnati Verbi M° CC° IIII°, mense octobri.

(Cartul. fol. 80 r°. — Archiv. de l'Aube, origin.)

129. — Septembre 1205. *Lettre d'un estau à Macel à Provins et terraige à Villegruis.*

Ego Blancha, comitissa Trecensis palatina, notum facio omnibus.. quod, cum dilectus et fidelis meus Henricus de Crocheto Ysabellim, filiam suam, apud Paraclitum monialem fecisset, Deo et ecclesie Paracliti in perpetuam elemosinam dedit quedam stalla apud Pruvinum que movebant ex parte predicte Ysabellis. Et preterea, dedit quoddam terragium aput Villegruis, laude et voluntate Johannis Picace, et filiastrorum ipsius Johannis, Hugonis videlicet et Theobaldi.. Actum, teste me ipsa, aput Pontes anno Incarnationis Dominice M° CC° V°, mense septembrio. — Datum per manum Galteri, cancellarii mei, nota Johannis.

(Cartul. fol. 71 v°. — Archiv. de l'Aube, origin. Le sceau était sur fils de soie verte, rose et jaune.)

130. — Novembre 1205? *Lettre de XL soulz à prendre es bains de Merroles chascun an.*

Omnibus presentes litteris inspecturis Johannes et Hugo, fratres, de Valeriaco, salutem in Domino. Noverit universitas vestra, quod Androinus de Pogeio dedit Agneti, filie domini Herberti de Vinuef,

XL solidos, annuatim percipiendos in bannis de Marroliis, quam donationem ratam habemus et gratam. Et eamdem donationem Agnes et Odeta, uxores nostre, laudaverunt. Et quia predicta Agnes monialis est de Paraclito volumus quod illi XL solidi reddentur singulis annis in perpetuum in bannis de Marroliis ecclesie Parraclitensi, in festo sancti Johannis. — Actum anno Domini M° CC° II° quinto (*sic*), mense novembri.

(*Cartul.* fol. 134 r°.)

131. — Août 1209. *Lettre d'accord pour les novales d'Aspresaulve et dou boys de Saincte-Coulombe.*

Stephanus, decanus, et universum ecclesie Senonensis capitulum.. Notum sit omnibus.. quod, cum causa verteretur coram judicibus a Summo Pontifice delegatis inter Idam, abbatissam Paracliti, et moniales ex una parte, et Hunoldum presbiterum de Nangiis ex altera, super novalibus de Asperasilva et super novalibus nemoris Sancte Columbe, quod est infra haias de Nangiis, super novalibus et decimatione feodi et dominii defuncti Radulfi de Vinpuelle, tam in nemore quam in plano, tandem in hunc modum pacis convenerunt : quod decima feodi et dominii Radulfi presbitero et ecclesie de Nangiis jure perpetuo possidenda remanebit, excepto charruagio uno quod moniales habent apud Montem Brule. Preterea, idem presbyter et successores ejus in granchia Paracliti, que sita est apud Nangeis, II modios bladi singulis annis percipiet, medietatem scilicet frumenti et medietatem avene. Respectu istius pacis idem presbiter, de assensu et voluntate nostra, quitavit ecclesie Paracliti in perpetuum quicquid juris se dicebat habere in decima Asperesilve et in decima nemoris Sancte Columbe. Si tamen illud nemus contigerit extirpari dictus presbiter et successores ejus in decima nemoris usque ad unum modium bladi, medietatem scilicet frumenti et medietatem avene, annuatim percipient. In cujus rei memoriam.. Actum anno gratie M° CC° nono, mense augusto.

(*Cartul.* fol. 96 r°. — *Vidimus* sur parchemin donné par « Hemericus, decanus xpistianitatis Pruvinensis.. Anno Domini 1252, mense julio. » Archiv. de l'Aube.)

132. — 1210. *Littera de decima de Plesiaco.*

Ego R. de Magd., Turonensis thesaurarius, notum facimus universis quod contentio esset inter nos et ecclesiam de Paraclito super decima de *Plaise* defuncti Girbert; tandem pacificata est in hunc modum, quod nos concessimus dicte ecclesie medietatem ejusdem decime, et ecclesia quitavit nobis decimas duorum camporum juxta Rogum et tercii campi apud Bordas. Ita tamen quod si capellanus Donemarie et Montium acquireret dictam decimam erga ecclesiam, ecclesia rehaberet medietatem decime dictorum camporum. — Actum anno Domini M° CC° X°.

(*Cartul.* fol. 160 r°.)

133. — **1211.** *Lettre dou disme de Velgerium (al. Vilegruis).*

Ego Johannes Brebannus notum facio presentibus et futuris, quod, totam decimam, quam Petrus Baaceaus adput Velgerium de feodo meo moventem, habebat, quam decimam Petrus dederat in perpetuam elemosinam ob remedium anime sue, laudavi, et quiete et pacifice in perpetuum possidendam ecclesie Paracliti concessi. — Actum anno Domini M° CC° undecimo.

(*Cartul.* fol. 88 v°. — Archiv. de l'Aube, origin.)

134. — Sans date. *Lettre d'ung muy de blef à Mormenz.*

Ego Petrus de Curteriaco notum facio omnibus, tam presentibus quam futuris, quod donavi ecclesie Paracliti unum modium bladi, VI sextarios frumenti et VI avene, in decima de Murmant, ad ejusdem ville mensuram, in perpetuum possidendum, tali tenore, quod filia mea Helovisa, monialis predicte ecclesie, illum modium in vita sua acciperet ad voluntatem suam faciendam, post ejus vero decessum obitus meus annotabitur et conventus de prehabito modio in die mei obitus plenarium habebit refectionem, his testibus : Milone, fratre meo ; Milone, filio meo ; domino Symone de Nunroi ; Theobaldo, filio suo. Hoc uxor mea C., et M., filius meus, et Anselmus, et Fraherius, et Garinus, et Milo, frater meus, laudaverunt.

(*Cartul.* fol. 262 v°.)

135. — Novembre 1211. *Lettre dou muy de Mormenz.*

Noverint universi presentes litteras inspecturi, quod modium bladi, scilicet medietatem frumenti et medietatem avene, quod Petrus de Corteri ecclesie Paracliti in decima de Normanz in elemosinam dederat in perpetuum, ego Garinus de Corteri hoc concedo, et ego Milo de Corteri, de cujus feodo predicta est, laudo, et ut ratum habeatur sigilli nostri munimine ambo roboramus. — Actum anno ab Incarnatione Domini M° CC° XI°, mense novembri.

(*Cartul.* fol. 159 v°.)

136. — 1er mars 1211 (v. st.) *Lettre d'une maison à Chalaustre.*

Ego Johannes, presbiter de Calestria Magna, omnibus.. Ad universitatis vestre notitiam voluimus pervenire, quod ego domum, quam emi cum Johanne et Perrardo de Ravestum, cum omnibus pertinentiis conventui de Paraclito in elemosinam contuli. Quod, ut ratum habeatur et firmiter teneatur, sigilli nostri impressione fecimus annotari. — Datum anno gratie M° CC° XI°, kal. martii.

(*Cartul.* fol. 221 v°. — Archiv. de l'Aube, origin.)

137. — 1er mars 1211 (v. st.) *Autre lettre à ce propoz.*

Guillermus de Partico, Chalestrie prepositus, omnibus, ad quos presentes littere pervenerint, salutem in Domino. Ad universitatis vestre notitiam volumus pervenire, quod nos donationem domus, que fuit Johannis et Reginaldi de Chesnetrunc, a Johanne, præbitero de Chalestria Magna, conventui de Paraclito factam, cum ad dictam domum pertinentibus, salvo censu et jure nostro, ratam habemus et acceptam, et ut eadem donatio firma sit stabilitate eam sigilli nostri impressione fecimus annotari. — Datum anno gratie M° CC° undecimo, kal. martii.

(Cartul. fol. 277 r°.)

158. — Avril 1212. *Lettre dou disme de Rampillon-les-Nangis en Brie.* « Frater Isembardus, domus Hospitalis magnus provisor in Francia » fait connaître un accord entre les religieuses du Paraclet et « sacerdotem de Castello » les religieuses abandonnent aux Hospitaliers « sextam partem quam possidebant in grossa decima de Rampillum, sextam vero partem minute decime sibi retinuerunt. » Les Hospitaliers serviront « sacerdoti de Castello, annuatim, modium frumenti et modium avene », et aux religieuses du Paraclet « III minas frumenti et III minas avene in granchia sua de Rampeillon.. Actum anno gratie M° CC° XII°, mense aprili. »

(Cartul. fol. 109 v°.)

159. — Juin 1212. *Quittance dou bois de Coldroi.*

Herveus Dei gratia Trecensis episcopus, omnibus, ad quos iste littere pervenerint, in Domino salutem. Noverit universitas vestra quod homines de Marciliaco, videlicet Theobaldus de Grimum, Galterus frater ejus, Radulfus cognomento Bodinus, Jacobus, Thomas, Hugo filius defuncti Renerii, Hugo cognomine Veilarz, et Vincentius in nostra presentia constituti quitaverunt pacifice usuarium quod se habere dicebant in boscho monialium de Paraclito, quod dicitur Coldroi, super quo litigaverant coram judicibus a domino Papa delegatis, scilicet.. episcopo,.. abbate de Chagia, et.. cantore Meldensibus ; et predicti homines eamdem quittacionem uxores suas et liberos suos laudavisse coram nobis recognoverunt. Nos igitur, ad petitionem utriusque partis, presentes litteras scribi fecimus et sigilli nostri munimine roborari. — Actum anno gratie M° CC° XII°, mense junio.

(Cartul. fol. 170 r°. — Archiv. de l'Aube, origin.)

140. — Septembre 1212. *La lettre d'ung demi muy de blé surs ung molin à Marcilli.*

Herveus, Dei gratia Trecensis episcopus, omnibus presentes litteras inspecturis in Domino salutem. Noveritis quod in nostra presentia constitutus dilectus et fidelis noster Garinus de Meriaco, miles, recognovit se jam pridem dedisse in elemosinam ecclesie Paraclitensi medium modium bladi annui redditus, cujus una medietas erit siliginis et altera tremesii, in molendino de Marcelliaco percipiendum, infra octabas Omnium Sanctorum, ita quod in die anniversarii Milesendis, matris ejusdem G., ille medius modius in pitancia monialium expendetur. Preterea, recognovit se concessisse eidem ecclesie usuarium in pasturis totius territorii sui de Marcelliaco, ad omnia animalia que erant in grangia ejusdem ecclesie, que appellatur Malum Repastum. Addidit etiam, quod de predictis blado scilicet et pasturis eidem ecclesie litteras sigillo suo sigillatas jamdiu tradidit: sed quia sepedicta ecclesia non fuerat in continua et quieta possessione predictorum prefatum donum innovavit in nostra presentia. Omnes etiam querelas quas adversus Paraclitum habuerat remisit. Supradicta omnia laudavit uxor sua, Aaliz, et Guido, miles; Johannes, armiger; Gaufridus, clericus, filii ejus; et Maria, et Margareta, filie ejusdem G. Ut autem supradicta, rata et firma remaneant, ad petitionem dictorum G. et uxoris sue, et filiorum, et filiarum suarum predictas litteras sigilli nostri munimine roboravi. — Actum anno gratie M° CC° XII°, mense septembri.

(*Cartul.* fol. 227 r°. — Archiv. de l'Aube, origin.)

141. — Mai 1213. *Lettre commaut li sires de Saint-Aubin quitta l'usaige dou bois de Montmorvois dit le parc de Ponz.*

Ego Herveus, Dei gratia Trecensis episcopus. Notum facio universis, quod Renaudus, miles, de Sancto Albino, in nostra presentia constitutus, recognovit quod cum controversia extitisset inter ipsum ex una parte, abbatissam et conventum Paracliti ex altera, super usuagio boschi ejusdem militis, quod conjunctum est boscho comitis Henrici, quod dicitur *Mons Morvois*, pro usuagio furni Sancti Albini, quantum ad boschium mortuum pertinet, ipse usuagium pacifice quitavit et concessit monialibus predictis, ad usum furni predicti, in boscho mortuo. Gaufridus, filus ejus, eamdem quittacionem coram nobis concessit et approbavit. In cujus rei memoriam, de assensu partium, presentes litteras scribi fecimus et sigilli nostri munimine roborari. — Datum anno gratie M° CC° XIII°, mense maio.

(Cartul. fol. 263 v°. — Archiv. de l'Aube, copie.)

142. — *24 mai 1213. Lettre dou disme novalles de de Saincte-Coulombe.*

Magister Ph., curio Senonensis officialis.. Noverint universi, quod, cum diu litigatum fuisset inter ecclesiam Parocliti et Hunoldum, presbiterum de Nangiis, super novalibus de nemore Sancte Columbe, tandem talis inter eos composito facta fuit, quod predictus H., presbiter, prestito sacramento, quittavit memorate ecclesie Paracliti totam decimam que pertinet ad territorium Sancte Columbe, situm inter rivum de Murcellis et haias et saliceta in eodem loco sita. Quod autem coram nobis factum est, ad petitionem partium sine prejudicio alterius, sub sigillo curie Senonensis testificamur. — Actum anno gratie M° CC° XIII°, mense maio in crastino Ascensionis Domini.

(Cartul. fol. 92 r°. — Archiv. de l'Aube, origin. « Hemericus, decanus xpistianitatis Pruvinensis » vidime cette charte « anno Domini, 1252, mense julio. » Cartul. fol 71 r°.)

143. — *1213. Lettre dou disme de Lours.*

G., ecclesie Beati Jacobi Pruvinensis dictus abbas, et S., Beate Marie de Valle Pruvini decanus, omnibus.. notum facimus quod dominus Stephanus de Luvus, miles, in presentia nostra constitutus, confessus est se dedisse in elemosinam ecclesie Pracliti ob remedium anime sue et parentum suorum, si eum in exercitu regis decedere contingerit, quicquid habebat in tota decima de Luvus. Quod ut ratum habeatur.. Actum anno gratie M° CC° XIII°, mense maio.

(*Cartul.* fol. 114 v°. — Archiv. de l'Aube. origin.)

144. — 1213. *Lettre commant nous avons acquis le disme de Lors.*

P., Dei gratia Senonensis archiepiscopus, omnibus.. Noverint universi, quod Stephanus de Loes, miles, coram nobis constitutus recognovit se vendidisse ecclesie Paracliti quicquid habebat in decima de Loes, scilicet quartam partem quiete et pacifice in perpetuum possidendam. Istam venditionem laudavit Radulphus de Placeto, miles, coram nobis similiter constitutus, de cujus feodo decima erat. Ut autem istud firmum et stabile permaneat presentem cartam scribi fecimus et sigilli nostri munimine roborari. — Actum anno Verbi Incarnati M° CC° X° tertio.

(*Cartul.* fol. 86 v° — Archiv. de l'Aube, origin. Le sceau était sur fils de soie verte et rose.)

145. — Février 1213 (v. st.)

G., ecclesie Beati Jacobi dictus abbas, et S., Beate Marie de Valle Pruvini decanus,.. Noverit universitas vestra quod in nostra presentia constituta Elisabeth, relicta Ebrardi Croulebois, donavit Aaliz, filie sue, Paraclitensis ecclesie moniali II sestarios et plenam minam et medietatem unius minelli frumenti, et quinque capones, quod de modiatione super V arpenta et dimidium terre Boeletinz habet imperpetuum possidenda, et ad suam voluntatem concessit faciendum. Hanc vero donationem laudaverunt Gilo, filius ejus, et R. et M., filie predicte Elisabet.. — Actum anno Incarnationis Dominice M° CC° XIII°, mense februario.

(Cartul. fol. 110 r°.)

146. — *Avril 1214. Lettre d'ung estau à Noigent.*

Ego Blancha, comitissa Trecensis palatina, notum facio.. quod dilectus et fidelis meus Radulphus de Pontibus, in mea presentia constitutus, recognovit se dedisse in perpetuam elemosinam monialibus de Paraclito stallum quoddam quod habebat apud Nogentum, quod fuit Jacobi, draparii, de Pontibus, in quo ego habebam XII denarios censuales. Ego itaque censum quem habebam in dicto stallo quitavi monialibus et donationem Radulphi volui laudavi et sigilli mei feci munimine roborari. — Actum anno grrtie M° CC° X° IIII°, mense aprili.

(Cartul. fol. 173 r°. — Archiv. de l'Aube origin.)

147. — 1214. *Lettre des novalles de Lisines.*

Regnaudus de Legniaco, Guido de Campania, et magister Stephanus, canonicus Aurelianensis.. Noverint universi, quod, cum Hermericus persona de Lesinis traxisset in causam coram nobis auctoritate Apostolica Emeniardim, abbatissam Paracliti, super decima novalium in sua paarochia contentorum, quia dicta E. de dono domini archiepiscopi Senonensis suam esse dicebat, tandem inspectis litteris super illa donatione, et authentico domini Pape super confirmatione illius, idem H. cum predicta E. composuit in hunc modum : quod ipse quitavit ecclesie Paracliti predictam decimam quiete et pacifice in perpetuum possidendam. Prefata nonna E. in recompensationem istius quitationis dedit ecclesie de Lesinis decimam terre que sita est inter nemus Sancti Georgii et villam de Corterinum, in perpetuum possidendam. — Actum anno gratie M° CC° XIIII°.

(Cartul. fol. 103 r°.)

148. — 1214. *Lettre de X sols de rante que doibt le curé de Lisines.*

Magister P., curie Senonensis officialis, omnibus.. Noverint universi quod Emeniardis, abbatissa Paracliti, admodiavit Hemerico Persone de Lesinis illam partem quam ecclesia sua habet in minuta decima parrochie de Lesinis, scilicet vini et aliorum que ad minutam decimam pertinent, pro X solidis Pruvini singulis annis in festo sancti Remigii in pressorio suo apud Pruvinum solvendis. Si autem contingeret quod dictus H. decederet, vel ecclesiam de Lesinis dimitteret, predicta decima ad ecclesiam Paracliti sine contradictione rediret. Quod autem coram nobis factum est sub sigillo curie Senonensis testificamur. — Actum anno gratie M° CC° XIIII°.

(Cartul. fol. 99 r°.)

149. — Octobre 1214. *Lettre d'une pièche de terre ou finaige de Saint-Albin.*

Omnibus.. A., decanus de Pontibus, salutem in Domino. Noverint universi, quod, cum causa verteretur inter abbatissam et conventum Paracliti ex una parte, et Bartholomeum de Sancto Albino ex altera, super quadam terra quam dicte moniales petebant a dicto Bartholomeo, tandem testibus productis, et attestationibus pupplicatis, ego dictam terram dictis monialibus per sententiam diffinitivam adjudicavi. — Actum anno Domini M° CC° XIIII°, mense octobri.

(*Cartul.* fol. 240 v°.)

150. — Décembre 1214. *Lettre d'ung molin à Provins à trois roes pour les esglises du Paraclit, Saint-Jacques, Saint-Ayoul, La Pomeroye, et dou Mez.*

Ego Blancha, comitissa Trecensium palatina, notum facio omnibus.. quod molendinum meum in tribus rotis, quod acquisivi et de novo construxi apud Pruvinum, excambivi et admodiavi cum toto edificio ecclesie Paracliti, ecclesie Sancti Jacobi de Pruvino, prioratui Sancti Aygulfi, ecclesie de Pomeria, prioratui de Meso pro decem modiis frumenti.. cujus frumenti sextarius VI denarios minus valebit quam melius frumenti quod tunc vendatur in villa. Licebit autem predictis ecclesiis molendinum illud dimittere in eodem loco ubi modo situm est, et tunc predictos decem modios accipiam singulis annis ad mensuram Pruvini in proventibus ejusdem molendini, si tantum valuerint. Et si aliquid deficeret, ego inde me tenerem ad proventus molendinorum, que habent prefate ecclesie in ripariis de Vosee et de Durten, videlicet ad molendinum quod dicitur *Creve-Cuer*, quod est Paracliti et Stephani, militis de Loes ; ad molendinum quod dicitur Molendinum Comitisse, quod est ecclesie de Pomeria ; ad molendinum quod dicitur Molendinum Gauberti, quod est prioratis Sancti Aygulphi; ad molendinum de Becherel, quod est prioratus de Meso ; et ad molendinum de Lovet, quod est ecclesie Sancti Jacobi.. quod si amotum fuerit a loco suo molendinum supradictum novum, fossatum per quod aqua decurrit implobitur tali modo, quod si super crescentia aque venerit aqua liberum habeat transitum per fossatum illud, sed in illo loco non poterit de cetero molendinum construi ; quilibet autem rehabebit terram suam quam occupaverat fossatum illud, sicut habebat priusquam ibi molendinum construeretur. Preterea, Molendinum Marescalli rehabebit suum pedem aque ubi illum habebat antiquitus, videlicet inter molendinum de *Creve-Cuer* et Molendinum Comitisse.. hoc voluit et laudavit karissimus filius meus comes Theobaldus et concessit in perpetuum.. Actum anno gratie M° CC° quarto decimo, mense decembri.

(*Cartul.* fol. 73 v°. — Archiv. de l'Aube, origin.)

151. — Août 1215. *Lettre des dismes Saint-Albin, Fontemacon et Nogent.* « Henricus, Dei gratia B. Dyonisii

abbas, et capitulum » notifient l'arbitrage prononcé par
« N. de Sancto Remigio, canonicus Senonensis, et R.,
presbyter Nongenti » arbitres choisis par l'abbaye de Saint-
Denis et celle du Paraclet. Ils ont décidé : 1° « Quod cum
parrochiani Sancti Albini intra terminos parrochie de Fontemacon (qui appartient à l'abbaye de Saint-Denis) terras
coluerint » l'abbaye de Saint-Denis percevra la dîme, à
l'exception de la première année ; 2° « de parrochianis de
Fontemacon, si intra terminos parrochie Sancti Albini
(qui appartient au Paraclet) coluerint, est similiter observandum ; 3° « in minuta decima de Nogento ecclesia Paracliti amodo tertiam partem percipiet, exceptis anseribus
et fructibus ortolanis.. Actum anno Domini M° CC° XV°,
mense augusto.

(Cartul. fol. 270 r°. — Archiv. de l'Aube, origin.)

152. — 1215. *Lettre surs li boulengiers à Provins.*

Ego Milo, de Monteigniaco miles, notum facio presentibus cum futuris, quod laudo et bona fide concedo
sanctimonialibus de Paraclito redditus, quos Philippus Poylechien, gener meus, et uxor ejus Maria,
filia mea, donant eis et concedunt pro filiabus suis,
scilicet, quidquid habent vel habere expectant in
bolengeriis de Pruvino. Et ut hoc ratum sit confirmatum sigilli mei munimine corroboro. — Actum
anno M° CC° quinto decimo.

(Cartul. fol. 70 r° et 280 r°.)

153. — 1215. *Lettre dou disme de Lours.*

Magister Ph., curie Senonensis officialis, omnibus.. Noverint universi quod Radulphus de Plaiseto,
miles, et Elysabez, uxor sua, coram nobis dederunt in elemosinam ecclesie Paracliti quicquid ha-

bebant in decima militum de Loes ; et dicebant se habere quartam partem. Quod autem coram nobis factum est ad petionem partium sub sigillo curie Senonensis testificamur. — Actum anno gratie M° CC° X° quinto.

(Cartul. fol. 168 r°. — Archiv. de l'Aube, origin.)

154. — 1215. *La lettre de L s. de rente surs les bains à Provins aus witaves de Pasques.*

Magister Ph., curie Senonensis officialis, omnibus.. Noverint universi quod Radulphus Beritanz, miles, coram nobis constitutus recognovit se dedisse in perpetuam elemosinam pro salute anime sue ecclesie Paracliti L solidos Pruvinenses in redditu balneorum Pruvinensium, singulis annis in octabis Pasche percipiendos, ita quod quicunque predicta balnea tenuerit dicte ecclesie memoratum redditum termino tenebitur solvere pretaxato. In cujus rei memoriam.. Actum anno gratie M° CC° quinto decimo.

(Cartul. fol. 129 r°.

155. — 1215.

Ego Droco de Melloto notum facio presentes litteras inspecturis, quod Agnes, filia mea, uxor nobilis viri Garneri de Triangulo, assensu et voluntate ejusdem Garneri, mariti sui, dedit et concessit pro redemptione anime sue ecclesie Paracliti in perpetuam elemosinam XL solidos Pruvinienses, videlicet de heridate sua, percipiendos annuatim in censa de Vicinis in proxima dominica post festum Sancte Crucis in septembri. Et hoc concessit beneficium ecclesie predicte filia mea pro pitantia conventus in anniversario suo ; et quia elemosina ista de meo feodo movet et sita est, laudavi et sigilli nostri munimine roboravi. — Actum anno gratie M° CC° quinto decimo.

(Archiv. de l'Aube, origin.)

156. — 7 décembre 1216. *Le disme de Trambloy.*

A., decanus de Pontibus, omnibus.. Noverint omnes quod dominus Ancellus, miles, de Charmeciaus, quitavit coram me apud Pontes decimam de Trambleio abbatisse Parācliti. In cujus rei memoriam presentes litteras sigilli nostri munimine roboravi. — Actum apud Pontes crastino beati Nicholai anno Domini M° CC° X° sexto, mense decembri.

(Cartul. fol. 177 r°.)

157. — 1ᵉʳ septembre 1217. *Lettre dou disme de Trembloi.*
A. decanus de Pontibus » notifie qu'après discord entre le Paraclet « et dominam Isabel de Trambleio et heredes suos, et Radulfum Picart et Willermum do Ulmollis, privinos dicte Isabel » au sujet « de decima de Trambleio », enfin Isabelle « et Ansellus et Theobaldus et Petrus, clericus, filii dicte Isabel et Maria filia sua cum Constantio viro suo, et dicti R. et W. » abandonnent les droits qu'ils pouvaient avoir. « Dominus Radulfus, miles, de Rosiers, de cujus feodo decima erat.. similiter laudavit. Actum anno Domini M° CC° X° septimo, kalendis septembris.

(Cartul. fol. 239 r°.)

158. — 1217. *Lettre dou disme de Fontenne Macon.*

Ego Herveus, Dei gratia Trecensis episcopus, omnibus presentes litteras inspecturis in Domino salutem. Noverint universi quod Droco, clericus, ecclesie Paraclitensi, in nostra presentia constitutus, resignavit in manu nostra quidquid juris habebat in decima de Fontemaeum, et etiam res alias omnes que ad eum jure hereditario pertinebant. Et nos, ad petitionem ipsius, de omnibus predictis abbatissam ejusdem loci nomine ecclesie investivimus. — Actum anno gratie M° CC° XVII°.

(*Cartul.* fol. 169 v°.)

159. — Mars (Pâques le 26) 1217. *Le disme de Nangis.*

G., ecclesie Beati Jacobi humilis abbas,.. Noverit universitas vestra, quod, cum Guillermus, clericus, de Lespoisse, impeteret moniales Parucliti supra quadam decima, quam dicte sanctimoniales habent in parrochia de Nangis, asserens illam decimam ad se jure hereditagio pertinere, tandem,.. predictus Guillermus, in presentia nostra constitutus, ecclesie Paraclitensi quicquid ipse habebat vel habere poterat quittavit in perpetuum spontanea voluntate. In cujus rei testimonium,.. Actum anno gratie M° CC° XVII°, mense martio.

(*Cartul.* fol. 91 r°.)

160. — Juillet 1218. *La lettre dou molin de Jaune.*

Omnibus.. Hugo, curie Senonensis officialis,.. in nostra presentia constitutus Nicholaus de Sancto Remigio, canonicus Senonensis, peregre Jherosolymam profecturus, recognovit se ecclesie Paracliti quoddam molendinum suum apud Jaunam situm, quod dicitur do *Ver* in perpetuam elemosinam donavisse, tali conditione, quod moniales Paracliti singulis annis ecclesie S. Stephani Senonensis unum modium bladi, videlicet tertiam partem ivernagii et duas partes ordei, die anniversarii bone memorie Stephani, avunculi sui, quondam abbatis Sancti Stephani Senonensis ; et abbatie Sancti Remigii Senonensis, alium modium consimilis bladi, post decessum dicti Nicholai, die anniversarii sui et bone memorie Bonnundi, patris sui, in ecclesia Sancti Remigii faciendi, solvere tenebuntur.. Actum anno gratie M° CC° XVIII°, mense julio.

161. — 1218. *Lettre commant li sires de Quinci nous donna les cens de Challaute, Saint-Fergel et Saint-Pare.*

A., decanus de Pontibus, omnibus.. Noveritis quod Stephanus de Quinci, miles in presentia mea constitutus, dedit Paraclito in perpetuam elemosinam omnem censum quem habebat infra parochias de Callestria, de Sancto Ferreolo, et de Sancto Patroclo, cum omni justitia pertinenti ad eumdem censum. Et illud obtulit per quemdam librum in presentia mea super majus altare de Paraclito. Et Emeniardis, abbatissa de Paraclito, dedit dicto militi XXXV libras de caritate ecclesie.. Et hoc laudaverunt : Isabiaux, uxor dicti Stephani ; et Milo et Petrus filii ejusdem ; et Margarita, uxor Hugonis Belet, militis ; et Mahauz et Heluysa, filie dicti Stephani. Quod ut ratum.. Actum anno gratie M° CC° XVIII°.

(Cartul. fol. 263 v°.)

162 — Avril 1220.

Ego A., decanus de Pontibus, omnibus.. notum facio quod Floria *la Vasseleuse*, se in presentia mea constituta, donavit in elemosinam ecclesie Paracliti, assensu Martini filii sui, et Isabellis et Ameline filiarum suarum, et Ernaudi et Johannis maritorum earumdem, vineam *Dobert* sitam juxta terram Johannis Tuebuef et pratum *Dobert*. Quod ut ratum permaneat sigilli mei testimonio presentes litteras roboravi. — Actum anno Domini M° CC° XX°, mense aprilis.

(Cartul. fol. 119 v°.)

163. — Mai 1220. *Lettre de la permutacion de la meson donnée au curé de Chalaute.*

R., divina permissione Trecensis ecclesie minister humilis, omnibus presentes litteras inspecturis salutem in Domino. Noveritis quod Adam, presbiter de Calestria, de assensu et voluntate nostra, permutavit domum presbiterii sui et plateam, quam idem presbiterium habebat juxta domum Ebrardi cementarii, ad domum quam ecclesia Paraclitensis habebat juxta ecclesiam de Calestria, a latere de meridiano. Ita tamen quod dictus presbiter X libras, quas solvit ei abbatissa de Paraclito, ponat in emendatione illius domus que est juxta dictam ecclesiam, que remanebit presbiterio in perpetuum possidenda; relictam vero domum et dictam plateam ecclesia Paraclitensis in perpetuum possidebit. Quod ut ratum sit, volentes utriusque partis utilitati consulere, presentes litteras ad petitionem partium sigilli nostri fecimus munimine roborari. — Actum anno Domini M° CC° XX°, mense maio.

(Cartul. fol. 262 r°.)

164. — Novembre 1220. *Lettre dou don de II deniers de cens à Chalaute.*

A., decanus de Pontibus, omnibus.. Noverit universitas vestra quod Garinus de Kalestria, miles, in presentia mea constitutus, recognovit se dedisse ecclesie de Paraclito in perpetuam elemosinam II denarios censuales, quos habebat super cellarium quod Bovo de Kalestria vendidit dicte ecclesie. Et hanc donationem laudavit Hugo, miles, filius dicti Garini, et Arnulfus de Kalestria, miles, et Willermus et Johannes, filii Roberti de Granchia, militis. In cujus rei testimonium.. Actum apud Kalestriam anno Dominice Incarnationis M° CC° XX°, mense novembri.

(Cartul. fol. 276 v°.)

165. — Mai 1221. *Lettre dou disme de Fontins empres Nangis.*

Omnibus.. P., Dei gratia Senonensis archiepiscopus,.. notum facimus, quod in nostra presentia constitutus Petrus de Foetino, armiger, impignoravit quicquid habebat decime in parrochia de Nangies, videlicet duas partes decime territorii de Foetino, pro XXX et VII libris Pruviniensibus abbatisse et conventui de Paraclito, eo siquidem tenore, quod dicta abbatissa et conventus nobis, vel cuicumque ecclesie diocesis nostre voluerimus, eamdem decimam quitare, prius recepta dicta summa pecunie, tenebuntur. — Datum anno Domini M° CC° XX° primo, mense maio.

(*Cartul.* fol. 92 r°.)

166. — 1221. *Lettre de II sextiers de soigle sur le molin de Marceilli.*

Ego Aaliz, domina de Marceilli, notum facio presentibus et futuris, quod ego dedi, laude et assensu filiorum meorum Johannis et Gaufridi, pro remedio anime mee et antecessorum meorum, sanctimonialibus de Paraclito II sextaria siliginis in molendino meo de Marceilli in mea parte, que contingere debet predicto filio meo Johanni, ad festum sancti Remigii, post obitum meum, singulis annis percipienda. Hanc elemosinam laudavit Guido, miles, de Meriaco, frater predictorum filiorum meorum Johannis et Gaufridi. Et, ut hec elemosina rata et inconcussa permaneat, presentes litteras sigilli mei munimine roboravi. — Actum anno gratie M° CC° XX° primo.

(Cartul. fol. 187 v°.)

167. — 25 mai 1221. *Lettre dou disme en Brie.*

Religiose domine Paraclitensi abbatisse N., presbiter de Donna Maria, salutem in Domino. Noveritis, pro certo, quod Jacoba, uxor Petri de Footins, coram me posita et coram Gaufrido, capellano meo, et Rogero, diacono, in ecclesia de Donna Maria post vesperas, die martis post Ascensionem Domini, laudavit vobis et capitulo vestro maudiationem decime sue in Bria site. — Actum anno gratie M° CC° XXI°.

(Cartul. fol. 113 r°.)

168. — Février 1221 (v. st.) *Lettre de sis setiers de grain seur le molin Aus-Deus-Molins à Treynel.* « Ph., B. Lupi Trecensis abbas, et G. de Basoches, decanus xpistianitatis Trianguli » notifient qu'en leur présence « nobilis mulier Thecelina, domina de Hermez » donna au Paraclet « II sextoria frumenti et IIII ordei molturensis annone ad mensuram Trianguli, in molendino quod dicitur *Aus-Deus-Molins* apud Triangulum.. Actum Domini M° CC° XX° primo, mense februario.

(Cartul. fol. 235 r°.)

169. — Avril (Pâques le 3) 1222. *Lettre de VIII solz et ung denier à Sordun.*

Ego G., Beati Quiriaci Pruvinensis decanus, notum facio omnibus.. quod Gaufridus Chatine et Beatidis, uxor ejus, de Surdolio laudaverunt et in perpetuum quitaverunt ecclesie Paracliti VIII solidos et I denarium annui census, que Petrus, de Surdolio presbiter, eidem ecclesie in elemosinam dederat. Quod ut ratum et firmum permaneat, ad petitionem utriusque partis, presentes litteras sigillo meo roboravi. — Actum anno Domini M° CC° XX° secundo, mense aprili.

(*Cartul.* fol. 114 r°.)

170. — Mai 1222. *Lettre de 1 muy de blef à Laneri.*

Ego Henricus, comes Barri Ducis, notum facio quod domina Margareta, relicta Freheri, militis, de Lanneriaco, concessit, laude et assensu meo, in perpetuam elemosinam Paracliti ecclesie pro Angnete, filia sua, sanctimoniali ejusdem ecclesie, unum modium bladi in terragiis de Lanneriaco, que de me movent, de quo modio bladi scilicet III sextaria movent ab eadem ecclesia, annuatim in perpetuum possidendum. Hujus modii III sextaria sunt ordei et III siliginis et VI avene. In cujus rei testimonium, sigillo nostro presentes litteras roborari fecimus. — Actum anno Domini M° CC° XX° secundo, mense maio.

(*Cartul.* fol. 131 r°.)

171. — Octobre 1222. *Dou don dou boys de Jarriau.*

Ego Michael, xpistianitatis Pruvini decanus, notum facio.. quod domina Avelina de Montimintel, uxor Ebrardi de *Ver*, militis, in presentia nostra constituta, dedit in elemosinam ecclesie Paracliti quamdam partem nemoris sitam juxta *Joiarrioi*, que movebat a Petro de Surdolio, quondam presbitero ejusdem ville, ad IIII solidos et obolum censuales. Et hoc donum dictus Ebrardus, miles, maritus dicte Aveline, et Petrus et Hugo, filii ejusdem Aveline, laudaverunt et concesserunt.. Actum anno gratie M° CC° XX° secundo, mense octobri.

(*Cartul.* fol. 88 r°.)

172. — Août 1222. *Dou disme dou gouannaige dou Clos.*

Ego frater Girardus, dictus abbas, et totus conventus Sigilleriensis notum facimus omnibus presentes litteras inspecturis, quod nos tenemur reddere annuatim ecclesie Paraclitensi partem quam habent in decimis de omnibus que percipiemus in grangia de Clauso et gaagnagio ejus ; que grangia cum hoc onere data est nobis a bone memorie Petro, milite, de Boeio, alioquin ad justos ipsius heredes rediret. — Actum anno gratie M° CC° XX° secundo, mense augusto.

(*Cartul.* fol. 159 r°.)

173. — Octobre 1222. *De VIII sols de cens à Sordun.*

Ego Michael, xpistianitatis Pruvini decanus.. Notum facio quod dominus Petrus de Surdolio, quondam presbiter ejusdem ville, in presentia mea constitutus, dedit et concessit ecclesie Paracliti VIII solidos et I denarium censuales, qui sedent super nemus de *Jarroi*; de quibus filii domine Aveline, uxoris Evrardi de *Ver*, reddent annuatim et consualiter in festo beati Remigii IIII solidos et obolum ecclesie Paracliti. Quod ut notum.. Actum anno gratie M° CC° XX° secundo, mense octobri.

(*Cartul.* fol. 88 v°.)

174. — Décembre 1222. *Dou molin de Crevecuer.*

Universis.. H., xpistianitatis Pruvini decanus.. Noverint universi quod in presentia nostra constitutus Petrus, miles, de *Monguillon*; recognovit se concessisse heredibus defuncti Stephani, militis, de Melanfrido, ut illud quod habent in molendino juxta Pruvinum, quod dicitur Crevecuer, quod ab illo tenent in feodum, darent ecclesie cujusque vellent, nonobstante ratione feodali, hoc autem fide media se servaturum creentavit quod ecclesie cui datum fuerit de cetero super hoc per se vel per alium aliquam molestiam non inferret. In cujus rei testimonium.. Actum anno Domini M° CC° XX° II°, mense decembri.

(*Cartul.* fol. 85 v°.)

175. — Septembre 1223. *Dou disme de Sergines.*

Galterus, Dei gratia Senonensis archiepiscopus, omnibus, presentes litteras inspecturis, salutem in Domino. Noverit universitas vestra, quod, in nostra presentia constituta nobilis mulier Margareta de Sergines, in perpetuam elemosinam concessit monialibus ecclesie Paracliti portionem decime quam infra fines parrochie de Sergeniis percipere communiter consueverunt cum parrocho ejusdem ville. Hunc autem donationem Petrus de Serginis, miles, coram nobis voluit et laudavit, de cujus feodo movere dicitur decima supradicta. Nos autem, ad petitionem dicte Margarete, venerabilem abbatissam Paracliti investivimus de eadem. In cujus rei memoriam presentes litteras sigillo nostro fecimus roborari. — Actum anno Domini M° CC° XX° tercio, mense septembri.

(Cartul. fol. 134 v°.)

176. — Février 1223 (v. st.). *L'acort des noveaus de Villegruis.*

Robertus, Dei gratia Trecensis episcopus, omnibus, presentes litteras inspecturis, salutem in Domino. Noveritis quod nos compositionem factam inter abbatissam et conventum Paraclitensem ex una parte, et presbyterum de Villagruis ex altera, super decimis novalium sitorum infra limites ejusdem parrochie, quas dictus presbyter ab eis, nomine ecclesie sue, petebat, ratam habemus. Predicta autem compositio sicut dictus presbiter coram nobis recognovit et sicut in litteris dictarum abbatisse et conventus vidimus contineri facta fuit in hunc modum : quod dictus presbiter dictis abbatisse et conventui decimas necnon et bladum, quem predecessor suus in decima percipere solebat, occasione cujusdam compositionis habite inter ipsum et ecclesiam Paraclitensem, sicut abbatissa et conventus asserebant, pro vero quittavit in perpetuum. In cujus rei recompensationem abbatissa et conventus concesserunt eidem presbitero et successoribus suis XVIII sextarios bladi, medietatem frumenti et medietatem avene in dicta decima annuatim percipiendos. — In cujus rei testimonium.. — Actum anno Domini M° CC° XXIII°, mense februario.

(Cartul. fol. 265 r°. — Archiv. de l'Aube, origin.)

177. — Mars 1223 (v. st.) *Lettre de Garsias d'ung demy muid de blé.*

Ego Garsias, illustris Theobaldi comitis Campanie clericus, et Beati Kyriaci Pruvini prepositus, notum facio.. quod, cum abbbatissa et conventus Paracliti michi et heredibus mei quitassent jure hereditario possidendum quidquid habebant in molendino novo sito in Valle Pruvini, quod, inquam, molendinum Blancha, illustris Trecensis comitissa, de novo fundaverat et contruxerat.. Ego pro dicta quitatione assignavi eis dimidium modium frumenti laudabilis ad mensuram Pruvini percipiendum singulis annis in eodem molendino.. Actum anno Domini M° CC° XX° tertio, mense martio.

(Cartul. fol. 74 v°. et 282 v°.)

178. — Mars 1223 (v. st.) *Dou griaige de Provins.*

Omnibus.. G., abbas Sancti Jacobi, et G., decanus Sancti Quiriaci Pruvini in Domino salutem. No verint universi, quod in nostra prosentia constitutus Guillermus Cailloz, canonicus Senonensis, recognovit se vendidisse ecclesie Paracliti pro LV libris Pruvinensibus, super quibus recognovit sibi satisfactum fuisse in pecunia numerata, medietatem clamationis Pruvini, a feodo, censu et omni alia consuetudine liberam ; fiducians se prefate ecclesie super dicta vendicione legitimam garantiam portaturum, super quo Symon de Loes, Johannes et Henricus de Calestria, milites, fide media se plegios obligarunt.. Hanc autem venditionem laudaverunt in presentia nostra nobilis mulier Marta, mater ejusdem Guillermi ; Guido, frater ejus ; Helia et Gila, sorores ejusdem; Milo, miles, et Gilo de Sancto Clemente, mariti earum ; et si quid juris habebant in perpetuum quitaverunt. — Actum anno gratie M° CC° XX° tercio, mense martio.

(*Cartul.* fol. 265 v°.)

179. — Mars 1223 (v. st.) *Lettre de LX solz de rente à Treuges en Gastinois.*

Omnibus.. Guido dominus de Corguiliriaco salutem. Noverit universitas vestra quod ego caritatis intuitu ecclesie Paracliti in perpetuam elemosinam misericorditer contuli LX solidos Pruvinenses annui redditus, pro matre mea et pro remedio anime mee, in censu meo de Tregiis, in crastino Omnium Sanctorum annuatim percipiendos. Ut hec autem donatio robur optineat imperpetuum presentem cartulam sigilli mei munimine roboravi. — Actum anno Domini M° CC° XX° III°, mense marcio.

(*Cartul.* fol. 179 v°. — Archiv. de l'Aube, origin.)

180. — 22 juin 1224. *De VIII deniers de cens.*

Omnibus H., xpistianitatis Pruvinensis decanus,.. noverit universitas vestra, quod, constituti in presentia nostra Johannes Crolebois, clericus, et Comitissa, mater ejus, recognoverunt se dedisse et concessisse ecclesie Paraclitensi juxta Noigentum super Cecanam VIII nummos censuales super pratum de Charreriis, quod Herbertus Boteria detinet, percipiendos, de quibus tenebantur in quatuor dicte ecclesie et quatuor eidem ecclesie in perpetuam elemosinam concedebant. Fiduciaverunt etiam dictus clericus et C., mater ejus, quod super dictum pratum de cetero aliquod jus non reclamabunt. In cujus rei memoriam et testimonium.. Actum anno Domini M° CC° XX° quarto, mense junio die sabbati ante Nativitatem beati Johannis Baptiste.

(*Cartul.* fol. 199 v°.)

181. — 1224. *Lettre dou molin de Crevecuer.*

Universis presentes litteras inspecturis G., decanus de Couilleio, salutem in Domino. Notum facimus quod Petrus, miles de Monguillon, et Agnes, uxor ejus, coram nobis laudaverunt elemosinam quam defunctus Stephanus, miles de Loors, et Aeliza, soror ejus, fecerunt ecclesie de Paraclito de uno modio bladi annuatim percipiendo in molendino de Crevecuer juxta Pruvinum, fide data in manu nostra quod nichil de cetero in illa elemosina reclamabunt.. Actum anno M° CC° XX° quarto,

(*Cartul.* fol. 85 r°.)

182. — 1224. *Lettre de I denier de rente de cens.*

Universis Xpi fidelibus presens scriptum inspecturis Hugo miles, dominus de Sancto Mauricio, et Margareta, uxor ejus, salutem in Domino. Noverit universitas vestra quod domus monialium de Paraclito debebat nobis denarium unum census annuatim, ipsum denarium domui supradicte tradidimus et concessimus in elemosinam pro remedio animarum nostrarum, et sigillis nostris roboravimus has litteras ut rei veritatas comprobaretur. — Actum anno gratie M° CC° XX° quarto.

(*Cartul.* fol. 134 v°. — Archiv. de l'Aube, origin.)

183. — Janvier (v. st.) 1224. *L'accort fait avec le curé de Saint-Albin.*

Robertus, Dei gratia Trecensis episcopus, omnibus, presentes litteras inspecturis, salutem in Domino. Noveritis quod Innocentius, presbiter de Sancto Albino, in presentie nostra constitutus, recognovit quod, cum causa verteretur inter ipsum ex una parte, et abbatissam et conventum Paracliti ex altera, super quadam prebenda quam dictus presbiter petebat ad vitam suam a dictis abbatissa et conventus, que prebenda constabat, sicut dictus presbiter dicebat, ex XX solidis et I modio bladi annuatim et tanti panis et vini et pitanciarum quantum unus de sacerdotibus apud Paraclitum percipit, et super III modiis bladi quos ecclesia Paraclitensis debebat annuatim presbitero Sancti Albini ab antiquo, sicut idem presbiter asserebat; vertebatur etiam causa inter easdem partes super decimis novalium Sancti Albini tam factorum quam faciendorum : tandem, mediantibus bonis viris, inter partes compositum est in hunc modum, quod dictus presbiter omnes querelas predictas quittavit ecclesie Paraclitensi, et eadem ecclesia Paraclitensis persolvet annuatim presbytero Sancti Albini in perpetuum I modium bladi, V sextarios sigali V ordei et II avene, ad mensuram Sancti Albini, de decima quam ibi habet ecclesia Paraclitensis. Terre vero, quas Paraclitensis ecclesia tenet a presbytero Sancti Albini, remanebunt ei per censum. Similiter terre, quas presbiter Sancti Albini tenet a Paraclito, remanebunt presbitero ad terragium. Nos vero, pro bono pacis, dicte compositioni assensum nostrum prebentes, presentes litteras sigilli nostri munimine roborari fecimus. — Actum anno Domini M° CC° XX° IIII°, mense januario.

(*Cartul.* fol. 266 v°. — Archiv. de l'Aube, copie authent.)

184. — Juillet 1225. *Lettre de III arpens de terre emprès Provins.*

Omnibus.. H., xpistianitatis Pruvinensis decanus,.. noverint, quod in nostra presentia constitutus Symon de Villaribus, miles, dictus Reciaux, laudavit et concessit ecclesie Paraclitensi III arpenta terre apud Merroletas juxta Pruvinum, moventia de censiva ejusdem militis, que domina Amila de Karoli Domo dicte ecclesie vendiderat. Donavit etiam et concessit jam dictus miles jam dicte ecclesie III denarios censuales quos singulis annis percipiebat de dicta terra, cum omni jurisdictione. In cujus rei testimonium. — Actum anno Domini M° CC° XXX° quinto, mense julio.

(Cartul. fol. 194 v°.)

185. — 1225. *La lettre dou disme de Corgivost.*

Robertus, divina miseratione Trecensis ecclesie minister humilis, omnibus, presentes litteras inspecturis, in Domino salutem. Noverit universitas vestra, quod, in nostra presentia constitutus Guiotus de Corgivot, in perpetuum quitavit ecclesie de Paraclito, quidquid habebat in decima novalium de Corgivot, et exinde se in nostris manibus devestivit et nos investivimus Vivianum, capellanum, nomine ecclesie, salvo jure nostro. In cujus rei memoriam, ad peticionem dicti Guioti, presentes litteras sigilli nostri munimine fecimus roborari. — Actum anno gratie M° CC° XX° V°, die lune post Ramos Palmarum.

(Cartul. fol. 170 v°.)

186. — 1225.

Ego Garnerus, dominus Marigniaci, notum facio presentes litteras inspecturis, quod ego dedi et concessi ecclesie Paracliti in perpetuam elemosinam pro anima defuncte sororis mee Elisabeth scilicet L solidos Pruvinienses in redditibus fori Marigniaci, reddendos annuatim eidem ecclesie in festo Ascensionis Domini. Hoc igitur beneficium concessi ecclesie predicte pro pitantia conventus in anniversario sororis prenominate. Et, ut hoc ratum et firmum permaneat sigilli mei munimine roboravi. — Actum anno gratie M° CC° XX° V°.

(Archiv. de l'Aube, *vidimus* de l'officialité de Troyes daté : Anno Domini 1276, die martis post Trinitatem. *Au bas* : O. de Henevilla. *Sur le repli* : Facta est collatio.)

187. — Mars (Paques le 30) 1225. *Lettre de concordance faite entre nous et le chevalier des Noes dou défaut de IV arpens de bois qu'il demandoit.*

Omnibus presentes litteras inspecturis, abbas Vallislucentis, et decanus de Riparia Venne, salutem in Domino. Noverit universitas vestra, quod, cum Dudo des Noes juxta Poisiacum, miles, ab abbatissa et conventu de Paraclito petebat sibi satisfieri de defectu IV arpentorum nemoris et de dampnis inde habitis, occasione cujusdam compositionis prehabite, tandem pacificatum est in hunc modum : quod de querelis jam dictis miles et uxor ejus et liberi eorum omnino quitarent moniales Paracliti, promittentes fide media quod questionem contra dictas moniales de cetero non movebunt. Dicta vero abbatissa pacem reformari cupiens, de bonis ecclesie sue dedit C solidos Pruvinenses supradicto militi ; de cujus summa pecunie recognovit se coram nobis plenario sibi satisfactum. In cujus rei memoriam.. Datum anno Domini M° CC° XX° quinto, mense martio.

(*Cartul.* fol. 135 r°).

188. — Juillet 1226. *La lettre de XI livres surs le paaige de Villemor.*

Blancha, comitissa Trecensis palatina, preposito Villemauri salutem et dilectionem. Mando tibi et districte precipio quatinus singulis annis ad festum B. M. Magdelene, vel infra quindenam ad minus, reddas certo nuncio dilecte mee abbatisse Paracliti XI libras Pruvinenses, que debentur annuatim dicte ecclesie in pedagio Villemauri et Marcilliaci; et hoc ita facias, quod ipsas ad me propter hoc non oporteat laborare. — Datum apud Pontes anno gratie M° CC° XX° sexto, mense julio.

(*Cartul.* fol. 166 r°.)

189. — 11 mars 1226 (v. st.) *Amortissement de I muy de froment surs le disme de Villegruis.*

Ego Blancha, comitissa Trecensis palatina, notum facio presentibus et futuris, quod dilectus et fidelis meus Gerardus de Marnaio, in mea presentia constitutus, cognovit et dixit quod ipse dederat ecclesie Paracliti in Corjanay quod est in decimacione de Quinci. Et ego, de cujus feodo res movebat, elemosinam illam volui et laudavi et presentis scripti testimonio, in quo sigillum meum est appositum, confirmavi. — Datum anno gratie M° CC° XX° sexto, mense marcio, die jovis ante Mediam Quadragesimam, apud Nogentum.

(*Cartul.* fol. 222 v°. — Archiv. de l'Aube, copie.)

190. — Mars 1226 (v. st.) *Lettre dou terraige de Courgenay.*

Robertus, miseratione divina Trecensis ecclesie minister humilis, omnibus, presentes litteras inspecturis, in Domino salutem. Noverit universitas vestra, quod in nostra presentia constitutus Girardus de Marnayo, miles, recognovit se in perpetuam elemosinam contulisse ecclesie Paraclitensi quidquid habebat in terragio de Corjanaio, tam in terragio quam in terra arabili, et de illis omnibus in nostris manibus se devestivit; quam elemosinam laudavit sponte domina Ida, uxor dicti militis, in nostra presentia constituta, tali tenore adjuncto, quod dictus miles et uxor ejus percipient annuatim ab ecclesia memorata quamdiu vixerint I modium siliginis et II modios avene ad mensuram de Pontibus, in festo B. Remigii. Et si forte alterum eorum contigerit decedere, ille qui supervixerit tantummodo semimodium siliginis et modium avene percipiet ab ecclesia memorata, et post decessum eorum dictum bladum ad predictam ecclesiam pacifice et libere revertetur. Promisit etiam idem miles quod dictam elemosinam faciet laudari ab omnibus quorum necessarius est consensus, et garantiam debitam portabit super hoc ecclesie supradicte. — Actum anno gracie M° CC° XX° VI°, mense martio.

(*Cartul.* fol. 222 r°.)

191. — Novembre 1227. *Lettre de Saint-Quentin de Biauvez de III setiers de soigle et III setiers d'avoine a paier au prieux de Saint-George.*

Ego Johannes, Dei permissione abbas Sancti Quintini Belvacensis, et totus ejusdem loci conventus omnibus.. Notum facimus, quod, cum causa verteretur inter abbatissam et conventum Paracliti ex una parte, et priorem nostrum de Sancto Georgio ex altera, super hoc quod dicte moniales dicebant quod dictus prior noster injuriabatur eis super blado, stramine, palea, vaspallione, hautonnis, vograno decime d'*Oringni*; dictus vero prior dicebat quod moniales injuriabantur ei super tertia parte straminis et palee decime de Meseriis, quam tertiam partem dicebat suam esse, et ad grangiam suam de Grangiis debere duci a dictis monialibus, tandem de consilio bonorum virorum in hunc modum pacificatum est : moniales ducere tenentur tertiam partem straminis et palee decime de Meseriis ad grangiam prioris Sancti Georgii de Grangiis vel tenebuntur reddere annuatim in perpetuum eidem priori III sextarios siliginis et III avene ad mensuram de Grangiis in crastino sancti Remigii in parte decime predictarum monialium de Grangiis. Prior vero noster predictis monialibus omnibus que petebant ab ipso competenter satisfecit. In cujus rei testimonium.. Actum anno Domini M° CC° XX° septimo, mense novembri.

(*Cartul.* fol. 153 v°. — Archiv. de l'Aube, origin.)

192. — Mai 1228. *Lettre dou boys de Teillée et de pluseurs chouses.*

Omnibus presentes litteras inspecturis R., divina miseratione Trecensis ecclesie minister humilis, in Domino salutem. Noverint universi quod in nostra presentia constitutus Guillermus de Sancto Albino, miles, dedit et concessit ecclesie Paracliti jure perpetuo possidendum quidquid habebat tam in terragio quam in nemore vel aliis omnibus in territorio sito inter montem *Morvois* et Sanctum Albinum a petra *Louverete*, sicut mete ibi posite se comportant. Et, si nemus quod idem Willermus habet juxta illud terragium reduci ad agriculturam contingeret, dicta ecclesia in ipso territorio terragium similiter haberet ; hanc autem donationem laudaverunt Gaufridus de Sancto Albino, miles, frater dicti Willermi, et Hugo, filius ipsius Willermi, et fide interposita promiserunt se contra dictam venditionem per se vel per alium nunquam venturos. Pro hac autem donatione abbatissa et conventus Paracliti, in nostra presentia constituto, furnum suum de Sancto Albino et unum modium ordei annui redditus, in quo tenebatur idem miles erga moniales, eidem militi quitaverunt in perpetuum possidendum. Huic autem concessioni interfuerunt : Arnulfus et Simon, canonici Trecenses ; et Henricus de Valle Renerii, clericus. In cujus rei memoriam et testimonium ad petitionem partium presentes litteras sigilli nostri munimine

fecimus roborari. — Datum anno Domini M° CC°
XX° VIII°, mense maio.
(*Cartul.* fol. 127 v°.)
60

193. — Août 1228.

Emengardis, Dei permissione abbatissa Paracliti, et ejusdem loci conventus omnibus presens scriptum inspecturis salutem in vero Salutari. Universitati vestre notum facimus et testificamur, quod H., priorissa de Borenc, et ejusdem loci conventus vendiderunt domino nostro regi Francorum, Ludovico, grangiam suam cum omnibus pertinenciis suis, que erat juxta locum qui tunc dicebatur *Cuimont* et nunc dicitur Regalis Mons, in usum abbatie, quam dominus noster rex Francorum, Ludovicus predictus, pro anima patris sui, Ludovici regis, in loco predicto edificavit, convertendam. Pertinentia vero grangie et que cum illa venduntur vel excambiuntur sunt hec : LXXX jorneria terre juxta grangiam ; II arpenta terre apud Sanctum Martinum de Colle ; campi pars IIII arpenta terre, scilicet, III apud Boloi et unum apud Sanctum Martinum de Colle ; V arpenta terre et dimidium pratorum ; III arpenta bosci in Bornerio ; III modios et dimidium bladi ad mensuram Bellimontis in molendino predicti loci ; dimidium quarterium terre apud Asnerias, que erat ad medietatem ; una masura, que est juxta monasterium Asneriarum ; aisiamenta herbagiorum que moniales habebant in parco. Pro omnibus supradictis tam pro venditione quam pro excambio dedit dominus rex dicte priorisse de Borenc et ejusdem loci conventui, assensu utriusque partis, terram arabilem quam habebat apud Baernam, scilicet, XXXII arpenta et V modios avene annui redditus super redditum quem habebat dominus rex in eadem villa; ad pontem Bellimontis VII libras et VI solidos Parisienses annui redditus. Pro precio vero edificii domorum dedit eis dominus rex LXXX libras et XV solidos Parisienses, pro domibus suis in alium locum reedificandis. Hanc venditionem et hoc excambium nos et noster conventus, et priorissa et conventus de Borenc volumus, concessimus et laudavimus. Quod ut firmum et stabile permaneat presens scriptum sigillorum nostrorum munimine fecimus communiri. — Actum anno Domini M° CC° XXVIII°, mense augusti.

<small>(Archiv. de l'Aube, copie authent. collationnée sur l'origin. le 6 may 1729. — « Milo, permissione divina Belvacensis ecclesie minister humilis, » vidime cette charte puis la confirme : « Nos autem, ad preces earum, dictam venditionem et dictum excambium, salvo jure nostro, concessimus et confirmavimus.. Actum anno Domini 1228, mense octobri. » Ibid. copie authent. du 6 may 1729.)</small>

194. — Novembre 1228. *Lettre des noveaus dou disme de Quinci.*

R., divina miseratione Trecensis ecclesie minister humilis, omnibus.. in Domino salutem. Noverint universi, quod, cum Milo, presbiter de Quinceio, peteret ab ecclesia Paracliti decimas novalium infra fines dicte parrochie contentorum, de assensu et voluntate nostra, in venerabiles viros abbatem de

Nigella et archidiaconum Trecensem fuit a partibus compromissum, qui coram nobis suum protulerunt arbitrium in hunc modum, videlicet, quod totalis decima dictorum novalium tam factorum quam faciendorum ecclesie Paraclitensi in perpetuum remanebit. Ita quod dictus presbiter et successores ipsius II sextarios sigali et II ordei percipient in decima prenotata, et sic dicta ecclesia ab ipso et successoribus suis quita et absoluta in perpetuum remanebit. In cujus rei memoriam.. Actum anno Domini M° CC° XX° VIII°, mense novembri.

(*Cartul.* fol. 115 r°. — Archiv. de l'Aube, origin.)

195. — Novembre 1228. *Des novalles dou disme de Corgivot.*

Omnibus presentes litteras inspecturis R., divina miseratione Trecensis ecclesie minister humilis, in Domino salutem. Noverint universi, quod, cum causa verteretur coram judicibus Parisiensibus, auctoritate Apostolica delegatis, inter ecclesiam Paraclitensem ex una parte, et Petrum, presbiterum de Corgivot, ex altera, super illa parte decime novalium de Corgivot quam Guiotus, filius defuncti Galcheri de Corgivot, militis, in decimis novalium de Corgivot percipere solebat, tandem in nos a partibus fuit compromissum. Et nos, de bonorum virorum consilio, dictum nostrum protulimus in hunc modum, videlicet, quod ecclesia Paracliti tertiam partem decime novalium de Corgivot, tam factorum quam faciendorum, percipiet annuatim et pro alia tercia parte dictus presbiter III sextarios frumenti et III avene annuatim recipiet a predicta ecclesia. In residuo vero novalium dicta ecclesia Paraclitensis percipiet II partes, et terciam partem presbiter, salvo jure eorum in omnibus aliis. In cujus rei memoriam et testimonium presentes litteras sigilli nostri munimine fecimus roborari. — Actum anno Domini M° CC° XX° VIII°, mense novembri.

(*Cartul.* fol. 178 r°. — Archiv. de l'Aube, origin.)

196. — Octobre 1229. *De numero monialium in prioratu de Neaforti instituto.*

Universis presentes litteras inspecturis Emeniardis, humilis abbatissa Paracliti, totusque ejusdem loci conventus salutem in Domino. Notum facimus quod venerabilis pater P., Dei gratia Meldensis episcopus, auctoritate domini pape Honorii III, de assensu et voluntate nostra, instituit in prioratu nostro de Neaforti Meldensis diocesis, propter paupertatem ipsius, certum numerum monialium, videlicet viginti quinque : ita quod nulla fiat ibidem de cetero monialis, donec tot decesserint moniales, quod dictus numerus, videlicet viginti quinque monialium, nullatenus de cetero excedatur, nisi processu temporis ejusdem loci evidenter in tantum excreverint facultates, quod plures possint commode sustentari. Volumus etiam et concedimus, quod episcopus Meldensis, qui fuerit pro tempore, statutum istud faciat observari, nisi per dominum papam fuerit revocatum. Quod in perpetuam firmitatem obtineat, presentes litteras sigillorum nostrorum munimine fecimus roborari. — Actum anno Domini M° CC° XX° IX°, mense octobri.

(*Cartul.* fol. 75 r°.)

197. — Mars 1229 (v. st.) *Des cens de Monthanepon.*

Omnibus.. Henricus xpistianitatis Pruvinensis decanus,.. noverint universi quod in nostra presentia constitutus vir nobilis dominus Milo, camerarius, miles, recognovit se vendidisse abbatisse et conventui de Paraclito partem suam quam habebat in censiva communi de Monthanepon, ex dictis suis coram nobis asserens, fideque interposita corporali, quod super hoc dictam abbatissam et conventum non de cetero molestabit nec per se nec per alium faciet molestari. In cujus rei testimonium.. Actum anno Domini M° CC° XX° nono, mense martio.

(*Cartul.* fol. 108 v°.)

198. — *Autre lettre à ce propoz.* « Henricus xpistianitatis Pruvinensis decanus » notifie que « dominus Simon de Loors, nobilis miles, recognovit se vendidisse.. » le reste est identique à la charte précédente. « Actum anno 1229, mense martio. »

(*Cartul.* fol. 108 v°.)

199. — Mars 1229 (v. st.) *Lettre commant nul boulengier de Provins ne puet cuire sans congié.*

Ego Theobaldus, Campanie et Brie comes palatinus, notum facio.. quod, cum dominus Philippus Poylechien dedisset in elemosinam ecclesie Paracliti pro filiabus suis theloneum panis de Pruvino, et jus tale, quod talementarii de Pruvino non possunt esse talementarii apud Pruvinum sine licentia abbatisse Paracliti, que quidem movebant de censu domini Milonis de Monteigni, quia saissieram ea tanquam de feodo meo, cum essem campi dominus, ista laudavi et concessi ad preces abbatisse Paracliti et intuitu pietatis. Cum etiam dominus Stephanus de Quincei vendidisset ecclesie Paracliti XXIX solidos census apud Calestriam Magnam ; et cum dominus Petrus de Boi dedisset in elemosinam dicte ecclesie Paracliti pro filia sua VIII sextarios frumenti et XXVI solidos in nummis percipiendos apud Savins : quia omnia ista de feodo meo movebant saisivi, tandem ad preces dicte abbatisse omnia supradicta laudavi et sigilli mei munimine roboravi.. Actum anno Domini M° CC° XX° nono, mense martio.

(Cartul. fol. 69 v° et 280 r°.)

200. — 25 juin et 9 août 1230.

G , Dei gratia Senonensis archiepiscopus, omnibus.. noverint universi nos quasdam litteras inspexisse sub hac forma : « Omnibus presentes litteras inspecturis magister Hugo, et magister Petrus de Papa, canonici Senonenses, et Petrus de Laigniaco, canonicus Pruvinensis, salutem in Domino. Noverint universi, quod, cum controversia verteretur inter abbatissam et conventum de Paraclito ex una parte, et magistrum Hymbertum, presbyterum de Dontilliaco, ex altera, super decimis novalium terrarum et vinearum sitarum apud Ableium, Plesetum, Tilliacum, et Forestam, tandem in nos compromissione facta, prestito juramento, partes coram nobis in formam pacis consenserunt inferius annotatam : scilicet, quod dictus presbyter percipiet medietatem totius decime territorii de Foresta et dicte moniales aliam medietatem ; similiter medietatem totius decime vini territorii de Ableio percipiet presbyter predictus et aliam medietatem moniales predicte in omnibus vineis ejusdem territorii tam presentibus quam futuris, salvo jure utriusque partis in aliis novalibus faciendis, exceptis vineis territorii de Ableio ; alie vero decime predictorum locorum de quibus litigatum est coram nobis remanebunt abbatisse et conventui supradictis. In cujus rei memoriam.. Actum anno Domini M° CC° XXX°, mense junio in crastino octabarum beati Johannis Baptiste. » Nos igitur eandem compositionem, in quam partes coram nobis consenserunt, ratam habentes et firmam, eam duximus confirmandam. In cujus rei memoriam.. Actum apud Paraclitum anno Domini M° CC° XXX°, mense augusto in vigilia beati Laurentii.

(*Cartul.* fol. 130 r°. — Archiv. de l'Aube, origin. Le sceau était sur fils de soie rose et verte.)

201. — Janvier 1280 (v. st.). *Lettre de terraige à Trambloy.*

Ego Theobaldus, decanus de Marigniaco, notum facio omnibus.. quod Milo de Quinciaco, armiger, in mea presentia constitutus, recognovit se vendidisse ecclesie Paraclitensi terragium suum quod habebat in territorio de Trambleio in parrochia de Avantis. Promisit etiam se dictam venditionem garantire adversus consuetudines patrie. Hanc autem venditionem laudavit et gratam habuit coram me Margarita, uxor dicti Milonis. In cujus rei testimonium.. Actum anno Domini Mº CCº XXXº, mense januario.

(*Cartul.* fol. 170 vº.)

202. — 4 août 1232. *De l'usaige de Poisi.*

Omnibus.. magister Michael, curie Senonensis officialis, in Domino salutem. Noverint universi, quod, cum esset controversia inter abbatissam et conventum Paracliti ex una parte, ac Milonem et Guillonem, armigeros, fratres, filios defuncti Guerrici de Poisiaco, militis, et Dudonem, armigerum, patruum eorumdem ex altera, super eo quod dicti fratres et Dudo jus suum reclamabant in forestis de Baaliaco et de Chanaio et in nemore communi de Poisiaco, tandem venerabilis abbatissa Paracliti, Ermengardis nomine, pro se et conventu suo eisdem fratribus et Dudoni et eorum heredibus concessit liberum usuarium in dicto nemore ad usus proprios et tertiam partem terragii dictorum nemorum essartati et in posterum essartandi : et pro expensis, quas predicti sustinuerant coram diversis judicibus, abbatissa predictis et eorum heredibus VI arpenta nemoris, inter domum ipsius Dudonis et dictum nemus de Chaanaio sita, ab omni onere libera in perpetuum concessit. Et per hec ipsi Milo et Gilo et Dudo quittaverunt in perpetuum ecclesiam Paracliti de predictis querelis nemorum de Baaliaco, Chaanaio, et nemore communi et etiam de expensis, fide prestita promittentes quod nullam per se vel per alios in posterum super hiis questionem movebunt. — Actum anno gratie M° CC° XXX° secundo, crastino Inventionis B. Stephani.

(Cartul. fol. 131 v°.)

205. — (Mars 1232 (v. st.) *Lettre dou molin de Crevecuer*.

Omnibus presentes litteras inspecturis G., decanus xpistianitatis de Coilliaco, salutem in Domino. Noverint universi quod in presentia nostra constituti Petrus de Monguillon, miles, et nobilis mulier Agnes, ejus uxor, recognoverunt se laudasse ecclesie Paracliti quicquid nobilis mulier Maria, relicta Stephani de Melanfrido, militis, et ejus heredes habebant vel habere poterant in molendino juxta Pruvinum, quod dicitur Crevecuer, quod ab ipsis tenent in feodum, et quicquid in dicto molendino juris habebant ratione feodi, videlicet in predictorum Marie et heredum ejus portione, jamdicte ecclesie concesserunt. Hec autem fide media supradicti Petrus et Agnes servaturos creantaverunt, et quod de cetero ecclesie supradicte per se vel per alios super hoc aliquam molestiam non inferrent. In cujus rei testimonium.. Actum anno gratie M° CC° XXX° II° mense martio.

(Cartul. fol. 85 r°.)

204. — Juillet 1233. *Lettre dou molin de Crevecuer.*

Universis.. H., xpistianitatis Pruvini decanus,.. noverint universi quod in presentia nostra constituti Stephanus de *Chienfai*, miles, nobilis mulier Maria, uxor ejus, et Simon, filius defuncti Stephani de Melanfrido, militis, quondam mariti dicte Marie, dederunt et quitaverunt ecclesie Paracliti quicquid habebant vel habere poterant in molendino juxta Pruvinum, quod dicitur Crevecuer. Hoc autem fide media supradicti Stephanus et Maria et Simon se servaturos creantaverunt et quod de cetero ecclesie supradicte vel per alios super hoc aliquam molestiam non inferrent. In cujus rei testimonium.. Actum anno Domini M° CC° XXX° III°, mense julio.

(*Cartul.* fol. 86 r°.)

205. — Août 1233. *Lettre de LX arpens dou bois emprès le parc de Ponz.*

Ego Theobaldus, Campanie et Brie comes palatinus, notum facio omnibus.. quod, cum esset discordia inter me ex una parte, et abbatissam et conventum de Paraclito ex altera, super usuario nemoris de Monte Morveii, et nemoris quod vocatur nemus *as Champenois*, et in aliis nemoribus meis que sunt in illa pecia in quibus moniales usuarium reclamabant per totum, et pro nemore domini Hectoris quod dicebant suum esse proprium. Pro istis omnibus rebus; et pro criagio de Pruvino, quod erat dictarum monialium; et pro dampno stallorum carnificum, que dicte moniales dicebant se subtituisse propter nova stalla que fieri faceram apud Pruvinum in Castello et in Valle. In recompensationem omnium dictarum rerum dedi supradictis monialibus LX arpenta nemoris, que trado illis tota quita de usuario et grueria. Et sciendum quod retineo in his LX arpentis totam justitiam et garenniam meam ; excepto quod si dicte moniales vel earum servientes aliquem invenirent copantem in dicto nemore, forefactum erit earum. Et sciendum quod moniales dicta LX arpenta nemoris non possunt essartare. Quod ut ratum.. Actum anno gratie M° CC° XXX° III°, mense augusto.

(*Cartul.* fol. 180 r°. — Charte semblable donnée par « Ermengardis, Dei permissione abbatissa Paracliti.. Anno gratie 1223, mense augusto. » *Ibid.* fol. 181 r°.)

206. — Septembre 1233. *Lettre dou disme de Nogent.*
« Odo, Dei gratia B. Dyonisii abbas, et ejusdem loci conventus » notifient que « abbatissa et conventus Paracliti Trecensis diocesis quicquid habebant in decimis grossis et minutis in parrochiis de Nogento et de Fonte Masconis nobis admodiaverunt pro VIII modiis bladi et dimidio ad mensuram Nogenti, videlicet XVIII sextarios frumenti, XVIII sextarios siliginis, III modios et III sextarios ordei, III modios et III sextarios avene, reddendos annuatim infra Pascha in granchia B. Dyonisii de Alna.. Quod si guerra, vel tempestas communis proveniret » la rente sera modérée par expertise. L'abbaye de Saint-Denis cède aux religieuses du Paraclet « ut in perpetuum teneant ad censum » 7 arpens de prés « apud *Marnay* ultra Secanam » et 27 arpens « citra Secanam, et terram que dicitur terra de *Culoison* ». Ces cens doivent être payés par le Paraclet

« domui de Alna.. Actum anno Domini 1233, mense septembri.

(Cartul. fol. 110 r°. — Archiv. de l'Aube, origin.)

207. — Octobre 1233. *Lettre de cens au Mez emprès Provins.* « Guillermus, archidiaconus Pruvinensis, et Hanricus, decanus xpristianitatis Pruvini » notifient qu'un procès ayant été jugé par l'officialité de Sens entre le Paraclet « et Adam de Dontiliaco, militem, super quodam censu apud Mosum juxta Pruvinum » les cens furent adjugés au Paraclet; Adam en appela au Saint-Siége; « cancellarius et thesaurarius ecclesie Noviomensis » et « Petrus, dictus Juvenis, canonicus Parisiensis » délégués Apostoliques dans cette affaire, nomment deux arbitres « Odena Senescalli, canonicus Altissiodorensis, et Theobaldus, de Domina Maria presbiter. » La sentence de l'official de Sens est confirmée et Adam abandonne au Paraclet les cens que « Emelina bone memorie, mater dicti Ade » avait donnés en aumône à ladite abbaye. « Actum anno gratie 1233, mense octobri. »

(Cartul. fol. 76 v° et 284 r°. — Archiv. de l'Aube, origin.)

208. — 27 janvier 1233. « Guillelmus, curie Senonensis officialis » notifie que « Stephanus *Besez* de Culturis, miles » a vendu au Paraclet « XXX solidos Pruvinenses census » qu'il percevait « de libero allodio suo in parrochiis de Calestria Magna, de Capella Sancti Nicholai, Sancti Ferreoli, et apud Noereaus pro XXVII libris Pruvinensibus, cum omni dominio justitia et omni alio jure.. Hugo de Mota et Guillelmus de Fociaco, milites, erga moniales se plegios obligarunt.. Anno Domini 1233, die veneris post festum B. Vincentii. »

(Archiv. de l'Aube, origin. scellé sur double queue en parchem.)

209. — Mars 1233 (v. st.) *Lettre de VI sextiers de blé surs le molin de Breconai.*

Omnibus presentes litteras inspecturis N., Dei gratia Trecensis episcopus, salutem in Domino. Noverint universi, quod cum, diu litigatum fuisset inter abbatissam et conventum de Paraclito, ex una parte, et Herbertum de Breceneio, militem, ex altera, scilicet super VIII sextarios bladi, II sextarios sigali et VI sextarios avene annui redditus, quod dicebant sibi deberi abbatissa et conventus ratione cujusdam molendini apud Breceneium; e contrario dictus miles dicebat se habere usuarium in nemoribus dicte ecclesie ad reparationem molendini, tandem pacificatum est in hunc modum : dictus miles omnia quittavit ; abbatissa vero et conventus de dicto blado quittaverunt. In cujus rei testimonium, ad petitionem partium, presentes litteras sigilli nostri munimine fecimus roborari. — Datum anno Domini M° CC° XXX° III°, mense martio.

<small>(*Cartul.* fol. 194 r°. — « Officialis Trecensis » vidime cette charte « Anno Domini 1299, die mercurii post festum B. Clementis » *Ibid.* fol. 193 v°.)</small>

240. — Juin 1234. *Accord avec le prieux de Saint-George par l'abbé de Saint-Quentin de Biauvez.*

Omnibus.. J., abbas Sancti Quintini Belvacensis, totusque ejusdem loci conventus.. Noverint tam presentes quam futuri, quod, cum contentio esset inter E., venerabilem abbatissam, et conventum Paracliti ex una parte, et priorem nostrum de Sancto Georgio Trecensis diocesis ex altera, super eo quod dictus prior dicebat quod dicte moniales injuriabantur ei super tractu decime de *Origni* indebite facto, et super custodia grangie dicti loci, et ejusdem grangie reparatione, et super wolgrano indebite capto, et super quibusdam minutis, tandem pro bono pacis pacificatum est in hunc modum : tota pars nostra totius decime bladi de Origni, excepta medietate decime territorii quod vulgariter *Glennependue* nuncupatur, pertinebit ad ecclesiam Paracliti in perpetuum pacifice possidenda, tali siquidem pactione, quod prior noster de Sancto Georgio VI modios bladi decimalis et laudabilis, videlicet I modium siliginis et V modios avene ad mensuram de *Origni*, a dicta abbatissa in grangia quam ibi habet ecclesia Paracliti, in Nativitate Domini percipiet annuatim. Nos vero dictam compositionem ecclesie nostre utilem attendentes eidem consentimus et eamdem benivole approbamus et confirmamus. Quod ut ratum et firmum habeatur presentes litteras sigillorum nostrorum munimine fecimus roborari. — Actum anno Domini M° CC° XXX° quarto, mense junio.

(*Cartul.* fol. 150 v°. — Archiv. de l'Aube, origin. Les 2 sceaux étaient sur fils de soie rose et jaune.)

211. — Mai 1235. *Lettre de demy muy de blé de rente sur les molins neufs de Provins.* « Theobaldus, Dei gracia rex Navarre, Campanie et Brie comes palatinus » confirme au Paraclet le droit « habere in perpetuum in festo sancti Remigii annuatim, sine aliqua missione dimidium modium frumenti in molendinis novis, que bone memorie karissima domina mater mea fecit apud Pruvinum, quo Garsias, clericus noster, diu tenuit in manu sua. Actum anno Domini 1235, mense maio.

(Cartul. fol. 74 v°. et 282 v°.)

212. — Octobre 1235. *Dou molin de Crevecuer.*

Universis.. Hemericus, xpistianitatis Pruvini decanus,.. noverint universi quod in nostra presentia Stephanus et Guillelmus de Chaaneto, milites, ac fratres, quictaverunt et concesserunt ecclesie Paraclitensi quicquid habebant in molendino quod est situm apud Pruvinum, quod dicitur Crevecuer, et quicquid ad ipsos debebat devenire de hoc quod nobilis mulier Petronilla, relicta Stephani de Loes, militis, tenet in perpetuum possidendum; et se hoc firmiter servaturos supradicti milites in manu nostra fiduciaverunt. Hanc autem quictationem et donationem laudaverunt et concesserunt nobiles mulieres Agnes et Margarita, uxores dictorum militum, fiduciantes in manu nostra se decetero non contraire. In cujus rei testimonium.. Actum anno Domini M° CC° XXX° quinto, mense octobri.

(Cartul. fol. 85 v°.)

213. — Octobre 1235. *Lettre de X sols surs le prieux de Saint-Berthelemi dou Buisson.*

Robertus, Sancti Petri Vivi Senonensis dictus abbas, totusque ejusdem ecclesie conventus.. cum controversia esset inter nos et conventum Paracliti super decimis quarumdam terrarum quas prior Beati Bartholomei juxta Flacium tenebat, quas sibi dice-

bant competere moniales, tandem, de bonorum
virorum consilio, pacificatum est inter nos et moniales in hunc modum : quod prior Beati Bartholomei pro omnibus decimis terrarum suarum, tam ve-
terum quam noviter acquisitarum, dictis monialibus
X solidos usualis monete annui redditus in crastino
Omnium Sanctorum tenetur persolvere. Firmatum
etiam fuit inter nos quod de II arpentis terre sitis
apud Corveias, que Regnaudus *Chertez* de Boal tenet
apud Boal ad vitam suam, reddetur decima quandiu vixerit dictis sanctimonialibus ; post decessum
vero ipsius dicta terra libera revertetur ad ecclesiam
Beati Bartholomei. Quod ut ratum.. Actum anno
Domini M° CC° XXX° quinto, mense octobri.

(*Cartul.* fol. 84 v°.)

214. — Février 1235 (v. st.) *La lettre de II setiers
de seigle surs Widegranche.*

Nos Theobaldus, Dei gratia Rex Navarre, Campanie et Brie comes palatinus, notum facimus omnibus.. quod, cum querola verteretur inter Jaquinum
de Pontibus et dominam Nigellam ex una parte, et
abbatissam de Paraclito ex altera, super quodam
stallo, quem defunctus Radulphus de Pontibus de-
buerat assedisse dicte abbatisse apud Nogentum,
tandem, cum locus in quo dictus stallus situs erat
non posset inveniri, predicte partes in presentia
nostra constitute in hunc modum amicabiliter inter
se composuerunt : quod predicti Jacquinus et domina Nigella tenebunt de dicta abbatissa terram que

dicitur de Vacua Grangia et reddent annuatim in perpetuum dicte abbatisse II sextarios siliginis de dicta terra in festo sancti Remigii ad mensuram de Pontibus, vel illi qui dictam terram tenebunt. Dicta vero abbatissa pro pace ista quitavit predictos Jaquinum et Nigellam de stallo supradicto. In cujus rei testimonium presentes litteras sigilli nostri munimine precipimus roborari. — Actum anno gratie M° CC° XXX° quinto, mense februarii.

(Cartul. fol. 448.)

215. — *Février 1236 (v. st.) Accord avec le curé de Saint-Morice.* « Galterus, Dei gratia Senonensis archiepiscopus » notifie 1° un discord entre l'abbaye du Paraclet « et magistrum Stephanum, presbiterum Sancti Mauricii juxta Villam Novam Divitum Hominum, super decimis novalium infra parrochiam dicti presbiteri; 2° compromissum fuit in venerabiles viros H., decanum Sancte Trinitatis de Triangulo, et Johannem, ejusdem ecclesie canonicum, de tenendo *haut et bas*, ut dicitur vulgaliter, dicto eorundem. Fuerunt fidejussores ex parte Paracliti dominus Symon de Loes et Galterus de Villa Nova; ex parte presbiteri dicti duo arbitri. » 3° L'accord : « in decima quam abbatissa et conventus de Paraclito percipiunt in parrochia Sancti Mauricii dictus presbiter dimidium modium bladi, preter porcionem quam ibi consueverat capere ratione ecclesie sue, percipiet annuatim, III sextarios ordei et III sextarios avene.. Anno gratie 1236, mense februarii.

(Cartul. fol. 104 r°. — Archiv. de l'Aube, origin.)

216. — Mai 1237 *Fraternité avec Fontevrault.*

Adela, Dei permissione humilis abbatissa, totusque ejusdem monasterii conventus, omnibus priorissis, prioribus, ac conventibus suis, ad quos littere presentes pervenerint, salutem in Eo qui est omnium vera salus. Accedentes ad monasterium nostrum a remotis partibus Ermingardis, ecclesie Paracliti abbatissa, et quidam boni viri de societate sua, necnon quedam de monialibus suis, a nobis postulaverunt humiliter et devote, quod ipsos in orationibus, et suffragiis ecclesie nostre reciperemus eosdem. Nos vero, non tantum devotionem verum etiam laborem eorum attendentes, eorum devotioni grato concurrentes assensu, jam dictam abbatissam in orationibus et beneficiis nostris accepimus, et ejus societatem, videlicet Odonem de Seneschallum, canonicum Altissiodorensem, dominum Simonem de Corpelaio, canonicum S. Auriaci, et dominum Theobaldum de Domina Maria presbiterum, insuper Mariam de Villamauri, cantatricem Paracliti, Beatricem, Elisabet, Eloisam, neptes domine abbatisse, moniales Paracleti, predictis omnibus concedentes, quod, cum de eorum obitu nobis constiterit, tantum in ecclesia nostra pro singulis faciemus quantum pro una de nostris monialibus faceremus. Inde est quod vos exhortamur in Domino, et in virtute obedientie vobis percipiendo mandamus, quatinus, cum obitus alicujus predictorum vobis fuerit nuntiatus, tantum faciatis quantum pro una monialium nostrarum faceretis. Sciatis enim quod predicta ecclesia Paracleti totusque ejusdem ecclesie conventus ad illud idem pro nobis faciendum se presentialiter adstrixerunt. — Actum anno M° CC° XXXVII°, mense maii.

(Cartul. fol. 99 v°.

217. — Juin 1237. *Amodiacion dou disme de Charmeciaus.*

N., miseratione divina Trecensis ecclesie minister humilis, omnibus presentes litteras inspecturis salutem in Domino. Noverit universitas vestra quod in nostra presentia constituta religiosa mulier.. priorissa, pro se et conventu Beate Marie Magdalene de Triangulo, presente coram nobis et consentiente religiosa muliere.., abbatissa de Paraclito, recognovit se pro se et pro conventu suo predicto admodiasse presbitero de *Charmeciaus*, scilicet Matheo, ad vitam suam, II partes quas habent in minuta decima de *Charmeciaus*, et II partes quas habent in oblationibus que fiunt in ecclesia de *Charmeciaus* in quatuor festis annalibus, pro XL solidis Pruvinensibus, dictis priorisse et conventui singulis annis persolvendis, medietatem videlicet in festo sancti Remigii et medietatem in festo Resurrectionis Domini. Nos autem amodiationem predictam, quantum in nobis est, ratam et gratam habentes, in hujus rei testimonium presentes litteras sigilli nostri munimine duximus roborandas. — Actum anno Domini M° CC° XXX° VII°, mense junio.

(*Cartul.* fol. 180 r°. — Archiv. de l'Aube, origin.)

218. — Juin 1237. *Lettre dou disme des noveaus essarz de Trembloy.*

N., miseratione divina Trecensis ecclesie minister humilis, universis presentes litteras inspecturis salutem in Domino. Noverit universitas vestra, quod, cum inter religiosas mulieres abbatissam et conventum de Paraclito ex una parte, et rectorem ecclesie de Avantis ex altera, super decimis novalium infra fines ipsius parrochie de Avantis questio suborta fuisset, tandem compositio intervenit in hunc modum : decima de Essartis factis et faciendis in decima de Avantis ecclesie Paracliti permanebit. Abbatissa vero et conventus de Paraclito rectori de Avantis et ejus successoribus singulis annis infra festum sancti Remigii tenebuntur solvere in granchia ipsarum de Trambleio III sextarios bladi ad mensuram de Nogento, I sextarium sigali, I sextarium ordei, I sextarium avene. Nos igitur compositionem predictam ratam et gratam habentes et confirmantes, ut rata et firma permaneat, ad petitionem dictarum partium, presentes litteras sigilli nostri munimine fecimus communiri. Actum anno gratie M° CC° XXX° VII°, mense junio.

(Cartul. fol. 169 v°.)

219. — Juin 1237.

Ego Garnerus, dominus Maregniaci, notum facio tam presentibus quam futuris, quod, cum Renaudus de Marpigniaco, miles, dedisset in elemosinam ecclesie Paracliti homines quos habebat apud Marigniacum, qui movebant de feodo nobilis viri Droconis, domini Trianguli, fratris mei, ipse Droco coram me donationem illam voluit concessit et laudavit. Et ego Garnerus predictam donationem volui concessi et laudavi, salvo tamen omni jure meo, quod habebam in dictis hominibus quando prenominatus Renaudus tenebat eosdem. Quod ut ratum sit et firmum permaneat presentibus littere sigilum meum apposui. — Actum anno Domini M° CC° XXX° septimo, mense junio.

(*Cartul.* fol. 220 r°. — Archiv. de l'Aube, origin.)

220. — Juin 1237.

Ego Droco, dominus Trianguli, notum facio tam presentibus quam futuris, quod, cum dilectus et fidelis meus Regnaudus de *Marpigni*, miles, dedisset in elemosinam ecclesie Paraclitensi homines quos habebat apud Marigniacum, qui de feodo meo movebant, donationem illam volui et laudavi. — Actum anno Domini M° CC° XXX° septimo, mense junio.

(*Cartul.* fol. 220 r°. — Archiv. de l'Aube, origin.)

221. — Juillet 1237. *Lettre dou disme de Rampillon-les-Nangis, en Brie.* « Frater Johannes de Mont. Gross. domus Hospitalis Jherusalem prior humilis in Francia » notifie un accord entre les Hospitaliers et les religieuses du Paraclet « super decima novalium sitorum in territorio de Montepoth » les Hospitaliers réclamaient ces dîmes « ratione parrochiatus de *Rampillon*. » Ils les abandonnent, et les religieuses doivent leur payer « annuatim V sextaria frumenti et totidem avene de totali decima prenotata » et de plus elles abandonnent « III sextaria bladi, medietatem frumenti medietatem avene » qu'elles percevaient sur les Hospitaliers « annuatim in granchia eorum de *Rampillon*. Teneturam defuncti Theobaldi, dicti *le Concierge*, quam habebant Hospitalarii apud Merollas, moniales laudave-

runt. » Les Hospitaliers « laudant granchiam monialium, quam habent apud Montem Dei juxta Nangiis.. Actum anno Domini 1237 mense julio. »

(Cartul. fol. 109 r°.)

222. — 6 mai 1238. *Contre la meladrerie de Maregni.*
« Stephanus, officialis Trecensis » notifie le jugement relatif au discord entre les religieuses du Paraclet « et magistrum et fratres domus leprosorum de Marigniaco. » Les religieuses réclament à la léproserie « omnem minutam decimam, quam consueverunt singulis annis in predicta domo sine contradictione in temporibus retroactis percipere; » de plus, la léproserie ayant refusé de payer les menues dimes « de sex annis transactis » les religieuses estiment que le dommage qui leur est causé monte « usque ad valorem viginti librarum » dont elles réclament le paiement. Le maître et les frères de la léproserie alléguaient « quoddam privilegium sibi a domino Papa indultum » qui les exemptait de payer les dîmes; « Nos, prudentum virorum et jurisperitorum freti consilio, finaliter diffiniendo condempnavimus et condempnamus dictos magistrum et fratres ad reddendum de cetero annuatim dictis monialibus Paracliti dictam minutam decimam, sicut ab antiquo reddere consueverunt, cum in dicto privilegio non fiat mentio de eo quod antequam esset impetratum solvebant dicti magistri et fratres dictis monialibus.. — Actum anno Domini 1238 die jovis post Inventionem Sancte Crucis.

(Cartul. fol. 152 r°).

223 — 26 novembre 1238. *Lettre dou disme de Corgivot.*

Nicholaus, *Dei gratia Trecensis episcopus*, omnibus, presentes litteras inspecturis, salutem in Domino. Noverint universi, quod, cum controversia verteretur inter abbatissam et conventum Paraclitensem ex una parte, et Petrum, presbiterum de Gorgivot, ex altera, super herbergiario decime ecclesie Paraclitensis de Corgivot, quam decimam idem presbiter dicebat ad granchiam suam debere trahi, et totum stramen et paleam dicte decime suum esse debere pro dicto herbergiario assereret, quod abbatissa et conventus denegabant, tandem, nobis mediantibus et aliis bonis viris, pro bono pacis inter predictos abbatissam et conventum et dictum presbiterum in hunc modum duximus ordinandum, quod idem presbiter et ejus successores tertiam partem quam habent in decima de Corgivot ubicumque voluerint admodiabunt; abbatissa et conventus idem facient de duabus partibus suis, videlicet trahent et admodiabunt; granum vero partientur cum bicheto, ita quod presbiter habeat tertiam partem grani, et abbatissa et conventus duas partes grani habebunt. Stramen autem et paleam totius decime per medium partientur dictus presbiter et successores ejus, et dicte moniales. Que decima supradicta debet trahi infra fines parrochie de Corgivot, salvis illis decimis eidem presbitero et ejus successoribus, quas ab antico percipere consuevit.. In cujus rei testimonium, ad petitionem partium, presentes litteras sigilli nostri munimine fecimus roborari. — Datum anno Domini M° CC° XXX° VIII°, die veneris ante festum B. Andree, apostoli.

(Cartul. fol. 173 v°. — Archiv. de l'Aube, origin.)

224. — Mars 1238 (v. st.) *Dou cens de Saint-Albin et Trembloi.*

Nicholaus, miseratione divina Treconsis ecclesie minister humilis, universis presentes litteras inspecturis salutem in Domino. Noverit universitas vestra, quod, cum Guillermus de sancto Albino, miles, in nostra presentia constitutus, recognovit se vendidisse abbatisse et conventui de Paraclito pro LXX libris Pruviniensibus totum censum, quem habebat in parrochia de Sancto Albino et apud Trembloi, quem tenebat in alodio, ut dicebat, cum laudibus et ventis et justitia et omnibus juribus ad censum pertinentibus. Et super hoc, per fidem suam in manu nostra corporaliter prestitam, tenetur portare perpetuam garentiam tanquam de alodio dictis abbatisse et conventui; super qua garentia portanda dominus Gaufridus de Avone, miles, frater dicti G., se fidejussorem constituit; et Guillelmus terram suam de Bermont, sitam desuper culturam defuncti Milonis, abbatisse et conventui posuit in responsam. Hanc autem venditionem Hugo, armiger, filius Guillermi, militis, in nostra presentia laudavit, et promisit, fide in manu nostra corporaliter prestita, quod nunquam nec per se nec per alium contra dictam venditionem veniet vel aliquod reclamabit. — In cujus rei testimonium presentes litteras fecimus sigilli nostri munimine roborari. — Datum anno Domini M° CC° XXX° VIII°, mense marcio.

(Cartul. fol. 223 r°. — Archiv. de l'Aube, origin.)

225. Juin 1239. *Dou bois de Corroy près de Malrepas.*

Nicholaus, Dei gratia Trecensis episcopus,.. Noverint universi, quod, cum discordia verteretur inter nobiles viros Garnerum de Triangulo, dominum Marigniaci ; Droconem, dominum Trianguli ; Anselmum, dominum de Vesines ; et Guidonem de Triangulo, archidiaconum Laudunensem, fratres, ex una parte, et abbatissam et conventum de Paraclito ex altera, super eo quod ipsi dicebant habere usum in nemore de Corroi juxta Hermitagium Sancti Flaviti, et dicti abbatisse et conventus dicerent dictum nemus ad se plenarie pertinere et predictos nobiles nichil juris habere in eodem, tandem super hac discordia in nos compromissum est ita, quod dicti nobiles, corporali fide in manu nostra prestita, promiserunt et caulione fuit firmatum, quod quidquid ordinaremus inviolabiliter observarent. Nos vero, de bonorum virorum consilio, arbitrium nostrum in hunc modum protulimus : quod dicti nobiles, et heredes ipsorum, nichil juris in dicto nemore de cetero poterunt reclamare, et si quid habebant abbatisse et conventui quittarent, que abbatissa et conventus CLX libras Pruvinenses darent dictis nobilibus pro quittatione predicta. Predicti nobiles, huic arbitrio adherentes, promiserunt illud plenarie observare, et confessi sunt de pecunia predicta sibi a conventu esse integre satisfactum. In cujus rei testimonium presentem paginam sigilli nostri munimine duximus roborandam. — Actum anno Domini M° CC° XXX° IX°, mense junio.

(Cartul. fol. 130 r°. — Archiv. de l'Aube, origin.)

226. — *22 Juin 1239. Lettre dou bois de Coldroi emprès l'Ermitage Saint-Flavi.*

Omnibus presentes litteras inspecturis Garnerius de Triangulo, dominus Marigniaci ; Drogo, dominus Trianguli ; Anselmus de Triangulo, dominus de Versines ; et Guido de Triangulo, archidiaconus Laudanensis, fratres, salutem in Domino. Noverit universitas vestra, quod, cum discordia verteretur inter nos ex una parte, et abbatissam et conventum de Paraclito ex altera, super eo quod nos dicebamus habere usum in nemore de Codroio, sito juxta Hermitagium de Sancto Flavito, et moniales dicerent dictum nemus ad se plenarie pertinere et nos nichil juris habere in eodem, tandem in venerabilem patrem Nicholaum, Dei gratia Trecensem episcopum, fide prestita corporali, compromisimus de dicta discordia, promittentes quod quicquid ordinaret et alte et basso teneremus et inviolabiliter observaremus, et ab heredibus nostris bona fide faceremus observare. Idem vero episcopus abitrium suum protulit in hunc modum : quod nos de cetero et heredes nostri nichil juris in eodem nemore reclamare possemus, et dicte moniales C et LX libras Pruvinenses nobis darent pro quitatione predicta. Et nos dicto arbitrio adherentes tam pro nobis quam pro nostris heredibus si quid juris habeamus in dicto nemore quittavimus ; et confitemur de dicta pecunia a monialibus nobis esse integre satisfactum. In cujus rei memoriam et testimonium presentem paginam sigillorum nostrorum munimine duximus roborandam. Actum anno Domini M° CC° XXX° nono, mense junio, die mercurii proxima ante Nativitātem beati Johannes Baptiste.

(Cartul. fol. 206 r°. — « Leodegarius, decanus xpistianitatis de Triangulo » notifie que « Beatrix, mulier nobilis, uxor nobilis viri Droconis, domini de Triangulo, militis, recognovit quod quietationem juris quam idem Droco fecerat., ratam et firmam habebat., Actum anno Domini 1239 mense junio. *Ibid.* fol. 200 — Archiv. de l'Aube, origin. Le sceau était sur fils de soie verte.)

227. — 21 juillet 1239. *Des oblacions et dismes de Marigni.*

Nicholaus, divina miseratione Trecensis ecclesie minister humilis, et Joannes, abbas Beati Petri de Cella Trecensi, omnibus presentes litteras inspecturis in Domino salutem. Noverit universitas vestra, quod, cum causa verteretur inter venerabilem abbatem et conventum Sancti Lupi pro prioratu de Marigniaco et priorem de Marigniaco ex una parte, et abbatissam et conventum Paraclitensis ecclesie ex altera, super oblationibus altaris de Marigniaco, videlicet VI solidis, C candelis, XXIIII panibus de frumento, et III solidis census quos ecclesia Paraclitensis consuevit percipere in quadam domo sita juxta domum prioris de Marigniaco apud Marigniacum, et decimas tam terrarum quas prior et canonici Sancti Georgii, necnon prior de Marigniaco, habebant infra decimationem de Marigniaco : Contra priorem Marigniaci Paraclitenses moniales allegabant sententiam a Garnero, episcopo Trecensi, promulgatam necnon sententiam diffinitivam Michaelis, Senonensis archiepiscopi, judicis Apostolici, tandem, bonis viris mediantibus, arbitrium nostrum in hunc modum promulgamus : ecclesia Paraclitensis habebit decimam magnam et minutam, et in novalibus; VI solidos, XXIIII panes de frumento, C candele in oblationibus; I modium bladi pro exemptione terrarum quas prior et canonici de Marigniaco propriis expensis excolebant. Sed abbatissa et conventus Paraclitensis tenentur quotannis solvere prioratui de Marigniaco III modios bladi in grangia decimali de Paraclito IX sextarios frumenti, IX siliginis, IX ordei, IX avene, sicuti dicto prioratui solvere consueverunt.. Nos vero episcopus, tanquam loci ordinarius, ordinationem istam, prout superius est expressum, ratam et firmam habentes, auctoritate pontificali confirmamus. — Actum anno Domini M° CC° XXX° IX°, mense julio, in vigilia B. Marie Magdalene.

(Cartul. fol. 203 r°. — Acceptacion de l'arbitraige par « Gulterus, Beati Lupi Trecensis abbas.. Anno Domini 1239, mense julio. » Ibid. fol. 203 v°. « G., decanus xpistianitatis Marigniaci » vidime cette charte « Anno Domini 1274, die veneris post festum beati Jacobi apostoli. » Ibid. fol. 196 v°. — Archiv. de l'Aube, origin.)

228. — 1er août 1239. *Des novalles de Corgivot.*

Omnibus presentes litteras inspecturis Nicholaus, divina permissione Trecensis ecclesie episcopus, in

Domino salutem. Noverit universitas vestra, quod, cum discordia verteretur coram nobis inter abbatissam et conventum Paraclitensem ex una parte, et Petrum, curatum de Corgivot, ex altera, super eo quod abbatissa et conventus dicebant decimas novalium tam factorum quam faciendorum infra fines parrochie de Corgivot, necnon et antiquarum decimarum, pro duabus partibus ad se pertinere ex donatione predecessorum nostrorum, Garneri videlicet, Hervei et Roberti, quas per instrumenta sigillis eorum sigillata asserere nitebantur, presbitero in contrarium asserente quod ad se de jure communi pertinebant, et contra instrumenta allegante quod minime valebant, tandem in nos unanimiter compromissum fuit. Nos vero, inspectis diligenter instrumentis, et rationibus utriusque partis, ordinando diximus et etiam declarando dicta instrumenta esse valida, et quod de cetero abbatissa et conventus Paraclitensis inter se et plenarie percipient duas partes decimarum tam antiquarum quam novalium, tam factorum quam faciendorum, in parrochia de Corgivot, exceptis terris que sunt ipsius presbiterii ad presens, et in quadam parte finagii de Corgivot, in qua abbas et conventus de Virtuto, ratione prioratus Sancti Gregorii, solent percipere decimam, et etiam aliis terris in quibus solebat percipere decimas dictus presbiter ab antiquo. Hec autem omnia supradicta et religione fidei precepimus a partibus inviolabiliter observari. Quod ut ratum et firmum habeatur presentes litteras sigillo nostri munimine

fecimus roborari. — Datum anno Domini M° CC°
XXX° IX°, mense augusto, in festo B. Petri ad Vincula.

(Cartul. fol. 176 r° — Archiv. de l'Aube, origin. Le sceau était sur fils de soie rouge.)

229. — Octobre 1239. *Lettre dou don de Thibaut de Dempnemarie.*

Omnibus presentes litteras visuris.. Nicholaus, miseratione divina Trecensis ecclesie minister humilis, salutem in Domino. Noverint universi quod in nostra presentia constitutus Theobaldus de Dampni Maria, presbiter, contulit in perpetuam elemosinam ecclesie Paraclitensi quidquid acquisivit usque nunc, et acquireret de cetero, citra Sequanam, a dicta ecclesia in perpetuum pacifice possidendum. Quod ut ratum sit et firmum presentes litteras a nobis sigillo nostro petiit sigillari. — Datum apud Aquis anno Domini M° CC° XXX° VIII°, mense octobri.

(Cartul. fol. 113 v°. — Archiv. de l'Aube, origin.)

230. — 30 janvier 1239 (v. st.) *Accord avec le curé de Barbuise.* « Petrus de Latigniaco, canonicus Sancti Quiriaci Pruviniensis, et Theobaldus de Donnamaria, presbiter, procurator et administrator bonorum ecclesie Paracliti » font connaître la sentence arbitrale qu'ils ont rendue au sujet du différend qui existait entre l'abbaye du Paraclet « et Herbertum, presbiterum de Barbusia : videlicet quod ecclesia Paracliti habeat grossam decimam bladi totius parrochie de Barbusia, et decimam omnium novalium presentium et etiam futurorum, hoc excepto, quod presbiter de Barbusia quintam habebit partem in predictis, salvo jure ecclesie Nigillensis et ecclesie de Sigilleriis. Decimam vero minutam totam adjudicavimus presbitero de Barbusia, ita tamen quod per hoc non intelligimus vinum esse de minuta decima, de qua decima vini vinearum presentium et futurarum totius parochie de Barbusia ita diffinimus, quod presbiter singulis annis percipiet III partes, ecclesia vero Parocliti quartam portem. Granchiam, et domum ipsi granchie contiguam, que pro horreo reputatur, quas abbatissa et conventus de suo proprio reparare tenentur, non obstante quod in cimiterio dicuntur esse sita, ecclesie Paracliti cum proprietate et dominio adjudicamus, salvo jure episcopi Trecensis, quod habet in eis ratione cimiterii, et hoc salvo quod decima totius parrochie de Barbusia, in qua presbiter suam partem habet, in granchia communiter reponetur.. Actum anno Domini 1239, die dominica proxima post Conversionem B. Pauli, apostoli.

(*Cartul.* fol. 91 r°.)

231. — 30 Janvier 1239 (v. st.) *Confirmacion à ce propoz.*

Nicholaus, miseratione divina Trecensis ecclesie minister humilis omnibus.. Quod nos ratum et gratum habemus arbitrium quod Petrus de Latigniaco, canonicus Sancti Quiriaci Pruvinensis, et Theobaldus de Donna Maria, presbiter, procurator et administrator bonorum ecclesie Paracliti, de querela que vertebatur inter abbatissam et conventum Paraclitensem ex una parte, et Herbertum, presbiterum de Barbusia, ex altera, protulerant in hunc modum : videlicet, quod ecclesia Paracliti (*ut supra* n. 230.) Nos vero episcopus, ad petitionem dicte abbatisse pro se et conventu suo, cujus litteras de rato super hoc vidimus et recepimus, et arbitrium predictum, sicut superius est expressum, approbamus et sigilli nostri munimine confirmamus. — Actum anno Domini M° CC° XXX° IX°, die dominica proxima post Conversionem B. Pauli, apostoli.

(*Cartul.* fol 91 v°. — Archiv. de l'Aube, origin. scellé en cire verte sur fils de soie rouge.

232 — Février 1239 (v. st.) *C'est la charte Gasteblee.*

Omnibus presentes litteras inspecturis E., divinâ permissione ecclesio Paraclitensis ministra humilis, totusque ejusdem loci conventus, salutem in Domino. Noverint universi quod nos, de voluntate nostra et totius conventus nostri, domicelle Marguerite cognominate Gasteblee, moniali nostre, V sextarios bladi boni et laudabilis, scilicet III sextarios siliginis et II ordei, annuatim in granchia predicti conventus de Sancto Albino et imperpetuum ad mensuram de Nogento percipiendos, pro recumpensatione terre, quam dicta domicella Marguerita, pro XX libris Pruviniensibus ab eadem solutis, in territorio de Sancto Albino emerat, ad augmentationem elemosine scilicet II solidorum, quos dicta Marguerita supradicto conventui pro remedio anime sue dederat, sicut in litteris venerabilis viri Nicholay, divina miseratione Trocensis episcopi, continetur, donavimus et concessimus, tali modo, quod procurator conventus, qui dictam granchiam tenebit, jam dicto conventui infra Natalem Domini V sextarios bladi in dicta granchia, sicut superius est expressum, singulis annis tenebitur persolvere, ita tamen, quod dictus bladus, tempore quo solutus fuerit, LX monialibus capellanisque ecclesie dividetur. Et nos autem taliter hoc concedimus et volumus quod in nullos alios usus converti poterit aut deduci. In cujus rei memoriam.. Auctum anno gratie M° CC° XXXIX°, mense februario.

(*Cartul.* fol. 230 r°. — Archiv. de l'Aube, origin.)

233. — Mars (Pâques le 27) 1239. *Lettre de quittance de Guillaume de Saint-Aubin de LXX livres que nos li deviens.*

Omnibus presentes litteras inspecturis Odo, decanus de Marigniaco, salutem in Domino. Noverit universitas vestra, quod, in presentia nostra constitutus Guillermus de Sancto Albino, miles, recognovit sibi esse satisfactum et se tenere integre pro pagato ab abbatissa et conventu Paracliti in LXX libris Pruvinensium bonorum forcium et legalium, quas predicte moniales debebant eidem G. ex venditione cujusdam census, quem dictus Guillermus habebat apud Sanctum Albinum et apud Trambolium, quem censum vendidit pro dictis LXX libris predictis monialibus. Quod ut firmum et stabile in perpetuum permaneat, ad petitionem partium, presentes litteras sigilli nostri munimine fecimus roborari. — Datum anno Domini M° CC° XXX° IX°, mense marcio.

(*Cartul.* fol. 147 bis v°.)

234. — Mai 1240. *Lettre dou disme de Booloc.*

Omnibus.. L., decanus xpistianitatis de Triangulo.. Noverint universi quod in nostra presentia constituti Henricus de Hapatoria, miles, et Hodierna, uxor sua, recognoverunt se vendidisse abbatisse et conventui Paracliti pro XXXV libris Pruvini totam decimam suam, quam habebant in territorio sancti Bartholomei de Booloc, libere et quiete ab eisdem possidendam. Dicta insuper Hodierna sub religionis fide affirmans se venditionem predictam spontanea voluntate et non coacta laudasse, adhuc coram nobis laudavit predictam venditionem voluit et concessit.. — Actum anno gratie M° CC° XL°, mense maio.

(*Cartul.* fol. 88 v°.)

235. — Janvier 1241 (v. st.) *La lettre de I muy de grain en la granche de Gelennes.* « H., decanus xpistianitatis Pruvini » fait connaître l'accord entre « dominum Evrardum de Ver militem, et nobilem mulierem Avelinam ejus uxorem » et le Paraclet, au sujet d'un muid de grain de rente annuelle, moitié seigle moitié avoine, légué à l'abbaye par « mulier nobilis Agnes, quondam domina de Boyaco Trecensis diocesis » à prendre « in grangia nobilis militis Garneri, domini de Marigniaco Treceasis diocesis, sita apud Gelannias. » Evrard et sa femme prétendaient que ce muid de grain leur revenait « ratione hereditagii »; enfin ils renoncent totalement à leurs prétentions. — « Actum anno Domini 1241, mense januario. »

(*Cartul.* fol. 166 r°.)

236. — Février 1243 (v. st.) *Appoinctemen entre le Paraclit et Notre-Dame-du-Val.*

Omnibus presentes litteras inspecturis Nicholaus, decanus, et capitulum ecclesie Beate Marie in Valle de Pruvino, salutem in Domino. Notum facimus quod nos quicquid census medicationis et consuetudinum, vel nomine census medicationis et consuetudinum habebamus in teneturis apud Crevecuer sitis ; prope domum de Paraclito, sicut itur a Pruvino ad Sanctum Leonardum; in vineis juxta Pruvinum, ecclesie Paraclitensi Trecensis diocesis quitavimus et concessimus benigne et pacifice in perpetuum possidendum. In excambium vero et recompensationem dictorum ecclesia Paraclitensis quicquid census medicationis et consuetudinum, vel nomine census medicationis et consuetudinum habebat in teneturis sitis apud Pruvinum, videlicet, in jardino, quod fuit Isabellis dicte Foutchiere Pisserotain ; et cameris contiguo ; et X denariis et obolo census quod nos ecclesie Paraclitensi annuatim reddere tenebamur ; et vineam que fuit Stephani Piterole, quitavit et concessit ecclesie nostre bona fide et in perpetuum possidendum.. Datum anno Domini M° CC° XL° tertio, mense februarii.

Cartul. fol. 77 v° — Archiv. de l'Aube, origin.)

237. — Mars 1243 (v. st.) *Lettre de II muys de blé sur la commanderie de Provins.* « Frater Guido de Basainvilla, preceptor domorum militie Templi in Francia » fait connaître un accord de la commanderie de Provins avec le

Paraclet. Les religieuses 1° prétendaient avoir « decimam partem annui redditus in minagio bladi quod venditur in castro Pruvinensi, videlicet in XXVI diebus martis in anno, qui XXVI dies fuerunt quondam defuncti Ade de Tacheio, militis. » 2° Elles avaient droit à un demi muid de grain, moitié froment moitié avoine « annui redditus in eodem minagio in tertia septimana, que est communis nobis et Johanni dicti Midole, militi. » 3° Elles percevaient un muid de grain, moitié froment, moitié avoine, sur le moulin de la commanderie sis « in loco qui dicitur *Changi.* » Le Paraclet abandonne les droits susdits et reçoit en échange « II modios bladi annui redditus, medietatem frumenti, ad valorem XII denariorum minus meliore » et moitié avoine à percevoir « in dicto minagio, vel in domo nostra de Pruvino, ad veterem mensuram de Pruvino. » La rente que doivent payer les Templiers sera diminuée par arbitrage si les revenus cédés par le Paraclet diminuent « propter guerram communem, aut propter hoc quod a comite Campanie, vel ab alio, essent per violentiam occupati.. Actum anno Domini 1243, mense martio. »

(Cartul. fol. 122 r°. — « Guillermus, decanus xpistianitatis de Pontibus super Secanam Trecensis diocesis » vidime cette charte. « Anno Domini 1263, die lune post Brandones. » *Ibid.* fol. 178 v°.)

238. — Mai 1244. *Lettre de l'abeesse dou Paraclit que il ne soient que XX nonains en la prieurré de Bosrano.*

Universis presentes litteras inspecturis E., Paraclitensis ecclesie ministra humilis, eternam in Domino salutem. Cum valde sit inhonestum et indecens ut in agro Domini assidue laborantes compellantur media mendicare, cum scriptum sit : non alligabis os bovis triturantis, huic malo in parte remedia curavimus adhibere. Ad universorum igitur noticiam volumus pervenire, quod, cum moniales prioratus nostri de Bosranco, quarum numerus superfluus facultatum excedit in pluribus quantitatem, a parte optima Marie quam elegerant, cogantur penitus recedere ut Marte operibus perseverent, ita quod unguenti suavitas a muscis mordentibus paupertatis auferatur, ordinare voluimus, de consensu conventus nostri, quod dictarum monialium numerus minuatur, et ad certum reducatur, statuentes, et observandum in virtute obedientie districte percipientes, ne amodo aliqua in predicto prioratu in monialem vel sororem recipiatur quousque, procedente tempore, ad XX deveniant predicti prioratus moniales. Tamen, si statum dicti prioratus divina Providentie clementia ad fortunam devenire contingerit pinguiorem, nos numerum antedictum augere poterimus secundum quod utilitati ecclesie melius videbimus expedire. Quod si aliquid, quod non credimus, contra statutum nostrum fuerit attemptatum, irritum reputamus et inane. Ut autem firmitatem habebant superius annotata, sigillorum nostrorum munimine fecimus eadem roborari. — Datum anno Domini M° CC° XL° quarto, mense maio.

(*Cartul. fol. 188 v°.*)

239. — Mai 1244. *Dou nombre des dames à Treignel.*
« Universis presentes litteris inspecturis E., Paraclitensis ecclesie ministra humilis » (*ut supra n.* 238 *avec ce chan-*

gement : prioratus nostri de Triangulo). « Datum anno Domini 1244 mense maio. »

(Cartul. fol. 187 v°. — Archiv. de l'Aube, origin.)

240. — Août 1244. *Confirmacion de l'évesque de Biauvez que il ne soient que XX nonains en la prieurré de Bosranc.*

Robertus, divina miseratione Belvacensis episcopus, universis presentes litteras inspecturis eternam in Domino salutem. Cum valde sit inhonestum (*ut supra n.* 238). Ne autem huic statuto nostro possit aliquis in posterum contraire, presentium testimonio litterarum illud confirmandum duximus, sub anathematis vinculo districtius inhibentes, ne aliqua monialis recipiatur ibidem, nisi prius numero coarcto, sicut superius est expressum. Quod ut ratum permaneat et stabile perseveret sigillum nostrum presentibus litteris duximus apponendum. — Actum anno Domini M° CC° XL° quarto, mense augusto.

(Cartul. fol. 263 r° et 266 r°.)

241. — Mars 1244 (v. st.) *Bail à vie de la terre de Gaigniminières et d'une vigne à Quincey.*

Omnibus.. O., decanus de Pontibus super Secanam, salutem in Domino, noverint universi quod in nostra presentia constituti Ernulphus dictus Pilaatre, et Ysabellis, uxor ejus, coram nobis recognoverunt se admodiasse ad vitam suam a religiosis dominabus ecclesie Paraclitensis, videlicet a domina abbatissa E., et conventu ejusdem loci, terram ea-

rumdem monialium que vocatur terra de Gaignun-
nieres cum vinea ipsarum nullo medio ad eamdem
terram adherenti, pro XX solidis cursalis monete
singulis annis ecclesie Paracliti ab ipsis quandiu
vixerint solvendis. Voluerunt autem et concesserunt
dicti Ernulphus et Isabellis quod post decessum al-
terutriusque dicta vinea terra et omnia que ab ipsis edificabuntur in ipsis de cetero ecclesie Paracliti remanebunt. Que omnia unus eorum tenebit
post mortem alterius successive. Quod si alter eorum, vel ipsi ambo, predictos XX solidos eisdem
monialibus solvere contradicerent, dicte moniales
predicta bona, et omnia que in eis sunt tam mobilia quam immobilia, tanquam sua propria, saisire
poterunt quousque predicti nummi integre solve-
rentur. Quod ut ratum.. Auctum anno Domini M°
CC° XL° quarto, mense martio.

(Cartul. fol. 145 r°. — Archiv. de l'Aube, copie.)

242. — Août 1245. *Dou disme de Pressoirs et des Ormeaux*.

Omnibus presentes litteras inspecturis N., divina
miseratione Trecensis ecclesie minister humilis, salutem in Domino. Noverint universi, quod,
cum discordia verteretur inter abbatissam et conventum Paraclitensem ex una parte, et Guillelmum
de Roseriis, militem, ex altera, super decimis et
portagiis territorii B. Marie de Pontibus, de Presso-
riis et Ulmellis, in qua decima sanctimoniales dicebant se habere tres partes per totum dictum terri-

torium B. Marie de Pontibus ; dicto milite dicente, quod, cum homines de Ulmellis tollebant in aliquas terras apud Pressoria de territorio B. Marie de Pontibus ipse miles et pater suus consueverant totam decimam terrarum illarum, quas in dicto terragio colebant, integre percipere ; tandem in nos compromiserunt, et fuerunt plegii pro abbatissa Guillelmus de Sancto Albino et Robertum de Poisiaco, milites, et pro Guillelmo Guillelmus de Chalestria et Henricus, milites. Nos igitur, auditis probationibus utriusque partis, arbitrium nostrum in hunc modum protulimus : quod dicte abbatissa et conventus in omnibus terris, que sunt de terragio B. Marie de Pontibus, acquisitis et acquirendis, a quocumque excolantur, tres partes decime integre de cetero percipient et habebunt, et dictus Guillelmus habebit quartam partem, quam in dicta decima percipere consueverat, nec aliquid amplius sui heredes reclamare poterunt. Et dicte abbatissa et conventus quotannis reddere tenebuntur dicto Guillelmo V sextarios bladi ad mensuram de Nogento, II sigali et III avene, et de predictis querelis dicte partes quiete ad invicem penitus remanebunt. — Actum anno Domini M° CC° XL° V°, mense augusti.

(Cartul. fol. 146 v°.)

243. — *Septembre 1245. Lettre de sis vins arpens de bois emprès Teillye.*

Nos Thiebaus, par la grâce de Dieu roya de Navarra, et de Champaigne et de Brie cuéns palazins, faisons asavoir à tous ces qui ces lettres verront que com nos eussiens prins et anchous an noutre parc, que nos avons fait desuer Ponz an Monmorvois, dou bois à nos amies l'abeesse et le couvent dou Paraclit jusques à VIII vins et XIII arpens de bois, nos, à l'esgard de proudommes et pour ce que li noutre bois valoit plus que li bois l'abeesse et le couvent, leur avons rendu et assené sis vins arpens de bois, quatre moins, ou bois qui fu nostre amé et feel Guillaume de la Court, et qui fu nostre amé et féel Perron de Jaaucourt, an tel manere que eles an poiront faire leur volanté toutes les fois que eles vouiront, et eles feront garder et cloire ; et se nus estoit trouvés copant ou essartant ou bois devant dit l'amende e li forfais seroit a l'abesse et au couvent as us et as coustumes de la foret, sauf ce que la justisse aute demore a nos et a nos hoirs. Et ce bois nous rendons en eschange franc et quite et de gruerie et d'usuare, et leur devons nos et nos hoirs garentir contre toutes gens qui voudroient venir à droit.. Ce fut fait en l'an de l'Incarnation Nostre Seigneur M. CC. XL. V, ou mois de setembre, l'ou jour di devant la Nativité Nostre Dame.

(*Cartul.* fol. 184 r°. — Charte semblable donnée par E[rmengarde], abbesse du Paraclet. *Bibliothèque de l'École des Chartes*, 2ᵉ série, III, 256.)

244. — 6 novembre 1245. *Acord avec le prieur de Boy.*
« P., prior de Pontibus super Secanam, et Odo, cantor de Brayo super Secanam » notifient un accord entre l'abbaye du Paraclet « et priorem de Boiaco. » Les religieuses « dicebant quod, cum ipse haberent tertiam partem decime

terrarum sitarum in territorio de Boiaco, et alique terrarum istarum ad vineas sint redacte, habere debebant eamdem portionem vini quam de blado habuerunt. » Arbitrage : « pro bono pacis, habito bonorum virorum consilio, et maxime domini episcopi Trecensis.. dictus prior de Boiaco in omnibus vineis, in territorio de Boiaco plantatis ante Lateranense concilium, totam decimam integre percipiet, et moniales nichil percipient ; de illis autem vineis in dicto territorio post concilium plantatis vel que plantabuntur dicte moniales quartam partem decime annuatim integre percipient et habebunt.. Anno Domini 1245, die lune proxima post festum Omnium Sanctorum, mense novembri. »

(*Cartul.* fol. 156 v°. — Archiv. de l'Aube, origin. « G., Cormeriacensis abbas, totusque conventus » ratifient l'accord précédent. « Anno Domini 1246, mense junio. » *Ibid.* origin. scellé de deux sceaux sur doubles queues en parchem.)

245. — 6 novembre 1246. *Lettre de la cure de Saint-Albin.*

N., divina miseratione Trecensis ecclesie minister humilis, dilecte in Xpo filie abbatisse Paraclitensi salutem et sinceram in Xpo caritatem. Cum presbiter de Sancto Albino in proposito habeat parrochiam suam, ut intelleximus, resignare, et nos ibidem alium instituere proponamus, vobis mandamus, quatenus, si in collatione ejusdem aliquod jus habeatis, ad nos mittatis vel veniatis si vobis melius placuerit infra octo dies post susceptionem presentium, jus vestrum, per instrumenta, si qua habetis super hoc, vel alio modo probature, quia volumus vobis vel ecclesie vestre nec in iis nec in aliis aliquatenus immutari, licet potestatem habemus auc-

toritate nostra et Apostolica aliquas ecclesias, ad collationem nostram non pertinentes, in nostra diocesi conferendi. Alioquin nisi infra octo dies veneritis vel miseritis, ut dictum est, nos ex tunc dictam parrochiam conferemus prout viderimus expedire.
— Datum anno Domini M° CC° XL° VIII°, die veneris ante festum sancti Martini hiemalis.

(*Cartul.* fol. 195 v°. — Archiv. de l'Aube, copie.)

246. — 11 juin 1249. *Compte de l'estat des biens de céans à la feste de saint Clément en* 1249.

Omnibus.. frater Odo, permissione divina Rothomagensis ecclesie minister indignus, salutem in Domino Jhu Xpo sempiternam. Universitati vestre notum facimus, quod, cum in Paracliti cenobio essemus in festo B. Barnabe, apostoli, dilecta soror nostra M., abbatissa dicti monasterii, vocatis secum monialibus pluribus, videlicet, cantatrice, thesauraria, Emelina subpriorissa, Isabelli dicta Berele, tribus sororibus de *discretes,* Comitissa de Vilerboneus, Elvisa de Chalete, Elisendi de Becherel, Margareta de Fuillees, Beatricia de Capella, Avelina de la Ronce ; Theobaldo, Milone, Fromundo, presbiteris : fratribus dicti monasterii et fere omnibus conversis laicis vocatis; et venerabilibus viris : Guillermo, archidiacono Pruvinensi ; Henrico, archidiacono Carnotensi; fratre Adam Rigaudi, fratre nostro et suo ; Ada de Jeurre et Johanne de Silate, clericis nostris ; et Garnero dicto Torpins, cive Trecensi, dicta abbatissa computavit de bonis cenobii cum Petro de Bordis, cive Trecensi, qui ballivus et custos fuerat bonorum Paracliti, tempore quo vocabat. Et facta collatione expensarum et recepte statum domus in quo eam dimisit ballivus tempore quo recessit, videlicet in festo beati Clementis, coram predictis retulerunt secundum quod inferius est subscriptus.

Dimisit tam ultra secanam quam citra, tam in granchia quam in orreis, in frumento LXII modios; et tam in avena quam siligine et ordeo XXIIII modios et I sextarium.

Item dimisit abbatissam obligatam in CLXXX libris minus XL solidos Turon.

Item dimisit XVIII equos, XI boves, XXIIII asinos sive asinas, XL porcos, XI capita vaccarum.

Item dimisit ad grangiam de *Murgiers* DCC bidentes.

Item dimisit ad grangiam de *Fontenay* CXL bidentes, III equos, I vaccam, IX porcos, XI asinos et II boves.

Item dimisit ad grangiam de *Malrepast* LXXX et XV bidentes, III equos, VIII vaccas, XXV boves.

Item dimisit ad granchiam de *Teilloy* CCC bidentes, V boves et II equos et XXIIII vaccas.

Et sciendum quod non dimisit quando recessit de vino albo nisi solum dolium. Et sciendum quod alique vinee dicti cenobii nundum erant in aliquo reparate.

Et nos presentibus litteris in testimonium predictorum, ad petitionem dictarum monialium, duximus apponendum. Nos vero Guillermus et Henricus, archidiaconi, qui presentes interfuimus compoto, ad petitionem dictarum monialium, sigilla nostra una cum reverendo patre nostro Odone, Rothomagensi archiepiscopo, duximus apponenda. — Actum anno Domini M° CC° XL° nono, die predicta.

(*Cartul.* fol. 237 r°.)

247. — Juillet 1249. *Lettre de la cure de Saint-Albin.*

Omnibus presentes litteras inspecturis N., miseratione divina Trecensis ecclesie minister humilis, salutem in Domino. Noverint universi, quod, cum nos ad liberam resignationem Guillelmi, quondam presbiteri de Sancto Albino, Ade presbitero nepoti ejus contulissemus ecclesiam de Sancto Albino, abbatissa et conventu Paraclitensi postmodum se opponentibus collationi a nobis facte, et dicentibus jus patronatus dicte ecclesie ad ipsas pertinere et eedem usque nunc fuisse in possessione dictam ecclesiam conferendi, nos, visis quibusdam instrumentis que producebant ad probandam intentionem suam, quia dictas abbatissam et conventum invenimus fuisse in possessione conferendi dictam ecclesiam, voluimus et concessimus quod in possessione remaneant, et dictus Adam dictam ecclesiam, nomine ipsarum quandiu vixerit teneat, ac si ab eisdem fuerit presentatus ; ita quod per hoc, post decessum Ade, aut quandocumque predicta ecclesia vacare contigerit, dictis abbatisse et conventui nullum prejudicium valeat generari. In cujus rei testimonium presentibus litteris sigillum nostrum duximus apponendum. — Datum anno Domini M° CC° XL° IX°, mense julio.

<small>(Cartul. fol. 192 r°. — Archiv. de l'Aube, copie authent. « Guillelmus, decanus xpistianitatis de Pontibus super Secanam » vidime cet'e charte « Anno Domini 1284, die lune post festum B. Johannis ante Portam Latinam. » Ibid. fol. 243 r°.)</small>

248. — 23 septembre 1250. *Lettre de cens et coustumes de Tilli et Corceroy.*

Omnibus.. Droco, dominus Trianguli, in Domino salutem. Cum Felis Testardi, miles, de Triangulo, legaverit et dederit in pitanciam puram et perpetuum elemosinam ecclesie Paracliti coram me quicquid idem Felis Testardi habeat cum Petro, presbitero, fratre suo, in censibus et costumis ratione escasure ex parte Aceline la *Fourrelle*, sororis sue, apud Tilliacum et Courcelroy, exceptis II sextariis avene et II solidis Pruvinensibus legatis dictis ecclesiis de Tilliaco et de Courcelroy ab eodem Felisio : noverint universi, quod ego Droco, dominus Trianguli, a quo dicti census et coustume tenentur, predicta legata et donationem laudavi volui et concessi. Quod ut ratum et firmum in perpetuum permaneat, ad petitionem ipsius Felisii, presentes litteras ecclesie Paracliti sigilli mei munimine prebui roboratas. — Datum anno Domini M° CC° L°. mense septembri, die veneris ante festum beati Michaelis.

<small>(Cartul. fol. 236 v°. — « Magister Stephanus, decanus</small>

xpistianitatis Trianguli » notifie la même donation « die mercurii post festum B. Dyonisii » le 12 octobre 1250. *Ibid.* fol. 230 r°. — Archiv. de l'Aube, origin.)

249. — Octobre 1250. *De deux pièces de terres à Treynel.*

Omnibus presentes litteras inspecturis Droco, dominus Trianguli, in Domino salutem. Noverint universi quod in mea presentia constituti Guillermus de Triangulo, quondam prepositus, et Jacoba, ejus uxor, recognoverunt se vendidisse Miloni, presbitero, filio defuncti Petri Mosseti, duas pecias terre arabilis sitas in territorio de Triangulo, quarum una sita est ad viam que dicitur Quarrangie, et alia sita est in loco qui dicitur Rancoi, de mea censiva. De quibus terris ipsi se devestierunt, et ego eumdem Milonem manu mea propria de eisdem investivi. Quam venditionem laudavi volui et concessi, et promitto bona fide quod contra hujusmodi venditionem de cetero non venire presumam. Quod ut ratum et firmum permaneat presentes litteras sigilli mei munimine eidem prebui sigillatas. — Datum anno Domini M° CC° L°, mense octobri.

(*Cartul.* fol. 120 v°.)

250. — 25 août 1251. *Comment les religieux de Scellieres nous debvent chascun an IV muis de vin.*

N., miseratione divina Trecensis ecclesie minister humilis.. Noverint universi, quod, cum inter abbatem et conventum de Sigilleriis ex una parte, et abbatissam et conventum Paracliti ex altera, questio verteretur super quadam parte decime vini vinearum abbatis et conventus, plantatarum infra fines parrochie de Boy in finagio grangie *dou Clous*: quartam partem reclamabant dicte abbatissa et conventus, pro eo quod quarta decime vini parrochie pertinet ad easdem; item quartam partem vinearum plantatarum in territorio Renaudi, militis, in parrochia de Barbusia ; et super partibus decime bladi quas percipiunt in dicto territorio, nos, pro bono pacis, ordinavimus in hunc modum : quod de cetero abbas et conventus de Sigilleriis annuatim solvant abbatisse et conventui IV modios vini rubei, de pura gutta, in dictis vineis persolvendos, et sic erunt immunes a persolvenda decima in vineis jam plantatis in Clauso. Ipse vero abbatissa et conventus de quarta parte decime vini in territorio Renaudi in vineis plantatis vel plantandis nichil de cetero abbati et conventui persolvent. Abbatissa et conventus reddent conventui de Sigilleriis XL sextarios bladi pro decima bladi in territorio Renaudi, VIII sextarios avene, XVI ordei, I modium siliginis, IV sextarios frumenti. — Actum anno Domini M° CC° L° I°, die veneris post festum B. Bartholomei.

(Cartul. fol. 219 r°.)

251. — 25 mars 1251 (v. st.) *La lettre commant l'abeesse de la Pommeroie est svbjecte à celle dou Paraclit.*

Religiose domine M., abbatisse Paracliti, totique conventui ejusdem loci, priorissa, totusque conventus de Pommerio, eternam in Domino salutem. Mittimus ad vos religiosas dominas sorores et moniales nostras Johannam cantricem, Agnetem thesaurariam, Beatricem priorissam, de Sancto Leonardo, et Milesandim de Capella, latrices presentium, ad postulandum a vobis vice nostra religiosam dominam Agnetem de Pratis, nostri monasterii canonice electam; universitatem vestram requirentes pariter et rogantes, quatinus, dictam electam nobis et nostro monasterio velitis concedere ad regimen ejusdem monasterii, abbatisse regimine destituti. Et quia sigillum proprium non habemus, sigillum curie Senonensis apponi fecimus litteris presentibus in testimonium premissorum. — Datum anno Domini M° CC° L° primo, in festo Annunciationis B. Marie.

(*Cartul.* fol. 177 v°.)

252. — 17 juin 1254. *Lettre de X solz de rante surs le curé de Lisines.*

Omnibus.. Guillermus, archidiaconus Pruvinensis in ecclesia Senonensis.. notum facimus, quod in nostra presentia constitutus Hemericus, rector ecclesie de Lesinis, confessus est coram nobis se firmiter tenere et inviolabiliter observare compositionem seu ordinationem quam fecit pro se suisque successoribus, nomine ecclesie de Lesinis, cum abbatissa et conventu de Paraclito super causa que inter ipsos ad invicem vertebatur, si reverendo patri ac domino H., Dei gratia nunc Senonensi archiepiscopo, eam placuerit confirmare. Nos vero ad petitionem dicti Hemerici, in testimonium predictorum sigillum nostrum presentibus litteris duximus apponendum. — Actum apud Lesinis anno Domini M° CC° L° IV°, die mercurii proxima ante festum sanctorum Gervasii et Prothasii.

(*Cartul. fol. 99 v°.*)

253. — Novembre 1254. *Lettre d'une pièce de terre à Ferreus.*

Omnibus.. officialis Trecensis.. noverit universitas vestra, quod in nostra presentia constitutus dominus Martinus, presbiter de Ferreux, recognovit coram nobis se emisse a Gileta de Quinceio pro VII libris Pruvinensibus quamdam peciam terre, sitam, ut dicitur, in territorio abbatisse et conventus Paracliti; quam terram dictus presbiter presbiterio ecclesie sue de Ferrex non appropriabit, nec alie ecclesie, sine consensu dictarum abbatisse et conventus. In cujus rei testimonium presentibus litteris sigillum Trecensis curie duximus apponendum. — Actum anno Domini M° CC° L° quarto, mense novembri.

(*Cartul. fol. 120 r°.*)

254. — 26 janvier 1254 (v. st.) *Dou descort entre nous et le curé de Corgivot.*

Nicolaus, miseratione divina Trecensis ecclesie minister humilis, dilecto in Xpo filio suo Petro, priori B. Marie de Pontibus super Sequanam, salutem in Domino sempiternam. Cum dilecte in Xpo filie nostre abbatissa et conventus de Paraclito intendant movere causam contra magistrum Saverium, rectorem ecclesie de Corgivodio, causam ipsam, de consensu partium, vobis committimus audiendam usque ad diffinitivam sententiam, nisi nobis placuerit cognitionem dicte cause ad nos revocare. Vobis etiam mandantes ut in dicte cause cognitione summarie procedatis et acta dicte cause usque ad diffinitivam sententiam, quam nobis reservamus, sub sigillo vestro inclusa nobis fideliter remittatis. Testes autem qui fuerint nominati auctoritate nostra per censuram ecclesiasticam, si necesse fuerit, compellatis veritati testimonium perhibere. — Datum apud Trecas, anno Domini M° CC° L° IV°, in crastino Conversionis B. Pauli, apostoli.

(*Cartul.* fol. 276 v°.)

255. — Mars (Pâques le 28) 1255. « Maria, permissione divina Paraclitensis monasterii humilis abbatissa, totusque ejusdem loci conventus » font connaitre un discord entre l'abbaye « et magistrum Saverium, curatum ecclesie de Corgivodio » les religieuses réclament « duas partes decime novalium parrochie de Corgivodio » l'affaire a déjà été portée « tam coram Petro, tunc priore B. Marie de Pontibus super Secanam, dato a domino episcopo Trecensi judice, quam corom officiali Trecensi ». Enfin l'accord suivant fut conclu : « tam nos, pro monasterio nostro, quam dictus curatus, pro ecclesia de Corgivodio et suis successoribus, partes nostras decimarum tam antiquarum quam novalium in dicta parrochia, inter nos communicavimus et in communi posuimus, ita quod nos pro nostro monasterio medietatem totius decime habebimus de cetero, portabimus et levabimus sine contradictione qualibet ; et ecclesia de Corgivodio aliam medietatem habebit, portabit et levabit ». Toutes les menues dîmes appartiendront au curé ; 40 arpents de terre de la cure sont exempts de la dîme. L'abbaye s'engage « pro parte sua in decimis de Corgivodio, singulis annis dicto curato et successoribus ejus solvere IIII sextarios frumenti et IIII sextarios avene ad veterem mensuram de Pruvino ; et dictus curatus et sui successores tenentur nobis solvere III solidos Turonenses censuales annuatim pro quadam parte vinee dicte ecclesie.. Omnia instrumenta confecta antiquitus de decima supradicta, ac etiam sigillata ab episcopis Trecensibus, ex tunc nullius erunt momenti.. Actum anno Domini 1255, mense marcio.

(*Cartul.* fol. 228 rº).

256. — Avril 1255. *Confirmacion à ce propoz.*

Nicholaus, miseratione divina Trecensis ecclesie minister humilis, omnibus presentes litteras inspecturis in Domino salutem. Noverint universi nos litteras dilectarum in Xpo filiarum abbatisse et conventus de Paraclito vidisse non concellatas, non abolitas, nec in aliqua sui parte viciatas, et inspexisse de verbo ad verbum sub hac forma : « Omnibus.. Maria, permissione divina Paraclitensis monasterii humilis abbatissa » (*ut supra* n. 255.) Et quia dicte partes supplicaverunt ut nos predicte compositioni pium preberemus assensum, et autoritatem nostram ipsi compositioni prestaremus; et nos, qui cogitamus et solliciti sumus, ut debemus, ut subjecti nostri sub omni equalitate vivant, finem etiam litibus imponi cupientes, ad supplicationem dictarum partium, qui cognovimus et intelleximus dictam compositionem in utilitatem tam monasterii quam ecclesie de Corgivodio esse factam, predicte conventioni consensimus et autoritatem nostram prebuimus et eam duximus confirmandam. In cujus rei testimonium et perpetuam firmitatem presentes litteras sigilli nostri munimine fecimus roborari. — Actum anno Domini M° CC° L° V°, mense aprili.

(*Cartul.* fol. 228 r°. — Archiv. de l'Aube, origin.)

257. — Novembre 1255. *Dou compromis sur la granche de Foujon.* « Stephanus, abbas Vallislucentis » notifie que les religieuses du Paraclet réclament « III sextarios avene ad veterem mensuram de Pontibus super Secanam, quos percipiebant singulis annis, ut dicebant, in granchia de Foujon a XL annis et amplius elapsis » les religieux de Vauluisant refusaient de payer cette rente ; enfin les parties choisissent pour arbitres « Milo dictus Quasse-Miche, monachus Vallislucentis, et frater Milo, capellanus Paracliti » en cas de divergence d'avis, le troisième arbitre sera « dominus episcopus Trecensis » dont l'avis terminera le litige. « Datum anno Domini 1255, mense novembri. »

(*Cartul.* fol. 232 r°.

258. — 24 décembre 1255. *Comant les prieures des autres priorés font aussi l'élection de l'abesse dou Paraclit.*

Omnibus presentes litteras inspecturis P., Wastinensis; G., Pruvinensis in ecclesia Senonensi archidiaconi, et magister Droco, canonicus altaris beate Marie in eadem ecclesia Senonensi, salutem in Domino. Orta dudum inter religiosas mulieres abbatissam et conventum Paraclitensem Trecensis dyocesis, ex una parte, priorissas et conventus ex altera, materia questionis super eo quod prefatorum prioratuum priorisse et conventus dicebant se esse et fuisse in possessione eligendi abbatissam in Paraclitensi monasterio cum ceteris monialibus Paraclitensis monasterii tanquam moniales Paracliti, quotiescumque ipsum monasterium quoquo modo vacare contigerit : prefatis abbatissa et conventu Paraclitensis monasterii e contrario negantibus.. Decernimus igitur nos omnes tres, et arbitrando pronunciamus, ut quotiescunque de cetero Paraclitense monasterium ex morte abbatisse, vel alias quocunque modo vacare contigerit, quilibet dictorum prioratuum mittat cum expensis dictorum prioratuum septem moniales de suo conventu cum priorissa ad electionem abbatisse in dicto monasterio celebrandam. Quas septem ad electionem, sicut septem alias moniales Paraclitensis monasterii, sine contradictione qualibet decernimus admittendas. Decernimus nichilominus ut quotiescunque aliquas dictorum prioratuum moniales, quas dicti monasterii Paraclitensis moniales esse pronunciamus, ad ipsum Paraclitense monasterium venire continget, seu contigerit, ipse ibidem recipiantur in dormitorio, refectorio, capitulo, et choro, et in omnibus aliis, sicut cetere moniales Paraclitensis monasterii, quandiu ibidem moram facient, et fraterna in Domino caritate tractentur.. Datum anno Domini M° CC° L° V°, die veneris in vigilia Nativitatis Domini.

(Cartul. fol. 150 r°.)

259. — 24 mars 1255 (v. st.) *Lettre de XIIII sextiers de blé surs le molin de La Court à Marcilly.*

Omnibus.. magister Johannes, decanus xpistianitatis Marigniaci.. Noverit universitas vestra quod Maietus de Marcilliaco, armiger, in nostra presentia constitutus confessus est se debere abbatisse et conventui de Paraclito, singulis annis, XIIII sextarios bladi annui redditus in molendino de Curie Marcilliaci percipiendos et habendos. In cujus rei testimonium.. Datum anno Domini M° CC° L° quinto, die mercurii post Ramos Palmarum.

(Cartul. fol. 240 v°.)

260. — 8 mai 1256. *Lettre de XX bichets d'avoine surs la granche de Foujon qui est à l'abbé de Valluisent.*

Omnibus.. frater St., dictus abbas Vallislucentis, totusque conventus ejusdem loci., noverint universi quod nos tenemur abbatisse et conventui Paraclitensi, ratione grangie nostre de Fojon, in II sextariis avene et I mina ad veterem mensuram de Pontibus super Secanam reddendis dictis monialibus singulis annis apud Fojon in festo sancti Remigii pro omni costuma, censu, terragio et decima tam grossa quam minuta, que habebant in grangia nostra et porprisio nostro de Fojon, sive in terris sive in pratis dicte grangie adjacentibus, exceptis terris illis que site sunt citra cheminum, quod protenditur a Marigniaco usque ad Pontes super Secanam a parte Quinciaci sive a parte Paracliti. Quod ut ratum sit et firmum presentes litteras sigilli nostri munimine reddidimus roboratas. — Datum anno Domini M° CC° L° VI° in octabis beatorum Apostolorum Philippi et Jacobi.

(*Cartul. fol. 159 r°.*)

261. — Juillet 1256. *Dou menu disme de Lisines.*

Henricus, divina miseratione Senonensis archiepiscopus,... ad universitatem vestram volumus pervenire, quod, cum controversia verteretur inter abbatissam et conventum de Paraclito ex una parte, et magistrum Nicholaum, curatum ecclesie de Lisinis ex altera, super hoc quod dictus curatus petebat a dictis sanctimonialibus in jure coram officiali nostro Senonensi pro dicta ecclesia de Lisinis III partes minute decime totius parrochie de Lisinis, quas dicebat ad ipsum, ratione dicte ecclesie de Lisinis, de jure communi pertinere, dictis sanctimonialibus e contrario dicentibus quod dicte III partes ad ipsas pertinebant ex donatione quorumdam nobilium et ex concessione seu donatione Henrici, condam Senonensis archiepiscopi, et quod in possessione fuerant percipiendi dictam decimam a LX annis et amplius : tandem, bonis viris mediantibus, dicte sanctimoniales pro bono pacis dicto curato et ejus successoribus qui averunt medietatem III partium dicte minute decime, excepto vino, in quo nichil concedunt. Insuper quitaverunt dicto curato et ejus successoribus decimam vinearum, quas ecclesia de Lisinis nunc possidet ac etiam aliarum quas in posterum acquirere poterit.. Hanc dictam compositionem duximus confirmandam. In cujus rei testimonium, ne dicta compositio valeat per aliquem commutari, presentes litteras sigilli nostri munimine fecimus roborari. — Actum anno Domini M° CC° L° sexto, mense julio.

(Cartul. fol. 105 r° et 103 r°.)

262. — Juillet 1258. *Dou disme de Fotins emprès Nangis.*

Magister Petrus, officialis curie Senonensis, in Domino salutem. Notum facimus quod Gila, relicta Girardi Gravior, quondam militis de Savins, Girardus et Adoactus, filii sui, in nostra presentia constituti voluerunt et concesserunt spontanei et non coacti, quod quamdam decimam, quam defunctus Petrus de Foetinis, quondam pater dicte Gile impignoravit Domino abbatisse et conventui de Paraclito, sitam in parrochia de Foetins, ipse abbatissa et conventus de Paraclito adhuc teneant et possideant vel quasi per X annos continuos a festo sancti Johannis Baptiste proxime preterito inchoandas, pro XV libris Turonensibus, de quibus predicti pro bene pagatis se coram nobis tenuerunt.. Actum anno Domini M° CC° L° octavo, mense julio.

(Cartul. fol. 95 r°.)

263. — *4 septembre 1258. Arbitraige pour la quarte partie du thonuy du pain à Provins.* « Milo, Sancti Jacobi de Pruvino dictus abbas, arbiter in causa que vertitur inter capitulum Sancti Quiriaci ex una parte, et conventum de Paraclito ex altera. » L'abbesse et les religieuses du Paraclet « proposuerunt quod essent in possessione vel quasi ab anno Domini M° CC° L° tertio percipiendi quartam partem tholonei panis, quod percipitur in Castro Pruvini et in Valle, secundum quod protenditur usque ad aquam que Durtanum dicitur, nichil juris ultra dictam aquam reclamantes; atque se fuisse in possessione vel quasi per XXX annos vel amplius percipiendi dictum theloneum; quod etiam theloneum ad monasterium suum pertinet ex donatione Philippi, militis, dicti *Poilechien*, et ex laude et voluntate Theobaldi, comitis condam Campanie, patris ipsius comitis Campanie qui nunc est, de cujus feodo movebat. » Le chapitre de Saint-Quiriace avait fait saisir le tonlieu en question pendant trois ans, les religieuses du Paraclet demandent à rentrer dans la jouissance paisible du tonlieu, et réclament les fruits perçus depuis trois ans par Saint-Quiriace, fruits qu'elles estiment valoir 27 livres tournois. Les chanoines de Saint-Quiriace prétendent « quod habeant apud Pruvinum totum theloneum panis ex donatione bone memorie Henrici, quondam comitis Campanie, prout in privilegio ejusdem Henrici continetur, et quod de dicto theloneo sunt in possessione fere a C annis » ils demandent la restitution de 100 livres tournois et 20 livres de dommages-intérêts. La cause est plaidée et les témoins entendus « die martis ante Nativitatem B. Marie virginis. Magister Johannes, clericus » a la procuration des religieuses ; Guiardus, claustrarius » substitué à « Guillelmus de Sociaco » a la procuration des chanoines. Le jugement confirme le droit de l'abbaye du Paraclet. « Actum anno Domini 1258, mense septembri die mercurii ante festum Nativitatis B. Marie, continuata a die martis precedente. »

(*Cartul.* fol. 79 v°. et 279 v°.)

264. — Mars (Pâques le 24) 1258. *Cens à Sainte-Colombe et Noeriaus* al. *Nouriaulæ.*

Nos Theobaldus, Dei gratia rex Navarre, Campanie et Brie comes palatinus, notum facimus universis.. quod, cum nos teneremus censum Sancte Columbe juxta Pruvinum, quem moniales Paracliti tenere ac eciam apud *Nouieriaus* juxta Calestriam Magnam LX solidos ; et unum hominem cum pueris suis, qui sequi debent ipsum hominem videlicet Theobaldum dictum *Roussiau* de Villavant ; et XIIII bichetos avene. Que quidem omnia supradicta Theobaldus, Dei gratia quondam rex Navarre, Campanie et Brie comes palatinus, pater noster ac dominus, jamdiu est dum vivebat, seisiri fecerit, quia cognovimus et intelleximus omnia supradicta ad dictas moniales pertinere, divine pietatis intuitu et precum bonorum interventu, ipsis monialibus predictos census avenam et hominem cum pueris predictis reddidimus et laudavimus ab ipsis in perpetuum tenendos ac eciam possidendos.. — Actum anno Domini M° CC° L° octavo, mense marcio.

(*Cartul.* fol. 250 r°. — Archiv. de l'Aube, origin.)

265. — 27 janvier 1259 (v. st.) *Dou nombre des dames à Treignel.* « Guillermus, divina permissione Senonensis archiepiscopus » vidime 1° la lettre de « E., Paraclitensis ecclesie minister humilis » (*supra n.* 239) ; 2° la bulle d'Innocent IV relative au même sujet (*supra n.* 25). — « Datum anno Domini 1259, die mercurii post Conversionem beati Pauli. »

(*Cartul.* fol. 212 r°. — Archiv. de l'Aube, origin.)

266. — Mai 1261. *Lettre des censives et coustumes de Tilly et Courcelroy.*

Omnibus presentes litteris inspecturis Droco, dominus Trianguli, eternam in Domino salutem. Cum Petrus Testardi, presbiter, curatus ecclesie Beate Marie de Castello Trianguli, legaverit et dederit in pitantiam puram et perpetuam elemosinam quicquid idem Petrus habebat in censibus et coustumis apud Tilliacum et Courcelroi, et ad ipsum devenerat ratione escasure ex parte Aceline dicte *La Fourelle*, sororis sue : noverint universi, quod ego Droco, dominus Trianguli, a quo dicti census et coustume tenebantur et de cujus feodo movebant, predicta legatum et donationem volui et laudavi ab ecclesia Pàracliti in perpetuum possidenda. Quod ut ratum et firmum permaneat, ad petitionem ipsius Petri, presentes litteras dicte ecclesie Paracliti sigilli mei munimine roboratas tradidi. — Actum anno Domini M° CC° LX° primo, mense maio.

Cartul. fol. 206 r°. — Archiv. de l'Aube, origin. « Nicholaus, decanus xpistianitatis de Triangulo » notifie la même donation et dans les mêmes termes au mois de mai 1261. *Ibid.* fol. 234 v°. Archiv. de l'Aube, origin.)

267. — 1261. *Lettre dou molin de Quinci.* « Magister Petrus, officialis Senonensis » fait connaître que « Galterus de Soysiaco, miles, frater Ade de Soysiaco, armigeri, et nobilis mulier Isabellis, uxor dicti Galteri » ont donné au Paraclet « medietatem molendini siti apud Quinciacum Trecensis diocesis, cum omnibus modis et commodis jure dominio et justitia.. Ad hoc autem presentes fuerunt : Theobaldus, de Summofonte presbyter ; nicholaus, de Pontibus presbyter ; Michael, de Triangulo presbyter ; Johannes, de Quinci presbyter; Johannes de Moncellis, miles ; Odo, dictus *Chacebuef*, miles ; Petrus de Chienfay, armiger ; Adam, de Oratorio clericus ; frater Briceus, et frater Ferricus conversi dicti monasterii ; dicto abbatis-a, priorissa, et cantrix ipsius monasterii et Isabellis de Villaribus, monialis. — Actum anno Domini 1261, mense januario. »

(*Cartul.* fol. 272 r°.)

268. — Avril 1263. *De XXVI solz de rante emprès la porte Buat à Provins* « Officialis Senonensis » notifie que « Symon de Melenfroio, miles, et Johanna, ejus uxor » ont vendu au Paraclet « XXVI solidos Turonenses denariorum annui redditus absque censiva » sis près du moulin de « Crevecuer » et les prés de « Crolebarbe. » Cette rente consiste : « in ortis, maresiis et arboribus.. trefundus movet a Paraclito. De cette vente « sunt plegii : Petrus dictus *li Jais*, miles ; Johannes dictus Piper ; Robertus de Lupis et Johannes de Lupis, armigeri ; Johannes de Masura, laicus ; et Petrus hucherius, ejus filius.

(*Cartul.* fol. 211 r°. — Archiv. de l'Aube, origin.)

269. — Novembre 1263. *Lettre d'une pièce de terre à Fontenoy-Baussery.* « Droco, dominus Trianguli » fait connaître que « Odo de Fonteneto dicto *Le Bausseri* Senonensis diocesis, armiger » a vendu aux religieuses « do

Paraclito, ordinis sancti Benedicti » une pièce de terre sise « prope Bellum Videre » et mouvant : 1° « de feodo Johannis dicti Fouanz, armigeri, fratris ipsius Odonis; 2° de feodo Johannis de Tilli, armigeri ; 3° de feodo liberorum defuncti Guillelmi de Montmintello, militis, consanguineorum suorum ; 4° de feodo meo (*Droconis*) pro XX l. et X s. Turonensibus. » Désormais le Paraclet aura le droit « hanc terram in manu mortua possidere ab omni jure feodi sive dominii cujuscumque liberam. Ego Droco, divine pietatis intuitu, hanc venditionem laudo pariter et approbo. — Actum anno Domini, mense novembri.

(*Cartul.* fol. 223 v°. — Archiv. de l'Aube, origin, « Guido, decanus xpistianitatis de Triangulo » constate la même vente « Anno Domini 1263, mense novembri. » Archiv. de l'Aube, origin.)

270. — Novembre 1263. *De XX solz de rante que nous pregnons à Treignel.*

Omnibus.. ego Henricus, dominus Trianguli, salutem in Domino sempiternam. Cum nobilis vir olim bone memorie Ansellus, dominus Trianguli, quondam pater meus, abbatisse et conventui Paraclitensi Trecensis diocesis, pietatis intuitu, laude pariter et assensu dilecte Sibille, uxoris sue, ob remedium anime sue necnon et parentum suorum ac eciam dicte uxoris sue in puram et perpetuam elemosinam contulerit XX solidos Turonenses annui redditus, pro anniversario suo et personarum predictarum ibidem faciendo, singulis annis in crastino B. Remigii percipiendos apud Triangulum in suis censibus et custumis pro pitancia die anniversarii facienda, prout in litteris ipsius Anselli super hoc confectis vidimus plenius contineri ; et quia ego dictos census et custumas cum nemoribus que venerabiles viros decanus et capitulum monasterii Sancte Trinitatis de Triangulo Senonensis diocesis habebant apud *Viler Bonex*, que eciam nemora Nemora Hugonis nuncupantur, cambiendos duximus vel eciam permutandos, volo plenius et concedo quod dicte moniales ex nunc in antea dictos XX solidos Turonenses annui redditus in festo sancti Remigii in capite octobris apud Triangulum in redditibus juratarum sive juramentorum seu talliarum hominum meorum pacifice et quiete et absque dilatatione vel exceptione qualibet percipiant annuatim pro dicto anniversario, prout hactenus consuetum celebrari in dicto monasterio, faciendo.. Actum apud Villam Novam Divitum anno Domini M° CC° LX° tercio, mense novembri.

(*Cartul.* fol. 210 r°. — Archiv. de l'Aube, origin.)

271. — 1264. *Dou bois de Jarriai.*

Ego M., Dei gratia Paraclitane ecclesie existens abbatissa, notum fieri volumus tam existentibus quam posteris, quod, ex communi consensu capituli nostri, domino Guidoni de *Revel* concessimus possidendum quicquid habemus in nemore de *Surdoil*, quod vocatur *Jarriai*, tam in bosco quam in novalibus per totius vite sue curriculos, in hoc etenim tenore quod nulla fiet emptio neque venditio nec aliquid ad usarium suum accipiet, nisi de nostro consilio processum fuerit. Forifactorum autem omnium medietatem ecclesie nostre sine contradictione reddet. Ad terram autem ampliandam nullos recipiet hospites, nisi ex nostro consensu ; et si per nos recepti fuerint et per illum, tantum habebunt predictum boscum ad usuarium sui herbergagii. Terram quidem arabilem ubicumque fuerit possidebit, nec aliquid accipiemus de ea, quamdiu vixerit, nisi de gratia nobis dederit. Et si forte terra, que modo nemus est, ex nostro assensu ad novalia devenerit, vel tota vel aliqua ejus pars, eo tenore quo et terram supradictam scilicet arabilem, tenebit. Post ejus vero decessum nemus et terra cum omnibus suis augmentationibus et tota sua vestura sine contradictionis impedimento ad nos revertentur, vel etiam antea si ad habitum religionis, Deo inspirante, convolaverit. Et ut hoc ratum et inconcussum maneat sigilli nostri auctoritate munimus. Hujus rei testes existunt : Willelmus, capellanus, et Petrus, et Fulco de Calestre, nostri capellani ; ex monialibus : Genovefa, Sabina, et Sufemia ; ex fratribus : frater Jocelinus, et frater Rainaudus ; ex parte Guidonis : Theobaldus, frater ejus, et Petrus, frater ejus. — Actum est hoc anno Incarnationis Domini Nostri Jhu Xpi M° CC° LX° III°.

(*Cartul.* fol. 150 r°. — Archiv. de l'Aube, origin.)

272. Février 1264 (v. st.) *Lettre d'ung homme et sa femme qui se donnèrent à l'esglise et leurs biens.*

Omnibus presentes litteras inspecturis N., miseratione divina Trecensis ecclesie minister humilis, salutem in Domino. Notum fecimus quod in nostra presentia constituti Hardoinus dictus *Michoz* de Quinciaco, et Richildis, ejus uxor, coram nobis provide, spontanei, non coacti, recognoverunt et confessi sunt in ipsam et perpetuam elemosinam et ob remedium animarum suarum dedisse, et nomine donationis concessisse donatione irrevocabili facta inter vivos, religiosis mulieribus abbatisse et conventui de Paraclito ordinis sancti Benedicti nostre diocesis, se tanquam familiares ipsius monasterii, et sua bona omnia mobilia et immobilia, presentia et futura, quandiu vixerint ab ipsis monialibus vel earum mandato post ipsorum, aut post alterius eorum decessum pro rata decedentis, capienda, statim possidenda plenius et habenda ubicumque fuerint; de quibus bonis mobilibus et immobilibus predictus conventus medietatem, et dicta abbatissa, pro parte sua, aliam medietatem percipiet et habebit. Petentes ulterius, quod, altero ipsorum sublato de medio, illi qui supervixerit habitum religionis predicti monasterii, tanquam fratri converso, vel sorori converse, conferant si superviventi placuerit, quod abbatissa et conventus bona fide promiserunt. In cujus rei testimonium, ad petitionem utriusque partis, presentes litteras sigilli nostri munimine fecimus roborari, salvo tamen jure alterius cujuslibet in omnibus supradictis. — Actum anno Domini CC° LX° IV°, mense februario.

(*Cartul.* fol. 243 v°. — Archiv. de l'Aube, origin. scellé sur double queue en parchem.)

273. — Novembre 1265. *Compromis touchant le disme de Villegruys.* « Nicholaus, abbas de Cantumerula Trecensis diocesis, totusque ejusdem loci conventus » notifient 1° un discord entre eux et l'abbaye du Paraclet « super eo quod dicte moniales dicebant se fuisse in possessione vel quasi percipiendi singulis annis decimam bladi de XX arpentis terre arabilis, sitis in parrochia de Villagruis, in fines decimationis nostre; que dicta arpenta possident ad presens Archanbaudus dictus *Harens*, burgensis de Pruvino et alii ; et super eo quod dicebant dicte moniales nos levasse et asportari fecisse decimam de dictis terris a decem annis ; 2° tandem compromisimus videlicet nos in priorem de Vilonissa pro bonis, et dicte moniales pro se in magistrum Hatonem de Plesseio Barbusie » le troisième arbitre sera « episcopus Trecensis. » Peine de 40 livres pour la partie qui n'acceptera pas l'arbitrage.

(*Cartul.* fol. 270 r°. — Archiv. de l'Aube, origin.)

274. — Février 1265 (v. st.) *Dou don de un homme et de ses biens.* « Officialis Trecensis » notifie que « Symon de Saiflenaio, miles, et domina Agnes, ejusdem militis uxor » reconnaissent avoir donné au Paraclet « donatione irrevocabili facta inter vivos, Petrum de Sancto Albino, filium defuncti Symonis Claudi, hominum suum de corpore, cum omnibus bonis ipsius Petri mobilibus et immobilibus, presentibus et futuris.. Anno Domini 1265, mense februario. »

(*Cartul.* fol. 271 v°. — Archiv. de l'Aube, copie.)

275. — 26 avril 1266. *Empechemenz ou disme de Justigni et de Lors levé.* « Officialis curie Senonensis » notifie que 1° depuis longtemps les religieuses du Paraclet sont en possession de prendre « decimam omnium inbladaturarum in terris sitis in territorio et finagio parrochie de Karoli Domo, deversus Tachiacum et Justiguiacum, que villa Justigniaci sita est in parrochia de Pareto ; et in terris sitis in dictis villis de Tachiaco et Justigniaco ; » 2° en 1264 « Gaufridus Regino de Karoli Domo « fit enlever injustement « de terra Girardi de Tachiaco, sita in decimariis antedictis, X gelimas frumenti ; et in anno nuper preterito de eadem terra VIIII gelimas frumenti et VIIII gelimas ordei asportavit ; » les 19 gerbes de froment représentent un setier de grain et les 9 gerbes d'orges sont estimées « usque ad III minellos ad mensuram veterem Pruvini ; le tout est estimé « XV solidi Turonenses. » 3° Geoffroi est condamné à restituer en nature les gerbes enlevées, la question des frais est réservée. « Datum die lune post festum B. Marci, evangeliste. Anno Domini 1266.

(*Cartul.* fol. 81 r°. — Archiv. de l'Aube, origin.)

276. — 7 mai 1266. *Lettre de Saint-Anthoinne de Vienne.*

Venerabili et religiose domine.. abbatisse de Paraclito, et toti conventui ejusdem loci Trecensis dyocesis, frater Guilelmus, magister hospitalis Sancti Antonii Viennensis dyocesis, salutem, vitam eternam, et orationes in Xpo Jehu. Et pie devocionis affectui, quem erga ordinem nostrum fratres et nuncios nostros vos habetis, sicut ex ipsorum relatione didicimus, remuneracionem quam inde possumus rependentes, plenam participationem omnium orationum, missarum, elemosinarum, vigiliarum, peregrinationum aliorumque omnium bonorum spiritualium, que in nostro ordine tam in capite quam in membris ejus fiunt et fient in perpetuum vobis ex magna concedimus caritate ; adjungentes insuper de gratia speciali, quod, cum obitus vestri dies nobis innotuerit, sub presentium testimonio litterarum tantum fiet pro vobis quantum pro uno de nobis fieri consuevit in missis orationibus et in psalmis. — Datum apud Sanctum Antonium in crastino Ascensionis anno Domini M° CC° LX° VI°.

(Cartul. fol. 133 v°.)

277. — 27 juillet 1266. *Amortissement de nostre meson de Maregni.*

Omnibus presentes litteras inspecturis Garnerus de Triangulo, dominus de Marigniaco in Campania, diocesis Trecensis, salutem in Domino. Notum facimus, quod, cum frater Garnerus dictus *Chape*, presbiter, redditus et dedicatus ecclesie Paraclitensis, quondam filius Galteri dicti *Chape* de Summo Fonte, antequam dictam religionem intraret, quamdam domum suam cum proprisio, sitam apud dictum Marigniacum, moventem de censiva nostra, sub annuo censu, videlicet, ad IX denarios censuales, donasset nomine donationis eidem ecclesie, peterentque a nobis sanctimoniales predicte ecclesie ut dictam domum cum porprisio adjacenti ab ipsis nomine dicte sue ecclesie in manu mortua deinceps in perpetuum possidere permitteremus et tenere : nos vero, moderatis et justis postulationibus aurem nostram benignam duximus inclinandam, volentes et concedentes ut dictam domum cum dicto proprisio ejusdem in perpetuum teneant in manu mortua et possideant libere pacifice et quiete ; predictam donationem ex parte presbiteri eam laudantes, acceptantes et etiam pietatis intuitu plenius approbantes, retentis tamen, ex parte nostra, in dictis domo et proprisio IX denariis censualibus, quos volumus nobis vel mandato nostro ex parte ipsarum reddi pariter annuatim. In cujus rei testimonium.. — Actum anno Domini M° CC° LX° sexto, die martis ante festum beati Petri ad Vincula, mense julio.

(Cartul. fol. 140 r°.)

278. — Septembre 1266. *Dou disme de Villegruys.*

Omnibus presentes litteras inspecturis N., miseratione divina Trecensis ecclesie minister humilis, salutem in Domino. Notum facimus, quod, cum discordia verteretur inter religiosas mulieres abbatissam et conventum de Paraclito ex una parte, et dominum Joannem, curatum ecclesie de Villagruis, ex altera, super eo quod dicte religiose dicebant se fuisse in possessione percipiendi, tam per se quam per mandatum suum, decimam bladi de XX arpentis terre arabilis site, ut dicitur, in parrochia de Villagruis infra fines decimationis Sancti Medardi ; et super eo quod dicte religiose dicebant se fuisse similiter in possessione percipiendi, tam per se quam per mandatum, decimam bladi de VII arpentis terre arabilis spectantibus ad dictam ecclesiam de Villagruis, sitis infra fines decimationis ipsarum religiosarum, que omnia et singula negabat curatus, tandem, mediante bonorum consilio, talis inter eos venit compositio : religiose decimam de XX arpentis habebunt, et parochus de VII arpentis decimam habebit, et de omnibus aliis terris acquisitis vel acquirendis curatus vel ipsius successores, omni exceptione pretermissa, religiosis deinceps decimam solvere tenebuntur. Nos autem, in hac compositione utriusque partis attendentes utilitatem, dictam compositionem approbamus et etiam confirmamus, eidem nostrum omnimodum prebentes assensum. In cujus rei testimonium et evidentiam pleniorem presentes litteras sigilli nostri munimine fecimus roborari. — Actum anno Domini M° CC° LX° VI°, mense septembri.

(*Cartul.* fol. 246 r°. — Archiv. de l'Aube, origin., sceau rompu.)

279. — 1266. *Lettre de X sols de rente sur le curé de Lisines.* « Magister Odo, decanus xpistianitatis Pruvinensis » fait connaître 1° un discord entre l'abbaye du Paraclet « et Nicholaum, curatum ecclesie de Lisinis, super eo videlicet, quod dicte religiose dicebant se fuisse a longo tempore in possessione recipiendi quolibet anno XII solidos Turonenses vel monete equivalentis annui redditus a presbitero curato de Lisinis. » Le chapelain des religieuses se présente avec leur procuration : « Maria, miseratione divina Paraclitensis monasterii, ordinis sancti Benedicti, Trecensis diocesis, humilis abbatissa, totusque ejusdem loci conventus salutem in Domino. Noveritis quod nos dilectum in Xpo et fidelem capellanum nostrum Hodeerum, presbiterum, latorem presentium procuratorem nostrum generalem constituimus.. Actum anno Domini M° CC° LX° tercio. die lune ante festum beati Nicholai hiemalis. » 2° Les parties « amicabiliter compromittunt in venerabilem virum magistrum Petrum, canonicum, officialem Senonensem.. debet istud arbitrium terminari infra obtabas instantis festi B. Remigii quod est in capite octobris.. Actum anno Domini 1266. »

(*Cartul.* fol. 102 r° et 100 r°.)

280. — 25 septembre 1266. *Accord à ce propoz.* « Petrus, officialis curie Senonensis » fait connaître l'accord entre l'abbaye du Paraclet « et magistrum Nicholaum, curatum ecclesie de Lisinis. » Les religieuses disaient qu'elles étaient en possession « a longo tempore, recipiendi quolibet anno XII solidos Turonenses vel monete equivalentis a presbytero curato de Lisinis.. » après un compromis et un arbitrage « tandem amicabiliter composuerunt in hunc modum, videlicet, quod dictus curatus et successores sui predictis religiosis X solidos Turonenses die festo beati Hylarii apud Lisinias reddent in perpetuum et persolvent annuatim. » Les religieuses n'exigent pas le paiement des arrérages.. « Actum die sabbati post festum sancti Mathei, apostoli. anno Domini 1266 »

(*Cartul.* 101 r° et 106 r°.)

281. — Octobre 1266. *Dou compromis avec le chapitre de Saint-Nicholas de Sézanne.* « G., decanus ecclesie B. Nicholai de Sezannia, diocesis Trecensis » déclare que le chapitre de Saint-Nicolas acceptera tout ce qui sera réglé par le prévot de ce chapitre « et Thomas, presbiter curatus ecclesie Sancti Juliani de Sezannia » relativement à un discord avec le Paraclet « super duobus solidis consualibus, quos religiose Paraclitenses petebant cujusdam domus pauperum scolarium, site in calceia Sezannie prope domum Auboini dicti *Lepin,* quedomus ipsorum scolarium quondam fuit defuncti Joffridi de Curtebertodi » Les religieuses consentiront l'accord qui sera décidé. « Datum anno Domini 1266, mense decembri. »

(*Cartul.* fol. 268 v°.)

282. — Décembre 1266. *Confirmation de l'accord avec le curé de Lisines.* « Guillermus, permissione divina Senonensis archiepiscopus » vidime le jugement rendu par son official (*supra n.* 275), puis le confirme : « predictam vero compositionem seu ordinationem, in dictis litteris nostre curie comprehensam, equam esse et congruam attendentes, ratam habemus pariter et acceptam, et eamdem auctoritate nostra confirmamus et etiam approbamus. — Datum apud Noelon anno Domini 1266, mense decembri. »

(*Cartul.* fol. 103 v° et 106 r°.)

283. — 2 janvier 1266 (v. st.) *Lettre dou molin de Justigni.* « Officialis curie Senonensis » notifie 1° un discord entre les religieuses du Paraclet et « Renerius Accum, burgensis de Pruvino, super eo quod moniales dicebant se habere XVIII sextarios bladi, videlicet XV sextarios frumenti et VI sextarios ordei ad veterem mensuram Pruvini annui redditus singulis annis in duobus molendinis dicti Renerii prope Justigniacum, in loco qui dicitur *Brule*, moventibus, ut dicitur, de censiva Paracliti ad XII denarios censuales, reddendos in domo dictarum monialium prope Pruvinum, que vocatur Parvus Paraclitus. » Renier objectait des réparations urgentes à faire au moulin, et demandait une réduction sur la rente ; 2° « tandem amicabiliter composuerunt in hunc modum, videlicet, quod moniales singulis annis percipient et habebunt in dictis molendinis unum modium bladi, videlicet IIII sextarios frumenti de meliori quod dicta molendina lucrabuntur, IIII sextarios siliginis, et IIII sextarios ordei ad dictam veterem mensuram.. Datum die dominica post Circumcisionem Domini, anno Ejusdem 1267. »

(*Cartul.* fol. 111 v°.)

284. — Janvier 1268 (v. st.) *Dou don que li sires de Saint-Aubin povoient avoir en l'eschoite de Pierre de Saint-Aubin.*

Officialis Trecensis.. noverint quod in nostra presentia constitutus nobilis vir dominus Guillelmus de Sancto Audoeno, miles, et nobilis mulier domina Felisea, uxor predicti militis.. recognoverunt se ex mera sua liberalitate donasse, et nomine donationis concessisse, donatione irrevocabili facta inter vivos, abbatisse et conventui de Paraclito quicquid habebant in Petro de Sancto Albino, quondam defuncti Symonis Claudi filio, vel habere poterant quoquomodo in omnibus et singulis commodis, possidendum et habendum in perpetuum pacifice.. — Actum anno Domini M° CC° LX° octavo, mense januario.

(Cartul. fol. 269 v°.)

285. — Septembre 1269. *La vigne de Pui-Ordon à Chalaute-la-Grande.* « Guillelmus, decanus xpistianitatis de Pontibus super Secanam » fait connaître que « Erardus, filius Stephani de Fulcheriis, et Margareta, ejus uxor » ont vendu au Paraclet « nomine perpetue vendicionis et in forma necnon nomine burgensie, peciam vinee, quam habebant infra fines parrochie de Calestria Magna, in territorio de Puteo de *Ordon* sitam, et moventem de censiva virorum prudentium Petri de Plexeio Barbusie, Ade dicti Prepositi, et Arnulphi fratris predicti Ade ad III denarios et I obolum Turonenses censuales » Prix : XXX et VIII libre Turonenses. Anno Domini 1269, mense septembri.

(Cartul. fol. 273 v°. — Archiv. de l'Aube, origin. scellé sur double queue en parchem.)

286. — 1ᵉʳ avril 1269 (v. st.) *Amortissement de pluseurs chouses.*

Nos Theobaldus, Dei gratia rex Navarre, Campanie et Brie comes palatinus, notum facimus.. quod nos, ob remedium anime nostre et antecessorum nostrorum, quicquid religiose mulieres de Paraclito in nostris feudis, retrofeudis, censivis, allodiis, seu dominio, aut ab hominibus nostris quocumque modo acquisierunt usque ad confectionem presentium litterarum volumus, laudamus et confirmamus eisdem volentes et concedentes, quod omnia et singula acquisita sua habeant ex nunc imperpetuum in manu mortua pacifice et quiete, gardam et justitiam in predictis acquisitis nobis et successoribus nostris nichilominus retinentes.. — Datum per nos apud Nogentum super Secanam anno Domini Mº CCº LXº IXº mense aprili die martis ante Ramos Palmarum.

(*Cartul.* fol. 172 vº. — Archiv. de l'Aube, copie.)

287. — 2 avril 1269 (v. st.) *Amortissement dou boys de nostre granche des Essarz commant ils sont hors de gruerie.*

Nos Theobaldus, Dei gratia rex Navarre, Campanie et Brie comes palatinus, notum facimus . quod, cum abbatissa et conventus de Paraclito teneant et possideant, ut intelligimus, circa XV arpenta nemoris sita apud *Jarriel* in parrochia de Sordolio, in quo quidem nemore habemus grueriam ; nos, ob anime nostre ac predecessorum nostrorum remedium, monialibus grueriam antedictam donamus concedimus ac penitus quitamus, volentes ac concedentes ut dicte moniales XV arpenta predicti nemoris libera ab omni grueria in perpetuum habeant et possideant in manu mortua pacifice et quiete, salvo jure in omnibus alieno; gardam et justitiam pro nobis ac successoribus nostris in supradicto nemore retinentes. In cujus rei testimonium.. Datum per nos apud Marigniacum die mercurii proxima ante Ramos Palmarum, anno Domini M° CC° LX° nono, nota Brunelli.

(*Cartul.* fol. 86 v° — Archiv. de l'Aube, origin. Le sceau était sur fils de soie rose. *Vidimus* de cette charte émané de l'officialité de Troyes « anno Domini 1295, die veneris post Ascensionis Domini. Johannes de Trecis. » *Ibid.* fol. 87 v°.)

288. — 19 avril 1270. *Comment nous pregnons L sols de rente à Chanpflori et XVI deniers de cens.*

Omnibus.. officialis Senonensis in Domino salutem. Notum facimus quod coram nobis constitutus Hodeerus de Sancta Columba prope Pruvinum dictus *Quartiers*, presbiter, rector ecclesie de Lupis, recognovit acensivasse et nomine perpetue censive recepisse pro se et suis heredibus in perpetuum a religiosis mulieribus abbatissa et conventu monasterii de Paraclito Trecensis diocesis duas petias terre arabilis : quarum una sita est in territorio de *Masiere Gandon*, inter terram Guillelmi dicti *Blo*, clerici, ex una parte, et terram Simonis Regularii, ex altera, continens III quarterios et dimidium ; alia vero petia sita est ante villam Campifloridi prope Pruvinum a parte chemini de Cuchermeio, inter terram predicti Guillelmi *Le Blo* et vineam Johannis dicti *Lavenier*, continens VIII arpenta et dimidium quarterium terre. Hee terre tenende in perpetuum ab ipso Hodoero et ejus heredibus pro duabus denariis Turonensibus censualibus, solvendis annis singulis in festo beati Remigii quod est in capite octobris, apud Pruvinum in domo monialium que Paraclitus nuncupatur ; insuper pro V solidis et VIII denariis Turonensibus cum censu prenominato solvendis, singulis annis, pro quolibet arpento.. — Datum anno Domini M° CC° LXX°, die sabbati post Resurrectionem Domini.

(*Cartul.* fol. 83 r°.)

289. — Août 1270. *Arbitraige pour le disme de Marivas.*

Omnibus presentes litteras inspecturis capitulum Sancti Quiriaci de Pruvino salutem in Domino. Noveritis, quod, cum inter nos ex una parte, et religiosas mulieres abbatissam et conventum Paracliti, ordinis sancti Benedicti, Trecensis diocesis, ex altera, super proprietate decime XI arpentorum terre arabilis site supra villam que dicitur *Marivas*, de qua dicebamus nos fore in vera et pacifica possessione vel quasi, dictis religiosis mulieribus contradicentibus et in contrarium protestantibus, discordia verteretur, tandem compromisimus, videlicet, in venerabilem virum et discretum magistrum Arnulphum, decanum de Villamauri, et Guillelmum dictum Blodum de Pruvino, clericum ; quod si isti duo arbitri in unam non possent sententiam concordare, Petrum dictum Paris de Pruvino, clericum, tertium in mediatorem eligimus, cujus sententia cum altero arbitrorum concordans prevaleret. Promittimus per legitimam stipulationem, et sub pena XL librarum Turonensium, quam parti religiosarum mulierum solvere teneremus, si a prolatione arbitrii resileremus, nos perpetuo observaturos. Ad omnes dies ab eisdem nobis assignandas per procuratorem vel sindicum sufficienter institutum comparabimus, sub pena XL solidorum pro die qualibet qua deficeremus per contumaciam. Que vero terminari debent per predictum arbitrium infra instans festum Omnium Sanctorum, nisi de consensu partium terminus prorogetur. In cujus rei testimonium.. anno Domini M° CC° LXX°, mense augusti.

(*Cartul.* fol. 78 v°. et 185 v°.)

290. — 13 mars 1270 (v. st.) *Lettre d'arbitraige avec ceulx de Saint-Jacques, au sujet d'un demy muy de blé.* « Johannes, miseratione divina monasterii Sancti Jacobi de Pruvino humilis abbas, totusque ejusdem loci conventus.. proponebamus coram officiali Senonensi per modum reconventionis nos per longum tempus fuisse in possessione percipiendi dimidium modium bladi, videlicet, III sextarios frumenti et III sextarios avene ad mensuram de Pruvino capiendos in domum suam sita prope Pruvinum, que Parvus Paraclitus nuncupatur. » Un compromis est signé. Les arbitres sont, pour Saint-Jacques « dominus

Galterus, presbiter, magister, » et pour le Paraclet « Gaufridus, presbiter, curatus ecclesie de Poigniaco prope Pruvinum; » le troisième arbitre choisi de concert par les deux parties est « magister Gilo Cornuti, precentor Senonensis. » La partie qui ne comparaitra pas au jour fixé paiera 20 s. d'amende. La partie qui ne se conformera pas à l'arbitrage paiera 20 livres tournois d'amende. — « Datum anno Domini 1270, die veneris ante dominicam qua cantatur *Letare Jerusalem.*

Cartul. fol. 283 r° — Archiv. de l'Aube, origin.)

291. — Septembre 1271. *Lettre dou disme des terres qui sunt à Sordun.*

Omnibus.. Johannes, Dei gratia monasterii Sancti Jacobi de Pruvino, ordinis sancti Augustini, Senonensis diocesis, humilis abbas, totusque ejusdem loci conventus salutem in Domino. Noverint universi, quod, cum discordia verteretur inter nos ex una parte, et religiosas mulieres abbatissam et conventum de Paraclito, ordinis sancti Benedicti, Trecensis diocesis, ex altera, super eo, videlicet, quod nos petebamus ab ipsis, pro prioratu nostro de Nemore Ertaudi, III sextarios frumenti et III sextarios avene ad mensuram de Pruvino annui redditus, ratione decime terrarum spectantium ad granchiam ipsarum de Essartis prope prioratum nostrum de Jarrieto, capiendos singulis annis in domo sua prope Pruvinum, que Parvus Paraclitus nuncupatur; et super eo quod petebamus ab ipsis VIIII modios bladi, medietatem frumenti et medietatem avene pro arreragiis ratione defectus solutionis bladi supradicti.. Omnia supradicta quittavimus. Pro qua vero quittatione, et in ejusdem quittationis recompensationem, moniales Paracliti promiserunt et tenentur solvere nobis, pro dicto prioratu de Nemore Ertaudi, singulis annis in perpetuum infra Nativitatem Domini, dictos III sextarios frumenti mercabilis et III sextarios avene bone et laudabilis annui redditus ad mensuram supradictam in domo Parvi Paracliti.. — Actum anno Domini M° CC° LXX°, mense septembri.

(*Cartul.* fol. 89 r°.)

292. — Juillet 1275. *Lettre d'ung discord avec le chappitre de Sens.*

Girardus, decanus, totumque capitulum Senonense.. Notum facimus, quod, cum contentio sive discordia verteretur inter nos et sanctimoniales de Paraclito de decimaria in territorio de Monte Bruleti, de Nangis, et de Monte Dei.. De cetero moniales percipient pacifice et quiete decimam omnium terrarum que sunt per deversus Montem Bruleti, sicut se comportat rivus de *Borgoignon* et rivus de Spissia Lumbardi continue et in directum usque ad *Planthehart* usque ad Charmetam secus cheminum, et de Charmeta secus cheminum usque ad masuram defuncti Tyon, et de masura defuncti Tyon secus cheminum usque ad Bordetas, et de Bordetis usque ad Frantaillias seu confinia decimarie de Capella de Erableyo.. — Datum anno Domini M° CC° LXXV°, mense julio.

Cartul. fol. 92 v°. — *Vidimus* donné le 30 août 1455,

sous le sceau « de la baillye de Donnemarie en Montois. »
Archiv. de l'Aube, origin.)

293. — Octobre 1278. *C'est la chartre l'arcediacre de Chantaloe.* « Soror Maria, ecclesie Paraclitensis humilis abbatissa » et le couvent notifient « quod bono memorie et inclite recordationis Johannes de Cantu Alaude, quondam archidiaconus in ecclesia S. Petri Trecensis » a légué au Paraclet pour son anniversaire à perpétuité 40 livres de Provins, délivrées par les exécuteurs testamentaires; les religieuses assignent « ob recompensationem dicte pecunie, quatuor sextarios frumenti ad VI denarios minus de melioribus, ad mensuram veterem de Nogento super Secanam, in granchia de Paraclito quolibet anno in octabis sancti Remigii in capite octobris, pro dicto anniversario perpetuo celebrando.. — Actum anno Domini 1278, mense octobris. »

(Cartul. fol. 230 r°. — Archiv. de l'Aube, origin.)

294. — 1ᵉʳ janvier 1278 (v. st.) *Testamentum nobilis domine Marie de* Esternay.

In nomine Patris et filii et Spiritus Sancti, amen. Omnibus.. Maria, miseratione divina Paraclitensis monasterii humilis abbatissa, ordinis sancti Benedicti, et nobilis vir dominus Hugo de Rumiliaco, miles, salutem in Domino. Noveritis quod in nostra presentia constituta domicella Maria, nobilis, de Esternayo, Trecensis diocesis, testamentum suum compos mentis condidit et ordinavit in hunc modum : primo legavit pro remedio anime sue abbatisse et conventui de Pietate juxta Ramerucum, in qua elegit sepulturam suam, XXX libras Turonenses; abbatisse et conventui de Paraclito XXX libras

Turonenses ; thesaurarie ecclesie Paracliti XX libras ; Agneti de Triangulo, moniali Paraclito, C solidos ; Agneti de *Meseringes*, moniali de Paraclito, IIII libras Turonenses ; domino Garnero, capellano de Paraclito, XX solidos Turonenses ; quatuor presbyteris ejusdem loci XX solidos ; quatuor monialibus, sororibus, de Pietate, dictis de *Chapes*, IIII libras Turonenses ; pro pannis emendis pauperibus erogandis VI libras Turonenses ; monialibus de Tabella Trianguli XX solidos ; abbatisse et conventui de Jardino juxta *Plaicurre* XL solidos ; Fratribus Minoribus de Sezania XL solidos ; matri sue que eam nutrivit XX solidos ; domino presbytero de Quinceyo, qui testamentum scripsit V solidos. Ad hec omnia premissa facienda et solvenda elegit executores suos nobilem virum dominum Hugonem de Rumilliaco, militem, et nobilem virum Johannem de Esternayo, fratrem suum, militem, et promiserunt per fides suas corporaliter prestitas dictum testamentum pro posse suo fideliter adimplere.. Datum anno Domini M° CC° LXX° octavo, die Circumcisionis Domini.

(*Cartul.* fol. 160 r°. — *Vidimus* de cette pièce émané de l'officialité de Troyes « die martis post festum Decollacionis B. Johannis Baptiste (30 août) anno Domini 1300. *Ibid.* fol. 161 r°.)

295. — Octobre 1281 *Lettre d'ung discord sur une maison à Provins faisant le coing de la rue du Mynage, devant la Fontaine Saint-Ayoul*. « Frater Felix, abbas Sancti Petri de Cella Trecensi » fait connaitre un discord existant entre « virum venerabilem et religiosum Guichar-

dum priorem prioratus nostri Sancti Aygulphi de Pruvino, et conventum de Paraclito.. super eo videlicet quod dictus prior quamdam domum cum cameris et pertinentiis dicte domus ipsarum religiosarum, site ante Fontem Sancti Aygulphi, juxta domum Felisei dicti *Mignot* in illo trivio sicut itur a Magno Vico ad Minagium de Villa Pruvini et ad Carboneriam, moventem de censiva prioratus Sancti Aygulphi ad XII denarios censuales, ratione novalium saisierat; nolens quod dicta domus penes ipsas religiosas in manum mortuam remaneret. » Les religieuses prouvent que « se a sexaginta annis citra et amplius dictam domum, censum eumdem confitentes, pacifice possedisse. » Le prieur de Saint-Ayoul renonce à ses prétentions et abandonne aux religieuses la maison en question « in manum mortuam quiete et pacifice in perpetuum possidendam. — Datum anno Domini 1281, mense octobri. »

(*Cartul.* fol. 77 r° et 284 v°.)

296. — 13 novembre 1281. *Lettre de l'amoisenement d'une pièce de terre à Saint-Aubin.*

Omnibus.. officialis Trecensis.. notum facimus quod in nostra presentia constituti Radulphus de Marnayo, armiger, et domicella Margareta, uxor ejus, recognoverunt et confessi sunt in jure coram nobis se ad rectam medietariam tradidisse et concessisse, usque ad XV annos a festo B. Andree proxime venturo continue computandos, religiosis mulieribus abbatisse et conventui de Paraclito quamdam suam peciam terre sitam in finagio de Sancto Albino, continentem XXI arpenta, juxta terras Guillelmi de Sancto Albino, armigeri, tali conditione, quod dicte religiose debent et tenentur dictam terram bene et fideliter excolere seu excoli facere et imbladare bonis temporibus et competentibus saisonibus, ac facere falcicari et ligari suis propriis sumptibus et expensis, durante termino supradicto ; et dicti conjuges quolibet anno XV annorum, quo dicta terra imbladata fuerit in messibus, medietatem fructuum dicte terre quittam et liberam percipient. Et illam medietatem dicte religiose tenebuntur facere adduci ad sumptus suos proprios in parrochia de Sancto Albino, ad quam domum maluerint dicti conjuges. Et dictam terram facere finari vel percheari semel in XV annis supradictis.. — Datum anno Domini M° CC° LXXX° primo, die jovis post festum B. Martini hyemalis.

(Cartul. fol. 146 v°.)

297. — 3 février 1282 (v. st.) *La lettre dou bays de Poisi.*

A tous ces qui verront ces lettres Ansiaus de Treignel, sires de Poisi, salut. Nous faisons asavoir à touz que nos an bonne foi avons otrié à religieuses dames à l'abeesse Marie dou Paraclit de la diocèse de Troies et à tout le convent du meismes leu les uscres dou bois de Poisi, si com eles l'ont usé de leur eglyse et de leurs granches partout ou leur droit est ; nus ne les destourbera ne par lui ne par ses homes ; et se il avenoit que aucune gent voussissient ampescher leur droiture de ce que eles y ont, la devant dite abeesse ou cil qui seroient an son leu feroient à savoir par bonne gent ou par autre instrumans leur droiture, tels com elles y ont eu de lonc temps an ces dis useres; et partant nous leur otroions quex par nous, ne par autre qui soit de nostre juridiction, ne leur sera empeschié dor an avant. Ou tesmoing de laquele chose nous avons mis nostre séel a ceste présente leitre l'an de grace M. CC. LXXXII, lendemain de la Purification Nostre-Dame.

(*Cartul.* fol. 202 v°.)

298. — Juin 1285. *Lettre dou disme de Regni la Noueus contre chapitre de Troies.* « Abbas et conventus monasterii de Sigilleriis, et abbatissa et conventus de Paraclito » notifient le compromis entre l'abbaye de Sellières et l'abbaye du Paraclet d'une part, et le chapitre de Troyes de l'autre, au sujet de la dîme « de Rigniaco Laismosoreus » les arbitres choisis sont : du côté du chapitre de Troyes « magister Johannes de Cantualaude ipsorum canonicus »; et du côté du Paraclet et de Sellières « venerabilis vir abbas Sancti Martini in areis Trecensis » si ces deux arbitres ne s'entendent pas, le troisième sera « Petrus de Onjione, rector ecclesie B. Remigii Trecensis., — Actum anno Domini 1285, mense junio. »

(*Cartul.* fol. 188 r°. — Archiv. de l'Aube, origin.)

299. — 28 juillet 1286. *Lettre de une meson que nous avions a Fontenay-le-Perreux.*

A touz ces qui verront ces présentes lettres nos Marie, humble abbeesse dou Paraclit par la grace de Dieu, et tout li convanz de ce meismo leu, salut en Jhu-Crist. Nous faisons a savoir à touz que nous avons vendu à Benoit, li fil Milaut le Vagel, une nostre meson qui siet a Fontenoi le Perrors ensemble le pourprins de cele dite meson, laquelle fu jadis Pierre dit Vaget ; et nous tenons pour paiés de la vendue de cele dite meson et dou pourprins, de dic livres de tournois ; et li baillons, mouvant à nos de IV deniers de cens, et une mine d'avoine, et une geline à rendre à la grange de Fontenoi chascun an au jour de feste saint Remi. Et promettons a bone foi à garentie porter au dit Benoit et à ses hoirs à touz jours mes ancontre tous aus us dou païs parrandant la coustume et les choses desus dites. Ou tesmoing de la quelle chose nous avons mis nos sées en ces présentes lettres l'an de grace M. CC. LXXX et sis, le dimenche après la Magdeleine.

<small>(*Cartul.* fol. 155 v°. « Giles, doyens de la crestienté de Marigni de la diocèse de Troys » *vidime* cet acte l'an 1286. *Ibid.* fol. 155 v°.)</small>

300. — 5 février 1290 (v. st.)-7 février 1297 (v. st.) « Philippus, Dei gratia, Francorum rex, collectoribus decimalis subsidii in Senonensi et Trecensi civitatibus et dyocesibus deputatis salutem.. vobis mando quatenus ea, que abbatissa et conventus monasterii de Paraclito ratione dicti subsidii exhibere debuerint de summa octies viginti librarum et decem et novem solidorum Turonensium in quibus pro bladis et avenis ad usum nostrum captis in domibus earumdem teneri dicuntur.. provisoribus significare curetis ne hoc ab eis alias requiratur.. Actum in abbatia Montis Sancti Quintini prope Peronam die V februarii anno Domini 1290. » En vertu de ces lettres « magister Bartholomeus de Renavalle, sigillator Trecensis curie, et Andreas de Gonessia, curatus ecclesie de Argentolio Parisiensis diocesis, collectores decimalis subsidii in diocesi Trecensi » mandent à « Symoni de Courcellis, preposito de Meleduno, et Jacobo dicto Coquatris, Philippo de Fontanis, et Petro

Munerio, provisoribus garnisionum illustris regis » qu'ils ont fait remise de 70 livres de petits tournois au Paraclet. « Die veneris ante Cineres anno Domini 1297. »

(Cartul. fol. 234 r°. — Archiv. de l'Aube, origin.)

301. — 19 février 1290 (v. st.) *Lettre dou don de Pierre fils Symon le Boiteus qui se donna li et ses biens.* « Officialis Trecensis » notifie que « in presentia fidelis jurati nostri Odardi de Calestria, curati de Ferroso, ad hoc a nobis specialiter deputati, Petrus de Sancto Albino, filius defuncti Symonis Claudi, dictus de Ortus de Paraclito, et Maria, uxor ejus » en reconnaissance des bienfaits qu'ils ont reçu des religieuses du Paraclet « se, ob remedium animarum suarum, Deo dedicaverunt ; ac etiam omnia bona sua mobilia et immobilia, presentia et futura, exceptis duabus peciis terre sitis in Bremente, donaverunt.. — Datum anno Domini 1290, die lune ante festum Cathedre Sancti Petri. »

(Cartul. fol. 158 r°.)

302. — 13 avril 1290 (v. st.) *Lettre d'une vigne à Fonteinebeton.* « G., decanus xpistianitatis de Pontibus super Secanam » notifie que « Coletus de Fontebeton, filius condam defuncte *Piteuse* » reconnaît avoir reçu des religieuses du Paraclet « nomine admodiationis usque ad XIX annos continue.. vineam in finagio de Fontebeton.. pro II modiis vini rubei sufficientis ex pura gutta quolibet anno in festo sancti Remigii.. Actum anno Domini 1290, die veneris ante Ramos Palmarum.

(Cartul. fol. 196 r°).

303. — 23 mars 1292 (v. st.) *L'amoisenement d'une place wide que nos aviens ou chastel de Nogent.*

A tous ceux.. Guillaumes dou Chastelet, bailliz de Sézanne et de Biaufort, salut. Saichent tuit que pardevant Johan Jobert et Jehan de Parigny, clerc, nos jurez de Noigent seur Seigne vindrent en propre personne mestre Martins li Chopins, et Marguerite, sa femme, et recongnurent de leur bonnes volontés que il ont pris et retenu de religieuses fames l'abeesse et le convent de l'eglise dou Paraclit une place ensemble les appartenances, la quelle les dites religieuses avoient séant en Chastel de Noigent seur Seigne, de lès la grange qui fu Michiel de la Halle d'une part, et de lès la place qui fu Colet Morot d'autre part, et dure de la voie si comme l'en va aus ales, et d'autre part jusques au pavement si comme l'en va au four ; à tenir la dicte place à touz jours dou dit Martins, de sa femme, et de leurs hoirs parmi X souz de bons petiz tournois chascun an perpetuellement à rendre aus dictes religieuses ou à leur commandement le jour de Pasques flories.. En tesmoing de la quel chose nous avons mis en ces lettres le séel de la baillie et nostre propre séel pour contre séel, sauf le droit nostre seigneur le compte. Ce fut fait présens : Gile de Bray, mestre Jehan la Mouce, Jehan le Barbier, et Jehan Souleizen l'an de grâce M. CC. LXXX. et douze, le lundi devant feste Nostre-Dame en mars.

(*Cartul.* fol. 145 v°.)

504. — 7 septembre 1294. « Officialis Trecensis » fait connoitre que « magister Petrus Theatinus, nepos magistri Mathei Theatini, canonici Morinensis » a reconnu en sa présence avoir reçu pour lui et pour son oncle des religieuses du Paraclet, « per manus magistri Stephani Trotin, X libras Turonenses pro salario suo ab ipsis in curia Romana impenso » les religieuses sont quittes de tout ce que Pierre Theatin pourrait réclamer, en son nom ou au nom de son oncle, « ratione salarii a temporibus retroactis usque ad diem confectionis presentium..— Datum anno Domini 1294, die martis ante festum Nativitatis B. Marie virginis.

(Cartul. fol. 193 r°.)

305. — 21 août 1295. *Littera emptionis terragii de Sancto Lupo de Buffiniaco.*

A touz ceux qui verront et orront ces présentes lettres Jehanz Rebez de Pleines, bailliz de Sézanne et Biaufort.. par devant Jehan dit Joibert de Noigent et Johan de Perrigny nos feaux jurez.. à Nogent sus Seigne.. vindrent en propres personnes Perrinés, Thevenins, Guillemins, et Marie enfant Mgr Raoul de Saint Loup de Buffigny, jadis chevalier, et reconnurent avoir vendu à religieuses fames l'abcesse et convent de l'esglise dou Paraclit en l'eveschié de Troies, touz leurs terrages de Saint Loup de Buffigny, ensemble une mine d'avoine à la viez mesure de coustume, à tout demie geline, à trois deniers à nouvel chascun an à la saint Remy, ensumble lous et vantes des choses de sur dites. Et sient la dite coustume et li diz cens sur l'ostise qui fut Herbert de la Grosse-Pierre de les Ferreux; Jehanz de Ferreux, escuier, a autant sur la dite ostise comme les religieuses. Et cette vendue fut faite pour le prix et pour la summe de cent livres de bons tournois petiz; les quiez diz vendeurs ont euz et receuz.. Furent presenz : mestre Garin, doien de Sézanne ; frère Sevestre, prieux de l'Ermitage ; Mile de Chaumont, prévost de Noigent sur Saigne, Drouin de la Hante, et Angerrant de Dommart, sergent du Chastelet de Paris.. ce fut fait en l'an de grâce mil deus cens quatre vins et quinze, le dimange après feste Nostre-Dame ou mois de aoust.

(*Cartul.* fol. 124 r°. — Archiv. de l'Aube, origin.)

306. — Novembre 1295. *Leitre dou roi Phelippe*.

Philippus, Dei gratia Francorum rex, notum facimus universis tam presentibus quam futuris, quod nos vidimus litteras infra scriptas formam que sequitur continentes : « A touz ceux qui verront et orront ces présentes leitres Jehan Rebez de Pleines, bailliz de Sézanne et de Biaufort.. » *ut supra*. Nos autem omnia et singula prout superius sunt expressa rata et grata habentes, volumus, et pietatis intuitu concedimus prefatis religiosis ut ipse res predictas teneant et perpetuo possideant absque exactione cujuscumque financie et coactione vendendi, vel extra manum suam ponendi.. Nos autem Johanna, Francie et Navarre Dei gracia regina, Campanie Brieque comitissa palatina, de cujus hereditate predicta movere dicuntur, premissa omnia volumus laudamus et etiam approbamus et sigillum nostrum presentibus litteris fecimus apponi una cum sigillo prefati domini nostri regis. — Actum Parisius anno Domini M° CC° XC° quinto, mense novembri.

(*Cartul.* fol. 124 r°. — Archiv. de l'Aube, origin.

scellé sur fils de soie rouge et verte. « Jaques de Saint-
Quiriace, garde dou séel de la prévosté de Provins »
vidime cette amortissement le 31 mars 1296. *Ibid.*
fol. 141 v°.)

307. — 11 février 1295 (v. st.) *Bail des Essartz ou Petit-
Paraclet à Sordun.* « Jaque de Saint-Quiriace, garde de
dou séel de la prevosté de Provins, et Robert diz li Barbiers de Meleun, clerc jurez » notifient que « Jaques diz
Haroarz, et Ysabiaus, sa fame, ont prins et retenu en non
de moison des religieuses don Paraclit une leur meson
séant en la paroisse de Sourdeuil lez Provins, la quelle
granche est appelée l'Essart, ensemble le pourprins et les
appartenances de la dite granche environ sessante arpenz
de terre arable près de celle granche, à la vie des diz Jaques
et Ysabelle, pour la somme de dis livres de tournois petiz
qui seront paié chascun an. » Après la mort de Jacques et
d'Isabelle la grange de l'Essart retournera à l'abbaye « avec
tout amendement fait et mis ou dit leu.. 1295, ou mois de
février, le samedi devant les Brandons.

(*Cartul.* fol. 240 r°. — Archiv. de l'Aube, origin.)

308. — 17 juillet et 30 novembre 1298. « Baudouins de
Laon, baillif de Troies.. ou mois de juignet 1298, le jeusdi
devant la Madeleine » appose le « séel de la baillie de
Troies » à l'arbitrage suivant, dont on trouve des lettres
datées du mois de novembre : « Hervis de Reimes, chevaliers » juge le discord entre l'abbaye du Paraclet et
« Guiart de Courtemont, escuier, à cause cest assavoir
III setiers de fourment seur le molin de Souvrain et un
setier d'orge sur le molin de Moerret qui sont sur la rivière
de Reson et sont au dit Guiart » la sentence est rendue en
faveur du Paraclet; la question des arrérages réclamés
par l'abbaye est réservée. « Ce fut fait et prononcié au
Paraclit présens : mestre Johan, nostre clerc ; Jehan de
Courtemont, frère dou dit Guiart; Guilieume. nostre fil-

lastres ; Johan de Ferreux, escuier ; Jehanz de Paiens, Johan de Saudoue, et la prieuse dou Paraclit. Donné l'an de grâce 1298, le premier dimenche des Avens. »
(Cartul. fol. 127 v°.)

309. *9 février 1298 (v. st.) Lettre de IIII arpenz de prez vers l'Ermitage de Marnay.*

A tous ceaux qui verront ces présentes lettres nous Pierre de Bules, prieux de Marnay, salut. Sachent tuit que en nostre présence furent establi Jehans diz dou Plessy, tixserens, demourens à Marnay, et Marons, sa femme, et recognurent de leur bon gré.. que il avoient vendu et quité à tous jours à Noel diz le barbier, et à Esdeline, sa femme, quatre arpens et demi quartier en une pièche de pré que il avoient ou finage de Marnay, ou leu que l'en dit *Lonc Essart* devant l'Ermitage atenant des Prés le Roy. La quelle vendue fu faite par la somme de vinz et deus livres de bons petiz deniers, des quiex desus nommés li diz Jehans dou Plessy et Marrons sa famme se tinrent pour bien paiez.. En tesmoing de laquelle chose nous avons mis notre séel en ces présentes leitres qui furent faites l'an de grace M. CC. LXXX et dis et huit, ou moys de février le lundi après la Chandeleur. A ce furent présens : messire Raous de Montiers ; Guillaume, curé de Marnay ; Messires Dreux, curé de Saint-Albin ; Pierre de Vendeil, clercs ; Felixsaus Herriciez ; Noel diz li boceus, et Lambeliz de la Porte, clerc.
(Cartul. fol. 144 r°. — Archiv. de l'Aube, origin.)

310. — 9 novembre 1299. *Lettre dou boys de Teillée.*

Guillaumes de Mortery, bailliz de Sezanne et de Biaufor.. en la présence Michiel de la Halle de Noigent et Johain de Pareigni clers jurés de Noigent sus Seigne vindrent en propres personnes Guillemins, filz feu Guillaume le Sonier de Saint-Albin de lès le Paraclit, et damoiselle Emmes, sa seur, et damoiselle Marguerite, leur mère, et reconnurent avoir vendu a Johain des Barres, escuier, tout le droit, toute l'aution, toute la sessine et toute la propriété quils avoient ou bois que l'an apelle Tillie atenant le bois aus murs dou parc de Ponz d'une part, d'autre part au bois de l'esglise dou Paraclit, et d'autre part atenant au bois madame la Royne de Navarre, mouvant le dit bois dou fié madame la Royne de Navarre ; et tout le droit que madame Marguerite, jadis femme monseigneur Johain Petit de Saint-Aubin chevaliers, a ou dit bois pour raison de douaire.. et si doivent li dis Guillemins, damoiselle Emmes, et damoiselle Marguerite, leur mère, la vendue desus dite faire loer et quitier aus enfans feu Guillaume de Saint Aubin, escuier, père au dit Guillemins.. pour le prix de cent livres de bons petiz tournois paiés.. A ce furont présens : Jehanz de Craincey, Hanris de Cerely, Jehannez de Ferrous, et Martins de Quincy, escuier. Ce fut fait l'an de grâce M° CC° quatre vinz dis et neuf, le lundi devant la feste Saint-Martin d'yver.

(*Cartul.* fol. 116 v°.)

311. — 24 avril 1300. *Quittance dou gros dou curé de Saint-Albain.* « Officialis Trecensis » notifie que « Droco, curatus de Sancto Albino juxta Paraclitum, recognovit et confessus est se recepisse ab abbatissa de Paraclito II sextarios frumenti, VIII sext. sigali, VII sext. ordei, et VII sext. advene ad mensuram de Triangulo » qui lui étaient dus « quolibet anno ratione redditus predicte parrochie de Sancto Albino.. se tenuit pro bene pagato, videlicet pro anno M° CCC°. — Datum anno Domini 1300, die jovis post Quasimodo.

(Cartul. fol. 195 r°.)

312. — 22 mars 1300. *Dou bois de Teillie.*

Officialis Senonensis.. coram clerico nostro Adam de Monte Leonis constitutus nobilis vir Johannes de Barris, miles, dominus de Calvomonte, dicens se emisse a Guillelmo, filio, et Agnete, filia defuncti Guillelmi de Sancto Albino prope Paraclitum, armigeri, et domicella Margareta, eorum matre, omne jus et omnem actionem, proprietatem et saisinam, quod et quas venditores habebant et habere poterant in nemore quod appellatur *Tilcel*, contingens muris parci de Pontibus (*Cfr n.* 313). Dominus Johannes de Barris pensans, ut dicebat, dilectionem et affectionem quas dicebat se habere erga religiosas mulieres de Paraclito, ipsis ex sua pia devotione et liberalitate donavit, contulit, concessit et quitavit in perpetuum inter vivos et sine spe revocandi, dictas res quas ipse dominus Johannes emit, et quicquid juris habebat vel habere poterat et debebat in eisdem.. Presentibus ad hoc : domino Guil-

lelmo de Barris, milite; Perinoto dicto *Pailoe*, armigero ; et Regnardo Ravelli. — Datum anno Domini M° CCC°, die mercurii ante Ramos Palmarum.
(*Cartul.* fol. 148 bis v°.)

313. — 8 juin 1301. *Quittance de Jehans des Barres.*

Je Jehans des Barres, chevaliers, sires de Chaumont, faiz asavoir à touz.. que comme nous, en l'an que li milliaires courroit par M. CC. LXXX. dix et neuf, houssiens aacheté de Guillemin de Saint-Aulbin, fil feu Guillaume de Saint-Aulbin, escuier, et de damoiselle Agnes, seur dou dit Guillemin, et de damoiselle Marguerite, leur mère, un bois que on appelle Teilleel atenant dou bois dou parc de Ponz. Dou quel bois Pierres dit Pelloe, escuiers, nostre procurerres avoit vendu le surfait et la tonssures, en l'an dessus diz, à religieuses dames l'abeesses et le convent dou Paraclit parmi trante cinc livres tournois, des quex nos receumes notre enterin paiement, et devoit durer la getée dou dit bois cinc années continuex.. Saichent tuit que la dite vendue du dit surfait fut faite de nostre gré et la dite vendue nous loons, confermons.. L'an de grâce M. CCC. et un, le jeudi après les octaves de la Trinité.
(*Cartul.* fol. 165 r°. — Archiv. de l'Aube, origin.)

314. — Avril (Pâques le 2) 1301. *Littera admortizationis.*

Philippus, Dei gratia rex Francorum, notum facimus.. quod, cum religiose mulieres abbatissa et conventus monasterii de Paraclito ordinis sancti Benedicti, a Johanne de Barris, domino Calvimontis, milite, quoddam nemus quod vocatur *Tileel*, XXX arpenta continens, contiguum muris parci de Pontibus ex una parte, et nemori dicti monasterii de Paraclito, ex alia, ac nemori de *Tileel* quod carissima et fidelis mater nostra Blancha, Dei gratia Navarre regina, in dotalitium tenet ex altera, titulo donationis seu elemosine ; a magistro et sororibus domus Dei de Nogento super Secanam costumas, terragia, tallias, abonamenta, homines, chevagia, manus mortuas ; et omnia et singula que et quos Girodetus de Sezannia, defunctus, in villis de Quinciaco, de Ferroso, de Trambleyo et territoriis earumdem obtinere solebat, titulo emptionis acquisierunt, prout hec in litteris super dictis donatione et emptione confectis plenius continentur. Quo omnia, per inquestam de mandato nostro per balivum nostrum Trecensem factam, IX libris cum XIIII solidis Turonensibus annui redditus estimata fuerunt valore. Nos, divini amoris intuitu et ob nostre ac carissime consortis regine remedium animarum, donationem et emptionem predictas quantum in nobis est volumus concedimus ac etiam approbamus.. Nos autem Johanna, Dei gratia Francorum et Navarre regina, Campanie et Brie comitissa palatina, de cujus hereditate predicta movere noscuntur, nostrum premissis impertientes assensum, ad majorem futurorum cautelam, sigillum nostrum presentibus apponi fecimus una cum sigillo prefati carissimi domini nostri regis. — Actum Pontisare anno Incarnationis Dominice M° CCC° primo, mense aprilis.

(Cartul. fol. 123 v°. — Archiv. de l'Aube, origin.; deux lacs de fils de soie rouge et verte. Sur le repli : *Per D. H. de Bovilla*. Plus bas : *Reginaldus*.

315. — 3 juin 1303. *Lettre de deux pièces de prez a Marnay.*

Jacquemins Troussiaus, bailliz de Troies.. par devant Michiel de la Halle et Jehain de Pareigni nos clercs jurés de Noigent sus Seigne vindrent en propres personnes Jehanz dit Sagiers de Marnay, Gillauz et Jehannins, fil dou dit Jehanz Sagier, et reconnurent quilz ont vendu a Oudant dit le Picardat de Quincy deux piéches de prez seanz ou finage de Marnay : seans l'une ou lou que l'an dit Lonc Essart atenant d'une part à la fille Marot, et d'autre part à Colaut de Conrreclain, mouvant de Saint Denis à XVII deniers de canz ; et l'autre pièce seant ou lou que l'an dit Chanpiaus atenant à Hauriez dit Brebiz d'une part, et au bois de L'usage a II solz de canz. Et ceste vendue fut faite pour le pris de XXX livres de tournois paiés.. Et pour ce que le dit Jacquemins Troussiaux n'avoit mie seellées ces lettres dou seel de la baillie de Troies ou temps qu'il estoit bailliz, nous Pierre de Dicy, bailliz de Troies, avons mis le séel en ces présentes lettres.. Ce fut fait présent : Guillaume Courtalon et Jaque Petit-Frère. En l'an de grâce M. CCC. et trois, le lundi après la Trinité.

(Cartul. fol. 118 v°.)

316. — 3 juin 1303. Par devant « Jaquemins Troussiaus, bailliz de Troies.. vint en propre personne Noes li Barbier de Marnay » il reconnaît qu'il a vendu à « Oudant dit le Picardat de Quincy quatre arpens de pré séans ou finage de Marnay, ou leu que l'an dit au desus des vergiers, atenanz d'une part des prés le Roy, et d'autre part au pré Margot dés la porte de Pons, movans de Saint-Denis à XX deniers de cenz.. Et ceste vendue fut faite pour le prix de XX et IIII livres de tournois quites au dit vendeur et des qués il se tint por bien paiés.. Et pour ce que le dit Jaquemins Troussiaus n'avoit mie séellées ces lettres dou séel de la baillie de Troies ou temps qu'il estoit bailliz, nous Pierre de Dicy, bailliz de Troies, avons mis le séel en ces présentes lettres.. Ce fut fait présent : Jaque Petit-Frere et Guillaume dit Courtalon. En l'an de grâce M. CCC. et trois, le lundi après la Trinité. »

(*Cartul.* fol. 116 r°.)

317. — 24 juin 1343. « Stephanus, deconus *rtianitatis de Triangulo ; Odo, decanus Sancte Tr us de Triangulo ; Jacob, thesaurarius ; Simon de Pratis, cantor ; Guillermus Putin, canonicus dicte ecclesie ; Joannes, curatus de Graugiis ; Guilermus, curatus de Viluys ; Xpistianus, curatus de Ciconis ; Henricus, capellanus domus Dei de Triangulo ; Henricus, rector domus Leprosorum de Triangulo, confratres confrarie Sancti Nicholai in ecclesia de Triangulo » reconnaissent avoir reçu, par les mains de l'abbesse du Paraclet, des exécuteurs testamentaires de défunt Milon de Chapes, clerc, autrefois confrère de ladite confrérie, 40 livres tournois « Anno Domini 1343, die jovis ante Nativitatem sancti Johannis Baptiste. »

(*Cartul.* fol. 242, v°.)

318. — 25 mars 1343 (v. st.) « Jehans Boroz, garde dou séel de la prévosté de Villemor » fait savoir que « par devant Johan Huyart, chantre en l'esglise de Villemor, et Johannin de la Porte, clerc.. » vinrent « Odinez de Berraust, escuiers, et damoiselle Marguerite, sa fame » et qu'après que les susdits et les religieuses du Paraclet eurent « compromis en noble homme Pierre de Flaci, chevalier, et Henri, curé de Barbuise » au sujet des terrages réclamés par Odinet sur la grange de Maurepas, il fut décidé que : « 1° li diz escuiers et sa fame terregeront selon ce que il est acoustumé à terregier, c'est asavoir, panront de douze gerbes une; 2° et leur bailleront les dites religieuses une postée en leur grange de Maurepas pour mettre le terrage ; 3° tant comme li diz escuiers mettra à terragier se il terraige en sa personne, ou par personne ausint honeste comme il est, il sera à la table et à autel despens comme li gouvernerres de Maurepas, et se il fesoit terregier par un garçon, à icelui sera amenistré autel despens comme à la maignie de Maurepas ; 4° li diz escuiers et sa fame auront deus semaines entre la meison et le Noel pour batre le dit terraige, et ces deus semaines duranz les religieuses sont tenues à amenistrer despens ou dit escuiers comme dessus est diz.. Ce fut fait présent mons[r] Raoul, curé de Villemor, mons[r] Robert, le prestre, et Guarin le sergent dou Maignil. L'an de grâce M. CCC. XIII. le lundi devant Pasques-Flories.

(Cartul. fol. 182 r°.)

318. — 1er et 12 février 1316 (v. st.) « H. de Bestisy, tenant le lieu dou bailli de Senz, à Perrart Willaumes et Toneum de la Loge, sergenz le Roy » commande d' « adjourner » a son tribunal « au jour des octaves de la Chandeleur Perrin dit Penaut, Bilee, fame feu Johannin Colot, Guillemin Le Grant, Vilain, et tous ceus qui mettent empeschement es biens de feu Colot de Saint Lou, homme de mortemain des religieuses dou couvent dou Paraclit.. Donné à Sens le dimenche devant la Purification Nostre-Dame l'an de grâce M. CCC. et seize. » Le 12 février 1316 (v. st.) « H. de Bestisy » commande à « Guillaume de Morayo et à Guyot de Chaumont sergenz le Roy d'amonester les enfants feu Guillaume Cardoniau de Saint Lou de Buiflgny, les enfants feu Johannin Colot de ce lieu, les enfants Herbelet de la Poze, et tous seus qui sospisent aus biens de feu Colot de Saint Lou que ils otent l'empeschement, qu'ils meitent aus dites religieuses es diz biens du dit feu Colot; » s'ils résistent « les adjourner (à son tribunal) à Sens au vendredi après les Brandons.. Donné a Sens le jeudi après les octaves de la Purification Nostre-Dame, l'an M. CCC. et seize. »

(*Cartul.* fol. 171 r° et 172 r°.)

319. — 1ᵉʳ avril 1320. Jehannequins diz Bailloz, garde dou séel de la prévosté de Nogent seur Soine » fait savoir que par devant Michiel dit Yaalin dou dit Nogent, et Felis le Camus de Villeradain.. estabis en ce leu par noble homme Hugues de Bourgoinne, chevalier » les religieuses du Paraclet « et Guillaume de Saint-Albin lez le dis Paraclit et Perrinés, ses frères, escuiers » ont reconnu qu'ils avaient consenti « par devant noble homme Guillaume de Mortori, chevalier du Roy, et Herberz de Origni, chevaliers » à l'arbitrage que ces derniers prononceront « surs plusseurs causes; » les pouvoirs des deux arbitres dureront jusque « à la feste de Penthecouste ; » le troisième arbitre choisi est « domp abé de Joy » ses pouvoirs dureront jusque « à la feste de la Nativité saint Johan Baptiste apres en seugant.. Ce fut fait presens : le prieux de Marnay, le prieux de l'Ermitage de Ponz seur Soigne, et Guillaume de Soogon ; Estienne de Saint Lou, Guillaume de Besencon, escuiers. L'an de grâce Nostre-Seigneur 1320, le mardi après Pasques communienz. »

(*Cartul.* fol. 189 r°. — Archiv. de l'Aube origin.)

320. — 27 juin 1320. «Jehanequins Bailloz, garde dou séel de la prévosté de Noigent sus Soigne » notifie que « Phelipons et Johannins, frères, anfant feu Deniset de Quincy

dit le Borgoys, et Meline sa fame » ont reconnu que comme leurs prédécesseurs « avient esté tous jours home et fames de chief par XII deniers paienz chacune teste chacun an, de serve condicion, de formariage, sainz de main- morte » ainsi eux, et leurs successeurs demoureront tels vis à vis de l'abbaye du Paraclet. « Ce fut fait présens : Herbert de Origni et Phelipon de Quincy, l'an de grâce N.-S. le venredi après la Nativité saint Jehan. »
(*Cartul.* fol. 270 v°.)

321. — Octobre 1320. « Egidius, permissione divina ecclesie B. Dyonisii in Francia abbas » notifie que huit arpens de prés « sita in censivis prioratus de Marneyo super Secanam » ayant été donnés à « religiose domine Katerine de Barris, abbatisse de Paraclito » et à son couvent, l'abbaye de Saint-Denis avait voulu forcer les religieuses du Paraclet à « ponere illa prata extra manum suam. » Enfin elle permit aux religieuses de posséder librement « tanquam earum hereditatem propriam » six arpens de ces prés (dont quatre sis « in loco qui dicitur *Vergiers* » et deux « in loco qui dicitur *Lonc Essart* ») à condition de payer à Saint-Denis trois sous et sept deniers de cens annuel. Les religieuses du Paraclet abandonnent à Saint-Denis « tanquam hereditatem propriam » les deux autres arpens de pré, sis au lieu dit « Retro Campellos.. Datum anno Domini 1320, mense octobri. »
(*Cartul.* fol. 212 r°. — Archiv. de l'Aube, origin.)

322. — 7 janvier 1322 (v. st.) *Election de sœur Alipde des Barres.* Devant l'officialité de Sens paroit en personne « religiosa mulier Aalipdis de Barris, monialis expresse professa monasterii de Paraclito ordinis sancti Benedicti Trecensis diocesis, electa ad abbatissim dicti monasterii per viam Sancti Spiritus, ut dicebat, consenciens, precibus devicta, ut dicebat, electioni de se facte necnon decreto et processibus super hoc confectis; » elle choisit « magistrum

Symonem de Semiros, in utroque jure licentiatum, ac venerabiles viros dominum Johannem Motelli et Symonem Motelli, ecclesie S. Stephani Trecensis canonicos, et Johannem de Capis, clericus, exhibitores presencium, ut suos procuratores » pour obtenir « a rever. in Xpo patre dom. dom. Stephano, Trecensi episcopo.. munus confirmationis electionis de ipsa sorore Aalipdi facte, et benedictionis electe.. necnon ad informandum circa formam electionis et commodum ejusdem et ad petendum suppleri de sua plenitudine potestatis, si que de jure subtiliter in ipsius electione sint obmisa.. Ad hec autem audienda presentes fuerunt apud Braunayum Senonensis diocesis in hospicio nobilis mulieris domine Eustacie de Barris, matris prefate electe.. vocati et rogati : nobilis vir dominus Petrus de Barris, miles ; venerabilis vir magister Odardus de Barris, thesaurarius Senonensis, fratres dicte electe ; dominus Gilo dictus *li Quatrés*, presbiter ; Hugo de Monte Estoti, clericus; et Petrus de Manillo, armiger.. — Datum anno Domini M° CCC° XXII°, die veneris post festum Epiphanie Domini. »

(*Cartul.* fol. 240 v°. — Archiv. de l'Aube, origin.)

323. — 8 avril et 26 octobre 1323. « Jehanz Bailloz, garde dou séel de la prévosté de Noigent sur Seine, » fait savoir que « Jaques de Jouy, demourens a Sourduil, et dame Jaque, sa fame, ont vendu à frère Jehans de Oycuvile, prieus de Marnay, environ III arpens de prés, soiens en la prairie de Marnay.. ou leu que l'en dit *Chansegne* et ou leu que l'an dit *L'yaue morte*.. pour la somme de XV livres de tournois petiz, paiés. L'an de grace 1323, le mercredi après les octaves de Pasques Closes. » Ces prés sont vendus 18 livres à « Raoul dit de Torci, escuiers, » qui les donne au Paraclet. « L'an de grâce 1323, le mercredi devant la Touz Sainz. »

(*Cartul.* fol. 209 r°.)

324. — 23 février 1327 (v. st.) « Jehans Bailloz, bourgois de Noigent sus Seigne, garde dou séel de la prévosté dou dit Nogent » fait connaitre « que par devant Perrin dou Plessie, et Michiel Noalin.. establiz en ce lieu par nostre très chier et redouté seigneur, monseigneur Phelipe, compte de Vallois et d'Anjou, régent les royaumes de France et de Navarre, vindrent.. Symons de Paienz, et Erambours, sa fame. » Ils prennent « pour aus et pour leurs hoirs, à pur cens, sans autre charge, héritablement, à tous jour mes perdurablement, sans rapel » une maison appartenant au Paraclet, « assise à Noigent, ou lou que l'en dit en la rue dou Chastel.. pour le pris et pour la summe de XXV soulz Tournois.. Ce fut fait en présence de Robin Miclerc et Thierry Ydon. Donné l'an de grâce 1327, le mardi après les Brandons. »

(*Cartul.* fol. 174 r°.)

325. — 4 janvier 1330 (v. st.) *Lettre de sis livres de rante sur le paage de Rebez en la prevosté de Coulemiers.*

Ph., par la grace de Dieu Roys de France, au receveur de nostre tres chière dame madame la royne Jehanne de Navarre, salut. Il nous est apparu par informacion faite du commandement de nos amez et feaulx les gens de nos comptes à Paris, que l'abeesse et le couvent dou Paraclit ont acoustumé à prendre seur la prevosté de Coulommiers en Brie, pour cause du paage de Rebez, VI livres tournois par an de rente à héritage par la main des prévos ou paiageurs des diz leux, jasoit ce que il n'apparoisse pas par les comptes de la rechoite de Champagne que la dite rante ait esté acoustumée à prandre seur nous. Pourquoi nous vous mandons que du temps que nostre dame ont possession de son douaire et des ores en avant vous paiés aux dictes abeesses et couvent la dicte rente. Et nous ferons faire ailleurs assiete à nostre dicte dame de la dicte rente, en recompensation souffisant des arrérages. Donné à Paris le IIII° jour de janvier l'an de grâce M. CCC. et trente.

  (*Cartul.* fol. 236 r°. « Oudars de Laigny, garde dou séel de la baillie de Crécy » avec « Jehans de Laigny, bourgois de Crécy et Johan Hocher, tabellion.. de par madame la royne Jehanne » vidiment ces lettres « le dimenche, jour des Brandons (1ᵉʳ mars) 1337 (v. st.) *Ibid.* fol. 236 r°.)

326. — 7 juillet 1334. « Johans Bailloz, garde dou séel de la prévosté de Noigent sus Saine » fait connaître, que « par devant Robert dou Jardin et Guillemin Chabaste.. establiz en ce leu de par madame la royne Johanne, royne de France et de Navarre, vint présens Eschienne Happe, lou demorant a Gien sur Loire, neveu feu mestre Hamy, curé de Barbuise. » En mourant, le curé de Barbuise avait laissé « ou couvent dou Paraclit à tous jours mais tout quanquez il li estoit demoré et de meuble, paié son lais, s'obsèque et toutes ses redevances. » Etienne pour « acomplir la daireinne voulonté dou dit mestre Hamy, son oncle, quite et aquite, renunce et a renuncé à tous jours mais et sans rappel à tout le meuble quel quil soit que ses diz oncles lessa aux dictes religieuses.. L'an de grâce 1331, le dyemanche après la Saint-Martin d'osté. »

  (*Cartul.* fol. 167 r°.)

327. — 12 avril 1334. « Johanz, diz dou Chateslet, curé de Chalautre la Grant en la diocèse de Troyes » fait connaître que « Estienne Boileaue » ayant laissé pour son anniversaire dans l'église de Chalautre « une piecete de vigne seant

ou leu qu'en dit Vongnommers. » Cette vigne « movent
de la censive de l'abbeesse dou Paraclit » et l'abbesse
exigeant que ladite vigne « fu misse hors de la main » du
curé, il l'a vendue pour le prix de 4 l. 15 s. de petits
Tournois « à convertir ou profit de l'église.. Et nous
Jehans, par la grâce de Dieu, évesques de Troyes, à la
requeste dou dit curé avons agréable ceste vendue et la
loons et confermons en la manière que dessus est dit. En
tesmoing de ce avons mis nostre séel avec le séel dou dit
curé. L'an de grâce 1331, le vendredi après Quasimodo.

(*Cartul.* fol. 214 r°. — Archiv. de l'Aube, origin.)

328. — 8 septembre 1332. « Seurs Aalide des Barres, par
la grace de Dieu humble abbesse dou Paraclit, donne pour
l'année 1332 quittance de 65 sous tournois « à très haut,
home noble et puissant monsr Jehan, chevalier, seigneur
de Troignoil et de Esternay » qui les doit annuellement au
Paraclet « sus les censives de Vesines.. L'an de grace 1332,
le jour de la Nativité Nostre-Dame.

(*Cartul.* fol. 215 v°. — Archiv. de l'Aube, origin.)

329. — 24 mai 1333. « Johans Bailloz, garde dou seel de
la prevosté de Noigent sus Seine » fait savoir que « par
devant Robert dou Jardin, et Bernardin de Payens » pa-
rurent « Oudanz de Vaurront, escuier, et damoiselle Ka-
therine, sa fame, demorant à Vaurront en la chastelerie
de Villemor » et ont vendu « en non de pure et perpetuel
vendue à Oudart des Barres tresourier de Sens pour lui et
ses hoirs.. 1° le terrage tel comme li diz Oudanz pouvoit
avoir seur les terres de la grange de Mourepas, laquelle est
à l'esglise dou Paraclit ; 2° une pièche de terre entre la
dite grange et les usaiges des bois de Marcilly ; 3° tous
les terraiges, tieulz comme li dit vendeur peut avoir ; et
tous les terraiges dessuz dis sont mouvans en fié de Jeuf-
froi de Marcilly, escuier. Et fu faite cette vendue pour le
prix et pour la somme de quatre vins dix livres tournois,
et une robe d'escuier bonne et souffisante » le vendeur se

tient pour totalement paié. « Ce fu fait presens : monseigneur Symon, prieux de Biau leu, et Jehan de Saint-Martin. L'an 1333, landemain de Penthecouste. »
(Cartul. fol. 180 v°.)

330. — 3 août 1337. « Jehanz Bailloz, bourgeois de Nogent sur Seine, garde dou seel de la prevosté de ce lieu.. pardevant monseigneur Jehanz de Sens, maistre de la maison Dieu de Nogent, et Bertaud Sevestre, de ce lieu.. establiz a ce faire de par madame la royne Jehanne, royne de France et de Navarre, vint présent en sa personne Jehans de la Granche, escuier » il reconnaît 1° que les religieuses du Paraclet sont » en saisine et possession de panre chascun an à la feste saint Remi L sous de rante annuelle sus les viez bains de Provins, qui à présent sont au dit escuier ; 2° et pour deux années passées sont dehus par lui aux dictes religieuses cent soulz tournois qu'il n'a pas payé.. Ce fut fait et accordé présens : Guillaume de Saint Aubin, dit le Breton, et Guillaume de Monciaux. Le dimenche après la feste Saint-Père entrant oust, l'an 1337.
(Cartul. fol. 129 v°.)

331. — 4 août 1337. *Comant nos bestes puevent pasturer en la prée de Bernieres.* « Nous seur Aalliz des Barres, humble abbeesse dou Paraclit. et tous li couvenz de ce meismes leu de l'ordre saint Benoit, dou dyocèse de Troyes, et nous frere Guiz, abbés de Voulluysant.. pour garder bonne pais et bon amour entre nous, avons accordé, pacifié et transigé en la maniere qui sensuit, c'est à savoir, que nous abeesse et couvenz dessus diz avons nostre dit pasturages ès leus que l'an dit les *Aveneriz* et ès *Mortiers* par tous temps chascun an et en toutes saisons ; et ou boys que l'an dit le Grant Aunoy de Bernieres, quant il sera après cope en quatre fuille ; et nostre voie pour aler pasturer es diz aveneriz.. Ce fut fait le quart jour ou moys de aoust l'an de grâce Nostre-Seigneur M. CCC. XXX. VII. »
(Cartul. fol. 163 r° « Jaques Hurel, bailli de Sezanne »

confirme cet accord « sauf le droit de Madame. Donné ès assises de Noigent, commenceus le XXI° jour de novembre l'an 1337. *Ibid.* fol. 165 r°. »

332. — 13 février 1338 (v. st.) « Pierres Pilemer, garde dou séel de la prévosté de Provins « fait connaitre que les religieuses du Paraclet ont abandonné à « Johanne fame feu Jehan de la Chapelle, jadis tavernier de Provinz, et Denisoz ces fils, et Margoz, sa fame, une place wide séant ou Chastel de Prouvins devant le petit hospitau. » Elles ont reçu en échange « un arpent de pré séant ou lieu que l'en dit Pré Botin ou finage de Poignis, tenant au chemin dou Roy ; de rechief troys quartiers seanz es Merois de Poignis.. Ce fu fait en l'an de grâce 1338, le samedi treizieme jours ou mois de février. »

(*Cartul.* fol. 161 r°. — Archiv. de l'Aube, origin.)

333. — 30 juin 1339. « Esthienes, humbles abbés de Moustier la Celle en la diocèse de Troyes » notifie que Montier-la-Celle abandonne au Paraclet à titre d'échange, une pièce de terre à Pons appartenant au « prioré de Saint Père de Pons sus Segne, sise ou leu que l'en dit Brulé, tenant au chemin qui vient de Troyes à Provins. » Le Paraclet cède à Montier-la-Celle une pièce de terre à Pons près de « la Maladerie dou dit Pons et le chemin qui vient de Nogent par devant celle dicte Maladerie.. L'an de grace 1339, le mercredi après feste Saint-Pierre. »

(*Cartul.* fol. 218 v°.)

334. — 27 mars 1342 (v. st.) *Littera de* Maurepas.

A touz ceulz.. Johans, sires de Traignel et de Marceilly, et Marie de Barbenson, dame de Treignel et de Marceilly, fame du dit seigneur.. Comme l'abeesse et li convenz de l'esglise dou Paraclit en la diocèse de Troies avoient acheté un certain terraige de Oudoz de Vauront, escuier, et de damoi-

selle Katerine, sa fame, que li diz mariés soloient
panre sur certaines terres appartenanz et appendanz
a la granche de Malrepas qui est des dites religieuses;
item une autre pièche de terre qui estoit du dit Ou-
dot de Vauront tenant d'une part à la granche de
Malrepas, et d'autre part aus usages des boys de
Marceilly; item tous les autres terraiges que li diz
mariés avoient sur plusieurs héritaiges assiz environ
Poisi et Malrepas; les queux terraiges et heritaiges
meuvent de nous en fié pour cause de nostre fié de
Marceilly.. Sachent tuit, que nous, en regart de
pictié et pour le pris de la somme de deus cens
livres parisis, que nous avons eues et recues des
dites religieuses en deniers bien nombrés, avons
amorti dou tout et metons hors de notre main et
subjection perpetuellement pour nous et nos successeurs, seigneurs de Marceilly, les diz terraiges et
héritaiges.. En tesmoing de la quelle chose nous
avons seellé ces lettres de nos propres seaulx.
Donné l'an de grace M. CCC. quarente et deux le
joefdi apres la feste Nostre-Dame en mars.
(Cartul. fol. 126 v°.)

335. — 16 juin 1354. *Sentence contre la prieuse de
Tregnel.* « Guillelmus, miseratione divina archiepiscopus
Senonensis » déclare que venant d'apprendre « *fama refe-
rente publica, necnon insinuatione clamosa abbatisse et
conventus monasterii de Paraclito, ac conventus prioratus
de Triangulo.. quod soror Egidia de Parisiis, alias de Ulmis,
tunc dicti prioratus de Triangulo priorissa, sue salutis imme-
mor in religionis contemptu necnon et dicti sui prioratus
prejudicium.. a prioratu furtive et de nocte circa tres men-*

ses nostram visitacionem precedentes se absentavit; » l'archevêque visite le prieuré et fait une enquête « die mercurii post *Oculi mei* » les accusations sont fondées; il donne un délai de deux mois à la prieure « ut infra dictum terminum ad dictum prioratum rediret ibidem, factura residenciam. » La prieure n'ayant tenu aucun compte des monitions canoniques « eam a dicto prioratu et suo beneficio privavimus.. Datum apud Nalliacum domum nostram, die decima sexta mensis junii, anno Domini M° CCC° L° quarto. » Avec l'attache de l'official signifiant à l'abbesse du Paraclet de faire publier solennellement la sentence de l'archevêque et de pourvoir à la nomination « de priorissa ydonea, sicut decet.. Die lune ante festum B. Marie Magdelene 1354. »

(Archiv. de l'Aube, 2 origin. en parchem.)

336. — 19 janvier 1366 (v. st.) *Appel de l'abbesse du Paraclet contre l'évêque de Troyes*. En vertu d'une commission reçue de l'évêque de Troyes « Petrus de Treilliis, canonicus ecclesie B. Marie virginis Trecensis, receptorque dicti domini episcopi, et Jacobus Cousin, canonicus Trecensis » ordonnent sous peine d'excommunication à l'abbesse du Paraclet « nobilis et honesta mulier Helissandis de Barris, quod faceret et compleret infra dominicam proximam post Purificationem B. Marie virginis omnia compota sua de omnibus bonis et redditibus monasterii et de omnibus receptis et misiis factis a tempore quo ipsa facta fuit abbatissa » à l'évêque ou à son mandataire. Le 19 janvier 1366 (more Gallicano) « Guilelmus Polliparii de Sancto Salvio, clericus, procurator » de l'abbesse du Paraclet, interjette appel au métropolitain, alléguant que « abbatisse consueverunt et debent reddere compotum de redditibus ac misiis et receptis coram conventu monasterii solum, et in grosso et summarie ac de plano. » Jamais les abbesses du Paraclet n'ont rendu leurs comptes à l'évêque de Troyes, d'ailleurs le compte en question ne peut être établi d'ici à un mois

« cum sint tres anni et amplius quod dicta domina mea extitit abbatissa; » de plus, les commissaires épiscopaux ont ordonné à l'abbesse, sous peine d'excommunication, de faire rentrer à l'abbaye, dans le même terme fixé plus haut, toutes les religieuses absentes, ce qui est impossible « cum ipsa nesciat ubi sint de presenti, nec ubi poterint reperiri ; nam multe earum sunt de longinquis partibus, nobiles et non nobiles, cum amicis suis et parentibus in remotis partibus commorantes ; ipsa eciam abbatissa non dedit eis licenciam recedendi, sed priorissa vel subpriorissa conventus, ad quam spectat licencias tales dare. » Enfin comment faire revenir maintenant les religieuses « cum propter guerras, que nuper notorie fuerunt et per longa tempora viguerunt in partibus illis, totum monosterium et habitacio seu domus et maneria ejusdem sint destructa et ad aream redacta nec est locus aptus in quo honeste possint tot sorores commorari et religiose jacere ? » L'évêque ordonne aussi de rappeler « Jacobum Le Roy capellanum dicti monasterii ; » L'abbesse allègue que pour le chapelain « non est habitacio ad presens competens nec habet lingia et alia necessaria ad ibidem manendum » et que les ressources actuelles du monastère sont insuffisantes..

(Archiv. de l'Aube, origin.)

TABLE DES NOMS DE PERSONNES

CONTENUS

DANS LE CARTULAIRE DU PARACLET

A., filia Roberti, domini de Milliaco, monialis Paracliti, 139.
A. Raynaldus, 55.
A., decanus de Pontibus, 154, 158, 160, 161, 162.
A. de Roman., civis Romanus, 4.
Aalardus, 93.
Aalelmus, sacerdos, 100.
Aalipdis de Barris, soror Petri et Odardi de Barris, Paracliti abbatissa, 279, 280, 283, 284.
Aalis, 15.
Aaliz, domina de *Marcetlli*, 163.
Alaiz, uxor Garini de Meriaco, 149.
Aaliz, filia Elisabeth relicta Eberardi *Croulbots*, monialis Paracliti, 152.
Abel de Paraclito (frater), 85.
Acelina *la Fourrelle*, soror Felis Testardi de Triangulo, 225, 239.
Adam, 25.
Adam de Altomuro, 11.
Adam, presbiter de Calestria, 161.
Adam de Dontilliaco, miles, 191.
Adam de *Jeurre*, clericus Odonis, Rothomagensis archiep., 222.
Adam de Monte Leonis, clericus, officialis Senonensis, 272.
Adam de *Mentum*, alias *Monteor*, alias *Montium*, 28, 35, 108.
Adam de Oratorio, clericus, 240.
Adam dictus Prepositus, 252.
Adam Rigaudi (frater), frater Odonis, Rothomagensis archiep., et M., abbatissæ Paracliti, 222.

Adam de Roseto, 87.
Adam, presbiter de Sancto Albino, nepos Guillelmi quondam presbiteri de Sancto Albino, 224.
Adam de Soysiaco, armiger, frater Galteri, 240.
Adam de Tacheio miles, 215.
Adela, abbatissa [de Fontevrault], 196.
Adelaidis, regina, uxor Ludovici [VII] regis Francorum, 24.
Adelaudis, uxor Galonis, 62, 63.
Adelina de Braio, 101.
Adoactus, filius Girardi *Gravior* de *Savins*, 236.
Adrianus [IV], papa, 16, 17, 18, 20, 21.
Aebra, uxor Garini de Marriaco, 108.
Aelidis, Blesensis comitissa [uxor Theobaldi V, comitis Blesensis], 98.
Aeliza, soror Stephani militis de *Loors*, 171.
Agnes, filia Falconis et soror Otranni, 103.
Agnes, domina de Boyaco, 213.
Agnes, uxor Stephani de Chuaneto, alias de *Chienfai*, 194.
Agnes, filia Freheri de Lanneriaco, monialis Paracliti, 165.
Agnes de Marigniaco, monialis Paracliti, 106.
Agnes de *Mescringes*, monialis Paracliti, 260.
Agnes, uxor Petri de *Monguillon*, 171, 188.
Agnes, priorissa de Paraclito, 87.
Agnes de Pratis, monasterii de Pomerio abbatissa, antea monialis Sanctæ Mariæ Antissiodorensis, deinde Paracliti, 44, 45, 228.
Agnes, thesauraria de Pomerio, 228.
Agnes, neptis Garneri de Potengiaco, 132.
Agnes; filia Guillelmi *le Sonier* de *Saint-Albin*, armigeri, 272, 273.
Agnes (domina), uxor Symonis de Sailleuaio, 243.
Agnes, filia Milonis Sancti, 100.
Agnes de Triangulo, monialis Paracliti, 260.
Agnes, filia Droconis de Melloto, uxor Garneri de Triangulo, 157.
Agnes, filia Guiardi de Urmellis, 19.
Agnes, uxor Johannis de Valeriaco, 143.
Agnes, filia domini Herberti de *Vinuef*, monialis Paracliti, 142, 143.
Aimericus, cantor Sezanie, 89.
Aito alias *Astors* de Quintiaco, 35, 93, 107.
Albericus de Marolio, miles, 24, 73.
Albericus, Ostiensis episcopus, 13.
Albertus, Sancti Adriani diaconus cardinalis, 17, 21.
Alburgis de Ponne, 11.
Alermus, nota [Theobaldi III Trecensis comitis], 126.
Alexander [III], papa, 22, 23, 26, 27, 56.
Alexander [IV], papa, 40.
Almericus, sanctæ Romanæ ecclesiæ diaconus cardinalis et cancellarius, 3, 4.

Almaldricus, 10.
Amelina, abbatissa de Pomerio, 23.
Amelina, filia Floriæ *la Vasseleuse*, 161.
Amicus, miles de Summo Fonte, 10, 15.
Amila de Karoll Domo (domina), 173.
Anastasius [IV], papa, 14, 15, 16.
Ancellus de *Charmeciaus*, miles, 158.
Andreas, 11.
Andreas, nepos Stephani vicarii, 15.
Andreas de Brena, vir nobilis, 89.
Andreas de Gonessia, curatus de Argentolio in Parisiensi diocesi, collector subsidii decimalis pro rege, 264.
Androinus de Pogeio, 142.
Angenoldus [frater Cantumerulensis], 90.
Angerrant de Dommart, sergent du Chastelet de Paris, 268.
Anna, uxor Balduini de Clauso Fonte, 73.
Anno de Ais (frater), minister Templi cis mare, 85.
Anselmus, 145.
Anselmus *Bisselenmen*, 18, 20, 24, 25.
Ansellus *Carnas*, 36.
Ansellus de Charma, 107.
Ansellus [filius Agnetis de Marigniaco], frater Theobaldi, 106.
Ansellus, filius Isabellis de Trambleio, 158.
Ansellus, Nigellensis abbas, 138.
Ansellus, archidiaconus Trecensis et episcopatus yconomus, 132.
Ansellus *Ansel Ansiaus de Treignel*, dominus de *Poisi*, 262.
Ansellus [I], dominus de Triagno al. Triagnello [sponsus Helissandis], 36, 65, 66, 68, 99, 100, 114.
Ansellus [II], dominus de Triangulo [comitis Henrici buticularius], 81, 84, 120.
Ansellus [III], dominus de Triangulo [sponsus dominæ Idæ], 119, 140.
Ansellus [IV], dictus *le Gros*, dominus de Triangulo, sponsus Sibillæ, 241.
Anselmus de Triangulo, dominus de *Versines* (alias de *Vesines*); frater Droconis, domini de Triangulo, 204, 205.
Anselmus de Veleri, 90.
Ansoldus de Columbario (dominus), 89.
Archanbaudus, dictus *Harens*, burgensis de Pruvino, 245.
Ardicio, diaconus cardinalis Sancti Theodori, 21.
Aribertus, presbiter cardinalis tituli Sancte Anastasie, 15.
Arnulfus (*alias* Ernulfus, Hernulfus), de Insula, vel Insulis, 9, 19, 101.
Arnulfus de Kalestria, miles, 162.
Arnulfus, Trecensis canonicus, 170.
Arnulphus, frater Adæ Præpositi, 252.
Arnulphus *La Borde*, 81.
Arnulphus, major, 79.

Arnulphus, nepos Raynaldi, abbatis de Sancto Jacobo Pruvinensi, 87.
Arnulphus, decanus de Villamauri, 256.
Arpinus de Mairiaco, 8.
Ascrana, 11.
Astaldus, diaconus cardinalis Sancti Eustachii juxta templum Agrippe, 7.
Aubertus de Girignicurte, 55.
[Aubertus], abbas Vallislucentis, 175.
Auboinus, dictus *Lepin*, 250.
Avelina de *Breeles*, 20.
Avelina de Capella, 19.
Avelina de *Montimintel* (domina), uxor Ebrardi de *Ver*, militis, 165, 166, 213.
Avelina *de la Ronce*, monialis Paracliti, 222.
Azo, presbiter cardinalis tituli Sancte Anastasie, 4.

Balduinus, 18.
Balduinus, 57.
Balduinus de Clauso Fonte, miles, 25, 73, 74.
Balduinus de *Laon*, baillivus Trecensis, 269.
Baro, capellanus et scriptor (in ecclesia Romana), 7.
Bartholomeus, sacerdos, 101.
Bartholomeus, rector ecclesie Aubuexelli, 4.
Bartholomeus de Renavalle, sigillator Trecensis curie, collector decimalis subsidii pro rege, 264.
Bartholomeus de Verziaco, 74.
Bartholomeus de Sancto Albino, 154.
Beatidis, uxor Gaufridi *Chatine* de Surdolio, 164, 165.
Beatricia de Capella, monialis Paracliti, 222.
Beatrix, uxor Droconis (?), domini de Triangulo, 206.
Beatrix de Sancto Leonardo, priorissa de Pomerio, 228.
Beatrix, monialis Paracliti, neptis Emeniardis, abbatisse Paracliti, 197.
Bencelina, uxor Guerrici de Pontibus, monialis Paracliti, 89.
Benedictus [XII], papa, 54.
Benedictus [XIII], papa, 60.
Benedictus, filius Milonis *le Vagel*, 263, 264.
Berengerius, 93.
Berlerius, 20.
Bernardus Portuensis et Sancte Rufine episcopus, 26.
Bernardus de *Payns*, 283.
Bernardus, Sancti Petri Trecensis ecclesie canonicus, 78.
Bertaud Sevestre de *Nogent-sur-Seine*, 284.
Bertranus, 20.

Bilee, relicta Johannis *Colot*, 277.
Blancha [d'*Artois*], regina Navarræ, mater Johannæ, reginæ Franciæ, 274.
Blancha, comitissa Trecensis, relicta Theobaldi [III], comitis Trecensis, 131, 138, 141, 152, 154, 169, 176, 193.
Bobo, Sancti Theodori diaconus cardinalis, 39.
Bona, 19.
Bona, mater Gascionis, 104.
Bona de Pruvino, 41.
Bonardus, camerarius [Theobaldi II, comitis Trecensis], 63.
Bonellus Waura, 11.
Bonifacius [VIII], papa, 49, 50, 51, 52.
Bonnundus, pater Nicolai de Sancto Remigio, canonici Senonensis, 100.
Boso, diaconus cardinalis SS. Cosme et Damiani, 26.
Bovo de Kalestria, 102.
Briceus (frater), conversus Paracliti, 240.

C., uxor Petri de Curteriaco, 145.
Cadurcus, cancellarius Ludovici [VII], regis Francorum, 70.
Capraria, filia Hugonis, domini de Plancelo, 94, 95.
Celestinus [III], papa, 31, 32, 33, 114.
Clemens [VI], papa, 55.
Clemens [VII], papa, 58.
Colet Morot [de Nogento], 266.
Coletus de *Conrreclain*, 275.
Coletus de Fonte *Beton*, filius defunctæ *Piteuse*, 265.
Colot de Saint-Lou, servus Paracliti, 277, 278.
Comitissa, mater Johannis *Crolebois*, 171.
Comitissa (domina), soror Anselli I de Triangulo, vel Helissendis, uxoris ejus, 68, 108.
Comitissa, monialis Paracliti, filia Milonis Sancti, neptis Milonis, domini de Nogento, 99, 100.
Comitissa, de *Vilerbonens*, monialis Paracliti, 222.
Conradus, Sabiniensis episcopus, 6.
Constantia, subpriorissa Paracliti, 87.
Constantius, gener Dulciæ, 102.
Constantius, gener Isabellis de Trambleio, 158.
Corba, 35.
Crisogonus, diaconus cardinalis Sancte Marie in Portico, 4.

D. H. de Bovilla, 275.
Da., filia Radulphi, sanctimonialis Paracliti, 83.
Decembertus de Ternantis, 81.

Deniset de Quincy, dictus *le Borgoys*, 279.
Dionisius, filius Johannis *de la Chapelle*, 285.
Droco [I], dominus Trianguli, frater Garneri [III], domini de Marigniaco, vir Beatricis, 199, 200, 204, 205, 225, 226, 239, 240, 241.
Droco, clericus, 159.
Droco *de la Hante*, 268.
Droco, curatus de *Saint-Albin*, 270, 272.
Droco de Sancto Martino, 132.
Droco de Melloto, 157.
Droco, canonicus altaris Beatæ Mariæ in ecclesia Senonensi, 233.
Drogo de *Ferreus*, 93.
Drogo, filius Elouvis, dominæ de *Nangis*, 97.
Drogo de Pruvino, 81.
Drogo, Beati Lupi Trecensis abbas, 123.
Dudo, armiger, patruus Milonis et Guillonis, 187, 188.
Dudo des *Noes*, miles, 175.
Dulcia de Calestra, 102.
Durannus, 28.

E., filia Roberti, domini de Miliaco, monialis Paracliti, 139.
Ebrardus cementarius [de Calestria], 162.
Ebrardus *Croulebois*, 152.
Ebrardus de *Ver*, miles, 165, 166, 167, 213.
Egidia de Parisiis *alias* de Ulmis, priorissa in prioratu de Triangulo, 286.
Egidius, Sancti Dionysi in Francia abbas, 279.
Elia, domina de Villamauri, uxor Milonis marescalli de Pruvino, monialis Paracliti, 35, 66, 103, 117, 134, 135.
Elisabeth, relicta Ebrardi *Croulebois*, 151, 152.
Elisabeth, uxor Girardi Berengarii, 103.
Elisabeth, soror Garneri [III], domini de Marigniaco, 174.
Elisabeth, monialis Paracliti, neptis Emeniardis, abbatissæ Paracliti, 197.
Elisabeth, uxor Guidonis de *Peen*, 106.
Elisabet, uxor Rudulphi Jaiaci, 69.
Elisabeth, uxor Hugonis, domini de Plancelo, 94.
Elisabeth [domina] de Villomauri. *Vide:* Elia, 66.
Elisendis de *Becherel*, monialis Paracliti, 222.
Eloisa, monialis Paracliti, neptis Emeniardis, abbatissæ Paracliti, 197.
Elouvis, domina de *Nangis*, 96, 122.
Elvisa de *Chalete*, monialis Paracliti, 222.
Elysabez, uxor Rudulphi de Plaiscto, 156.
Emelina, mater Adæ, militis de Dontilliaco, 191.
Emelina, vicecomitissa de Joniaco, 29.

Emelina, subpriorissa Paracliti, 222.
Emelina, amita Eliæ, dominæ de Villamauri, 117, 135.
Emeniardis, *alias* Emengardis, Ermengardis, Paracliti abbatissa, 152, 153, 160, 180, 183, 190, 192, 197, 214, 215, 217, 220, 239.
Emma, *alias* Agnes, filia Guillelmi *le Sonier* de *Saint-Albin*, *Vide* : Agnes, 271, 272, 273.
Emmelina, 11.
Emmelina Rebursata, 11.
Engenoldus, frater Petri, abbatis Cellæ Trecensis, 76.
Erumbours, uxor Symonis de *Paienz*, 281.
Erardus, presbiter, 68.
Erardus, filius Stephani de Fulcheriis, 252.
Erlebaldus de Plescio, 20.
Erlcobaldus, cecus, 20.
Ermancia, domina de *Traignel*, uxor Anselli [II] de Triangulo, *Vide* : Ermensandis, 115.
Ermelina, monialis Paracliti, soror Adelaudis et Roberti *Goisias*, qui monachus fuerat Paracliti, 62, 63.
Ermengardis, neptis Garneri de Potenginco, 132.
Ermengardis, Paracliti abbatissa. *Vide* : Emeniardis, 187.
Ermengardius Postellus, 10.
Ermensandis, uxor Anselli [II] de Triangulo, 128. *Vide* : Ermancia.
Ernaudus, maritus Isabellis, filiæ Floriæ *la Vasseleuse*, 161.
Ernulfus, frater Henrici de *Blives*, 107.
Ernulphus, dictus *Pilaatre*, 217, 218.
Ernulphus de Ruifleio, 102.
Ertaldus, Henrici [I, comitis Trecensis], camerarius, 83.
Ertaudus, frater Galfridi Eventati, 93.
Erdelina, uxor *Noël* dicti *le Barbier*, 270.
Eufemia, filia Hurduini de Meriaco, monialis Paracliti, 101.
Eugenius [III], papa, 7, 13, 14, 71.
Eustachia, filia Anselmi Biselemennæ, 20.
Eustacia de Barris (nobilis mulier), mater Aalipdis, 280.
Everardus Rungifer, 15.
Everardus de *Ver*, miles. *Vide* : Ebrardus, 165, 166, 167, 213.
Evrardus, 12.

Falco, 60.
Falco, pater Otranni, 103.
Fania, filia Hugonis et Hermensendis, 103.
Felis Testardi, miles de Triangulo, 223.
Felisa, uxor Guillelmi, militis, de Sancto Audoeno, 252.
Foliseius, dictus *Mignot* [de Pruvino], 261.
Felix, miles, 10.
Felix de *Bocennay*, 106, 107.
Félix *La True*, 36, 107.

Felix, Sancti Petri de Cella Trecensi abbas, 260.
Felix *le Camus de Villeradin*, 278.
Felixsans Herricies, 270.
Ferricus (frater), conversus Paracliti, 240.
Floria *la Vasseleuse*, 101.
Fraherius, 145.
Fraherius de Musteriolo, 117.
Freerius, frater Rainaldi, 102.
Freerius Sanctus, filius Milonis Sancti, et nepos Milonis, domini de Nogento, 71, 102, 103.
Freherius de Selavilla (frater Cantumorulensis), 90.
Freherus, miles, de Lanneriaco, 165.
Frodmondus Peregrinus, 11.
Fromundus Borniferus, sororius Ellæ, dominæ de Villamauri, 117.
Fromundus, presbiter de Paraclito, 222.
Fromundus de Pomerulis, 103.
Fulcherius Burda, 104.
Fulcherius, camerarius Mathildis, comitissæ Blesensis, 74.
Fulcherius *Pentecostes*, 15.
Fulcho, capellanus Paracliti, 87.
Fulco de Calestra, capellanus Paracliti, 243.

G. de *Basoches*, decanus xpistianitatis Trianguli, 164.
G., Cathalaunensis archidiaconus, 79.
G., decanus xpistianitatis de Coilliaco, *alias* de Couilleio, 171, 188.
G., Cormeriacensis abbas, 221.
G. Lucanus, 54.
G., decanus xpistianitatis Marigniaci, 207.
G., Pruvinensis archidiaconus in ecclesia Senonensi, 233.
G., Beati Quiriaci Pruvinensis decanus, 164, 169.
G. de Sancto Albino, 90.
G., decanus Beati Nicholai de Sezannia, 250
Galcherius de Mairiaco, 101, 103.
Galcherus de *Corgirot*, 182.
Galfridus Eventatus, 93.
Galo, 29.
Galo, 62, 63.
Galterius, 103.
Galterius, cancellarius comitissæ Trecensis Mariæ, 112, 118.
Galterius Belet, 101.
Galterius de *Cudes*, *alias* Gauterius de *Codes*, 29, 108.
Galterius de *Curcimain*, 104, 107.
[Galterius de Naudo,] Sancti Petri Vivi Senonensis abbas, 114.
Galterus, 86, 136.

Galterus, cancellarius [Theobaldi III, comitis Trecensis] et Blanchæ Trecensis comitissæ, 126, 132, 138, 142.
Galterus, presbiter, 257.
Galterus, filius Arduini, [nepos Agnetis de Marigniaco,] cognatus Anselli, 106.
Galterus *Cerion*, 118.
Galterus, frater Theobaldi, homo de Marcilliaco, 147.
Galterus [III], Senonensis archiepiscopus. 167, 185, 196.
Galterus de Soysiaco, miles, 240.
Galterus dictus *Chape* de Summo Fonte, 247.
Galterus, archidiaconus Trecensis, consanguineus Garnerii de Triangulo, Trecensis episcopi, 37, 95, 96, 109, 111.
Galterus, Sancti Lupi Trecensis abbas, 207.
Galterus de Villa Nova [Divitum Hominum], 196.
Galterus de Vilonissa, 79.
Garinus de *Triagnel*, 105. *Vide*: Garnerius [I].
Garinus de Triangulo, 120, 134. *Vide*: Garnerus [II].
Garinus, presbiter, 125.
Garinus, sacerdos, 93.
Garinus de *Corteri*, 145, 146.
Garinus Furnerius (dominus), 120, 134.
Garinus de Kalestria, miles, 162.
Garinus, serviens *dous Maignil*, 277.
Garinus Malfiliaster, 106.
Garinus de Marriaco *alias* de Meriaco, miles, 108, 148, 149.
Garinus de Maxlai, 18, 20.
Garinus, præpositus de Nogennio, 100.
Garinus, sacerdos de Sancto Albino, 108.
Garinus, decanus de *Sezanne*, 268.
Garnerius de Triangulo, Trecensis episcopus, 31, 37, 98, 105, 109, 110, 112, 118, 120, 125, 126, 127, 128, 134, 136, 207, 208.
Garnerius [I], dominus de Marigniaco et Triagni, filius Anselli [I], domini de Triagno 35, 68, 81, 89, 95, 105; (Garinus de *Triagnel*), 107.
Garnerius [II] de Triangulo, dominus de Marigniaco, sponsus Agnetis de Melloto 120, 134, 157.
Garnerius [III] de Triangulo, dominus de Marigniaco, frater Droconis, domini Trianguli, 174, 199, 204, 205, 213.
Garnerius [IV] de Triangulo, dominus de Marigniaco, 247.
Garnerius, major, 102.
Garnerius, filius Milonis de Quinceio, 120.
Garnerius de *Marcilli*, 108.
Garnerius Niger. *Vide*: Guarnerius, 108.
Garnerus, 87, 136.
Garnerus, dictus *Chape*, presbiter, filius Galteri, dicti *Chape*, de Summo Fonte, 247.
Garnerus, capellanus de Paraclito, 260.

Garnerus de Potengiaco, miles, 132.
Garnerus, dictus *Torpins*, civis Trecensis, 222.
Garcias, clericus Theobaldi [IV], Campaniæ comitis, et Sancti Quiriaci præpositus, 169, 194.
Gascio, filius Bonæ, 104.
Gascio, filius Mariæ de Balbuzia, 104.
Gascius, 100.
Gaucherius, nepos Milonis, domini de Nogento, 71.
Gaufridus, 10.
Gaufridus, clericus, filius Garini de Meriaco, 149.
Gaufridus, filius Aaliz, dominæ de *Marceilli*, 163.
Gaufridus, filius Renaudi de Sancto Albino, 150.
Gaufridus, frater Petri de *Pars*, 107.
Gaufridus Chaliotti, serviens Guillelmi [I], archiepiscopi Remensis, 97.
Gaufridus *Chauderunt* (dominus), 120, 134.
Gaufridus, capellanus de Donna Maria, 164.
Gaufridus de Egliniaco, 138.
Gaufridus Furnerius, 63.
Gaufridus *Regine* de Karoli Domo, 246.
Gaufridus de Pale, 19.
Gaufridus, presbiter curatus de Poigniaco, 287.
Gaufridus de Sancto Albino, *alius* de Avone, miles, frater Guillermi de Sancto Albino, 179, 203.
G[aufridus I], Sancti Jacobi Pruvinensis abbas, 130, 131, 141, 150, 151, 159, 169.
Gaufridus, thesaurarius Sancti Jacobi Pruvinensis, 87.
Gaufridus *alias* Godefridus de Regiis, 20, 93.
Gaufridus *Chatine* de Surdolio, 164, 165.
Gauterius cordarius, 93.
Gauterius de *Codes*, 108.
Gauterius de *Curtimain*, 9, 103.
Gauterius Parvus, 63.
Gauterus de Fonteneto, 66.
Gautherus, nepos Milonis, domini de Nogento super Sequanam, 68.
Genovefa, monialis Paracliti, 243.
Genovefa, monialis Paracliti, 87.
Gerardus, Sancti Adriani diaconus cardinalis, 38, 39.
Gerardus, presbiter cardinalis tituli Sancte Crucis in Hierusalem, 4.
Gerardus, diaconus cardinalis Sancte Marie in Dominica, 7.
Gerardus, diaconus cardinalis Sancte Marie in Via Lata, 16.
Gerardus de Marnaio miles, 176, 177.
Gertrudis, 28.
Gertrudris, prima abbatissa monasterii de Pomerio, 71.
Gila, 19.
Gila, soror Guillermi *Cailloz*, 170.
Gila, uxor Petri de Durtano, 122, 127.
Gila, relicta Girardi *Gravior* de *Savins*, filia Petri de Foetinis, 236.

Gilbertus de Naudo, 93.
Gilbertus *Pare*, 93.
Gilbertus Parvus, 93.
Gilebertus de Ponte, 93.
Gileta de Quinceio, 229.
Cilibertus, presbiter cardinalis Sancti Marci, 6.
Gilo, filius Elisabeth, relictæ Hebrardi *Croulbois*, 152.
Gilo, filius Johannis *Sagier* de *Murnay*, 275.
Gilo, filius Elouvis, dominæ de *Nangis*, 97.
Gilo de Bray, 266.
Gilo, decanus xpistianitatis de *Marigny-[le-Chastel]*, 264.
Gilo, dominus Planceii, filius hugonis, 94.
Gilo dictus *li Quatrés*, presbiter, 280.
Gilo de Sancto Clemente, maritus Gilæ, sororis Guillermi *Caillos*, 170.
Gilo Cornuti, præcentor Senonensis, 257.
Giraldus, 20.
Girardinus Espenellus, 131.
Girardus de Averliaco, miles, 74.
Girardus Berengarius, 103.
Girardus Canis, 28.
Girardus *Crolebois*, 28.
Girardus Eventatus, 117.
Girardus Ispanellus, 64.
Girardus de Leprosia (dominus), 123.
Girardus de Nogento, gener Milonis I, domini de Nogento, 28, 71, 81, 92.
Girardus, presbiter, curatus ecclesiæ de Sancto Albino, 109, 110.
Girardus *Gravior*, miles, de *Savins*, 236.
Girardus, filius Girardi *Gravior* de *Savins*, 236.
Girardus, decanus Senonensis, 258.
Girardus de Sezannia, 89.
Girardus, Sigillerensis abbas, 166.
Girardus de Tachiaco, 246.
Girbert, 144.
Girodetus de Sezannia, 274.
Godefridus, monetarius, 12.
Godefridus, præpositus, 101.
Goslenus (magister), 65.
Gozio, presbiter cardinalis tituli Sancte Cecilie, 6.
Gr., diaconus ecclesie Romane, 7.
Gratianus, SS. Cosme et Damiani diaconus cardinalis, 38.
Gregorius [XI], papa, 57.
Gregorius, diaconus cardinalis Sancti Angeli, 7.
Gregorius Sancti Angeli diaconus cardinalis, 39.
Gregorius, presbiter cardinalis tituli S. Calixti, 6, 15.
Gregorius, Sancti Georgii ad Velum Aureum diaconus cardinalis, 39.

Gregorius, diaconus cardinalis SS. Sergii et Bacchi, 4, 7.
Gregorius, Sabiniensis episcopus, 20.
Gualcherius cementarius, 11.
Gualerannus, frater Guillelmi de *Curgivolt*, 102.
Gualterius, 29.
Gualterius, Albanensis episcopus, 26.
Gualterius *Cargon*, 36.
Gualterius de Fontineto, 15.
Gualterius Rungifer, 10, 19.
Gualterus, 24.
Guarinus, 10.
Guarinus, presbiter, 37.
Guarinus de *Meri*, 37.
Guarnerius Niger, et Nigra, uxor sua, 35, 108.
Guarnerius Trianguli, 35. *Vide* Garnerius I, dominus de Mariguiaco et Triangulo.
Guatho, famulus ecclesiæ de Pontibus, 96.
Guerricus, 35.
Guerricus, monachus, 96.
Guerricus de Pontibus, 89.
Guiardus, miles, 24.
Guiardus de *Courtemont*, armiger, 269.
Guiardus Poonellus, 20.
Guiardus, claustrarius [Sancti Quiriaci de Pruvino], 238.
Guiardus de Urmellis, 19.
Guibertus, Cantumerulensis abbas, 90, 91, 92.
Guichardus, prior Sancti Aygulphi de Pruvino, 261.
Guido de Triangulo, frater Droconis, domini de Triangulo, archidiaconus Laudunensis, 204, 205.
Guido, diaconus cardinalis Sancti Adriani, 4.
Guido, Sancte Marie Transtyberine tituli Sancti Calixti presbiter cardinalis, 38.
Guido, diaconus cardinalis SS. Cosme et Damiani, 7.
Guido, presbiter cardinalis tituli Sancti Crisogoni, 6, 15.
Guido, presbiter cardinalis SS. Laurentii et Damasi, 14.
Guido, diaconus cardinalis Sancte Marie in Porticu, 16.
Guido, sancte Romane ecclesie diaconus cardinalis et cancellarius, 14.
Guido, sacerdos, 4, 6.
Guido, cognatus Herberti, 94.
Guido, frater Guillermi *Caillox*, 170.
Guido, miles, filius Garini de Meriaco, 149.
Guido de Basainvilla, præceptor domorum militiæ Templi in Francia, 214.
Guido de Campania, 152.
Guido, dominus de Corguiliriaco, 170.
Guido, miles, de Meriaco, frater filiorum Aaliz, dominæ de Marceilli, 163.

Guido de Peen, 106.
Guido de Revel, 242, 243.
Guido [I], Senonensis archiepiscopi, 84, 88, 94.
Guido, decanus xpistianitatis de Triangulo, 241.
Guido, abbas de *Vaulluysant*, 284.
Guillelmus, 203.
Guillelmus, tituli Sancti Petri ad Vincula presbiter cardinalis, 26.
Guillelmus, filius Adelinæ de Braio, 101.
Guillelmus, filiaster Balduini de *Laon*, 269.
Guillelmus, filius Radulphi, domini de Sancto Lupo, 267.
Guillelmus de Barris, miles, 273.
Guillelmus de *Besençon*, armiger, 278.
Guillelmus, dictus *Blo* alias Blodus, clericus de Pruvino, 254, 255, 256.
Guillelmus, Brito, clericus Mathildis, comitissæ Blesensis, 74, 81.
Guillelmus de Chaaneto, miles, 194.
Guillelmus *Chabaste*, 282.
Guillelmus de Chalestria, miles, 219.
Guillelmus *dou Chastelet*, ballivus de *Sezanne et de Biaufort*, 265.
Guillelmus *De la Court*, 220.
Guillelmus *Courtalon*, 275, 276.
Guillelmus de Curgivolt, 102, 104.
Guillelmus de Fociaco, miles, 191.
Guillelmus *Le Grant*, 277.
Guillelmus *de Maraye-[en-Othe]*, serviens regius, 277.
Guillelmus, curatus de *Marnay*, 270.
Guillelmus de *Mortery*, ballivus de *Sezanne* et de *Biaufor*, 271, 278.
Guillelmus de *Monciaux*, 284.
Guillelmus, decanus xpistianitatis de Pontibus super Secanam, 109, 110, 215, 225, 252, 265.
Guillelmus *Putin*, canonicus Sanctæ Trinitatis de Triangulo, 276.
Guillelmus [I], dictus *Aux Blanches Mains*, archiepiscopus Remensis, frater Henrici I, comitis Trecensis, 78, 97, 98.
Guillelmus de Roseriis, miles, 218, 219.
Guillelmus le *Sonier* de *Saint-Albin*, armiger, 271, 272, 273.
Guillelmus, filius Guillelmi *le Sonier* de *Saint-Albin*, armiger, 271, 272, 273, 278.
Guillelmus de *Saint-Aubin*, dictus *le Breton*, 284.
Guillelmus *Cardoniau* de *Saint-Lou de Buffigny*, 278.
Guillelmus de Sancto Albino, armiger, 261.
Guillelmus, presbiter de Sancto Albino, 224.
Guillelmus de Sancto Audoeno, miles, 252.
Guillelmus Pellipari de Sancto Salvio, clericus, 287.
Guillelmus [III], Senonensis archiepiscopus, 82, 83, 84, 239, 251.
Guillelmus [V, dictus de *Melun*], Senonensis archiepiscopus, 286.
G[uillelmus VI], Senonensis archiepiscopus, 60.

Guillelmus, curiæ Senonensis officialis, 191.
Guillelmus, præpositus [capituli Senonensis], 79.
Guillelmus de Serbona, avunculus Herberti, 94.
Guillelmus de Sociaco, 238.
Guillelmus de *Soogon*, armiger, 278.
Guillelmus (frater), magister hospitalis Sancti Antonii Viennensis, 246.
Guillermus, cancellarius [Henrici I, comitis Trecensis], 78, 82.
Guillermus, marescallus [Henri I, comitis Trecensis], 81, 84.
Guillermus (frater), eleemosinarius, 89, 93.
Guillermus, nota, 90, 93.
Guillermus, frater Stephani Gorgiæ, 73.
Guillermus [frater Cantumerulensis], 90.
Guillermus, clericus de *Lespoisse*, 159.
Guillermus, presbiter, magister de Paraclito, 85, 87.
Guillermus de Partico, præpositus Chalestriæ, 146.
Guillermus, decanus de Pontibus. *Vide :* Guillelmus.
Guillermus, archidiaconus Pruvinensis, 191, 222, 223, 228.
Guillermus, scriba Pruvinensis, 81, 84.
Guillermus de Sancto Albino, miles, 179, 203, 212, 219.
Guillermus *Caillos*, canonicus Senonensis, 169, 170.
Guillermus de Triangulo, quondam præpositus, 226.
Guillermus, curatus de *Viluys*, 276.
Guillo, armiger, filius Guerrici de Poisiaco, 187, 18\.
Guiotus de *Corgivot*, filius Galcheri de *Corgivot*, 174, 182.
Gundricus, sacerdos [de Triagnio], 5, 65, 68.
Guyot de Chaumont, serviens regius, 278.

H., [Herveus *au lieu* de R.], Trecensis episcopus, 161.
H. *de Bertisy, tenant le lieu dou bailli de Sens*, 277.
H., priorissa de *Borenc*, 180.
H. Bur..., 62.
H., decanus Sanctæ Trinitatis de Triangulo, 196.
Hagano, presbyter, 101.
Hagano *Escornai*, 101.
Hagano *Pain et Vin*, 101, 104.
Halcius, 95.
Halcius, cancellarius [Mariæ, comitissæ Trecensis], 90, 93.
Hamy lege *Hanry*, *curé de Barbuisse*. *Vide :* Henricus.
Harduinus, dictus *Michoz*, de Quinciaco, 244.
Harduinus, 100, 102.
Harduinus, decanus, 100.
Harduinus de Brecis, 100.
Harduinus de Mairiaco, 101.
Harduinus de Nogeanio, 100.
H[arduinus], de Ripatorio abbas, 85.

Hato, armiger Mathildis, comitissæ Blesensis, 74.
Hato de Moneta, 63.
Hato (magister) de Plesselo Barbuisiæ, 245.
Hato, Trecensis episcopus, 12, 63, 69.
Hauries, dictus *Brebis*, 275.
Havya, filia Galteri de *Curcemain*, 107.
Hector (dominus), 189.
Hector de Quinciaco. *Vide* : Alto, 93.
Helia, soror Guillermi *Caillos*, uxor Milonis, 170.
Helia de Villamauro. *Vide* : Elia, vel Elisabeth.
[Helias], abbas Sanctæ Columbæ Senonensis, 114.
Helisabet, 36.
Helisabet, domina de Nogento, filia Milonis I, domini de Nogento, uxor Girardi, 35, 36, 71, 81, 92, 93.
Helissandis de Barris, Paracliti abbatissa, 287.
Helissendis (domina), uxor Anselli [I] de Triagnio, 68.
Heloisa, filia Hildeburgis de Ruilleio, 102.
Heloissa de Villari, 10.
Helouvisa, uxor Milonis [II, domini de Nogento], 93.
Helovisa, filia Petri de Curteriaco, monialis Paraclitensis, 145.
Heloyssa, domina de *Nangis*. *Vide* : *Elouvis*, 96, 122.
Heloyssa, primitus priorissa, deinde abbatissa Sancti Paracliti, 1, 3, 5, 6, 7, 14, 16, 17, 18, 21, 22, 64, 65, 71.
Heluysa, filia Stephani de *Quinci*, 161.
Hemericus, rector ecclesiæ de Lesinis. *Vide* : Hermericus, 228, 229.
Hermericus, decanus xpistianitatis Pruvinensis, 88, 123, 133, 144, 150.
Henricus [de Villa Nova Divitum Hominum], dominus Trianguli, filius Anselli [IV, dicti *le Gros*], domini de Triangulo, et Sibillæ, 241.
Henricus, presbiter cardinalis tituli SS. Nerei et Achillei, 16, 20, 21.
Henricus, cantor, 108.
Henricus, miles, 219.
Henricus, frater Arnulphi *La Borde*, 81.
Henricus, filius Elouvis dominæ de *Nangis*, 96.
Henricus, alias *Hanry*, curatus de *Barbuise*, 277, 282.
Henricus, comes Barri Ducis, 165.
Henricus de *Blives*, miles, 107.
Henricus de Calestria, miles, 170.
Henricus de *Cerely*, 271.
Henricus de Crocheto, miles, 126, 141, 142.
Henricus de Hapatoria, miles, 213.
Henricus de *Haudue*, 97.
Henricus de Ponte, 106.
Henricus, xpistianitatis Pruvini decanus, 167, 171, 173, 184, 189, 191, 194, 213.

Henricus de Pruvino, cambellanus Blanchæ, Trecensis comitissæ, 131.
Henricus [Rigaud], frater Odonis [dicti Rigaud], Rothomagensis archiepiscopi, 222, 223.
Henricus, Sancti Dyonisii abbas, 155.
Henricus, capellanus de Selavilla, 90.
Henricus [I], Senonensis archiepiscopus, 13, 63, 64, 80, 236.
Henricus [II, dictus Cornut], Senonensis archiepiscopus, 229, 235.
Henricus [I, dictus Largitor], comes Trecensis et Blesensis, 24, 71, [et comes Barri Ducis], 72, 74, 76, 77, 81, 83, 84, 85, 86, 108, 136, 237.
Henricus comes Breenie lege Barri Ducis, 71. Vide : Henricus [I], dictus Largitor.
Henricus, Trecensis episcopus, 76, 78.
Henricus, capellanus Domus Dei de Triangulo, 276.
Henricus, rector Domus Leprosorum de Triangulo, 276.
Henricus Rufus de Triangulo, 35.
Henricus de Valle Renerii, clericus, 179.
Henricus dominus [de Vitegruts], frater Radulphi Jalaci, miles, 91.
Herbeletus de la Peze, 278.
Herbertus Boteris, 171.
Herbertus filius Everardi, 93.
Herbertus, pelliparius, 103.
Herbertus, filius Herberti pelliparii, 103.
Herbertus, sutor, 93.
Herbertus de Ableio, miles, 94, 116, 130, 131.
Herbertus, presbiter de Barbusia, 209, 210.
Herbertus de Brecenay alias Brettenay, miles, 36, 108, 192.
Herbertus Crassus, 101.
Herbertus Granerius, 76.
Herbertus de la Grosse Pierre de les Ferreux, 267.
Herbertus d'Origni, miles, 278, 279.
Herbertus de Vinuef (dominus), 142.
Herfridus, 102.
Herfridus de Calestra, 9, 101.
Heris Carmond, 85.
Hermannus, sancte Romane ecclesie subdiaconus et notarius, 26.
Hermengardis, mater Girardi Berengarii, 103.
Hermensendis, uxor Hugonis et mater Faniæ, 103.
Hermericus Persona de Lesinis [curatus], 152, 153, 228.
Hermosendis, 93.
Hernulfus de Insula. Vide : Ernulfus, 9.
Hersendis, neptis Garini sacerdotis, 93.
Hersendis, uxor Josselini Molinarii, 103.
Hersendis, soror Oddonis de Villonissa, 102.
Hersendis de Currectain, 93.
Herverius, 93.
Hervous de Reimes, miles, 269.

Hervens, Trecensis episcopus, 147, 148, 149, 159, 161, 208.
Higmarus, Tusculanus opiscopus, 6, 13, 15, 20.
Hildeburgis de Ruilleio, 102.
Hilduinus, 10.
Hilduinus, decanus, 8, 99, 100, 101, 102, 103.
Hilduinus *Boeses*, 19, 25.
Hilduinus Magnus, 99.
Hilduinus Braidis, 105.
Hodeerus, capellanus Paraclitensis, 249.
Hodeerus de Sancta Columba prope Pruvinum, dictus *Quartiers*, rector de Lupis, 254, 255.
Hodierna, uxor Ertaldi, camerarii comitis Henrici I, 84.
Hodierna, uxor Felix de *Bocennay*, 106.
Hodierna, uxor Henrici de Hapatoria, 213.
Hodierna, uxor Petri de Malpigneto, 108.
Holdeiardis, uxor Gilonis, domini de Planceio, 94.
Honorius [III], papa, 183.
Honorius [IV], papa, 48.
Hubaldus, diaconus cardinalis Sante Marie in Via Lata, 4.
Hubaldus, presbiter cardinalis tituli Sancto Praxedis, 6, 20.
Hubertus de Nogennio, 100.
Hugo, 20.
Hugo, presbiter cardinalis tituli in Lucina, 14.
Hugo, filius Guillermi de Sancto Albino, armiger, 179, 203.
Hugo, sponsus Hermensendis, pater Faniæ, 105.
Hugo, miles, filius Garini de Kalestria, 102.
Hugo, filius Theobaldi de Loors, 87, 136.
Hugo, filius defuncti Itenerii, homo de Marcilliaco, 147.
Hugo, defunctus filius, Milonis domini de Nogento, 99, 100.
Hugo, filiaster Johannis *Picace*, 142.
Hugo, filius Ebrardi de *Ver*, 166.
Hugo, frater Bartholomei de Verziaco, 74.
Hugo *Belet*, miles, gener Stephani de *Quinci*, 181.
Hugo de Bliva, 105.
Hugo Boterius, capellanus Sancti Quiriaci, 63.
Hugo de *Bourgoinne*, miles, 278.
Hugo Butarius, 11.
Hugo de *Maldestur*, 97.
Hugo de Malodivortio, 93.
Hugo, cognomine Monachus, 19, 20, 74.
Hugo de Monte Estoti, clericus, 280.
Hugo de Mota, miles, 191.
Hugo Paltunerius, 68.
Hugo, [dominus de Planceio], 94.
Hugo Pruvinensis, 63.
Hugo de Pruvino, panetarius Mathildis, comitissæ Blosensis, 74.
Hugo de Regiis, 103.
Hugo de Rumilliaco, miles, 259, 260.

Hugo *Rumphart*, 28.
Hugo, Sancti Dyonisii abbas, 124.
Hugo, miles, dominus de Sancto Mauricio, 172.
Hugo Sapere, 63.
Hugo [I], Senonensis archiepiscopus, 25, 65, 71, 73, 75, 78, 79.
Hugo, canonicus Senonensis, 185.
Hugo, curiæ Senonensis officialis, 160.
Hugo, comes [Trecensis], 29.
Hugo de Valeriaco, 142, 143.
Hugo de Yareliis, 74.
Hugo, cognomine *Vetlars*, homo de Marcilliaco, 147.
Huldierius de Quinceio, 101.
Hulduinus, 107.
Hulmus, 35.
Humbaldus, Hostiensis episcopus, 26.
Humbertus (frater), 85.
Hunoldus, presbiter ecclesiæ de *Nangies*, 133, 143, 150.
Hygo Caper, 10.
Hymbertus, presbiter de Dontilliaco, 185.

Iacinthus, diaconus cardinalis Sancte Marie in Cosmydin, 14, 21, 26.
Ida (domina), uxor Anselli [III], domini de Triangulo, 120, 141.
Ida (domina), uxor Gerardi de Marnayo, 177.
Ida, Paraclitensis abbatissa, 138, 143.
Imarus, Tusculanus episcopus, 6, 13, 15, 20. *Vide*: Higmarus.
Innocentius [II], papa, 1, 3, 4, 5.
Innocentius [III], papa, 34, 38, 39, 40, 41.
Innocentius [IV], papa, 41, 45, 239.
Innocentius, presbiter de Sancto Albino, 172.
Isabel, dicta *Foutchiere Pisserotain*, 214.
Isabel, filia Milonis I domina de Nogento, uxor Girardi. *Vide : Helisabel.*
Isabel, filia Milonis de Quinceio, 128.
Isabel, filia Floriæ *la Vasseleuse*, 161.
Isabel, de Trambleio (domina), 158.
Isabellis, dicta *Berete*, monialis Paraclitensis, 222.
Isabellis, filia Henrici de Crocheto, monialis Paraclitensis, 142.
Isabellis, uxor Galteri de Soysiaco, 240.
Isabellis de Villaribus, monialis Paracliti, 240.
Isabiaus, uxor Jacobi *diz Haroarz*, 269.
Isabiaux, uxor Stephani de *Quinet*, 181.
Isambardus, 11.
Isambardus (frater), domus Hospitalis magnus provisor in Francia, 147.
Isembardus, nepos Garneri de Potengiaco, 132.

TABLE DES NOMS DE PERSONNES

J. de Palacolis, 23.
J., presbiter de Pontibus, 138, 139.
Jacoba, uxor Guillermi de Triangulo, 226.
Jacoba, uxor Jacobi de *Jouy*, 280.
Jacoba, uxor Petri de *Footins*, 164.
Jacobus, notarius Garnerii, Trecensis episcopi, 111.
Jacobus, dictus *Coquatris*, provisor garnisionum regis, 264.
Jacobus *dis Harourz*, 269.
Jacobus de Jouy, manens in *Sourduil*, 280.
Jacobus *Le Roy*, capellanus Paracliti, 288.
Jacobus, homo de Marcilliaco, 147.
Jacobus *Petit-Frère*, 275, 276.
Jacobus, draparius de Pontibus, 152.
Jacobus de Sancto Quiriaco, custos sigilli præposituræ de Pruvino, 269.
Jacobus *Hurel*, ballivus de *Sezanne*, 284.
Jacobus *Cousin*, canonicus Trecensis, 287.
Jacobus, thesaurarius Sanctæ Trinitatis de Triangulo, 276.
Jacqueminus *Troussiaux*, ballivus de Trecis, 275, 276.
Jacquinus de Pontibus, 195, 196.
Jo. de Camp., 48.
Jo. Torelli, 58.
Jobert (Joan), alias *Joibert*, clericus juratus de *Nogent-sur-Seine*, 266, 267.
Jocelinus, 86, 136.
Jocelinus, 24.
Jocelinus, filius Galonis, 29.
Jocelinus (frater), conversus Paraclitensis, 243.
Jocelinus Turtella, 107.
Joffridus de Curte Bertodi, 250.
Joffridus de *Marcilly*, armiger, 283.
Johanna, regina Franciæ et Navarræ [uxor regis Philippi IV], comitissa palatina Campaniæ et Briæ, 268, 271, 274, 281, 282, 284.
Johanna, uxor Herberti de Ableio, 116, 131.
Jehanne, fame feu Jehan de la Chapelle, 285.
Johanna, uxor Symonis de Melenfreio, 240.
Johanna, cantrix de Pomerio, 228.
Johanna *Velen*, 25.
Johannes [XII], papa, 54.
Johannes, presbiter cardinalis tituli SS. Johannis et Pauli tituli Pamachii, 20.
Johannes, diaconus cardinalis Sanctæ Mariæ Novæ, 7, 14.
Johannes, diaconus cardinalis SS. Sergii et Bachi, 16, 21.
Johannes, tituli Sancti Stefani in Celio Monte presbiter cardinalis, 38.
Johannes, 146, 147.
Johannes *le Barbier*, 266.

Johannes, capellanus Mariæ, comitissæ Trecensis, 117.
Johannes, consergius, 63.
Johannes, nota Blanchæ Trecensis comitissæ, 132, 138, 142.
Johannes, sacerdos, 100, 102.
Johannes, filius domini Leonis, militis, 121.
Johannes, filius Roberti de Granchia, 162.
Johannes, clericus Balduini de *Laon*, 269.
Johannes, filius *Aalis*, dominæ de *Marceilli*, 163.
Johannes, armiger, filius Garini de Meriaco, 149.
Johannes, filius Adam de *Montium*, 108.
Johannes, filius Girardi et *Helisabeth*, dominæ de Nogento, 92.
Johannes, filius *Denizet* de *Quincy*, 278.
Johannes, maritus Amelinæ, filiæ Floriæ *la Vasseleuse*, 161.
Johannes *Baillos*, burgensis de Nogento super Sequanam, custos sigilli præpositura ejusdem civitatis, 278, 280, 281, 282, 283, 284.
Johannes *des Barres*, armiger, dominus de Calvomonte, 271, 272, 273, 274.
Johannes de Bello Monte, 93.
Johannes Brebannus, 145.
Johannes de Calestria, miles, 170.
Johannes, presbiter de Calestria Magna, 146.
Johannes de Cantu Alaude, canonicus et archidiaconus in ecclesia Trecensi, 259, 263.
Johannes de Capis, clericus, 280.
Jehan de la Chapelle, quondam tabernarius in Pruvino, 285.
Johannes, presbiter et decanus de Chaletra, *vel* Calestria, 136, 137.
Johannes, dictus *dou Chastelet*, curatus de *Chalautre la Grant*, 282.
Johannes de *Chesnetrunc*, 147.
Johannes de *Courtemont*, frater Guiardi, 269.
Johannes de *Craincey*, 271.
Johannes *Crolebois*, clericus, 171.
Johannes de Esternayo, miles, frater Hugonis de Rumiliaco, 260.
Johannes *de Ferreux*, armiger, 267, 270, 271.
Johannes dictus *Fouans*, armiger, frater Odonis de Fonteneto *Le Bausseri*, 241.
Johannes *de la Granche*, armiger, 284.
Johannes, curatus de Grangiis, 276.
Johannes *Hocher*, notarius Johannæ reginæ Navarræ, 282.
Johannes *Huyart*, cantor in ecclesia de *Villemor*, 277.
Johannes de *Laigny*, burgensis de *Crecy*, 282.
Johannes dictus *Lavernier*, 253.
Johannes de Lourcino, 87.
Johannes de Lupis, armiger, 240.
Johannes, decanus xpistianitatis Marigniaci, 234.
Johannes dictus *Sagier* de *Marnay*, 275.

Johannes, filius Johannis *Sapier* de *Marnay*, 275.
Johannes de Masura, 240.
Johannes dictus *Midole*, miles, 215.
Johannes de Moncellis, miles, 240.
Johannes de Mont. Gross. (frater), domus Hospitalis Jherusalem in Francia prior, 200.
Johannes Motelli, canonicus Sancti Stephani Trecensis, 280.
Johannes *la Mouce*, 266.
Johannes de *Oyenvile*, prior de *Marnay*, 280.
Johannes de *Patens*, 270.
Johannes, clericus [Paraclitensis], 238.
Jehan de *Parigny*, clericus juratus de *Nogent-sur-Seine*, 266, 267, 271, 275.
Johannes *Persin*, Sancti Lupi Trecensis abbas, 59.
Johannes *Picace*, 142.
Johannes, dictus *Piper*, 240.
Johannes *Rebez de Pleines*, ballivus de *Sezanne* et de *Biaufort*, 267, 268.
Johannes, dictus *dou Plessis*, textor, 270.
Johannes *de la Porte*, clericus, 277.
Johannes *Petit* de *Saint-Aubin*, miles, 271.
Johannes de *Saint-Martin*, 284.
Johannes, Sancti Jacobi de Pruvino abbas, 256, 257.
Johannes, Sancti Quintini Belvacensis abbas, 178.
Johannes de *Saudoue*, 270.
Johannes de *Sens*, magister domus Dei de *Nogent*, 284.
Johannes de *Situte*, clericus Odonis Rothomagensis archiepiscopi, 222.
Johannes *Souleizen*, 266.
Johannes de *Tilli*, armiger, 241.
Johannes Tirannus, 11, 81.
Johannes *Tirant*, 90, 102.
Johannes [III, dictus d'*Aubigny*], Trecensis episcopus, 283.
Johannes, officialis Trecensis, 234.
Jehan, *seigneur de Treigneil*, *de Esternay et de Marceilly*, 283, 285.
Johannes, canonicus ecclesiæ Sanctæ Trinitatis de Triangulo, 196.
Johannes *Tuebuef*, 161.
Johannes de Valeriaco, 142, 143.
Johannes *Boroz*, custos sigilli præposituræ de *Villemor*, 276.
Johannes, Viterbiensis et Tuscanus episcopus, tituli Sancti Clementis cardinalis, 38.
Joiffridus, filius Fulcherii Burda, 104.
Joiffridus, nepos Milonis, domini de Nogento, 71.
Joiffridus de *Bollipoth*, 102.
Joiffridus *Esventez*, 101, 102.
Joiffridus *Ridel*, 71.
Joisbertus, filius Vagonis, 101.

Joisbertus de Maarnaio, 100.
Jordanus, presbiter cardinalis tituli Sancte Suzanne, 14.
Josbertus, camerarius, 84.
Josselinus, molinarius, 103.
Julius, presbiter cardinalis Sancti Marcelli, 20.

Katarina, uxor Odonis de *Vaurront*, 283, 286.
Katarina de Barris, abbatissa Paraclitensis, 279.

Lambelis de la Porte, clericus, 270.
Lambertus, prior de Bello Loco Carnotensi, 97.
Lambertus [*Bouchu*] de Barro [super Albam], 117.
Landerus *Daviet*, 93.
Leo, miles, 36, 121.
Leobaudus, capellanus, 65.
Leodegarius, decanus xpistianitatis de Triangulo, 206, 213.
Letuysa, uxor Theobaldi, filii Agnetis, 106.
Lictifredus, presbiter cardinalis tituli Vestine, 4.
Loherius, 11.
Lucas, presbiter cardinalis tituli SS. Johannis et Pauli, 4.
Lucas, præpositus, 35.
Lucia, filia Elouvis, dominæ de *Nangis*, 97.
Lucius [II], papa, 6, 7.
Lucius [III], papa, 27, 30.
Ludovicus, comes Blesensis, 98.
Ludovicus [VI], rex Francorum, 63, 64, 65, 69.
Ludovicus [VII, dictus junior], rex Francorum et dux Aquitanorum, 24, 25, 64, 69, 71, 75, 76, 85.
Ludovicus [VIII], rex Francorum, 180.
Ludovicus [IX, dictus Sanctus], rex Francorum, 180.
Lupellus, hostiarius Mathildis, comitissæ Blesensis, 74.

M., filia Elisabeth, relictæ Ebrardi, 152.
Mahaux, filia Stephani de *Quinci*, 161.
Maietus de Marcilliaco, armiger, 234.
Mainardus, 102.
Mainardus de *Brailes*, 19.
[Mainardus], Trecensis episcopus, 4.
Manasses, 69.
Manasses, nepos Agnetis de Marigniaco, 106.
Manasses de *Charz*, 28.
Manasses de Garlanda, archidiaconus Senonensis, postea Aurelianensis episcopus, 65, 74.

Manasses, Meldensis episcopus, 77.
Manasses (II de Pogelo], Trecensis episcopus, 88, 95.
Manasses de Villa Grasli, *alias* Villagriis, miles, 89, 90.
Maufredus, diaconus cardinalis Sancti Georgii ad Velum Aureum, 26.
Margareta, filia Herberti de Ableio, 116, 131.
Margareta, uxor *Odinet de Borraust*, 277.
Margareta, uxor Guillelmi de Chaaneto, 194.
Margareta, uxor Dionisii, filii *Jehan de la Chapelle*, 285.
Margareta, uxor Martini *li Chopins*, 266.
Margareta, uxor Erardi, filii Stephani de Fulcheriis, 252.
Margareta, relicta Freheri de Lanneriaco, militis, 165.
Margareta (domicella), uxor Radulphi de Marnayo, 261.
Margareta, filia Garini de Meriaco, 149.
Margareta, filia Stephani de *Quinci*, uxor Hugonis *Belet*, militis, 161.
Margareta, uxor Milonis de Quinciaco, 187.
Margareta, uxor Guillelmi *le Sonier* de *Saint-Albin*, 271, 272, 273.
Margareta, relicta domini Johannis *Petit* de *Saint-Aubin*, militis, 274.
Margareta, uxor Hugonis domini de Sancto Mauricio, 172.
Margareta de *Fuillees*, Paraclitensis monialis, 222.
Margareta (domicella), cognominata *Gasteblee*, monialis Paraclitensis, 211.
Margareta, vicecomitissa de Marrolis, 11.
Margareta de *Sergines*, nobilis mulier, 167, 168.
Maria, 28.
Maria, soror Anselli [I], domini de Triangulo, 120.
Maria (nobilis mulier), relicta Stephani de Melanfrido, et sponsa Stephani de *Chienfai*, 188, 189.
Maria, filia Garini de Meriuco, 149.
Maria de *Barbenson*, uxor de *Jehan, seigneur de Treignel, Esternay et Marceilly*, 285.
Maria, uxor Philippi *Poilechien* et filia Milonis de Montoigniaco, 156.
Maria, filia Elouvis, dominæ de *Nangis*, 97.
Maria, uxor Petri de *Pars*, 107.
Maria, uxor Petri de Sancto Albino, [servi], 265.
Maria, filia Radulphi, domini de Sancto Lupo, 207.
Maria, uxor Constantii, filia Isabellis de Trambleio, 158.
Maria de Balbusia, 9, 101.
Maria (domicella), de Esternayo, 259.
Maria [I, soror Odonis dicti *Rigaud*, archiepiscopi Rothomagensis], Paraclitensis abbatissa, 43, 44, 45, 222, 228, 230, 231, 242, 249, 259, 262, 263.
Maria, comitissa Trecensis [relicta comitis Henrici I], 35, 89, 92, 112, 117, 135, 136.

Maria de Villamauri, cantrix Paracliti, 197.
Marons, uxor Johannis dicti *dou Plessis*, 270.
Marta, mater Guillermi *Caillos*, 170.
Martinus, 28.
Martinus, presbiter cardinalis tituli Sancti Stephani, 4.
Martinus, filius Floriæ *la Vasseleuse*, 161.
Martinus *li Chopins*, 266.
Martinus, presbiter de *Ferreux*, 229.
Martinus de *Quincy*, 271.
Matheus, frater [Willelmi] marescalli, 84.
Matheus, de *Charmeciaus* presbiter, 198.
Matheus Mouceri, 147.
Matheus, Senonensis præcentor, 66, 79.
Matheus Theatinus, canonicus Morinensis, 260.
Mathildis, uxor Adam de *Montium*, 108.
Mathildis, comitissa Trecensis et Blesensis, uxor Theobaldi II, comitis Trecensis, 24. 25, 63, 71, 72, 74.
Mauricius, sacerdos, 85.
Mauritius de Lanis, 63.
Melina, uxor *Dentset* de Quincy, dicti *le Borgoys*, 279.
Michael *de la Halle*, clericus juratus de *Nogent-sur-Seine*, 266, 271, 275.
Michael dictus *Noalin*, al. *Yaalin*, dou *Nogent-sur-Seigne*, 278, 281.
Michael, xpistianitatis Pruvini decanus, 165, 166.
Michael, Senonensis archiepiscopus, 32, 113, 114, 116, 123, 124, 131, 207.
Michael, curiæ Senonensis officialis, 187.
Michael, de Triangulo presbiter, 240.
Milesendis de Capella, monialis de Pomerio, 228.
Milesendis, mater Garini de Meriaco, 148.
Milesendis, *alias* Milissens, Paracliti abbatissa, 27, 31, 86, 91, 92, 95, 109, 111, 112, 117, 121, 122, 135, 137.
Millo, filius Deomberti de Ternantis, 81.
Milo, 9, 102.
Milo, camerarius, miles, 184.
Milo, 203.
Milo, maritus Heliæ, sororis Guillermi *Caillos*, 170.
Milo, filius Petri de Curterlaco, 145.
Milo, presbiter, filius Petri Mosseti, 226.
Milo, filius Guerrici de Poisiaco, armiger, 187, 188.
Milo, filius Stephani de *Quinci*, 161.
Milo, Belvacensis episcopus, 187.
Milo Boslenus, *alias* Bolens, 19, 25.
Milo de *Breetes*, filius Avelinæ, 20.
Milo de *Chapes*, clericus, frater confrariæ Sancti Nicholai in ecclesia de Triangulo, 270.
Milo de *Chaumont*, præpositus de Nogento, 268.

Milo de *Colaverdi*, 36.
Milo de *Corteri* (dominus), frater Petri, 122, 123, 145, 146.
Milo de *Curtenott*, 103.
Milo de *Monteigni*, *alias* de Monteigniaco (dominus), miles, 156, 185.
Milo [I], dominus de Nogento super Sequanam, 8, 28, 36, 68, 70, 71, 99, 100, 101, 102, 103, 107, 129.
Milo [II], dominus de Nogento super Sequanam, 93.
Milo, presbiter de Paraclito, 222, 232.
Milo, Sancti Jacobi de Pruvino abbas, 237.
Milo de Pruvino, 89.
Milo de Pruvino, marescallus Campaniæ, 117, 134.
Milo de Quinceio, miles, 128.
Milo, presbiter de Quinceio, 181.
Milo de Quinciaco, armiger, 186, 187.
Milo de Sancto Quintino, 95.
Milo Sanctus de Nogento, 99, 100, 102, 103.
Milo de *Summesott*, 95.
Milo, archidiaconus Trecensis, episcopatus yconomus, 132.
Milo, Trecensis canonicus, 96.
Milo, sacerdos de Trianello, 97.
Morot (filia), 275.
Milo *le Voget*, 263.
Milo, dictus *Quasse-Miche*, monachus Vallis lucentis, 232.

N., presbiter de Donna Maria, 163.
N. Habardi, 62.
Naviotus, filius Adæ, 25.
Nevelo de Alneto, 93.
Nicholaus, de Cantumerula abbas, 245.
Nicholaus (magister), curatus ecclesiæ de Lisinis, 235, 249, 250.
Nicholaus de Pontibus, presbiter, 240.
Nicholaus, decanus ecclesiæ Beatæ Mariæ in Valle de Pruvino, 214.
Nicholaus, decanus xpistianitatis de Triangulo, 239.
Nicolaus, presbiter cardinalis tituli Sancti Cyriaci, 6.
Nicolaus, Sancte Marie in Cosmidin diaconus cardinalis, 39.
Nicolaus, major Barbonie, 24.
Nicolaus de l'o..., 54.
Nicolaus de Sancto Remigio, canonicus Senonensis, 156, 160.
Nicolaus, Trecensis episcopus, 192, 198, 201, 203, 204, 205, 206, 207, 209, 210, 211, 218, 221, 224, 226, 230, 231, 243, 248.
Nigella (domina), 195, 196.
Nigra, uxor Guarnerii Nigri, 35, 108.
Noël, dictus *li Barbier*, 270, 276.

Noël, dictus *li Boceus*, 270.
Normanus, frater Pagani de Herbleto, 103.
Normanus de Cantomerula, 103.
Norpaldus, abbas Vallis lucentis, 66.

O. de Hennevilla, 175.
O., decanus de Pontibus super Secanam, 217.
Obertus, 24.
Obertus, armiger Mathildis, comtissæ Blesensis, 74.
Octavianus, diaconus cardinalis Sancti Angeli, 14.
Octavianus, presbiter cardinalis tituli Sancte Cecilie, 15, 20.
Otavius, Hostiensis et Velletrensis episcopus, 38.
Odardus de Barris, thesaurarius Senonensis, frater Aalipdis abbatissæ Paracliti, 280, 283.
Odardus de Calestria, curatus de Ferroso, 265.
Odardus de *Laigny*, custos sigilli balliviæ de *Créey*, 282.
Oddo, diaconus cardinalis Sancti Georgii ad Velum Aureum, 14, 16.
Oddo, diaconus cardinalis Sancte Marie in Porticu, 21.
Oddo de Villonissa, 18, 102.
Odena Senescali, *alias* Odo de *Seneschallum*, 191, 197.
Odeta, uxor Hugonis de Valeriaco, 143.
Odo, frater Henrici, cantoris, 108.
Odo, nepos Hatonis, Trecensis episcopi, 89.
Odinez de Barraust, armiger, 277.
Odo, diaconus cardinalis Sancti Nicholai in Carcere Tulliano, 16, 26.
Odo, frater Radulphi Jaici, domini de Villagruis, 104.
Odo, cantor de Brayo super Secanam, 220.
Odo, dictus *Chacibuef*, miles, 240.
Odo de Fonteneto dicto *Bausseri*, armiger, 240.
Odo *lo Gai*, avus Manasses de Villa Grasii, 89.
Odo, decanus de Marigniaco, 212.
Odo de Monte Omeri, 78.
Odo, dictus *le Picardat*, de *Quincy*, 275, 276.
Odo, decanus xpistianitatis Pruvinensis, 249.
Odo, cellarius Sancti Jacobi Pruvinensis, 87.
Odo, prior Sancti Jacobi Pruvinensis, 79, 87.
Odo [II, dictus *Rigaud*], Rothomagensis episcopus. 45, 222, 223.
Odo, Sancti Dyonisii abbas, 190.
Odo, decanus Senonensis, 79.
Odo, canonicus Senonensis, 74.
Odo, decanus Sanctæ Trinitatis de Triangulo, 276.
Odo de Thesellis, 107.
Odo de *Vaurront*, armiger, 283, 285, 286.
Odo de Velonessa, 63.

Otrannus, filius Falconis, 103.
Otto, diaconus cardinalis Sancti Georgii, 7.
Osmundus, 79.

P., canonicus Sancti Lupi et Sancti Martini Trecensium, 39.
P., Wastinensis archidiaconus, in ecclesia Senonensi, 233.
P. *Piloz*, domus Hospitalis provisor in Francia, 122.
P. Salteti, 58.
P. Theatinus, 49, 53.
P. de Tita, civis Romauus, 4.
Paganus, sellarius, 12.
Paganus, frater Balduini de Clauso Fonte, 74.
Paganus de *Ferrou*, 10, 103.
Paganus de Herbleio, 103.
Paula, 11.
Perrardus de *Ravestum*, 146.
Perrart Willaumes, serviens regius, 277.
Perrin, dictus *Penaut*, 277.
Perrin dou Plessie, 281.
Perrinés, armiger, filius Guillelmi *Le Sonier de Saint-Albin*, 278.
Perrinés, filius Radulphi, domini de Sancto Lupo, 267.
Petronilla, nobilis mulier, relicta Stephani de *Loes*, 194.
Petronilla, uxor Milonis de Quincelo, 128.
Petronilla de *Sarum*, 107.
Petrus, 24.
Petrus, presbiter cardinalis tituli Sanctæ Ceciliæ, 38.
Petrus, diaconus cardinalis Sancti Eustachii juxta templum Agrippe, 26.
Petrus, Sanctæ Mariæ in Via Lata diaconus cardinalis, 39.
Petrus, diaconus cardinalis Sanctæ Mariæ in Porticu, 7.
Petrus, cancellarius Guidonis I, archiepiscopi Senonensis, 94.
Petrus cementarius, 93.
Petrus, hucherius, filius Johannis de Masura, 240.
Petrus, filius Stephani de *Quinci*, 161.
Petrus, filius Ebrardi de *Ver*, 166.
Petrus, frater Guidonis de *Revel*, 243.
Petrus, Albanensis episcopus, 6.
Petrus *Baaceaus*, 145.
Petrus de *Bachi*, clericus, decanus Trecensis, 4.
Petrus de Barris, miles, frater Aalipdis, Paraclitensis abbatissæ, 280.
Petrus de Boeio, miles, 166.
Petrus de *Boi* (dominus), 185.
Petrus de Bordis, civis Trecensis, ballivus et custos Paraclitensis, 223.

Petrus Bristaldus, frater Drogonis de Pruvino, 81.
Petrus Bursaudus, 78.
Petrus de *Bules*, prior de *Marnay*, 270.
Petrus, prior Cantumerulensis, 90.
Petrus de *Chienfay*, armiger, 240.
Petrus, presbiter de *Corgivol*, 182, 202, 208.
Petrus de *Corteri*, *alias* de Curteriaco, 145, 146.
Petrus de *Dicy*, ballivus Trecensis, 275, 276.
Petrus de *Durtan*, *alias* de Durtano, clericus, 36, 121, 122.
Petrus de *Flacy*, miles, 277.
Petrus de Foetino, armiger, 163, 164, 236.
Petrus de Fonte Danielis, 90.
Petrus de Fontineto, 102.
Petrus de *Jaaucourt*, 200.
Petrus *li Jais*, miles, 240.
Petrus Joiseta, 103.
Petrus de Laigniaco, *alias* de Latigniaco, canonicus Sancti Quiriaci Pruvinensis, 185, 209, 210.
Petrus de Manillo, armiger, 280.
Petrus de *Mannai*, *alias* de Marnaio, 37.
Petrus sementarius, de *Mannai*, 37.
Petrus de Marigniaco, 125.
Petrus de Marnaio, *alias* de *Mannai*, 28.
Petrus de *Maupegni*, 35, 108.
P. [etrus III de *Cuisy*], Meldensis episcopus, 183.
Petrus, miles de *Monguillon*, 167, 171, 188.
Petrus Mossetus, 226.
Petrus Munerius, provisor garnisionum regis, 264, 265.
Petrus de Novo Vico, avunculus Guillelmi de *Curgivolt*, 102, 103.
Petrus de Onjione, rector ecclesiæ Beati Remigii Trecensis, 283.
Petrus, *alias* Perinetus, dictus *Pailoe*, alias *Pelloe*, armiger, 273.
Petrus de Papa, Canonicus Senonensis, 185.
Petrus dictus *Paris* de Pruvino, clericus, 256.
Petrus, capellanus Paracliti, 243.
Petrus, sacerdos de Parigniaco, 13, 107.
Petrus, dictus Juvenis, canonicus Parisiensis, 191.
Petrus *Patoilan*, 108.
Petrus de *Pars*, 35, 107.
Petrus *Pilemer*, custos sigilli præpositurae de *Provins*, 285.
Petrus de Ponne, 11.
Petrus, prior Beatæ Mariæ de Pontibus super Secanam, 220, 230, 231.
Petrus de Porta, 15.
Petrus *Poser*, 93.
Petrus Sanctus, frater Milonis Sancti, 12, 99, 100, 101.
Petrus de Sancto Albino, filius defuncti Symonis Claudi, [servus] dictus de Ortus de Paraclito, 245, 252, 265.

Petrus (II), Senonensis archiepiscopus, 131, 133, 135, 140, 141, 151, 163.
Petrus, officialis curiæ Senonensis, 236, 240, 251.
[Petrus I], Sancti Johannis Senonensis abbas, 114.
Petrus de Serginis, miles, 168.
Petrus, presbiter de Surdolio, 165, 166.
Petrus Theatinus, nepos Mathei Theatini, 266.
Petrus Teptonicus, 35.
Petrus Teutonicus, Sezaniæ præpositus, 89.
Petrus de Tornella, 29, 71, 76, 101, 107.
Petrus [I], abbas Cellæ Sancti Petri Trecensis, 75.
Petrus de Treilliis, canonicus ecclesiæ Beatæ Mariæ Trecensis, 287.
Petrus, presbiter Beatæ Mariæ de Castello Trianguli, frater *Felis* Testardi de Triangulo, 225, 239.
Petrus le *Vaget*, 264.
Petrus de Valle, 11.
Petrus de *Vendeil*, clericus, 270.
Ph. (magister), curiæ Senonensis officialis, 150, 153, 156, 157.
Philippus, filius *Denisei* de *Quincy*, 278.
Philippus, filius Gauterii de *Curtimain*, 103.
Philippus, Cormeriacensis abbas, 96.
Philippus de Fontanis, provisor garnisionum regis, 264.
Philippus [IV, dictus *Le Bel*], rex Francorum, 264, 268, 273, 274.
Philippus [VI, dictus *de Valois*], rex Francorum, 281.
Philippus *Poylechien* (dominus), gener Milonis de Monteigniaco, 156, 184, 237.
Philippus [II de Triangulo], Sancti Lupi Trecensis abbas, 164.
Philippus de *Quincy*, 279.
Piteuse, mater Coleti de Fonte *Beton*, 265.

R. *lege* H. (Herveus), Trecensis episcopus, 161.
R. de Magd., Turonensis thesaurarius, 144.
R., presbiter de Nogento, 156.
R., filia Elisabeth, relictæ Ebrardi, 152.
Radulfus, capellanus Theobaldi (II), comitis Trecensis, 63.
Radulfus, cognomento Bodinus, homo de Marcilliaco, 147.
Radulfus de Plaseto, miles, 151, 156.
Radulfus de Pontibus, miles, 112, 152, 195.
Radulfus Major, canonicus Sancti Quiriaci, 63.
Radulfus, dominus de *Rosters*, miles, 158.
Radulfus *Picart*, privignus Isabellis de Trambleio, 158.
Radulfus de *Vinpuelle*, 143.
Radulfus, 36.
Radulphus, canonicus, 12.
Radulphus, *Beritanz*, miles, 157.

Radulphus *Boissuns*, alias *Buissuns*, alias de *Buissons*, 68, 101, 104.
Radulphus de Crocheto, frater Henrici, miles, 126.
Radulphus de Fucherolis, 67.
Radulphus Gaius, 10. *Vide :* Radulphus Jaiacus (?).
Radulphus Jaiacus [frater Henrici, de *Villegruis*], miles, 37, 69, 91, 104.
Radulphus Juvenis, 114.
Radulphus *Maridon*, 101, 104.
Radulphus de Marnaio, 29.
Radulphus de Marnayo, armiger, 261.
Radulphus de *Montiers*, 270.
Radulphus Sarracenu*, 36.
Radulphus, dictus *de Torci*, armiger, 280.
Radulphus, curatus de *Villemor*, 277.
Rahaldis (vinea, domus et nemus), 11, 19, 25.
Rainaldus, 8.
Rainaldus, filius Milonis, 9, 102.
Rainaldus, frater Joisberti de Marnaio, 100.
Rainaldus *Carnait*, 99, 100, 102.
Rainaldus Crassus, 18, 73.
Rainaldus de Sancto Juliano, Pruvinensis archidiaconus, 66, 74.
Rainaldus, abbas Sancti Johannis [Senonensis], 65.
Rainaudus (frater), conversus Paracliti, 243.
Rainerius, presbiter cardinalis tituli Sancti Stephani de Celio Monte, 7.
Raynaldus, notarius [ecclesiæ Romanæ] et cancellarius, 39.
Raynaldus, Sancti Jacobi [Pruvinensis] abbas, 78, 79, 87, 96, 97.
Reginaldus de Capella, 19.
Reginaldus 275.
Reginaldus de *Chesnetrunc*, 147.
Regnardus Ravelli, 273.
Regnaudus *Chertez* de *Boal*, 195.
Regnaudus de Legniaco, 152.
Reinaudus, 93.
Reinerius, 93.
Renardus, curatus ecclesiæ de *Curgivot*, 119, 125.
Renaudus (frater), 85.
Renaudus, miles, 227.
Renaudus de Marpigniaco, miles, 199, 200.
Renaudus, Sancti Jacobi Pruvinensis abbas. *Vide :* Raynaldus.
Renaudus de Sancto Albino, miles, 149.
Renerius *Accum* [vel *Accore*], burgensis de Pruvino, 231.
Richerius *li Cortes*, 28.
Richerius de Summo Fonte, 85.
Richildis, uxor Hardoini *Michoz* de Quinciaco, 244.
Rigaudi. *Vide :* Adam Rigaudi.
Robertus, 86, 136.

Robertus, præpositus, 35, 108.
Robertus, presbiter, 277.
Robertus de Calestra, 102.
Robertus *Goes* de Turre, 64. *Vide :* Robertus *Goisias* (?).
Robertus *Goisias*, monachus, frater Ermelinæ, monialis Paracli‑
 tensis, 63, 64 (?).
Robertus de Granchia, miles, 162.
Robertus *dou Jardin*, 282, 283.
Robertus de Lupis, armiger, 240.
Robertus, *dis li Barbiers de Meleun*, clericus juratus, 269.
Robertus, dominus de Millaco, 139, 140.
Robertus, capellanus Paracliti, 87.
Robertus de Poisiaco, miles, 219.
Robertus, Sancti Petri Vivi Senonensis abbas, 194.
Robertus de *Tachi*, miles, 74.
Robertus, Trecensis episcopus, 168, 172, 174, 177, 179, 181,
 182, 208.
Robertus de Villa Nova, 102, 103.
Robin Miclere, 281.
Roca, uxor Girardi *Crolebois*, 28, 29.
Rodulfus, diaconus cardinalis Sancte Lucie in Septa solis, 16.
Rogerius, cognatus Hilduini decani, 100.
Rogerus, diaconus, de Donna Maria, 164.
Rolandus, 79.
Rolandus, sancte Romane eclesie presbiter cardinalis et cancella‑
 rius, 16, 21.
Roricus, Meldensis archidiaconus, 81.
Roscelinus, 63.

S., Beatæ Mariæ de Valle Pruvini decanus, 150.
Sabina, monialis Paraclitensis, 243.
Salo, vicecomes, 73.
Salo de *Corileon*, 19.
Salo de Suleio, 103.
Saverius, rector de Corgivodio, 230, 231.
Scolastica, 11.
Seguinus, frater Hilduini decani, 8, 100.
Sevestre, prior de l'*Ermitage*, 268.
Sibilla, uxor Anselli (IV, dicti le *Gros*), domini de Triangulo, 241.
Simon, filius Stephani de Melanfrido et Mariæ, 189.
Simon de Corpelaio, canonicus Sancti Auriaci *lege* Sancti Qui‑
 riaci, 197.
Simon de Balbusia, 101.
Simon de *Noes*, 28.
Simon de Nogennio, 100.
Simon Parisiensis, 65.

Simon de Pratis, cantor Sanctæ Trinitatis de Triangulo, 276.
Simon Regularis, 254.
Simon, archidiaconus [Senonensis], 65.
Simon, thesaurarius Senonensis, 74, 79.
Simon, Trecensis canonicus, 179.
Stephanus, 45, 46.
Stephanus, episcopus Trecensis, 280.
Stephanus, cancellarius, 84.
Stephanus, conversus, 25.
Stephanus, vicarius, 15.
Stephanus, filius Theobaldi II, comitis Blesensis, et comitissæ Mathildis, 72.
Stephanus, nepos Milonis, domini de Nogento, 71.
Stephanus (magister), canonicus Aurelianensis, 152.
Stephanus de Caladomo, 87.
Stephanus de *Chienfai*, 189, 194.
Stephanus *Ridel* de *Courtreclaim*, 71, 99, 103, 104, 105.
Stephanus *Besez* de Culturis, miles, 191.
Stephanus de Fulcheriis, 252.
Stephanus *Happe* de *Gien-sur-Laire*, nepos magistri *Hanry*, curati de *Barbuise*, 282.
Stephanus Gorgia, 19, 73.
Stephanus de *Loes*, alias *Loors*, alias *Luvus*, miles, 154, 155, 171, 194.
Stephanus, miles, de Melanfrido, 167, 188, 189.
Stephanus, abbas de *Monstier-la-Celle*, 285.
Stephanus *Piterole*, 214.
Stephanus, Prenestinus episcopus, 6.
Stephanus de *Quinci*, miles, 160, 161, 185.
Stephanus de *Rampillum*, 123.
Stephanus de *Saint-Lou* [*de Buffigny*], armiger, 278.
Stephanus, presbiter Sancti Mauricii, 196.
Stephanus, decanus capituli Senonensis, 143.
Stephanus, quondam abbas Sancti Stephani Senonensis, 160.
Stephanus, officialis Trecensis, 201.
Stephanus, canonicus Trecensis, 78.
Stephanus, decanus xpistianitatis de Triangulo, 276.
Stephanus *Trotin*, 257.
Stephanus, Vallislucentis abbas, 232, 234.
Sulemia, monialis Paraclitensis, 243.
Symon, nepos Garneri de Potenglaco, 132.
Symon, prior de *Biauleu*, 284.
Symon Claudus, 245, 252, 265.
Symon, Cormeriacensis abbas, 138.
Symon de Curcellis, præpositus de Meleduno, provisor garnisionum regis, 264.
Symon de *Loes*, *alias* de *Loors*, miles, 170, 184, 196.
Symon de *Louis*, miles, 82.

Symon de Melenfroio, miles, 240.
Symon Motelli, canonicus Sancti Stephani Trecensis, 280.
Symon de *Nunroi* (dominus), 145.
Symon de *Paienz*, 281.
Symon de Quinceio, 28.
Symon de Saillenaio, miles, 245.
Symon de *Semires* (magister), in utroque jure licentiatus, 280.
Symon de Villaribus, dictus *Reciaux*, miles, 173.

Tancra de Braio, 102.
Tescia, majorissa, 12.
Tebaldus *Rastiz*, 19.
Thecelina, domina de *Hermez*, 164.
Thecia, soror Johannæ Velea, 25.
Theobaldus, capellanus, 68.
Theobaldus, dictus *le Concierge*, 200.
Theobaldus, filius Agnetis de Marigniaco, 106.
Theobaldus, filius Symonis de *Nunroi*, 145.
Theobaldus, filiaster Johannis *Picuce*, 142.
Theobaldus, clericus, nepos Garneri de Potengiaco, 132.
Theobaldus, frater Guidonis de *Revel*, 243.
Theobaldus, filius Isabellis de Trambleio, 158.
Theobaldus de *Auçon*, 28.
Theobaldus, de Donna Maria presbyter, 191, 197, 209, 210.
Theobaldus de Fimis, 81.
Theobaldus de *Grinum*, homo de Marcilliaco, 147.
Theobaldus de *Loors*, 86, 87, 136.
Theobaldus, decanus de Marigniaco, 186.
Theobaldus, presbiter de Paraclito, 222.
Theobaldus Peregrinus, 90.
Theobaldus, de Summofonte presbiter, 240.
Theobaldus [II], comes [Trecensis], 9, 11, 15, 63, 70, 71, 74, 101, 102, 103, 129, 130.
Theobaldus [III], Trecensis comes, 126.
Theobaldus [IV, dictus *le Chansonnier*], comes palatinus Campaniæ, rex Navarræ, 155, 169, 184, 189, 193, 195, 219, 237, 238.
Theobaldus [V, dictus Junior] Campaniæ et Briæ comes palatinus, rex Navarræ, 237, 238, 253.
Theobaldus, filius comitis Theobaldi II et comitissæ Mathildis, 72.
Theobaldus de Veneseio, 68.
Theobaldus *Wastebleve*, ulias *Gastebled*, 85.
Theobaldus, dictus *Roussiau*, de *Villavant* [servus], 238.
Theodewinus, Sancte Rufine episcopus, 3, 6.
Theodoricus, nota comitissæ Trecensis Mariæ, 112, 118.
Theodoricus *Goherel*, 11.
Thescelinus, 10.

Thevenins, filius Radulphi, domini de Sancto Lupo, 267.
Thierry Ydon, 281.
Thomas, presbiter cardinalis tituli Vestino, 6.
Thomas, avunculus Otranni, 103.
Thomas, homo de Marcilliaco, 147.
Toneum de la Loge, serviens regius, 277.
Tyon, 258.

Ubertus de *Tranqueil*, 10.
Ugo, cognomine Monachus. *Vide* : Hugo, 19.
Urbanus [IV], papa, 47.

Vago, 101.
Vaslinus, præpositus Elouvis, dominæ de *Nangis*, 97.
Vilain, 277.
Vincentius, homo de Marcilliaco, 147.
Vivianus, capellanus de *Corgivolt*, 174.

W., helemosinarius militiæ Templi, 86.
Willelmus, 9.
Willelmus, capellanus, 243.
Willelmus, marescallus, 84.
Wilelmus, frater Gualterii, 29.
Willelmus, gener Elouvis, dominæ de *Nangis*, 97.
Willelmus, Prenestinus episcopus, 3.
Willermus, filius Roberti de Granchia, 102.
Willermus de Ulmellis, privignus Isabellis de Trambleio, 158.

Ysabellis, uxor Ernulphi, dicti *Pilaatre*, 217, 218.

TABLE DES NOMS DE LIEUX

CONTENUS

DANS LE CARTULAIRE DU PARACLET

Able (decima), Ableium, *Abloi*, *Abloy*, 29, 36, 94, 116, 130, 131, 186. (Herbertus de Ableio). Vide : *Abloi*.
Abloi, Seine-et-Marne, a. Provins, c. Donnemarie-en-Montois, co. Sigy, meteria nunc diruta. Cfr. Ablæ, Ableium, *Abloy*.
Ais (Anno de), 85.
Aix-en-Othe, Aube, a. Troyes. Cfr. Aquæ.
Aizium (terra inter Piziacum et), 10.
Albanensis (diœcesis), *Albano (Italie)*. 6, 26, 42.
Allemanches-Launay-et-Soyes, Marne, a. Épernay, c. Anglure.
Almenches (decima de), 107. Vide : *Allemanches-Launay-et-Soyes*.
Alna (granchia Beati Dyonisii de), 190, 191. Vide : *L'Aulne*.
Alneto (Nevelo de), 93. Vide : *Aulnay*.
Altissiodorensis, *alias* Antissiodorensis (diœcesis), 44, 191. Vide : *Auxerre*.
Altomuro (Adam de), 11.
Anagni (Italie), Anagnia, 47.
Antissiodorum, Vide : *Auxerre*.
Aquæ, 95. Vide : *Aix-en-Othe*.
Aquitani, 69. — Dux Aquitanorum, *vide* : Ludovicus [VII], rex Francorum.
Arduco, 1, 3, 6, 8, 14, *alias* Arducus, Arducio et Ardutio, 99, 100. Vide : *Ardusson*.
Ardusson, rivulus affluens in Sequanam, latere sinistro, *Aube, a. Nogent-sur-Seine.* Cfr. Arduco.
Argenteuil, Seine-et-Oise, a. Versailles, Curatus : Andreas. Cfr. **Argentolium**.

Argentolio (ecclesia de), in Parisiensi diœcesi, 264. Vide : *Argenteuil.*
Ascelin (vinea de), apud Ulmos, 35, 108. Cfr. *Bacelin. Les Ormeaux.*
Asnerias (monasterium et terra apud), 180. Vide : *Asnières-sur-Oise.*
Asnières-sur-Oise, Seine-et-Oise, a. Pontoise, c. Luzarches. Cfr. Asnerias.
Asperasilva (decima de), 122, 133, 143, 144 ; *Aspresaulve (Novales d'),* 96, 97, 122 ; *Aspreselve* (decima de), 96, 97 : [juxta baias de *Nangis*]. Vide : *Lapsauve.*
Aubuexilli (ecclesia), 4. Vide : *Laubressel.*
Auçon (Theobaldus de), 28. Vide : *Auxon.*
Aulnay, Aube, a. Arcis-sur-Aube, c. Chavanges. Cfr. Alneto.
Aulne (L'), Aube, a. c. et co. Nogent-sur-Seine. Cfr. Alna.
Aurelianensis (diocesis), 65, 152. Vide : *Orléans.*
Aurigniacum (decima apud), 12, 105. Vide : *Origny-le-Sec.*
Aus-Deus-Molins (molindinum apud Triangulum), 164.
Auxerre, Yonne. Canonicus Altissiodorensis, *vide :* Odessa de Senescallum. — Monasterium Beatæ Mariæ, 44 ; monialis, *vide:* Agnes. Cfr. Altissiodorensis, Antissiodorensis diocesis, Antissiodorum.
Auxon, Aube, c. Ervy. Cfr. *Auçon.*
Avant-les-Marcilly, Aube, a. Nogent-sur-Seine, c. Marcilly-le-Hayer. Cfr. Avantis, *Avent, Avens.*
Avantis (parrochia de), 187, 199 ; *Avent* (parrochia de), 29 ; *Avens* (decima de), 12, 104, 105. Vide : *Avant-les-Marcilly.*
Aveneris (pastura in loco dicto), in finagio de *Bernières* prope *Nogent-sur-Seine,* 284.
Avenio, 54, 55, 57, 58, 59, 62. Vide : *Avignon.*
Averliaco (Girardus de), 74. Vide : *Everly.*
Avignon, Vaucluse. Cfr. Avenio.
Avon-la-Péze, Aube, a. Nogent-sur-Seine, c. Marcilly-le-Hayer. Cfr. Avone.
Avone (Gaufridus de), 203. Vide : *Avon-la-Péze.*

Baaceon (decima minuta de), 108. Vide : *Basson.*
Baaliaco (foresta de), in territorio de *Pouy (Aube),* 187, 188.
Baboel (vinea), in finagio de Calestra, 8, 100.
Bacelin (vinea), 35. Vide : *Ascelin.*
Bachi (Petrus de), 4.
Baernam (terra apud), juxta prioratum de *Borenc,* 181.
Bagnaux, Yonne, a. Sens, c. Villeneuve-l'Archevéque. Cfr. Balneolæ, Barneolæ.
Balbusia (decima de), 9, 12, 101, 104. (Maria, Simon de Balbusia). Vide : *Barbuise.*

Baldimento (census in ponte de), 9, 192. Vide : *Baudement.*
Balneolæ, 66, 67, 68. Vide : *Bagnaux.*
Barbançon, Ardennes, a. *Vouziers,* c. *et co. Grandpré.* Cfr. *Barbenson.*
Barbenson (Maria de), 285. Vide : *Barbançon.*
Barboniam (molindinum apud), 24. Vide : *Barbonne-Fayel.*
Barbonne-Fayel, Marne, a. *Epernay,* c. *Sézanne.* Cfr. Barboniam.
Barbuise, Aube, c. *Villenauxe.* Curati, *vide :* Henricus, Herbertus. Cfr. Balbusia, Barbusia.
Barbusia (decima et parrochia de), 29, 209, 210, 227. Vide : *Barbuise.*
Bar-le-Duc, Meuse. Comites : Henricus ; Henricus [!], comes Trecensis. Cfr. Barrum Ducis.
Barneolis (via de), 115. Vide : *Bagnaux.*
Barraust (Odinez de), 277.
Barres (Les), Seine-et-Marne, a. *Meaux,* c. *Claye,* co. *Charny,* (Johannes *des Barres).* Cfr. Barris.
Barri Ducis *et non* Breennie (comes), 71, 165. Vide : *Bar-le-Duc.*
Barris (Aalpidis, Eustacia, Guillelmus, Helissandis, Johannes, Katarina, Odardus, Petrus de), 272, 273, 274, 279, 280, 287. Vide : *Les Barres.*
Barrum [super Albam], 117. — (Lambertus [*Bouchu*] de Barro). Vide : *Bar-sur-Aube.*
Barsam (molendinum de), 9. Vide : *moulin Le Bassin.*
Bar-sur-Aube, Aube, 117. Cfr. Barrum.
Basainvilla (Guido de), 214.
Bassain (molendinum de), 103. Vide : *Moulin Le Bassin.*
Basson, Aube, a. *Nogent-sur-Seine,* c. *Marcilly-le-Hayer.* Cfr. *Baaceon.*
Baudement, Marne, a. *Epernay,* c. *Anglure.* Cfr. Baldimentum,
Bazoches-les-Bray, Seine-et-Marne, a. *Provins,* c. *Bray-sur-sur-Seine,* (G. de), 164.
Beate Marie de Castello Trianguli (ecclesia), 239. Vide : *Trainel.*
Beate Marie de Pontibus (territorium, prioratus), 218, 219. Vide : *Pont-sur-Seine.*
Beate Marie de Valle Pruvini (capitulum), 150. Vide : *Provins.*
Beati Nicholai de Sezannia (capitulum), 250. Vide : *Sezanne.*
Beaulieu, prieuré dans l'ancien doyenné de Provins, Seine-et-Marne. Cfr. *Biau-Leu.*
Beaumont-sur-Oise, Seine-et-Oise, a. *Pontoise,* c. *Isle-Adam.* Cfr. Bellus mons.
Beauvais, Oise. Episcopi : Milo, Robertus. — Sancti Quintini abbatia, 178, 192 ; abbas : Johannes. — Cfr. Belvacensis diœcesis.
Beauvais, vicus nunc dirutus, in veteri castellaria do *Trainel.* Vide : Bellum Videre.
Becherel (molendinum de), 155. Vide : *Becherot.*

Becherel (Elisendis de), *Aube. a. Nogent, c. Marcilly-le-Hayer, co. Somme-Fontaine-Saint-Lupien*, 222.

Bêcherot (molendinum du), situm super rivum de *Durtain* juxta *Metz-la-Madeleine*, non procul a Pruvino (*Seine-et-Marne*), 155.

Bellavilla (decima de), 36. Vide : *Belleville*.

Belleville, Aube, a. Nogent-sur-Seine, c. Marcilly-le-Hayer, co. Prunay-Belleville. Cfr. Bellavilla.

Bellimontis (molendinum et pons), 180, 181. Vide : *Beaumont-sur-Oise*.

Bello-Monte (Johannes de), in territorio de *Saint-Aubin (Aube)*, 93.

Bellum Videre (terra prope), 241. Vide : *Beauvais*.

Bellus Locus, prioratus in diœcesi Carnotensi, 67. Prior, *vide* : Lambertus.

Belvacensis diœcesis, 178, 180, 181, 192, 217. Vide : *Beauvais*.

Benedictum (juxta Pontem), 77. Vide : *Provins*.

Beneventum. *Bénévent (Italie)*, 17.

Bercenay-le-Hayer, Aube, a. Nogent-sur-Seine, c. Marcilly-le-Hayer. Cfr. *Brecenay*, Breceneium, Brecenniacum, *Bretenay*.

Bermont (terra de), in territorio de *Saint-Aubin* vel *Le Tremblay (Aube)*, 203.

Berneriæ, 12, 67, 107. Vide : *Bernières*.

Bernières, Aube, c. et co. Nogent-sur-Seine. Cfr. Berneriæ.

Besençon, Seine-et-Marne, a. et c. Provins, près Vulaines, 278. (Guillelmus de *Besançon*).

Bertisy (H. de), 277.

Biaufort, 265, 267, 271. Ballivi : Guillelmus *dou Chastelet*, Johannes *Rebez de Plaines*, Guillelmus de *Mortery*. Vide : *Montmorency*.

Biau Leu (Symon prior de), 284. Vide : *Beaulieu*.

Blesensis (comitatus), 71, 98. Vide : *Blois*.

Bliva (Hugo de), 105. Vide : *Blives*.

Blives, Aube, a. Arcis, c. Méry-sur-Seine, co. Savières, 107. (Henricus de *Blives*). Cfr. Bliva.

Blois, Loir-et-Cher. Comes : Ludovicus. Comitissa : Aelis, [Mathildis]. Cfr. Blesensis comitatus.

Boal, alias *Bohal* (decima de), juxta Pruvinum, 36, 74, 81, 195. (Reynaudus *chertes de Boal*).

Bocenay (ecclesia de), 29. Bocenaium (terra apud), 9, 101.

Bocennay (Felix de), 106. Vide : *Saint-Pierre-de-Bossenay*.

Bocio (Petrus de), 166. *Boi* (Petrus de), 185. Boiaco (prioratus et territorium de), 220, 221. Vide : *Bouy-sur-Orvin*.

Boeletinz (terra), 152.

Boiont (molendinum), haud procul a *Barbuise (Aube)*, 101.

Bois-Jardin, Marne, a. Épernay, c. Sezanne, co. Fleurs, abbatia monialium de Jardino, 260. Cfr. Jardinum.

Bollipoth (Joiffridus de), 102.
Boloi (terra apud), juxta prioratum de *Borene*, 180.
Booloc (territorium Sancti Bartholomei de), 213. Vide : *Boolot*.
Boolot, Seine-et-Marne, a. Provins, c. Villiers-Saint-Georges, co. Voulton. Cfr. Booloc.
Bordas (campum apud), versus *Donlilly et Donnemarie-en-Montois (Seine-et-Marne),* 144.
Bordetas (cheminum usque ad), haud procul a *Nangis (Seine-et-Marne)*, 258.
Bordis (Petrus de), 223.
Borene, Borrencum (prioratus monalium), 22, 180. Vide : *Saint-Martin-de-Boran,* alias *Saint-Martin-aux-Nonnettes.*
Borgoignon (rivulus), haud procul a *Nangis, Seine-et-Marne,* 258.
Bornerio (boscus in), juxta prioratum de *Borene,* 180.
Bossenay. Vide : *Saint-Pierre-de-Bossenay.*
Bosranco (prioratus de), 216, 217. Vide : *Saint-Martin-de-Boran.*
Bossense (porta de), 77. Vide : *Provins.*
Bourdenay, Aube, a. Nogent-sur-Seine, c. Marcilly-le-Hayer. Cfr. Burdinum.
Bourgoinne (Hugo de), *Bourgogne, province de France,* 278.
Bouy-sur-Orvin, Aube, a. et c. Nogent-sur-Seine. Prioratus, 220, 221. Cfr. Boeium, *Boi,* Boiacum, *Boy,* Boyacum.
Bovilla (D. H. de), 275.
Boy (parrochia de) 227 ; Boyaco (Agnes, domina de), 213. Vide : *Bouy-sur-Orvin.*
Braii Castri (prope callem), 24. Vide : *Bray-sur-Seine.*
Braio (Adelina, Odo, Tancra de), 101, 102, 220. Vide : *Bray-sur-Seine.*
Braites (Mainardus de), 25. Cfr. *Brecles.*
Bray (Gile de), 266. Vide : *Bray-sur-Seine.*
Bray-sur-Seine, Seine-et-Marne, a. Provins. Cfr. *Bray,* Braii castri, Braio.
Brece, 100, 121. Vide : *Broyes.* (Harduinus de Brecis).
Brecenay (Herbertus de), 108, Breccnium (molendinum apud), 192. Brecenniaco (molendinum de), 10. Vide : *Bercenay-le-Hayer.*
Brecenie *lege* Barri Ducis (Henricus comes), 71. Vide : *Bar-le-Duc.*
Brecles (Avelina, Milo de), 20. Cfr. *Braites.*
Bremente (terra sita in), versus *Saint-Aubin (Aube),* 265.
Brena (Andreas de), 89. Vide : *Brienne-le-Château.*
Brettenai (Herbertus de), 36. Vide : *Bercenay-le-Hayer.*
Bria, 164. Vide : *Brie.*
Brie, Province de France, 164. Comites et comitissæ, vide : *Troyes.*
Brienne-le-Château, Aube, a. Bar-sur-Aube, 89. Cfr. Brena.
Brociam Vagonis (terra apud), 8, 101. Vide : *Brosses (bois des).*

Brosses (bois des), co. de Saint-Loup de Buffigny (Aube). Cfr. Brocium Vagonis.
Broyes, Marne, a. Épernay, c. Sézanne. Dominus, vide : Hugo. Cfr. Brece.
Brule (duo molendina in loco qui dicitur), prope *Jutigny*, 251.
Brule (terra in loco qui dicitur), in finagio de *Pons-sur-Seine*, 285.
Brunayum (apud), in Senonensi diœcesi, 280.
Brusleto (molendinum de), nunc dirutum, situm in finagio de *Quincey (Aube)*, 8, 70, 99, 100, 129.
Bruslettum Furnum (ad), 70, 129. Vide : *Le Four-Brulé.*
Buath (census de porta), apud Pruvinum, 12.
Bucennaii (aqua), 10. Vide : *Saint-Pierre-de-Bossenay.*
Buisseio *alias* Busseio (terra de), 8, 101, 104. Vide : *Le Buisson du Paraclet.*
Buisson du Paraclet (Le), Aube, a. Nogent-sur-Seine, c. Marcilly-le-Hayer, co. de Pouy, 8, 101, 104. Cfr. Buisseio.
Bules (Petrus de), 270.
Burdini (vicus), 71, 130. Vide : *Bourdenay.*
Busancaies (Molendinum, porta de), apud Barboniam, 24.

Caladomo (Stephanus de), 87. Vide : *Chalmaison.*
Calestiam (decima apud), 70. Vide. *Chalautre-la-Grande.*
Calestra (census et vinea de), 8, 9, 12, 15, 101, 102, 108. 243. (Dulcia, Fulco, Garnerius Niger, Herfridus, Robertus de Calestra). Vide : *Chalautre-la-Grande.*
Calestria (decima de), 107, 137, 160, 161, 162, 170, 265. (Adam, Henricus, Johannes, Odardus de Calestria). Vide : *Chalautre-la-Grande.*
Calestria Magna (census et parrochia de), 146, 185, 191, 252. Vide : *Chalautre-la-Grande.*
Calvomonte (Johannes de Barris, dominus de), 272, 274. Vide: *Chaumont.*
Camart (via de), quæ ducit [de Nogento] ad Pontes, 92.
Campania, 134, 152, (Guido de). Vide : *Champagne.* Comites Campaniæ, vide : *Troyes.*
Campifloridi (villa), prope Pruvinum, 255.
Campo Levato (terra in), 11.
Campo Rubeo (vinea de), 20.
Cantu Alaude (Johannes de), 259. Vide : *Chanteloup.*
Cantumellæ (canonici) ; Cantumellensis (abbatia) ; Cantumerulæ (ecclesia) ; Cantumerulensis (abbatia) ; Cantumerulo (Normanus de), 90, 91, 103, 107, 121, 126, 127, 245. Vide : *Chantemerle.*
Canturane (Molendinum), in veteri diœcesi Trecensi, 9, 102.
Capella (Beatricia de), 222.

Capella, 12, 67. Vide : *La Chapelle-Godefroy.*
Capella (census, Avelina, Milesandis, Reginaldus de), 19, 25, 228. Vide : *La Chapelle-sur-Oreuse.*
Capella de Erableyo (decima de), haud procul a *Nangis (Seine-et-Marne),* 258.
Capella Sancti Nicholai, designatur in territorio de Chalestra, 89, 191. Vide : *La Chapelle-Saint-Nicolas.*
Capis (Johannes de), 280. Vide : *Chappes.*
Carceio (terra de), *Yonne, a. Sens,* 19.
Carmam (juxta), 99. Vide : *Charmoy.*
Carnotensis (diœcesis et civitas), Carnotum, 97, 98. Vide : *Chartres.*
Cassegren (cultura de), in territorio de *Quincey (Aube),* 28.
Castello (presbiter de), 123, 147. Vide : *Le Châtel.*
Cathalaunensis (diœcesis), 79. Vide : *Châlons-sur-Marne.*
Catalauni, 14. Vide : *Châlons-sur-Marne.*
Celle-sous-Chantemerle (La), Marne, a. Epernay, c. Anglure. Cfr. Cella Cantumerulæ.
Cellam Cantumerulæ (apud), 75. Vide : *La Celle-sous-Chantemerle.*
Cercloz (pratum apud), *Yonne, a. Sens,* 20.
Cerely (Henricus de), 272. Vide : *Cérilly.*
Cerfroi (apud), 36.
Cérilly, Yonne, a. Joigny, c. Cérisiers, 271. Cfr. *Cerely.*
Cessoium, *alias* Cessorium (vinagium apud), 116, 130, 131. Vide : *Cessoy.*
Cessoy, Seine-et-Marne, a. Provins, c. Donnemarie-en-Montois. Cfr. Cessoium.
Chaage (Notre-Dame de), vetus abbatia in civitate Meldensi, 148.
Chaanctum, 194. Vide : *Chanoy.* (Guillelmus de Chaaneto).
Chaast (Les), Aube, a. Troyes, c. Estissac, co. Bucey-en-Othe. Cfr. *Chars.*
Chagia (abbas de) 148. Vide : *Chaage.*
Chalautre-la-Grande, Seine-et-Marne, a. Provins, c. Villiers-Saint-Georges. Sancti Nicolai de Chalestra (decima), 89. Vide : *Saint-Nicolas.* Curati : Adam, Johannes, Johannes *dou Chastelet.* Cfr. Calestia, Calestra, Calestria Magna, Chalestra, Chalestria, Chalete, Chaletra.
Chalestram (vinea, census, apud), 9, 89, 129, 146. Vide : *Chalautre-la-Grande.*
Chalestria (Guillelmus de), 219. Vide : *Chalautre-la-Grande.*
Chalete (Elvisa de), 222. Vide : *Chalautre-la-Grande.*
Chaletra (parrochia de), 136, 137, (Johannes de). Vide : *Chalautre-la-Grande.*
Chalmaison, Seine-et-Marne, a. Provins, c. Bray-sur-Seine. Cfr. Caladomo, Karoli Domo.
Châlons-sur-Marne, Marne. Archidiaconus, vide : G. Cfr. Catalauni, Cathalaunensis [diœcesis].

Champagne, Province de France. Vide : Campania. 134. Comites et comitissæ, vide : *Troyes.* Marescallus Campaniæ, *vide* : Milo de Pruvino.

Champenois (nemus quod vocatur *as*), in territorio de *Pont-sur-Seine (Aube),* 189.

Chamfay, Seine-et-Marne, a. *Provins,* c. *Villiers-Saint-Georges,* près *Villiers-Saint-Georges.* Cfr. *Chienfay.*

Chanaio (foresta de), in territorio de *Pouy (Aube),* 187, 188.

Changeio (molendinum de), 11. Vide : *Changi.*

Changi (molendinum, domus militiæ Templi de Pruvino, situm in loco qui dicitur), juxta portam de *Changis,* apud Pruvinum, 215. Cfr. Changeio.

Chanoy, Seine-et-Marne, a. *Provins,* c. *Villiers-Saint-Georges,* co. *Cerneux.* Cfr. Chaanetum.

Chansegne, (prata dicta), in pratis de *Marnay,* 280.

Chanteloup, Aube, a. *Nogent,* c. et co. *Marcilly-le-Hayer,* dicebatur etiam *Ferme de La Chapelle-Saint-Flavy.* Cfr. Cantualaude, *Chialoe.*

Chantemerle, Marne, a. *Epernay,* c. *Esternay,* vetus abbatia. Abbates, *vide* : Guibertus, Nicolaus ; prior, *vide* : Petrus ; frater, *vide* : Guillermus. Cfr. Cantumella, Cantumellensis abbatia, Cantumerula, Cantumerulensis abbatia, Cantumerulum.

Chapelle (Jehan de La), 285.

Chapelle-Godefroy (La), *Aube, a. et c. Nogent-sur-Seine, co. Saint-Aubin.* Cfr. Capella.

Chapelle-Saint-Flavit (La), prioratus Paraclitensis juxta grangiam de *Chanteloup,* in territorio de *Marcilly-le-Hayer (Aube).* Cfr. Capella Sancti Flaviti, Sanctus Flavitus.

Chapelle-Saint-Nicolas (La), nunc *Saint-Nicolas.* Vide : *Saint-Nicolas.*

Chapelle-sur-Oreuse (La), *Yonne,* a. *Sens,* c. *Sergines.* Cfr. Capella.

Chapes (quatuor moniales, dictæ de), 260 ; Milo de *Chapes,* 276. Vide : *Chappes.*

Chappes, Aube, a. et c. Bar-sur-Seine. Cfr. Capis, Chapes.

Charceium (alodium apud), 20.

Charma, 70, 107, 129. Vide : *Charmoy.* (Ansellus de Charma).

Charmeciaus (decima de), 158, 198. Vide : *Charmesseaux.* (Ancellus de *Charmeciaus).*

Charmeio (nemus de), 9. Vide : *Charmoy.*

Charmessaux, Aube, a. Nogent-sur-Seine, c. Marcilly-le-Hayer, co. Trancault. Curatus, *vide* : Matheus. Cfr. *Charmeciaux.*

Charmeta, haud procul a *Nangis (Seine-et-Marne),* 258.

Charmont, Aube, a. et c. Arcis-sur-Aube. Cfr. *Colaverdi.*

Charmoy, Aube, c. Marcilly-le-Hayer. Cfr. Carma, Charma, Charmeium.

Charreriis (pratum de), juxta Noigentum super Cecanam *(Nogent-sur-Seine (Aube),* 171.

Chartres, Eure-et-Loir. Cfr. Carnotensis diœcesis, Carnotum.
Charz (Manasses de), 28. Vide : *Les Chaast.*
Chastelet (Guillelmus dou), 265.
Châtel (Le), Seine-et-Marne, a. Provins, c. et co. Nangis. Cfr. Castellum.
Chaumont, Haute-Marne. Dominus, vide : Johannes des Barres. (*Guyot,* Milo *de Chaumont*). Cfr. Calvomonte.
Chaupiaus (pratum in loco dicto), in finagio de Marnay, 275.
Chennetron, Seine-et-Marne, a. Provins, c. Villiers-Saint-Georges, co. Saint-Martin-Chesnetron. Cfr. *Chesnetrunc.*
Chesnetrunc (Johannes, Reginaldus de), 147. Vide : *Chennetron.*
Cheverio (decima de), *Yonne, a. Sens,* 19.
Chialoc (terra de), 93. Vide : *Chanteloup.*
Chichot (vineæ quæ vocantur), 35.
Chienfai (Petrus, Stephanus de), 189, 240. Vide : *Champfay.*
Ciconis (Christianus curatus de), 276. Vide : *Soignes.*
Clauso (grangia de), 166, 227. Vide : *Le Clos (Aube).*
Clauso-Fonte (Balduinus de), 25, 73. Vide : *Closfontaine.*
Clos (Le), Aube, a. et c. Nogent-sur-Seine, co. Bouy-sur-Orvin. Clauso.
Close-Barbe, Seine-et-Marne, a. et c. Provins, près Sainte-Colombe. Cfr. *Crolebarbe.*
Closfontaine, Yonne, a. Melun, c. Mormant. Cfr. Clausofonte.
Codes (decima apud), 12, 107, 108. Vide : *Queudes.* (Gauterius de *Codes*).
Coilliaco (G., decanus de), 188. Vide : *Couilly.*
Colaverdi (Milo de), 36. Vide : *Charmont.*
Codreio (nemus de), 205. Vide : *Coudroy.*
Coldroi (nemus quod vocatur), 148. Vide : *Coudroy.*
Columbario (Ansoldus de), 89. Vide : *Coulommiers.*
Comitissæ (molendinum). Vide : Molendinum Comitissæ, 155.
Compenniaco (terra, parrochia de), 19, 20, 24. Vide : *Compigny.*
Compigny, Yonne, a. Sens, c. Sergines. Cfr. Compenniaco.
Conrreclain (Coletus de), 275. Vide : *Corquelin.*
Corgivodio, *alias* Corgivoudio (ecclesia de), 125, 230, 231, 232. Vide : *Courgivaux.*
Corgivolt (decima de), 174, 182, 202, 208. Vide : *Courgivaux* (Galcherus, Guiotus de *Corgivolt*).
Corguiliriaco (Guido, dominus de), 170.
 Corileon (Salo de), 17. Vide : *Courlon.*
Corileti (terræ), 12.
Corjanaio (territorium de), *Corjanay,* 176, 177. Vide : *Courgenay.*
Cormeri, Indre-et-Loire, a. Tours, c. Montbazon. Cfr. Cormeriacensis abbatia. Abbates : G., Philippus, Symon.
Cormeriacensis abbatia, 96, 138, 221. Vide : *Cormeri.*
Cornilleo (terra de), 24. Vide : *Cornillon.*

Cornillon, Aube, c. et co. *Marcilly-le-Hayer*. Cfr. Cornilleo.
Corpelaio (Simon de), 197. Vide : *Courpalay*.
Corquelin, Aube, a. et c. *Nogent-sur-Seine*, co. *Saint-Aubin*, vicus nuper dirutus. Cfr. *Conrreclain, Curreclain*.
Corteri, 122, 145, 146. Vide : *Courtry-les-Granges*. (Garinus Milo, Milo, Petrus de *Corteri*.)
Corterinum (villa de), 153. Vide : *Courton (Haut et Bas)*.
Corroi (nemus de), 129, 204. Vide : *Coudroy*.
Corveias (terra apud), in territorio de *Boal*, alias *Bohal*, 195.
Coudroy, nemus in territorio de *Marcilly-le-Hayer (Aube)*, juxta Heremitagium Sancti Flaviti, et meteriam, nunc dirutam, quæ dicebatur *Malrepas*. Cfr. Codreium, *Coldroy, Corroi, Coure*.
Couilleio (G., decanus de), 171. Vide : *Couilly*.
Couilly, Seine-et-Marne, a. *Meaux*, c. *Crécy*. Decanus, vide : G. Cfr. Coillacum, Couilleium.
Coulommiers, Seine-et-Marne. Cfr. Columbarium.
Courbetaux, Marne, a. *Epernay*, c. *Montmirail*. Cfr. Curtis Bertodi.
Courcellis (Symon de), 264.
Courcelroy (census de), 225, 239. Vide : *Courceroy*.
Courceroy, Aube, a. et c. *Nogent-sur-Seine*. Cfr. *Courcelroy*.
Courcemain, Marne, a. *Epernay*, c. *Fère-Champenoise*. Cfr. *Curcemain, Curcimain, Curtimain*.
Coure (nemus quod vocatur), 36. Vide : *Coudroy*.
Courgenay, Yonne, a. *Sens*, c. *Villeneuve-l'Archevêque*. Cfr. Corjanaium, *Corjanay*.
Courgivaux, Marne, a. *Epernay*, c. *Esternay*. Curati : Petrus, Renardus, Saverius, Vivianus. Cfr. Corgivodium, *Corgivolt*, Corgivoudium, *Curgivolt*.
Courlon, Yonne, a. *Sens*. c. et co. *Sergines*. Cfr. Corileon.
Courpalay, Seine-et-Marne, a. *Coulommiers*, c. *Rosoy-en-Brie*. Cfr. Corpelaium.
Courroy, Yonne, a. *Sens*, c. *Sergines*, co. *Grange-le-Bocage*. Cfr. Cureium.
Court (La) à Marcilly [le Hayer], Aube, a. *Nogent-sur-Seine*, c. et co. *Marcilly*. Cfr. Curie Marcilliaci. Guillelmus de *La Court*.
Courtemont, Seine-et-Marne, a. *Provins*, c. *Donnemarie-en-Montois*, co. *Lizines-et-Soynolles*, 269. (Guiardus, Johannes de *Courtemont*).
Courtenot, Aube, a. et c. *Bar-sur-Seine*. Cfr. *Curtenott*.
Courton (Haut et Bas), Seine-et-Marne, a. *Provins*, c. *Donnemarie*, co. *Saint-Loup-de-Naud*. Cfr. Corterinum.
Courtreclaim (Stephanus Ridel de), 71.
Courtry-les-Granges, Seine-et-Marne, a. *Melun*, c. *Chatelet*. Cfr. *Corteri*, Curteriacum.
Craincey (Johannes de), 271. Vide : *Crancey*.
Crancey, Aube, a. *Nogent*, c. *Romilly-sur-Seine*. Cfr. *Craincey*.

Crecy, Seine-et-Marne, a. Meaux, 282. Custos sigilli balliviæ de *Crecy*, vide : Odardus de *Laigny*, Johannes de *Laigny*.
Cren (villa), 11, 12.
Crevacor (molendinum de), 11. Vide : *Crevecœur*.
Crevecœur, molendinum juxta civitatem Pruvini. Cfr. *Crevacor*, *Crevecuer*, *Crevecor*.
Crevecor (molendinum et vineæ de), 62. Vide : *Crevecœur*.
Crevecuer (molendinum de), 11, 155, 167, 171, 188, 189, 194, 214, 240. Vide : *Crevecœur*.
Crocheto (Henricus, Radulphus de), 126.
Croisum (terra de), juxta Fontem *Macum*, 9, 67.
Crotebarbe (prata de), 240. Vide : *Close-Barbe*.
Cucharmeto (decimatio de), 78 ; Cuchermeio (cheminum de), 258 ; Cuchermeo (decima de), 13. Vide : *Cucharmoy*.
Cucharmoy, Seine-et-Marne, a. et c. Provins. Cfr. Cucharmeto.
Cudes (Galterius de), 29. Vide : *Queudes*.
Cuimont (grangia juxta locum qui dicebatur *Cuimont* qui nunc dicitur Regalis Mons), 180.
Culoison (terra quæ dicitur terra de), haud procul *Nogent-sur-Seine*, 102, 190.
Culturis (Stephanus *Besez* de), 191.
Curcemain, *Curcimain* (Galterus, Johannes de), 101, 104, 107. Vide : *Courcemain*.
Cureium (terra apud), 20. Vide : *Courroy*.
Curgiroll (decima, nemus, ecclesia de), 9, 12, 102, 104, 119. (Guillelmus, Johannes de *Curgiroll*). Vide : *Courgivaux*.
Curie Marcilliaci (molendinum), 234. Vide : *La Court à Marcilly*.
Curreclain (Hersendis de), 93. Vide : *Corquelin*.
Curte Bertodi (Joffridus de), 250. Vide : *Courpetour*.
Curterellem (terræ et prata apud), 37. Vide : *Cuterelle*.
Curtenoll (Milo de), 103. Vide : *Courtenol*.
Curteriaco (Petrus de), 145. Vide : *Courtry-les-Granges*.
Curtimain (Gauterius de), 9, 103. Vide : *Courcemain*.
Cusiaco (decima de) 25. Vide : *Cuy*.
Cuterelle, Seine-et-Mane, a. Provins, c. Donnemarie-en-Montois, co. *Vimpelles*. Cfr. Curterellis.
Cuy, Yonne, a. Sens, c. Pont-sur-Yonne, 25. Cfr. Cusiaco.

Dampni Marie (Theobaldus), 209 ; Domine Marie (presbiter), 191, 197 ; Donemarie (capellanus), 144 ; Donne Marie (ecclesia), 164, 210. Vide : *Donnemarie-en-Montois*.
Diey (Petrus de), Yonne, a. Joigny, c. Charny, 275, 276.
Dobert (vinea et pratum), 161.
Donnemarie-en-Montois, Seine-et-Marne, a. Provins. Ballivia, 258. Presbiteri : Gaufridus, N., Theobaldus ; diaconus : Roge-

rus. Cfr. Dampni Maria, Domina Maria, Donamaria, Donna Maria.
Dontilliaco (Adam de), 105, 191. Vide : *Dontilly*.
Dontilly, *Seine-et-Marne*, *a. Provins*, *c. Donnemarie-en-Montois*. Cfr. Dontilliaco. Curatus, vide : Hymbertus.
Dorgier (vinea), apud Ulmos, 108. Vide : *Les Ormeaux*.
Dommart (*Angerrant de*), 268.
Doureor (decima de), 36.
Durtan, Durtano (Petrus de), vetus locus supra *Le Duretein*, 36, 122.
Durtanum, alias *Durten*, 155. Vide : *Le Durtein*.
Durtein (*Le*), rivus trajiciens civitatem Pruvini (*Seine-et-Marne*). Cfr. Durtanum, *Durten*. Provins.
Echemines, *Aube*, *a. Nogent-sur-Seine*, *c. Marcilly-le-Hayer*. Cfr. *Eschemines*.
Egleigneium, Eglignitium, Egliniacum, 138. Vide : *Egligny*. (Gaufridus de Egliniaco).
Egligny, *Seine-et-Marne*, *a. Provins*, *c. Donnemarie-en-Montois*. Cfr. Egleigneium.
Ermitage (*L'*), *Aube*, *a. et c. Nogent-sur-Seine*, co. *Pont-sur-Seine*, vetus Prioratus, 268, 270, 278; prior, vide : *Sevestre*.
Ermitage-Saint-Flavit (*L'*), juxta nemus de *Coudroi* in territorio de *Marcilly-le-Hayer* (*Aube*), 204, 205. Cfr. Sancti Flaviti (Heremitagium).
Eschemines, alias *Esgemines* (terragium de), 35, 107. Vide : *Echemines*.
Espiney, in veteri castellaria de *Payns* (*Aube*). Cfr. Spineto.
Essartis (grangia de), grangia Paracliti prope Jarrietum, in parrochia de Sordolio, 257, 269. Vide : *Le Petit-Paraclet*.
Esternay, *Marne*, *a. Epernay*, 283. Dominus, vide : *Jehan de Treignel*. Cfr. Esternayo.
Esternayo (Johannes, Maria de), 259, 260. Vide : *Esternay*.
Everly, *Seine-et-Marne*, *a. Provins*, *c. Bray*. Cfr. Averliaco.

Faiel (terra in valle), 8, 101.
Ferreus (Drogo de), 93. Vide : *Ferreux*.
Ferreux, *Aube*, *a. Nogent-sur-Seine*, *c. Romilly-sur-Seine*. Presbiteri : Martinus, Odardus de Calestria. (Johannes de *Ferreux*). Cfr. *Ferreus*, *Ferrex*.
Ferrex (ecclesia de), 229 ; Ferronem (apud), 107 ; Ferroso (villa de), 265, 274 ; *Ferrou* (Paganus de), 10 ; Ferroum (terra apud), 8, 12, 101, 103. Vide : *Ferreux*.
Filiniaco (planta de), 12.
Fimis (Theobaldus de), 81. Vide : *Fismes*.
Fismes, *Marne*, *a. Reims*. Cfr. Fimis.
Flacium (terra apud), 194. Vide : *Flacy*.

Flacy, Yonne, a. Sens, c. *Villeneuve-l'Archevêque*, 277. (Petrus de *Flacy*). Cfr. Flacium.
Fleurigny, Yonne, a. Sens, c. *Sergines*. Cfr. Flurinnaci.
Flimiis (vinea de), 35.
Flurinnaci (apud), 24. Vide: *Fleurigny*.
Fociaco (Guillelmus de), 191. Vide: *Foissy*.
Foetins, Foetinum, 463, 236. Vide: *Fontains*. (Petrus de Foetino).
Foissy, Yonne, a. Sens, c. *Villeneuve-l'Archevêque*. Cfr. Fociaco.
Fontaine-Bethon, Marne, a. Epernay, c. Esternay. Cfr. Fonte Beton.
Fontaine-Denis, Marne, a. Epernay, c. Sezanne. Cfr. Fonte Danielis.
Fontains, Seine-et-Marne, a. Provins, c. Nangis. Cfr. *Foetins*, Foetinum, *Foetins*.
Fontanis (Philippus de), 264.
Fonte Danielis (Petrus de), 90. Vide: *Fontaine-Denis*.
Fontenay (grangia [Paraclitensis] de), *Fontenay-le-Pierreux*, Aube, a. et c. Nogent-sur-Seine, co. Soligny-les-Etangs. Cfr. Fontenoi.
Fontenay-de-Bossery, Aube, a. et c. Nogent-sur-Seine. Cfr. Fonteneto.
Fonteneto, *alias* Fontineto (Gauterus, *alias* Gualterius, Petrus de), 15, 66, 102. Vide: *Fontenay-de-Bossery*.
Fontenoi le Perrors (domus et grangia de), 223, 263, 264. Vide: *Fontenay-le-Pierreux*.
Fonte *Aman* (cultura, molendinum de), non longe a monasterio Paracliti, 8, 10, 100, 103.
Fonte-*Beton* (Coletus de), 9, 265. Vide: *Fontaine-Bethon*.
Fontem Mscon, *Macum*, Masconis (apud), 67, 156, 150, 190. Vide: *Mâcon*.
Fontenay, 80. Vide: *Saint-Brice*.
Fontenay-de-Bossery, Aube, a. et c. Nogent-sur-Seine. Cfr. Fonnetum *le Bausseri*.
Fontenay-le-Pierreux, Aube, a. et c. Nogent-sur-Seine, co. Soligny-les-Etangs. Cfr. Fontenetum Petrosum.
Fonteneto dicto *le Bausseri* (Odo de), 240. Vide: *Fontenay-de-Bossery*.
Fontenetum Petrosum (terra apud), 8, 101. *Fontenoi le Perrors* (meson qui siet à), 263, 264. Vide: *Fontenay-le-Pierreux*.
Fontevrault, Maine-et-Loire, a. et c. Saumur, 196. Abbatia. Abbatissa, vide: Adela.
Fontiniaco (ecclesia de), 80. Vide: *Saint-Brice*, alias *Fontenay*.
Foogon (dele *Soogon*), 278. Vide: *Fougeon*.
Foulins (Petrus de), 164. Vide: *Fontains*.
Forestam (apud), in territorio de *Dontilly*, Seine-et-Marne, c. *Donnemarie-en-Montois*, 186.
Foro novo (domus furni de), apud *Provins* (Seine-et-Marne), 15.

Fouchères, Seine-et-Marne, a. *Provins,* c. *Villiers-Saint-Georges,* co. *Chalautre-la-Grande.* Cfr. Fulcheriis, Fulcherolis.
Fougeon, Aube, a. *et* c. *Nogent-sur-Seine,* co. *Pont-sur-Seine.* Cfr. *Foogon, Fouyon.*
Fougon, alias *Foogon* (grangia Vallislucentis de), 232, 235. Vide : *Fougeon.*
Four-Brulé (Le), in territorio de *Saint-Aubin (Aube).* Cfr. Brusletum Furnum.
Frantoillius (usque ad), haud procul a *Nangis (Seine-et-Marne),* 238.
Fraxineti (boscum), 10. Vide : *Fresnoy.*
Fresnoi (nemus de), 37. Vide : *Fresnoy.*
Fresnoy, Aube, c. *Nogent-sur-Seine,* c. *Villenauxe,* co. *Montpothier.* Cfr. Fraxinetum, *Fresnoi.*
Frou, 10. Vide : *Ferreux.*
Fuillées (Margareta de), 222.
Fulcheriis, Fulcherolis (Radulphus, Stephanus de), 67, 252. Vide : *Fouchères.*
Furnellis (nemus et terra de), 8.

Gaigniminières (terra de), 217 ; *Gaignunnières* (terra quæ vocatur), 218 ; Gaynoneriis, Guainnoneriis, Guamnoeriis (molendinum de), 70, 100, 129. Vide : *Volagniers.*
Garlanda (Manasses de), *Garlande,* feodum intra fines Parisiorum a XII° seculo, 65.
Gâtinais, archidiaconatus veteris diœcesis Senonensis. Cfr. Wastinensis.
Gauberti Molendinum, alias *Moulin de Saint-Ayoul,* 155.
Gelannas, Gelannias (grangia apud), 67, 213. Vide : *Gélannes.*
Gélannes, Aube, a. *Nogent-sur-Seine,* c. *Romilly-sur-Seine.* Cfr. Gelannas.
Gien (Loiret). Cfr. Gien-sur-Laire.
Gien-sur-Laire (Stephanus Happe de), 282. Vide : *Gien.*
Girignicurte (Aubertus de), 55.
Giseium (apud), 18, 19, 25. Vide : *Gisy-les-Nobles.*
Gisy-les-Nobles, Yonne, a. *Sens,* c. *Pont-sur-Yonne.* Cfr. Giseium.
Glennependue (territorium quod dicitur), juxta *Origny-le-Sec (Aube),* 193.
Gofridi (usque ad terram domini), juxta Nogentum, versus Pontes, 92.
Gonesse, Seine-et-Oise, a. *Pontoise.* Cfr. Gonessia.
Gonessia (Andreas de), 204. *Gonesse.*
Granche (Jehan de La), 281.
Granchia (Robertus de), 162. Vide : *La Grange-Bleneau.*
Grange-Bleneau, Seine-et-Marne, a. *Coulommiers,* c. *Rozoi-en-Brie,* co. *Courpalay.* Cfr. Granchia.

Grange-le-Bocage, Yonne, a. Sens, c. Sergines. Cfr. Grangeis (census de).
Grangeis (census de), vide : *Grange-le-Bocage,* 19.
Granges (Les), Aube, a. Nogent-sur-Seine, c. Romilly-sur-Seine, co. Maizières-la-Grande-Paroisse. Cfr. Grangiis (grangia de).
Granges-sur-Aube, Marne, a. Epernay, c. Anglure. Cfr. Grangiis (Johannes de).
Grangiis (Johannes, curatus de), 276. Vide : *Granges-sur-Aube.*
Grangiis (grangia de), 178. Vide : *Les Granges.*
Grant Aunoy de Bernières, boscus in finagio de *Bernières, co. Nogent-sur-Seine (Aube),* 284.
Grève (La), Aube, c. Romilly, co. Saint-Hilaire. Cfr. Greviarum (terra).
Greviarum (terra), 12, 105. Vide : *La Grève.*
Grigon, Aube, a. Nogent, c. et co. Marcilly-le-Hayer. Vetus molendinum supra *l'Orvin,* nunc dirutum, 147. Cfr. Grinum.
Grinum (Theobaldus de), 147. Vide : *Grigon.*
Grossois (terra usque as), inter Nogentum et Pontes, 92.
Grosse Pierre de les Ferreux (Herbertus *de la*), 267.
Guandelen (pratum), [in veteri diœcesi Trecensi], 9, 102.
Gumeri (terra apud), 9. Vide : *Gumery.*
Gumery, Aube, a. et c. Nogent-sur-Seine. Cfr. Gumeri.
Halle (Michael *de la*), 266, 271.
Hannepont, Seine-et-Marne, a. et c. Provins, co. Poigny. Cfr. Monte Hanepon, *Monthanepon.*
Hante (Droco *de la*), 268.
Hapatoria (Henricus de), 213.
Handue (Henricus de), 97.
Herbleio (Paganus de), 103.
Henevilla (O. de), 175.
Hermé, Seine-et-Marne, a. Provins, c. Bray-sur-Seine, Domina, vide : Thecelina. Cfr. *Hermez,* Hermeto.
Hermeto (ecclesia de), 80. Vide : *Hermé.*
Hermez (Thecelina de), 164. Vide : *Hermé.*
Hospitaliorum, *alias* Fratrum Sancti Johannis de Jherusalem domus, 88, 122, 147, 200, 201. Provisor magnus in Francia, *vide :* Isambardus ; Provisor in Francia, vide : *P. Piloz* ; Prior, *vide :* Johannes de Mont. Gross. Cfr. *Rampillon.*
Hostiensis (diœcesis), 13, 15, 26, 38. Vide : *Ostie.*
Hugonis vinea (quæ dicitur vinea), in decanatu Sezanniæ, 89.

Insula, Insulis (Arnulfus, Ernulfus de), 9, 29, 101. Vide : *L'Isle.*
Isle (L'), Aube, a. et c. Nogent-sur-Seine, co. La Motte-Tilly. Cfr. Insula.

Jaaucourt (Petrus de), 220. Vide : *Jaucourt.*
Janchi (molendinum de), 37.
Jardin (Robertus dou), 282.
Jardino prope *Plaieurre* (abatissa et conventus de), 200. Vide : *Bois-Jardin.*
Jarriai (nemus de *Surdoil* quod vocatur), 242 alias *Jarriel*, 253 ; *Jarroi*, 166.
Jarrieto (prioratus Sancti Jacobi Pruvinensis de), juxta Parvum Paraclitum, 257. Vide : *Notre-Dame du Jarriel.*
Jaucourt, Aube, c. Bar-sur-Aube. Cfr. *Jauucourt.*
Jaulnes, Seine-et-Marne, a. Provins, c. Bray-sur-Seine, 160. Cfr. *Jaunam.*
Jaunam (molendinum situm apud), 160. Vide : *Jaulnes.*
Jerusalem, *Palestine,*106, 107, 160.
Jeurre (Adam de), 222.
Joiarripi (nemus), 166. Vide : *Jarriai.*
Joigny, Yonne. Vicecomitissa, *vide :* Emelina. Cfr. Joniacum.
Joniacum, 29. Vide : *Joigny.*
Jouy, Seine-et-Marne, a. et c. Provins, co. *Chenoise,* abbatia vetus Cfr. *Joy.*
Jouy (Jacobus de). 280.
Joy, alias Joyaco (monasterium de), 48, 278 Vide : *Jouy.*
Justegni (decima de), 36 ; Justigniaco (villa de), 245, 246, 251 ; *Justini* (decima de), 29. Vide : *Paroy-Jutigny.*
Justigny, alias Justiniaco (molendinum de), 11, 82, 87, 136. Vide : *Moulin de Justigny.*

Kalestria (parrochia de), 162. Vide : *Chalautre-la-Grande.* (Arnulfus, Bovo, Garinus de Kalestria).
Karoli Domo (parrochia de), 173, 245, 246. Vide : *Chalmaison:* (Amila, Gaufridus *Regine* de Karoli Domo).
Lagny, Seine-et-Marne, a. Meaux. Cfr. Laigniaco, Legniaco, Latigniaco.
Laigny, Laigniaco (Johannes, Odardus, Petrus de), 185. Vide : *Lagny.*
Laneri (apud), 29 ; Lanerieum (ad), 67 ; Lanneriaco (Freherus de), 165. Vide : *Lannerey.*
Langies (decima de), 36. Infra feodum de *Reuil.*
Lanis (Mauritius de), 63.
Lannercy, Aube, a. Nogent-sur-Seine, c. Marcilly-le-Hayer, co. *Bercenay-le-Hayer.* Cfr. *Laneri.*
Laon, Aisne. Archidiaconus, *vide :* Guido de Triangulo. (Balduinus de *Laon*). Cfr. Laudunensis diœcesis.
Lapsauve, Seine-et-Marne, a. Provins. c. et co. Nangis. Cfr. Asperasilva, *Aspresaulve, Aspreselve.*
Latigniaco (Petrus de), 209. Vide : *Lagny.*

Larrivour, Aube, a. Troyes, c. et co. Lusigny, vetus abbatia. Abbas, *vide :* Harduinus. Cfr. Ripatorium.
Laubressel, Aube, a. Troyes, c. Lusigny. Rector ecclesiæ, *vide :* Bartholomeus Cfr. Aubuexelli.
Laudunensis (diœcesis), 204, 205. Vide : *Laon.*
Laval (prioratus S. Thomœ), Seine-et-Marne, a. Provins, c. et co. Donnemarie-en-Montois. Cfr. Leavalle.
Leavalle (prioratus de), 15, 17, 18, 22. Vide : *Laval.*
Leprosia (Girardus de), 123.
Legniaco (Regnaudus de), 152. Vide : *Lagny.*
Lesines (decima de), 36, 87 ; Lesinis (ecclesia de), 228, 229. Vide : *Lizines-et-Sognolles.*
Lespoisse, meteria juxta *Nangis (Seine-et-Marne),* 150. Guillermus de *Lespoisse).*
Limarsum (culturæ in monte), mons non procul a monasterio Paracliti, 8, 28, 100.
Limons (vinea ad), 108.
Lisignis (decima de), 13, 63, 64 ; Lisinis (ecclesia de), 62, 152, 153, 249, 250, 251. Lisinnium (apud), 12. Vide : *Lisines-et-Sognolles.*
Lisines-et-Sognolles, Seine-et-Marne, a. Provins, c, Donnemarie-en-Montois. Curati, *vide :* Hemericus, *alias* Hermericus Personna, Nicholaus. Cfr. Lesinis, Lesines, Lisignis, Lisinis, Lisinniam.
Loes (decima de), 151, 157, 170. Vide : *Lourps.* (Stephanus, Symon de *Loes).*
Loge (Toneum de la), 277.
Loivres (Les), Yonne, a. Joigny, c. Saint-Julien-du-Sault, co. Chevillon-et-Sépaux. Cfr. Luarrie.
Lonc Essart (pratum quod nuncupatur), juxta *les Prés du Roy,* ante *l'Ermitage,* 270, 275, 279. Vide : *l'Ermitage.*
Longue-Perthe, Aube, a. Nogent-sur-Seine, c. Romilly-sur-Seine, co. Saint-Hilaire. Cfr. Partalonga, Partelongue.
Loors, Symon, Theobaldus de), 86, 136, 184. *Louis* (Symon de), 82. *Lours (Thibaut de),* 136. Vide : *Lourps.*
Lorme (vinea de), apud Ulmos, 108. Vide : *Les Ormeaux.*
Louis (Symon de), 82 Vide : *Lourps.*
Lourcino (Johannes de), 87.
Lourps, Seine-et-Marne, a. et c. Provins, 157. Curatus, *vide :* Hoderus Quartiers. Cfr. *Loes, Loors, Louis, Lours,* Lupis (de), *Luvus.*
Louvrete (petra), meta juxta Sanctum Albinum. 179.
Lovet (molendinum de), juxta Pruvinum *(Seine-et-Marne),* 155.
Luarrie (decima de), 37. Vide : *Les Loivres.*
Lu Bruel (pratum infra), versus finagium de *Marnay (Aube),* 37.
Lugdunum, 43. Vide : *Lyon.*
Lupis (ecclesia de), 240, 254 ; *Luvus* (decima de), 151. Vide :

Lourps. (Johannes, Robertus de *Lupis*, Stephanus de *Luvus*).
Lyon, Rhône. Cfr. Lugdunum.

Maaliacum (actum apud), 94. Vide : *Malay.*
Mâcon ou Fontaine-Mâcon, Aube, a. Nogent-sur-Seine. Fontem Mâcon, Macum, Masconis, *Meccon.*
Mairiaco (Arpinus, Galcherus, Harduinus de), 8, 101, 103. Vide : *Méry-sur-Seine.*
Maizières-la-Grande-Paroisse, Aube, a. Nogent-sur-Seine, c. Romilly-sur-Seine. Cfr. Muserias, Melserias, Meseriis.
Malay-le-Roi, alias *le-Vicomte, Yonne, a. et c. Sens.* Cfr. Maaliacum, *Mally, Maslei, Maxlai.*
Maldestur (Hugo de), 97. Vide : *Maudétour.*
Mally (de heredibus de), 95. Vide : *Malay.*
Malminoux, Aube, a. Nogent, c. Romilly, co. Saint-Martin-de-Bossenay. Cfr. Mesnil Milonis, *Mesnil Milum.*
Malodivortio (Hugo de), 93.
Malpigneio (Petrus de), 108 ; Malpigniaci (decima), 12, 105. Vide : *Maupegni.*
Malrepas, alias *Malrepast, Aube, a. Nogent, c. et co. Marcilly-le-Hayer,* grangia nunc diruta, prope Heremitagium Sancti Flaviti, 134, 204, 223, 277, 286. Cfr. Malum Repastum, *Maurepas.*
Malum Repastum (grangia quæ appelatur). 148. Vide : *Malrepas.*
Manillo (Petrus de), 280. Vide : *Le Mesnil.*
Mannai (Petrus Sementarius de), 27. Vide : *Marnay.*
Maraye-[en-Othe], Aube, a. Troyes, c. Aix-en-Othe, 277. (Guillelmus de *Maraye.*)
Marcellam Murgeri (terra ad), 29.
Marcelli. Marcelly, territorium, molendinum, pastura), 108, 163 ; Marcellei (territorium), 37 ; Marcelli (territorium), 36 ; Marcilliaco (territorium, molendinum de), 35, 117, 120, 135, 148, 176 ; *Marcilli* (Garnerius de), 108 ; Marcilliaco (nemora prata, terræ de), 9, 10, 147. (Galterus, Hugo filius Renerii, Hugo *Veilars,* Jacobus, Maietus, Radulfus Bodinus, Theobaldus de *Grinum,* Thomas, Vincentius de Marcilliaco). Vide : *Marcilly-le-Hayer.*
Marcilly-le-Hayer, Aube, a. Nogent-sur-Seine. Dominus, vide : Johannes de *Trainel.* Dominæ, vide : Aaliz, Maria de *Barbenson.* (Joffridus de *Marcilly).* Cfr. *Marcelli,* Curia Marcilliaci.
Maregniaco (decima de), 36, 199. Vide : *Marigny-le-Châtel.*
Maria Magdalena (prioratus de Beata), 65. Vide : *Trainel.*
Marigniacum, 12, 29, 106, 207. Vide : *Marigny-le-Châtel.* (Agnes, Petrus de Marigniaco).
Marigny-le-Châtel, Aube, a. Nogent-sur-Seine, c. Marcilly-le-Hayer, 32, 107, 108, 113, 114, 118, 124, 125, 174, 186, 200,

201, 206, 212, 234, 235, 247, 254, 264. Decani xpistianitatis : G., Cilo, Johannes, Odo, Theobaldus. Prioratus, 206, 207. Domini : Garnerius, dominus Triagni ; Garnerus de Triangulo, sponsus Agnetis de *Melo* ; Carnerus de Triangulo, frater Droconis. Domus Leprosorum, 201. Forum, 174. Cfr. Maregniacum, Marigniacum.

Maricas (villa quæ dicitur). *Seine-et-Marne*, 255.

Marnaio (Joisbertus de), 100. Vide : *Marnay.*

Marnaium, 28, 129. (Gerardus, Petrus, Radulphus, Radulphus armiger). Vide : *Marnay.*

Marnay, Aube, a. et c. Nogent-sur-Seine. Prioratus, 278, 279. Priores : Johannes de *Oyenvile*, Petrus de *Bules.* Curatus, vide : Guillelmus, 279. *Prairie*, 280. (Johannes *Sagier de Marnay).* Cfr. Maarnaio, Marnaium, *Mannai.*

Marois de Poignis (pratum *es*), 285. Vide : *Poigny.*

Marolio, Maroltio, Marrolis (Margarita, Albericus de), 11, 24, 73, 143. Vide : *Marolles-sur-Seine.*

Marolles, Seine-et-Marne, a. et. c. Provins, co. Mortery. Cfr. Merollas, Merroletas.

Marolles-sur-Seine, Seine-et-Marne, a. Fontenaibleau, c. Montereau. Cfr. Marolio.

Marpigni, alias Marpigniaco (Renaudus de), 199, 200. Vide : *Maupegni.*

Marriaco (Garinus de), 108. Vide : *Méry-sur-Seine.*

Marroliis (banna de), 143. Vide : *Marolles-sur-Seine.*

Marrolis (Margarita vicecomitissa de), 11. Vide : *Marolles-sur-Seine.*

Maserius (apud), 12. Vide : *Maizières-la-Grande-Paroisse.*

Masiere Gandon (terra in territorio de), haud procul a Pruvino, 254.

Maslei (Garinus de), 20. Vide : *Malay-le-Roi.*

Masura (Johannes de), 240.

Mathei Musceli (molendinum), 29.

Maudétour, Seine-et-Oise, a. Mantes, c. Magny. Cfr. Maldestur.

Maupeigny, non longe a *Ossey-les-Trois-Maisons, (Aube).* Cfr. Malpigneio, Malpignaco, *Marpigni*, Marpigniaco. (Petrus de *Maupegni).*

Maurepas, alias *Maurepast* (grangia de), 108, 283. Vide : *Malrepas.*

Maxlei (Guarinus de), 18. Vide : *Malai-le-Roi.*

Meaux, Seine-et-Marne. Episcopi, *vide :* Manasses, Petrus III ; archidiaconus, *vide :* Roricus ; curia, 40. Cfr. Meldensis diœcesis.

Meceon (apud), 95. Vide : *Mâcon.*

Mécringe, Marne. a. Epernay. c. Montmirail. Cfr. *Meseringes.*

Meeret (molendinum *de*), super rivum de *Reson*, 269. Vide : *Resson (le).*

Melanfrido (Stephanus de), 167, 188. Vide : *Mélanfroy.*

Mélanfroy, Seine-et-Marne, a *Provins,* c. *Nangis,* co. *Pécy.* Cfr. Melanfrido et Melenfreio.
Meldensis (diœcesis), 40, 77, 81, 148, 183. Vide : *Meaux.*
Meledunum, 264. Vide : *Melun.*
Melenfreio (Symon de), 240. Vide : *Melanfroy.*
Meleun (Robertus *dis li barbiers de*), 269. Vide : *Melun.*
Mella, *alias* Orella (pratum de), 10.
Mello, *Oise,* a. *Senlis,* c. *Creil.* Cfr. Melloto.
Melloto (droco de), 157. Vide : *Mello.*
Melnillo (decima de), 77. Vide : *Le Mesnil-Amelot.*
Melserias (decima apud), 107. Vide : *Maizières-la-Grande-Paroisse.*
Melun, *Seine-et-Marne.* Præpositus, *vide :* Symon de Curcellis. Cfr. Meledunum, *Meleun.*
Mentum (Adam de), 28. Vide : *Mons.*
Mergers (Les), vetus grangia Paracliti haud procul a *Saint-Aubin (Aube),* nunc diruta. Cfr. Murgeriis, *Murgiers.*
Meri (Guarinus de), 37. Meriaco (Garinus, Guido, Harpinus, *alias* Arpinus de), 107, 148, 163. Vide : *Méry-sur-Seine.*
Merollas (apud), 200. Merroletas (terra juxta Pruvinum, apud), 173. Vide : *Marolles.*
Méry-sur-Seine, Aube, a. *Arcis-sur-Aube.* Cfr. Matriaco, Matriaco, *Meri,* Merisco.
Mescringes (Agnes de), 260. Vide : *Mécringes.*
Meseriis (decima de), 178. Vide : *Maizières-la-Grande-Paroisse.*
Mesgnil, 277. Vide : *Mesnil-Saint-Loup.* (Garinus *dou Mesgnil).*
Mesnil (Le), *Yonne,* a. *Sens,* c. *Cheroy,* co. *Dollot.* Cfr. Manillo (Petrus de).
Mesnil-Amelot (Le), *Seine-et-Marne,* a. *Meaux,* c. *Dammartin-en-Goële.* Cfr. Melnillo (decima de).
Mesnil Milonis, alias Mesnil Milum (decima de), 29, 36, 107. *Melminoux.*
Mesnil-Saint-Loup, Aube, a. *Nogent-sur-Seine,* c. *Maroilly-le-Hayer.* Cfr. *Maignil.*
Meso (prioratus de), 154, 155, 191. Vide : *Mets-la-Madeleine.*
Mets-la-Madeleine, vetus prioratus juxta *Provins (Seine-et-Marne).* Cfr. Meso.
Michery, Yonne, a. *Sens,* c. *Pont-sur-Yonne.* Cfr. Miseriaci, *Misiri.*
Miliaco (Robertus de), 139. Vide : *Milly.*
Milly, Seine-et-Oise, a. *Etampes.* Dominus, *vide :* Robertus. Cfr. Miliaco.
Miseriaci (in valle terræ), 20. Vide : *Michery.*
Misiri (territorium de), 20. Vide : *Michery.*
Molendinum quod dicitur Comitissæ, juxta Pruvinum (*Seine-et-Marne*), 155.
Molendinum Gouberti, 155. Vide : *Moulin de Saint-Ayoul.*
Molendinum Marescalli, circa civitatem Pruvini, 155.
Molendinum de Pianca, 11. Vide : *Le Moulin des Planches.*

Molendinum de Roscha, 11. Vide: *Moulin des Roches.*
Molendinum de Stagno, 11, 15. Vide : *Moulin de l'Etang.*
Molinlopooll (pratum apud), 36.
Molinons, Yonne, a. *Sens,* c. *Villeneuve-l'Archevêque.* Cfr. Molinum.
Molinum (apud), 29. Vide: *Molinons.*
Monciaux, alias Moncelle, 240, 284. Vide : *Montceaux-les-Bray* (Guillelmus de *Monciaux,* Johannes de Moncellis).
Moneta (Hato de), 63.
Monguillon (Petrus de), 167, 171, 188. Vide : *Montguillon.*
Monmorvois (an), 220. Cfr. *Montmorvois.*
Mons, Seine-et-Marne, a. *Provins,* c. *Donnemarie-en-Montois.* Cfr. *Mentum, Monteor, Montium.*
Mons Potarius, 9, 102. Vide : *Montpothier.*
Montapon (decima de), 36. Cfr. Monte *Arpon.*
Montceaux-les-Bray, Seine-et-Marne, a. *Provins,* c. *Bray-sur-Seine.* Cfr. *Monciaux,* Moncelle.
Monte *Arpon* (vinea de), 40. Vide : *Montapon.*
Monte Estoti (Hugo de), 280.
Monte *Hanepon* (terra, census de), 11, 12. Vide : *Hannepont.*
Monte Morvei (nemus de), 99, 189. Vide : *Montmorvois.*
Mons *Morvois* (nemus comitis Henrici quod dicitur), 149, 179. Vide : *Montmorvois.*
Monteigni, alias Monteigniaco (Milo de), 156, 185. Vide : *Montigny-Lencoup.*
Montgardin (porta de), 89. Vide : *Sézanne.*
Monte Leonis (Adam de), 272. Vide : *Montléon.*
Montem *Brule, alias* Bruleti (apud), haud procul a *Nangis,* 143, 258.
Montem Dei (grangia Paraclitensis apud), juxta *Nangis,* 201, 258.
Monte Omeri (Odo de), 78. Vide : *Montomer.*
Monteor (Adam de), 35. Vide : *Mons.*
Montepot, Seine-et-Marne, a. *Provins,* c. *Nangis.* co. *Rampillon.* Cfr. *Montepoth.*
Montepoth (in territorio de), 200. Vide : *Montepot.*
Montereau, Seine-et-Marne, a. *Fontainebleau.* Cfr. Musteriolo.
Montguillon, Seine-et-Marne, a. *Meaux,* c. *Crécy,* co. *Saint-Germain-les-Couilly.* Cfr. *Monguillon.*
Monthanepon (censiva de), 184. Vide : *Hannepont.*
Montier-la-Celle-les-Troyes, Aube, a. et c. *Troyes,* co. *Saint-André,* vetus abbatia. Abbates, vide : Felix, Johannes [I], Petrus [I], Stephanus. Cfr. Sancti Petri Trecensis (cella).
Montiers (Radulphus de), 270.
Montigny-Lencoup, Seine-et-Marne, a. *Provins,* c. *Donnemarie.* Cfr. *Monteigni.*
Montimentel (Avelina de), in territorio de *Hermé* (Seine-et-Marne), 163, 241. Cfr. Montmintello.
Montis Sancti Quintini, prope Peronam (abbatia), 264. Vide : *Péronne.*

Montium (Adam de), 108, 144. Vide : *Mons*.
Montléon, Seine-et-Marne, a. Provins, c. Bray-sur-Seine, près *Mousseaux-les-Bray*, meteria. Cfr. Monte Leonis.
Montmintello (Guillelmus de), 241. Vide : *Montimentel*.
Montmorency, Aube, Arcis-sur-Aube, c. Chavanges. Cfr. *Biaufort*.
Montmorvois, Aube, a. et c. Nogent-sur-Seine, co. Pont-sur-Seine, nemus quod olim dictum fuit *le Parc de Pons*. Cfr. *Monmorvois*, Monte Morvei, Mons *Morvois*, Morvei.
Montomer, Seine-et-Marne, a. Meaux, c. Crécy. co. Contrevoult. Cfr. Mons Omeri.
Montpothier, Aube, a. Nogent-sur-Seine, c. Villenauxe. Cfr. Mons Potarius.
Morinensis (Matheus, canonicus), 266. Vide : *Thérouanne*.
Mormant, Seine-et-Marne, a. Melun. Cfr. *Mormanz, Murmant*.
Mormanz (decima de), 146. Vide : *Mormant*.
Mortery, Seine-et-Marne, a. et c. Provins, 171. (Guillelmus de Mortery).
Mortiers (pastura in loco dicto), in finagio de *Bernières*, 284.
Morvei (nemus), 70, 129. Vide : *Montmorvois*.
Moscium (apud), 19. Vide : *Mousseaux-les-Bray*.
Mota (Hugo de), 191.
Motte-Tilly (La), Aube, a. et c. Nogent-sur-Seine. Cfr. Tilli, Tilleium, Tilliacum.
Moulin de Bassin (Le), Aube, a. Nogent-sur-Seine, c. Romilly-sur-Seine, co. Fosse-Corduan. Cfr. *Barsam*, Bassain.
Moulin de l'Etang (Le), Seine-et-Marne, a. Provins, c. Villiers-Saint-Georges, co. Sourdun. Cfr. Molendinum de Stagno.
Moulin de Julligny (Le), Seine-et-Marne, a. Provins, c. Donnemarie, co. Paroy-Julligny. Cfr. *Justigny*, Justiniaco.
Moulin des Planches (Le), Seine-et-Marne, a. et c. Provins, co. Lourps. Cfr. Molendinum de Planca.
Moulin des Roches (Le), Aube, a. Nogent-sur-Seine, c. et co. Villenauxe. Cfr. Molendinum de Roscha.
Moulin de Saint-Ayoul (Le), super rivum de *la Voulsie* extra muros Pruvini *(Seine-et-Marne)*. Cfr. Molendinum Gauberti.
Mousseaux-les-Bray, Seine-et-Marne, a. Provins, c. Bray-sur-Seine. Cfr. Moscium.
Murgeriis (terra in), *alias* in Murgeoris, 9, 102. Vide : *Les Mergiers*.
Murgiers (grangia de), 223. Vide : *Les Mergers*.
Murmant (decima de), 145. Vide : *Mormant*.
Musteriolo (Fraherius de), 117. Vide : *Montereau*.

Nalliacum (apud), 287. Vide : *Nolon*.
Nangeis (grangia Paracliti apud), 143, 201 ; Nangeiis (ecclesia

TABLE DES NOMS DE LIEUX 345

de), 143; *Nangies* (ecclesia de), 123, 133, 163; *Nangis* (ecclesia de), 88, 143. Vide: *Nangis*.
Nangis, Seine-et-Marne, a. Provins, 298. Domina, *vide*: Elouvis, *alias* Heloyssa. Presbiter, *vide*: Hunoldus Cfr. Nangeis.
Naudo (Gilbertus de), 93. Vide: *Saint-Loup-de-Naud*.
Navarræ (comites Campaniæ, reges), vide: *Troyes*.
Neaforti, prioratus Paraclitensis, 183. Vide: *Noëfort*.
Nemora Hugonis (nemora quæ nuncupantur), haud procul a *Trainel*, 242.
Nemore Ertaudi (prioratus Sancti Jacobi Provinensis de), juxta *Sourdun*, 257, 258.
Neoforte (prioratus [Paraclitensis] de), 17, 18, 22. Vide: *Noëfort*.
Nesle-la-Reposte, Marne, a. Epernay, c. Esternay, vetus abbatia, 138, 182, 209. Abbas, *vide*: Ansellus.
Nespilo (terra de), 20.
Neuvy, Marne, a. Epernay, c. Esternay. Cfr. Novum Vicum.
Nigellensis (abbatia), 138, 182, 209. Vide: *Nesle-la-Reposte*.
Noëfort, Seine-et-Marne, a. Meaux, c. Dammartin, co. Saint-Pathus. Prioratus Paraclitensis Sancti Thomæ de *Noëfort*, 17, 18, 22, 183, 233, 234. Cfr. Neaforti, Neoforte.
Noelon (apud), 251. Vide: *Nolon*.
Noereaux (census apud), 191. Vide: *Nozeaux*.
Noereth (terra ad), juxta Paraclitum, 100.
Noës, juxta Poisiacum (*Pouy, Aube*), 28, 175. (Dudo, Simon de *Noës*).
Nogennium, *alias* Nogentum, 12, 28, 35, 138. Vide: *Nogent-sur-Seine*. (Harduinus, Hubertus, Milo, Simon de Nogennio; Girardus, Milo de Nogento).
Nogent-sur-Seine, Aube, 68, 70, 81, 92, 100, 105, 152, 156, 176, 190, 195, 253, 266, 267, 268, 271, 274, 278, 280-284. Castellum, 266, 281. Domus Dei, 274, 284; magister, *vide*: Johannes de *Sens*. Forum, 28, 81. Stallum, 152, 195. Domini: Milo (I), Milo (II). Dominæ: Helisabeth, Helouvisa. Præpositi: Garinus, Milo de *Chaumont*. Custos sigilli præpositurae, *vide*: Johannes *Baillot*. Jurati: Johannes *Jobert*, Johannes de *Parigny*, Michael *de la Halle*. Presbiter, *vide*: R. (*Bertand Sevestre, Colet Morot*, Michael *Yalin de Nogent*). Cfr. Nogennium.
Nolon, Yonne, a. Sens, c. Pont-sur-Yonne, co. Cuy. Cfr. Nailliacum, *Noelon*.
Notre-Dame-du-Jarriel, Seine-et-Marne, a. et c. Provins, près *Chalautre-la-Petite*. Cfr. Jarrieto.
Nouerinus (apud), juxta Calestriam Magnam, 238. Vide: *Nozeaux*.
Noviomensis (diœcesis), 191. Vide: *Noyon*.
Novo Vico (Petrus de), 102. Vide: *Neuvy*.
Noyon, Oise, a. Compiègne, 191.
Nozeaux, Aube, a. et c. Nogent-sur-Seine, co. Saint-Nicolas. Cfr. *Noereaux, Nouerinus*.
Nuwroi (Symon de), 143.

24

Occe, alias Occlacum, *Oci* (decima apud), 12, 35, 105, 107, 132. Vide : *Ossey-les-Trois-Maisons.*
Onjione (Petrus de). 263. Vide : *Onjon.*
Onjon, Aube, a. Troyes, c. Piney. Cfr. Onjione.
Oratoire (L'), ou l'abbaye du Paraclet. Cfr. Oratorium.
Oratorium (Adam de), 100, 240. Vide : *L'Oratoire.* (Adam de Oratorio).
Ordon, Seine-et-Marne, a Provins, c. Villiers-Saint-Georges, co. Chalautre-la-Grande. Cfr. Puteo de Ordon.
Orella, *alias* Mella (pratum de), 10.
Orgesvaus (vinea d'), juxta *Sézanne*, 89.
Oreigni (decima de), 193 ; *Origni* (Herbertus de), 278 ; *Oringni* (decima de), 178. Vide : *Origny-le-Sec.*
Orcuse (L'), rivulus affluens in Icaunam (latere dextro), infra Senones. Cfr. Orosius.
Origny-le-Sec, Aube, a. Nogent-sur-Seine, c. Romilly-sur-Seine. Cfr. Aurigniacum, *Oreigni, Origni, Oringni.*
Orléans, Loiret. Episcopus, *vide :* Manasses de Garlanda. Canonicus, *vide :* Stephanus. Cfr. Aurelianensis diœcesis.
Ormeau (L'), Aube, a. et c. Nogent-sur-Seine, co. La Motte-Tilly. Cfr. Ulmus.
Ormeaux (Les), Aube, a. Nogent-sur-Seine, c. Marcilly-le-Hayer, co. Avant-lès-Marcilly. Cfr. Ulmelli, Ulmos.
Ormes (Les), Seine-et-Marne, a. Provins, c. Bray-sur-Seine. Cfr. Urmellis (Guiardus de).
Orosius (decima apud), 25. Vide : *L'Orcuse.*
Orviler (decima apud), 28. Vide : *Orvilliers.*
Orvilliers, Aube, a. Nogent, c. Romilly-sur-Seine. Cfr. Orviler.
Ossey-les-Trois-Maisons Aube, a. Nogent, c. Romilly-sur-Seine. Cfr. *Occe,* Occiacum, *Oci.*
Ostiensis, *Ostie, Italie.* Cfr. Hostiensis.
Oyenville (Johannes de), 280.

Paiens, alias *Peen* (Guido, Johannes, Symon de), 106, 270, 281. Vide : *Payns.*
Palacolis (G. de), 23.
Pale (Gaufridus de), 19 ; *Paleiz* (terra de), 94. Vide : *Pâlis.*
Palestrina, Italie. Vide : Prenestinus.
Pâlis, Aube, a. Nogent-sur-Seine, c. Marcilly-le-Hayer. Cfr. *Pale.*
Papa (Petrus de), 185.
Paraclet (Le), Aube, a. Nogent-sur-Seine, c. Romilly-sur-Seine, co. Quincey, vetus abbatia quæ nuncupata fuit primitus Oratorium Sanctæ Trinitatis, vel Monasterium Sancti Spiritus ; postea Paraclitus, *Paraclit, Paraclet,* 1, 3, 6, 7, 14, etc. Abbatissæ : **Aalpidis de Barris, Emeniardis** (*alias* Emengardis), **Helissandis**

de Barris, Heloyssa, Ida, Katarina [1] de Barris, Maria [1], Milesendis. Priorissæ : Agnes, Heloyssa. Subpriorissæ : Constantia, Emelina. Cantrix, *vide* : Maria de Villamauri. Moniales : A., filia Roberti, domini de Miliaco ; Aeliz ; Agnes, filia Freberi de Launeriaco ; Agnes de *Meseringes* ; Agnes de Pratis ; Agnes de Triangulo ; Agnes, filia domini Herberti de *Vinuef* ; Avelina *de la Ronce* ; Beatricia de Capella ; Beatrix, neptis abbatissæ Emeniardis ; Bencelina ; Comitissa, Milonis Sancti de Nogento filia ; comitissa de *Vilerboneus* ; Da., filia Radulphi ; E., filia Roberti, domini de Miliaco ; Elia, domina de Villamauri, relicta Milonis marescalli ; Elisabeth, neptis abbatissæ Emeniardis ; Elisendis de *Becherel* ; Eloisa, neptis abbatissæ Emeniardis ; Elvisa de *Chalete* ; Ermelina, soror Roberti *Gaisias* ; Eufemia, filia Harduini de Meriaco ; Genovefa ; Genovefa ; Helovisa, filia Petri de Curteriaco ; Isabellis, dicta *Berele* ; Isabellis, filia Henrici de Crocheto ; Isabellis de Villaribus ; Margareta de *Fuilles* ; Margareta *Gasteblee* ; Sabina ; Susemia ; una de filiabus Eliæ, dominæ de Villamauri ; filia Petri Sancti ; neptis Anselli de Charma ; soror Theobaldi de *Loors*. Capellani, clerici et magistri : Adam de Oratorio, Fromundus, Fulcho, Fulco de Calestra, Garnerus, Guillermus, Hodeerus, Jacobus *Le Roy*, Johannes, Milo, Petrus, Robertus, Theobaldus. Conversi : Abel, Briceus, Ferricus, Jocelinus, Rainaudus. Ballivus et custos, *vide* : Petrus de Bordis. Cœnobia de Paraclito : abbatia de Pomerio ; prioratus Sancti Flaviti ; prioratus Sanctæ Magdalenæ de Triangulo ; prioratus Sancti Martini de *Borenc* ; prioratus Sancti Nicolai de Neoforte ; prioratus Sancti Thomæ de Leavalle. Grangiæ Paraclitenses : *Chialor* ; *Fontenay* ; *Malrepast* ; Mons Dei, juxta *Nangis* ; *Les Murgiers*, *Le Petit Paraclet*, alias *les Essorts* ; *WuideGranche*. Molendinum, 306, 108. Instrumenta acta apud Paraclitum, 76, 97, 110, 120, 122, 186. (Stephanus Trotin de Paraclito).

Paraclit, 1, 3, 6, 7, 14. Vide : *Le Paraclet*.

Paraclitus, 76, 97, 110, 122, 186, etc. Vide : *Le Paraclet*.

Paregni (census apud), 29 ; *Parcigny* (apud), 86 ; Parigniaco (decima de), 12, 13, 136 ; *Parigny* (Johannes de), 266 ; Pariniaco (decima de), 96. Vide : *Périgny-la-Rose*.

Pareto (parrochia de), 246. Vide : *Paroy-Juligny*.

Parisiis (Egidia de), 286 ; Parisius, 22, 23, 76. (Simon Parisiensis, 65). Vide : *Paris*.

Paris. Canonicus Parisiensis, *vide* : Petrus Juvenis. *Sergent dou Chastelet de Paris*, vide : *Angerrant de Dommart*. Cfr. Parisiis.

Paroy-Juligny, Seine-et-Marne, a. Provins, c. Donnemarie. Cfr. *Justegni*, Justigniacum. *Justini*, Pareto.

Parregni (census apud), 108 ; Parrigniacum (decima apud), 104, 107. Vide : *Périgny-la-Rose*.

Pars, Aube, a. Nogent-sur-Seine, c. Romilly. 35, 107. Petrus de *Pars*.

Parte longe (vinea), 35 ; *Parte Longue* (vinea de). 108. Vide :
Longue-Perthe.
Pastico (Guillermus de), 146.
Parvus Paraclitus (grangia Paraclitensis prope *Provins* quæ nuncupatur), 256, 256, 257, 258. Vide : *Le Petit-Paraclet.*
Payns, Aube, a. et c. Troyes, 283. (Bernardus de *Payns*). Cfr.
Païens, Peen.
Pesrel (consuetudo de), 20.
Perona, *Péronne (Somme),* 264.
Périgny-la-Rose, Aube, a. Nogent-sur-Seine, c. Villenauxe.
Sacerdos de Parigniaco, *vide :* Petrus. Cfr. *Parcgni, Parigny,* Parigniacum, *Parigny,* Pariniacum, *Parrcgni,* etc.
Petit-Paraclet (Le), Seine-et-Marne, a. Provins, c. Villiers-Saint-Georges, co. Sourdun, 269. Cfr. Essartis, Parvus Paraclitus.
Pèze (La), Aube, a. Nogent-sur-Seine, c. Marcilly-le-Hayer, co. Avon-la-Pèze. 278. (Herbeleius *de la Pèze).*
Pietate abbatia de , juxta Rameracum, 259, 260. Vide : *Ramerupt.*
Pisiacum (terra inter Aizium et , 10.
Pisis, *Pise, Italie,* 4.
Plaicurre, 260. Vide : *Pleurs.*
Plaise (decima de), 144. Vide : *Plessis-aux-Chats.*
Planca (molendinum de), 11. Vide : *Moulin des Planches.*
Planceium, 94. Vide : *Plancy.*
Plancy, Aube, a. Arcis-sur-Aube, co. Méry-sur-Seine. Domini :
Gilo, Hugo. Cfr. Planceium.
Plantchart (usque ad , haud procul a *Nangis (Seine-et-Marne* , 258.
Planteid, alias *Plantciz,* 10, 67, 85. Vide : *Planty.*
Planty, Aube, a. Nogent-sur-Seine, c. Marcilly-le-Hayer. Cfr.
Planteid.
Plaseto (Radulfus de , 151.
Pleines (Johannez *Rebez* de), 267.
Plesseio (Erlebaldus de), 20. Vide : *Plessis-Saint-Jean.*
Plesseio (decima de , 28. Vide : *Plessis-Barbuise.*
Plesseium Barbusiæ, 28. 245. Vide : *Plessis-Barbuise.*
Plessie (Perrin dou). 281.
Plessis-aux-Chats, Seine-et-Marne, a. Provins, c. Donnemarie-en-Montois, co. Bontilly. Cfr. *Plaise,* Plestum.
Plessis-Barbuise, Aube, a. Nogent-sur-Seine, c. Villenauxe. Cfr.
Pleisseium, Plexeio.
Plessis-Saint-Jean, Yonne, a. Sens, c. Sergines. Cfr. Plesseio
(Erlebaldus de .
Plestum (terræ et vineæ apud , 186. Vide : *Plessis-aux-Chats.*
Pleurs, Marne. a. Epernay, c. Sézanne. Cfr. *Plaicurre.*
Plexeio Barbusiæ (Petrus de), 252. Vide : *Plessis-Barbuise.*
Pogeio (Androinus de), 142. Vide : *Pougy.*
Poigniaco (ecclesia de , prope Pruvinum, 257 ; *Poignis* (finagium de , 285. *Poigny, Seine-et-Marne, a. et c. Provins.* Curatus, *vide :*
Gaufridus.

Poiseiensi (in territorio), 66, 67; Poiscio (nemora, villa de), 9, 68, 103, 115; *Poisi* (nemora de), 28, 36, 302, 286 ; Poisiaco (Guerricus, Robertus de), 187, 219. Vide : *Pouy.*
Pomarium, *alias* Pomerium, 13, 17, 73, 78, 228. Vide : *La Pommeraie.*
Pomereaux (Les), Aube, a. Nogent, c. Romilly-sur-Seine, co. Saint-Hilaire. Cfr. Pomerulos.
Pomerulos (terra apud), 9, 101, 103. Vide : *Les Pomereaux* (Fromundus de Pomerulis).
Pommeraye (La), Yonne, a. Sens, c. Sergines, co. La Chapelle-sur-Oreuse. Vetus abbatia. Abbatissæ : Agnes de Pratis, Amelina, Gertrudis Priorissa, *vide :* Beatrix de Sancto Leonardo. Cantrix, *vide :* Johanna. Thesauraria, *vide :* Agnes. Monialis, *vide :* Milesandis. Cfr. Pomarium, Pomerium.
Ponceau (Le), Yonne, a. Sens, c. Sergines, co. Gizy-les-Nobles. Cfr. Poncellum, Pontellum.
Poncellum, *alias* Pontellum (ultra), 19, 20. Vide : *Le Ponceau.*
Ponna (census de), 11. (Alburgis, Petrus de *Ponnc*).
Pons ; *Pons*, 276, 285 ; Pontes ; *Ponz*, 271, 273. Vide : *Pont-sur-Seine.* (Gilbertus, Guerricus, Henricus, Jacobus, Jaequinus, Nicholaus, Radulfus).
Pontellum, *alias* Poncellum (terra super), 19, 20. Vide : *Le Ponceau.*
Pontem (apud), 19. Vide : *Pont-sur-Yonne.*
Pontem Vane (ultra), 10. Vide : *Pont-sur-Vanne.*
Pontem (deserta juxta), prope Pruvinum, 36.
Pont-sur-Seine, Aube, a. et c. Nogent-sur-Seine, 9, 15, 28, 29, 67, 70, 76, 84, 86, 89, 90, 92, 93, 96, 101, 106, 108, 109, 112, 129, 136, 138, 152, 154, 158, 177, 195, 215, 217, 218, 219, 220, 230, 235, 272, 274. Decani xpistianitatis : A . Guillelmus, O. — Presbiter, *vide :* J. — Domus Leprosorum, 86, 136, 285. Prioratus Beatæ Mariæ 218, 219; prior, *vide :* Petrus. Prioratus Sancti Petri, 76, 285. Cfr. *Pons*, Pons, *alias* Pontes.
Pont-sur-Vanne, Yonne, a. Sens, c. Villeneuve-l'Archevêque. Cfr. Pontem Vane.
Pont-sur-Yonne, Yonne, a. Sens. Cfr. Pontem (apud).
Pontisare (actum), 275. Vide : *Pontoise.*
Pontoise, Seine-et-Oise. Cfr. Pontissare.
Porta (Petrus de), 15.
Porte (Lambellis, Johannes *de la*), 270, 277.
Portuensis (diœcesis), *Porto, Italie,* 26.
Postingiacum (apud), 10, 132. Vide : *Potangis.*
Potangis, Marne, a. Epernay, c. Esternay. Cfr. Postingiacum.
Pouuy, Aube, a. Arcis-sur-Aube, c. Ramerupt. Cfr. Pogeio.
Pouy, Aube, a. Nogent-sur-Seine, c. Marcilly-le-Hayer. Dominus, *vide :* Ansellus de Triangulo. Molendinum, 115. Cfr. Poiseiensi, *Poisi,* Poisiacum.

Pratis (Agnes, Simon de), 228, 276.
Prenestinus (diœcesis), 3, 6. Vide : *Palestrina*.
Pré Batin (pratum in loco dicto), in finagio de *Poignis*, 285. Vide : *Poigny*.
Prés du Roy (Les), Aube, a. et c. *Nogent-sur-Seine*, co. *Pont-sur-Seine*, juxta l'*Ermitage*, 270, 276.
Pré Margot, pratum juxta portam de Pontibus, in territorio de *Marnay*, 276.
Pressoria (apud), *alias* Pressorios (usque ad), juxta *Tremblay*, Aube, a. *Nogent-sur-Seine*, c. *Marcilly-le-Hayer*. 71, 130, 218, 219.
Privilgnum (apud), *Yonne*, a. *Sens*, 20.
Provins, Seine-et-Marne, 11, 12, 36, 62, 63, 74, 78, 81, 83, 86, 87, 88, 89, 93, 112, 113, 126, 131, 132, 134, 142, 153, 156, 157, 164, 165, 167, 169, 170, 189, 191, 209, 213, 214, 215, 237, 241, 249, 254, 255, 256, 257, 264, 269, 284, 285. Archidiaconi : Guillermus, Rainaldus de Sancto Juliano. Decani xpistianitatis : Hemericus, Henricus, Michael, Odo. Capitulum Beatæ Mariæ de Valle, 130, 214; decani : Nicholaus, S. — Capitulum Sancti Quiriaci, 63, 84, 164, 169, 197 (ubi Auriaci pro Quiriaci), 237, 255 ; decanus, *vide* : G.; præpositus, *vide* : Garsias ; claustrarius, *vide* : Guiardus ; canonici : Petrus de Latigniaco, Radulfus Major ; Simon de Corpelaio. Capellanus, *vide* : Hugo Roterius. Abbatia Sancti Jacobi, 46, 87, 130, 150, 154, 155, 169, 237, 256, 257; abbates : Gaufridus, Johannes, Milo, Raynaldus ; prior, *vide* : Odo ; thesaurarius, *vide* : Gaufridus; cellerarius, *vide* : Odo. Prioratus Sancti Aygulfi (*Saint-Ayoul*), 54, 154, 155, 264 ; prior, *vide* : Guichardus, postea Trecensis episcopus. Ecclesia Sancti Nicolai, 57. Domus militiæ Templi, 214, 215. *Petit hospitum*, 285. Domus Paracliti, 36, 264. Castellum, 190, 213, 237, 285. Vallis Pruvini, 169, 190, 237. Balnea, 157, 284. Fons Sancti Aygulfi, 264. Forum Novum, 15, 36. Mercatum et stalli, 112, 142, 189, 190. Molendina, 11, 77, 154, 155, 167, 169, 171, 215. Pons Benedictus, 77. Portæ de *Bossense*, 77; de *Changi*, 11, 215 ; [Desiderii?], 20. Rivus, Durtani, 155. Rivus *Vose*, 155. Magnus Vicus ad minagium et ad carboneriam, 264. Præpositura, 269, 285; custodes sigilli : Jacobus de Sancto Quiriaco, Petrus *Pilemer* ; scriba, *vide* : Guillermus. Bolengerii, *alias* talmentarii, 156, 184, 185, 237. (Archambaudus dictus *Harens*, Bona, Drogo, Feliseius *Mignot*, Guillelmus, Henricus cambellanus, Hugo, Hugo panetarius ; *Johan de La Chapelle*, Milo, Milo marescallus, Petrus Bristaldus, Petrus *Patris*, Renerius *Arcore* de Pruvino). Cfr. Provinum, Pruvinum.
Provinum (apud), 12. Vide : *Provins*.
Pruvinum. Vide : *Provins*.
Pulceriæ (decima), 70, 71. Cfr. Pulterias.
Pulterias (via regis subtus), non longe a *Tremblay* et *Bourdenay* (Aube), 130. Cfr. Pulceriæ.

Putei (terra), 24.
Puteo de *Ordon* (vinea in territorio de), 252. Vide ; *Ordon*.

Quarrangie (via quæ dicitur), in territorio de *Trainel* (Aube), 226.
Queudes, Marne, a. Epernay, c. Sézanne. Cfr. *Codes*, *Cudes*.
Quincey, Aube, a. Nogent, c. Romilly-sur-Seine, 8, 10, 12, 14, 28, 93, 96, 99, 100, 101, 104, 107, 128, 160, 181, 185, 229, 235, 240, 244, 260, 271, 274, 275, 278, 279. Presbiter, *vide* : Milo. Furnus, 8. Cfr. Quinceii, *Quinci*, Quinciaco, Quintiaco.
Quinceii (parrochia), 1, 3, 6 ; *Quinci* (decima de), 36, 176 ; Quinciaco (Milo de), 186, 187 ; vide : *Quincey*. (Gileta, Huldierius, Milo, Stephanus, Symon de Quinceio. *Deniset*, Johannes, Martinus, Odo *le Picardal*, Philippus, Stephanus de *Quinci*. Hector, Harduinus *Michoz*, Milo de Quinciaco. Aito, *alias* Aitor de Quintiaco).

Rahaldi (nemus), Yonne, a. Sens, 19.
Ramerucum, 259. Vide : *Ramerupt*.
Ramerupt, Aube, a. Arcis-sur-Aube. Abbatia de Pietate, 259, 260 ; vide : *de Chapes*.
Rampeillon (grangia de), 147 ; *Rampillum* (parrochia de), 123. Vide : *Rampillon*. (Stephanus de *Rampillum*).
Rampillon, Seine-et-Marne, a. Provins, c. Nangis. [Hospitalis domus], 88, 122, 200. Cfr. Hospitaliorum domus.
Rancoi (terra in loco qui dicitur), in territorio de *Trainel* (Aube), 226.
Ravestum (Perrardus de), 146.
Rebais, Seine-et-Marne, a. Coulommiers, 139, 140, 281. Cfr. *Rebez*, Reibaco.
Rebez, 139, 281. Vide : *Rebais*.
Regalis Mons, 180. Vide : *Royaumont*.
Regiis (Gaufridus *alias* Godefridus, Hugo de), 28, 93, 103. Vide : *Rhèges*.
Reibaco (pedagium de), 140. Vide : *Rebez*.
Reimes (Hervis de), 269. Vide : *Reims*.
Reims, Marne. Archiepiscopus, *vide* : Guillelmus, dictus *aux Blanches Mains*. Cfr. *Reimes*, Remorum.
Remorum (diœcesis), 97, 98. Vide : *Reims*.
Renavalle (Bartholomeus de), 264.
Resson, le Resson, rivus affluens in Sequanam, latere dextro, Aube, a. et c. Nogent-sur-Seine, 269. Vide : *Meerret et Souvrain*.
Retro Campellos (pratum in loco qui dictus est), in territorio de *Marnay* (Aube), 279.

Reuel (feodum de), 36, 242. Vide : *Reuil*.
Reuil, Seine-et-Marne, a. Meaux, c. La Ferté-sous-Jouarre, 36. Cfr. *Reuel*.
Revel, lege *Reuel* (Guido de), 242. Vide : *Reuil*.
Rheges, Aube, a. Arcis-sur-Aube, c. Méry-sur-Seine. Cfr. Regiis.
Rigniaco *Laismosoreus* (decima de), 203. Vide : *Rigny-la-Nonneuse*.
Rigny-la-Nonneuse, Aube, a. Nogent-sur-Seine, c. Marcilly-le-Hayer. Cfr. Rigniaco.
Riparia Venne, 175. Vide : *La Rivière de Vanne*.
Ripatorium, 85. Vide : *Larrivour*.
Rivière de Vanne (La), decanatus veteris diœcesis Senonensis supra Vennam, 175. Cfr. Riparia Venne.
Rogum (campi juxta), versus *Dontilly et Donnemarie-en-Montois (Seine-et-Marne)*, 144.
Ronce (Avelina de la), 222.
Romilly-sur-Seine, Aube, a. Nogent-sur-Seine, 259, 260. Cfr. Rumilliacum.
Roseriis (Guillelmus de), 218 ; *Rosiers* (Radulfus de), 158. Vide : *Rozières*.
Roseto (Adam de), 87. Vide : *Rozoi-en-Brie*.
Rothomagensis (diœcesis), 45, 222. Vide : *Rouen*.
Rouen, Seine-Inférieure. Archiepiscopus, *vide* : Odo [II, dictus Rigaud].
Rouilly, Seine-et-Marne, a. et c. Provins. Cfr. Ruilleium.
Royaumont, Seine et-Oise, a. Pontoise, c. Luzarches, c. Asnières-sur-Oise. Cfr. Regalis Mons.
Rozières, Aube, Nogent-sur-Seine, c. Marcilly-le-Hayer, co. Avant-les-Marcilly. Cfr. Roseriis, *Rosiers*.
Rozoi-en-Brie, Yonne, a. Colommiers. Cfr. Roseto.
Rubro Monte (vinea in), 108.
Ruilleio (Ernulphus, Hildeburgis de), 102. Vide : *Rouilly*.
Rumilliaco (Hugo de), 259, 260. Vide : *Romilly-sur-Seine*.
Runca (terra de), *Yonne, a. Sens*, 19.
Runcherie, juxta Pulterias, *Aube, a. Nogent*, 70.

Sabiniensis (diœcesis), 6, 20. *Sabine, Italie*.
Saillenaio (*Symon de*), 245. Vide : *Soligny-les-Etangs*.
Saint-Albin (Guillelmus le Sonier de), 270, 271. Vide : *Saint-Aubin*.
Saint-Aubin, Aube, a. et c. Nogent-sur-Seine, 12, 28, 31, 35, 37, 70, 75, 90, 92, 93, 95, 99, 104, 108, 109, 110, 111, 129, 149, 154, 156, 172, 173, 179, 203, 211, 212, 221, 224, 245, 261, 262, 272, 278, 284. Parochia, 31, 37, 100, 110, 111 ; curati : Adam, Droco, Garinus, Girardus, Guillelmus, Innocentius. Brusletum Furnum Sancti Albini, 70, 129 ; Furnum, 149 ;

Molendinum, 28; Guillelmus *le Breton*, Johannes *Petit de Saint-Aubin*). Cfr. *Saint Albin*, Sanctus Albinus, *Saint Aulbin*.

Saint Aulbin (Guillelmus de), 273. Vide : *Saint-Aubin*.

Saint Berthelemi dou Buisson, prioratus juxta *Flacy* (Yonne), 194. Cfr. Sancti Bartholomei. *Flacy*.

Saint-Brice, alias *Fontenay*, *Seine-et-Marne*, a. et c. *Provins*, Cfr. Fontiniaco.

Saint-Clément, *Yonne*, a. et c. *Sens*. Cfr. Sanctus Clemens.

Sainte-Colombe (abbaye de) *les-Sens (Yonne)*. Cfr. Sancte Colombe (abbatia).

Sainte-Colombe, *Seine-et-Marne*, a. et c. *Provins*. Cfr. Sancta Colomba juxta Pruvinum.

Saint-Denis-sur-Seine, *Seine*, abbbatia. Abbates: Egidius, Henricus, Hugo, Odo. Cfr. Sanctus Dionisius.

Saint-Denis, *Yonne*, a. et c. *Sens*. Cfr. Sanctum Dionysium.

Saint-Ferréol, alias *Saint-Ferjel*. Vide : *La Saulsotte*.

Saint-Flavit alias *Saint-Fergel*, *Aube*, a. *Nogent*, c. *Marcilly-le-Hayer*. Cfr. Sancti Flaviti (decima).

Saint-Flavit, *Aube*, a. *Nogent*, c. et co. *Marcilly-le-Hayer*, vetus prioratus Paraclitensis. Cfr. *La Chapelle-Saint-Flavit*, Sancti Flaviti Capella, Sanctus Flavitus.

Saint-Georges-le-Petit, *Aube*, *Arcis-sur-Aube*, c. *Méry-sur-Seine*, co. *Vallant-Saint-Georges*, vetus capitulum. Cfr. Sancti Georgii.

Saint-Germain-en-Laye, *Seine-et-Oise*, a. *Versailles*. Cfr. Sanctus Germanus in Leia.

Saint-Gervais et Saint-Protais-des-Tables, *Aube*, a. et c. *Nogent-sur-Seine*, co. *Trainel*. Vetus prioratus. Cfr. Tabella Trianguli.

Saint-Jean-de-Jerusalem (Les *Hospiteliers* de), 88. Vide : *Rampillon*. Cfr. Hospitaliorum domus.

Saint-Julien-du-Sault, *Yonne*, a. *Joigny*. Cfr. Sancto Juliano.

Saint-Léonard, *Seine-et-Marne*, a. et c. *Provins*, juxta *Provins*. Cfr. Sanctus Leonardus.

Saint Lou (Colet, Guillermus *Cardoniau*, Stephanus *de*). Vide : Saint-Loup de *Buffigny*.

Saint-Loup de Buffigny, a. *Nogent-sur-Seine*, c. *Romilly-sur-Seine*. Dominus, vide : Radulphus. Cfr. *Saint Lou*, Sanctus Lupus.

Saint-Loup-de-Naud, *Seine-et-Marne*, a. et c. *Provins*. Cfr. Naudo.

Saint-Lupien. Vide : *Somme-Fontaine*.

Saint-Martin (Johannes *de*), 284. Vide : *Saint-Martin-de-Bossenay*.

Saint-Martin-de-Bossenay, *Aube*, a. *Nogent-sur-Seine*, c. *Romilly-sur-Seine*. Cfr. Sanctus Martinus de *Bocenay*; (Johannes de *Saint-Martin*).

Saint-Martin-de-Boran, alias *Saint-Martin-aux-Nonnettes*, *Oise*,

24

a. Senlis, c. Neuilly-en-Thelle, co. Boran. Prioratus monalium Paraclitensium. Priorissa, *vide:* H. — Cfr. *Borenc,* Borrencum, Bosrancum.

Saint-Martin-des-Champs, *Seine-et-Marne, a. Provins, c. Villiers-Saint-Georges, co. Voulton.* Cfr. Sanctus Martinus de Campis.

Saint-Martin-sur-Oreuse, *Yonne, a. Sens, c. Sergines.* Cfr. Sanctum Martinum (nemus super).

Saint-Maurice-aux-Riches-Hommes, *Yonne, a. Sens, c. Sergines.* Dominus, *vide:* Hugo. Presbiter, *vide :* Stephanus. Cfr. Sanctus Mauricius.

Saint-Mesmes, *Seine-et-Marne, a. Meaux, c. Claye.* Cfr. Sancto Maximo (decima de).

Saint-Nicolas, *Aube, a. Nogent-sur-Seine,* Cfr. Capella Sancti Nicolai, Sanctus Nicolaus, Sanctus Nicolaus de Chalestra.

Saint-Ouen, *Seine-et-Marne, a. Melun, c. Mormant.* Cfr. Sancto Audoeno.

Saint-Parres, alias Saint-Patrocle, *Aube, a. Nogent-sur-Seine, c. Villenauxe, co. La Saulsotte.* Cfr. Sanctum Parrum, Sanctum Patroclum.

Saint-Pierre-de-Bossenay, *Aube, a. Nogent-sur-Seine, c. Romilly-sur-Seine, co. Saint-Martin-de-Bossenay.* Cfr. *Boccenay,* Bocennaium, *Bocenay,* Buccennaium, Sancti Petri de *Bocennay.*

Saint-Quentin-les-Beauvais, *Oise, c. et co. Beauvais.* Cfr. Sanctus Quintinus Belvacensis.

Saint-Sauveur-les-Bray, *Seine-et-Marne, a. Provins, c. Bray-sur-Seine.* Cfr. Sanctus Salvator.

Saldon (vinea de), 9, 103.

Sanctus Albinus. Vide : *Saint-Aubin.* (Bartholomeus, G., Gaufridus, Guillelmus, Guillermus, Retrus, Renaudus de).

Sancti Antonii (hospitalis), 246. Vide : *Vienne.*

Sancto Audoeno (Guillelmus de), 252. Vide : *Saint-Ouen.*

Sancti Auriaci, *lege* Quiriaci, 197. Vide : *Simon et Provins.*

Sancti Aygulphi (prioratus), *Saint-Ayoul.* Vide : *Provins,.*

Sanctus Ayolus de Pruvino (prioratus). *Saint-Ayoul.* Vide : *Provins.*

Sancti Bartholomei de *Booloc* (territorium), 213. Vide : *Boolot.*

Santi Bartholomei juxta Flacium (prioratus), 194-195. Vide : *Saint Berthelemi dou Buisson.*

Sancto Clemente (Gilo de), 178. Vide : *Saint-Clément (Yonne).*

Sancte Columbe (abbatia), 19, 114. Vide : *Sainte-Colombe (abbaye).*

Sancta Columba juxta Pruvinum, 248, 254. Vide : *Sainte-Colombe (Seine-et-Marne).* (Hodeerus *Quartiers,* de Sancta Colomba).

Sancte Columbe (nemus et terra), infra haias de Nangiis, alias *empres Nangis (Seine-et-Marne)* Territorium illud designatur inter rivum de Murcellis et haias atque saliceta, 133, 143, 144, 150.

TABLE DES NOMS DE LIEUX

Sanctus Dionisius (abbatia), 37, 124, 155, 156, 190, 275, 276, 279. Vide : *Saint-Denis-sur-Seine*.
Sanctum Dionysium (census apud), 19. Vide : *Saint-Denis*.
Sancto Ferreolo (parrochia de), 9, 101, 160, 191. Vide : *La Saulsotte*.
Sancti Flaviti (Capella), prioratus Paraclitensis juxta grangiam de *Chanteloup*, in territorio de *Marcilly-le-Hayer* (*Aube*), 15, 17, 18, 22. Cfr. Sanctus Flavitus, *La Chapelle-Saint-Flavit*.
Sancti Flaviti (decima), 12, 36, 105. Vide : *Saint-Flavit (Aube)*.
Sancti Flaviti (Heremitagium), juxta nemus de *Coudroi*, in territorio de *Marcilly-le-Hayer* (*Aube*), 204, 205. Vide : *L'Ermitage Saint-Flavit*.
Sanctus Flavitus, prioratus Paraclitensis. Cfr. Sancti Flaviti (Capella).
Sancti Georgii (nemus), non procul a *Lisines et Sologne* (*Seine-et-Marne*), 153.
Sancti Georgii (capitulum), 103, 118, 178, 192, 193, 206, 208. Vide : *Saint-Georges-le-Petit*.
Sanctus Germanus in Leia, 64. Vide : *Saint-Germain-en-Laye*.
Sancti Gregorii (*lege* Georgii capitulum), 208. Cfr. Sancti Georgii (capitulum).
Sancti Jacobi Pruvinensis, abbatia, 78. Vide : *Provins*.
Sancti Johannis Senonensis, monasterium, 54. Vide : *Sens*.
Sancti Juliani de Sezannia prioratus, 250. Vide : *Sézanne*.
Sancto Juliano (Rainaldus de), 66. Vide : *Saint-Julien-du-Sault*.
Sanctus Leonardus, 214, 228. Vide : *Saint-Léonard*. (Beatrix de Sancto Leonardo).
Sancto Lupo (molendinum de), 23, 25, 108. Vide : *Saint-Loup-de-Buffigny*.
Sanctus Lupus Trecensis, 32, 39, 48, 59, 113 123. Vide : *Troyes*.
Sanctus Martinus de *Bocenay*, 35, 36, 67, 107, 132, 284. Vide : *Saint-Martin-de-Bossenay*. (Druco de Sancto Martino).
Sanctum Martinum (nemus super), 19. Vide : *Saint-Martin-sur-Oreuse*.
Sanctus Martinus de Campis, 74, 81, 87. Vide : *Saint-Martin-des-Champs*.
Sanctum Martinum de Colle (terra apud), 180. *Saint-Martin-de-Boran*.
Sanctus Martinus Trecensis, 39, 48, 52. Vide : *Troyes*.
Sanctus Mauricius, 140, 172, 196. Vide : *Saint-Maurice-aux-Riches-Hommes*.
Sancto Maximo (decima de), 77. Vide : *Saint-Mesmes*.
Sancti Medardi (infra fines decimationis), 248. Vide : *Villegruis*.
Sancti Nicholai de Chalestra (prioratus, decima), 89. Vide : *Saint-Nicolas*.
Sancti Nicolai (ecclesia), 11, 12, 98, 137, 191. Vide : *Saint-Nicolas*.
Sanctum Parrum (decima apud), 12, 104. Vide : *Saint-Parres*.

Sanctum Patroclum (vinea apud), 108, 160. Vide : *Saint-Parres.*
Sancti Pauli (nemus), inter *Pouy (Aube) et Bagneaux (Yonne)*, 68.
Sancti Petri de *Bocennay* (decima), 106. Vide : *Saint-Pierre-de-Bossenay.*
Sancti Petri (cella), apud Pontes, 76. Vide : *Pont-sur-Seine.*
Sancti Petri Trecensis cella, 75, 78, 206, 260, 285. Vide : *Montier-la-Celle.*
Sancto Quintino (Milo de), 95.
Sanctus Quintinus Belvacensis, 178. Vide : *Saint-Quentin-les-Beauvais*
Sanctus Quiriacus, *Saint-Quiriace.* Vide : *Provins.*
Sancti Remigii (abbatia). Vide : *Sens.*
Sancto Remigio (Nicolaus de), 156, 160.
Sancta Rufina (*Italie*), sedes episcopalis, via Aurelia decimo ab Urbe lapide, nunc *Porto et Sainte-Rufine*, 3, 6, 26.
Sanctus Salvator (juxta Braium), 25. Vide : *Saint-Sauveur-les-Bray.*
Sancto Salvio (Guillelmus Pelliparii de), 287. Vide : *Saint-Saulge.*
Sancti Spiritus (monasterium, *alias* Oratorium), 7, 14, 17, 18, 22. Vide : *Le Paraclet, L'Oratoire.*
Sancti Stephani Senonensis (ecclesia, *alias* abbatia), 160. Vide : *Sens*
Sancti Thomæ de Leavalle (prioratus), vide : *Laval.*
Sanctæ Trinitatis (monasterium, *alias* Oratorium), 1, 3, 6. Vide : *L'Oratoire, Le Paraclet.*
Sanctæ Trinitatis de Triangulo (capitulum). Vide : *Trainel.*
Saron, *Marne, a. Épernay, c. Anglure*, 107. Cfr. *Sarum.*
Sarum (Petronilla de), 107. Vide : *Saron.*
Saucetum (apud), 40. Vide : *La Saulsotte.*
Saudoue (Johannes de), 270. Vide : *Saudoy.*
Saudoy, *Marne, a. Épernay, c. Sézanne.* Cfr. *Saudoue.*
Saulsotte (*La*), *Aube, a. Nogent, c. Villenauxe*, 9, 10, 101, 160. 191. Cfr. *Sanctus Ferreolus, Saucetum.*
Savins, *Seine-et-Marne, a. Provins, c. Donnemarie*, 28, 82, 185, 236. (Girardus Gravior de *Savins*).
Scellières, *Aube, a. Nogent-sur-Seine, c. Romilly-sur-Seine*, vetus abbbatia. Abbas, *vide* : Girardus. Cfr. *Sigillereusis abbatia, Sigilleriæ.*
Scrobium (terra), 10,
Secana, *alias* Sequana, 61, 67, 101, 190. Vide : *Seine.*
Segusium, 42. Vide : *Suse.*
Seine (fluvius). Cfr. Secana.
Selavilla (Freherius, Henricus, capellanus de), 90.
Semires (Symon de), 280.
Senescalli (Odena), alias *Seneschallum* (Odo de), 191. 197.
Senones. 24, 26, 105, 133. Vide : *Sens.*
Sens (*Yonne*). Provincia Senonensis, 33. Diœcesis, 141, 280 ; archiepiscopi : Galterus [III], Guido, Guillelmus [III], Guillel-

mus [V], Guillelmus [VI], Henricus [II, dictus *Cornut*], Hugo [I], Michael, Petrus; archidiaconi : G. Pruvinensis, M., Manasses de Garlanda, P. Wastinensis, Rainaldus de Sancto Juliano, Simon, Theobaldus. Curia, 40, 65, 79, 150, 153, 157, 160, 187, 191, 222, 240, 245, 251, 272, 299; officiales : Guillelmus, Hugo, Michael, Petrus, Ph.; cancellarius, *vide*: Petrus; clericus officialis, *vide* : Adam de Monte Leonis. Capitulum, 143, 258 ; decani Capituli : Girardus, Odo, Stephanus ; præcentores : Gilo *Cornut*, Matheus ; præpositus, *vide* : Guillelmus ; thesaurarius, 43, 45, 280, (*vide* : Odardus de Barris, Simon) ; canonici : Guillermus *Cailloz*, Hugo, Nicolaus de Sancto Remigio, Odo, Petrus de *Papa*, Stephanus. Abbatia Sanctæ Columbæ, 19, 114; abbas, *vide* : [Helias]. Abbatia Sancti Johannis, 54, 114; abbates : Petrus [I], Rainaldus. Abbatia Sancti Petri Vivi, 114, 194; abbates, *vide*: [Galterius de Naudo], Robertus. Abbatia Sancti Remigii, 160. Abbatia Sancti Stephani, 160; abbas, *vide* : Stephanus. Altare Beatæ Mariæ in ecclesia Senonensi, 233 ; canonicus, *vide* : Droco. Bollivia, 277. Via Senonensis, 20. (Johannes *de Sens*). Cfr. Senones, *Sens*.

Senz, 277, 268. Vide : *Sens*.
Serbona (Guillelmus de), 94. Vide : *Serbonnes*.
Serbonnes, Yonne, a. *Sens*, c. *Sergines*. Cfr. Serbona.
Sergeniis (parrochia de), 167. Vide : *Sergines*.
Sergines, Yonne, a. *Sens*, 168. (margareta de *Sergines*).
Serginis (Petrus de), 168. Vide : *Sergines*.
Sezanna, *alias* Sezania, Sezannia, vide : *Sézanne*. (Girardus, Giradetus de Sezania).
Sézanne, Marne, a. *Epernay*, 10, 89, 125, 132, 250, 260, 265, 281, 274, 284. Decanus xpistianitatis : Garinus. Cantor Sezaniæ, *vide* : Aimericus. Sancti Nicholai capitulum, 250 ; decanus, *vide* : G. — Sancti Juliani parrochia, 250 ; curatus, *vide* : Thomas. Fratres Minores, 260. Domus pauperum scolarium, 250. Porta de *Mongardin*. Ballivi : Guillelmus *dou Chastelet*, Guillelmus de *Mortery*, Jacobus *Hurel*, Johannes *Rebez*. Præpositus, *vide* : Petrus Teutonicus.
Sigillerensis (abbatia), 166 ; Sigilleriis (monasterium de), 209, 226, 227, 263. Vide : *Scellières*.
Sil (in monte), juxta *Planty*, 85.
Sitate (Johannes de), 222.
Sociaco (Guillelmus de), 238. Vide : *Soisy*.
Soisy, Seine-et-Marne, a. *Provins*, c. *Bray-sur-Seine*. Cfr. Sociaco et Soysiaco.
Sognes, Yonne, a. *Sens*, c. *Sergines*. Cfr. Ciconis.
Soligny-les-Etangs, Aube, a. *et* c. *Nogent-sur-Seine*. Cfr. Saillenaio, Suleio, *Suleni*, Suliniacum.
Somme-Fontaine-Saint-Lupien, Aube, a. *Nogent*, c. *Marcilly-le-Hayer*. Cfr. Sumus Fons.

Sommesous, Marne, a. *Vitry-le-François*, c. *Sompuis*. Cfr. *Summesolt*.
Soogon lege *Foogon* (Guillelmus de), 278. Vide : *Fougeon*.
Sourdeuil lèz Provins (parrochia de). 269. *Sourduil*, 280. Vide : *Sourdun*.
Sourdun, Seine-et-Marne, a. *Provins*, c. *Villiers-Saint-Georges*. Presbiter, vide : Petrus. Cfr. *Sourdeuil, Sourduil, Surdoil*, Surdolium.
Souvrain, alias *Soverein* (molendinum de), super rivum de *Reson*, 37, 269. Vide : *Le Resson*.
Soysiaco (Adam, Galterus de), 240. Vide : *Soisy*.
Spineto (terra de), 9. Vide : *Espiney*.
Spissia Lumbardi (rivus), haud procul a *Nangis (Seine-et-Marne)*, 258.
Stagno (molendinum de), 11, 15. Vide : *Moulin-de-l'Etang*.
Suleio (Salo de), 103. Vide : *Soligny-les-Etangs*.
Sulent (terra apud), 29 ; Suliniacum (apud), 15. Vide : *Soligny-les-Etangs*.
Summesolt (Milo de), 95. Vide : *Sommesous*.
Summus Fons, 9, 10, 15, 85, 240, 247. Vide : *Somme-Fontaine-Saint-Lupien*. (Amicus, Galterus Chape, Richerius, Theobaldus de Summo Fonte).
Surdoil (nemus de), 242 ; Surdolio (ecclesia de), 80, 131, 165. Vide : *Sourdun*. (Gaufridus Chaline de Surdolio).
Suse (Italie). Cfr. Segusium.

Tabella Trianguli (moniales de), 260. Vide : *Saint-Gervais-et-Saint-Protais-des-Tables*.
Tables (Les) de Trainel, 260. Cfr. Tabella Trianguli.
Tacheio (Adam de), 215 ; *Tachi* (Robertus de), 74 ; Tachiaco (Girardus de), 245, 246. Vide : *Tachy*.
Tachy, Seine-et-Marne, a. *Provins*, c. *Bray-sur-Seine*, co. *Chalmaison*. Cfr. Tacheium.
Teillect (bois atenant dou bois dou parc de Ponz); 273 ; vide : *Tillet* (nemus).
Teilleio (terra de), 103. Vide : *Teilloy, Le Tillet*.
Teillie (dou bois de), 272. Vide : *Tillet* (nemus).
Teilloy (grangia Paraclitensis). p. 223. Cfr. Teilleio, *Le Tillet*.
Templi (militia) in Francia, 214, 215 ; præceptor domorum militie Templi in Francia, vide : Guido de Basainvilla. Molendinum Templi situm in loco qui dicitur *Changi*, 215.
Templi (militia) cismare, 85 ; minister, vide : Anno de Ais ; helemosinarius, vide : W. ; fratres, vide : Gaufridus Franceis, Joceranus.
Teoldi (oscha), 9.
Ternant, Yonne, a. *Sens*, c. *Pont-sur-Yonne*, co. *Michery*, vicus nunc dirutus. Cfr. Ternantis.

Ternantis (Deenbertus de), 81. Vide : *Ternant.*
Thérouanne, Pas-de-Calais, a. Saint-Omer, c. Aire-sur-la-Lys, Sedes episcopalis diruta. Cfr. Morinensis.
Thesellis (Odo de), 107.
Thorigny-sur-Oreuse, Yonne, a. Sens, c. Villeneuve-l'Archevêque. Cfr. Toriniacum.
Tileet (nemus), 272, 274. Vide : *Tillet* (nemus).
Tilleium (prata apud), 10. *La Motte-Tilly.*
Tillet (nemus de), *Aube, a. et c. Nogent-sur-Seine, co. Pont-sur-Seine).* Cfr. Teilleet, Teillie, Tillet, Tillie.
Tillet (Le), Seine-et-Marne, a. Meaux, c. La Ferté-sous-Jouarre, co. Reuil. Cfr. Tilliis (decima de).
Tillet (Le), grangia Parachtensis, nunc diruta, *Aube, a. Nogent-sur-Seine, c. Marcilly, co. Prunay.* Cfr Teilleio, Teilloy.
Tilli (Johannes de), 241 ; Tilliaco (ecclesia de), 9, 186, 225, 239. Vide : *La Motte-Tilly.*
Tilliacum, in finibus de *Dontilly, Seine-et-Marne, c. Donnemarie-en-Montois,* 186.
Tillie (le bois attenant le bois aus murs dou parc de Ponz), 271.
Tilliis (decima de), 77. Vide : *Le Tillet.*
Tita. (H. de), in Italia, 4.
Tombe (La), Seine-et-Marne, a. Provins, c. Bray-sur-Seine. Cfr. Tumulæ.
Toriniacum (apud), 19. Vide : *Thorigny.*
Tornella (Petrus de), 29, 71, 107.
Tours, Indre-et-Loire, 144. Cfr. Turonensis.
Tramblay (decima de), 107 ; Trambleio (territorium de), 138, 187 ; Trambolium (apud), 112. Vide : *Le Tremblay.* (Isabel de Trambleio).
Trancault, Aube, a. Nogent-sur-Seine, c. Marcilly-le-Hayer. Cfr. *Tranqueil,* Tranquillei, *Trenquiel.*
Tranqueil (Ubertus de), 9, 10. Tranquillei (riveria), 68. Vide : *Trancault.*
Trece, 76, 230. Vide : *Troyes.*
Tremblay (Le), Aube, a. Nogent-sur-Seine, c. Marcilly-le-Hayer, co. Avant-lès-Marcilly. Cfr. *Tramblay,* Trembleium.
Trembleium (apud), 9, 67, 71, 130, 274 ; *Trembloi* (decima de), 35. Vide : *Le Tremblay.*
Trenquiel (ecclesia de), 12, 104. Vide : *Trancault.*
Triste (decima de), juxta *Nangis,* 123.
Trainel, Aube, a. et c. Nogent-sur-Seine. Decanatus xpistianitatis, 104, 106, 213, 241, 276 ; decani : G. *de Bazoches,* Guido, Leodegarius, Nicholaus, Stephanus, Stephanus. Capitulum Sanctæ Trinitatis, 196, 242, 276 ; decani : H., Odo ; thesaurarius, *vide :* Jacobus ; cantor, *vide :* Simon de Pratis ; canonici : Guillelmus *Putin,* Johannes. Prioratus Sanctæ Magdalenæ, 41, 65, 68, 198, 216, 217, 233, 234, 286, 287 ; priorissa, *vide :* Egidia de Parisiis. Ecclesia Beatæ Mariæ de

Castello Trianguli, 239; curatus, *vide* : Petrus. Domus Dei, 276, capellanus, *vide* : Henricus. Domus Leprosorum, 276; capellanus, *vide* : Henricus. Confrairia Sancti Nicolai, 276. Curati de Triangulo : Gundricus, Michael, Milo. Domini de Triangulo : Ansellus, sponsus Helissandis ; Ansellus, comitis Henrici buticularius ; Ansellus, sponsus Idæ ; Ansellus, dictus *le Gros* ; Droco ; Garinus ; Garnerius [dominus de Marigniaco] ; Henricus [de Villa Nova Divitum Hominum] ; *Jehan*. Dominæ : Beatrix, uxor Droconis ; Ermancia ; Helissendis, uxor Anselli ; Ida, uxor Anselli ; Maria de *Burbenson*, uxor Johannis ; Sibilla, uxor Anselli, dicti *le Gros*. Molendinum *Aus Deus Molins*, 164. Via quæ dicitur *Quarrangie*, 226. Cfr. *Treignel*, *Triagnel*, Triagnellum, Triagnum, Trianellum, Triangulum.

Tregiis (census de), *Treuges en Gastinois*, 170. Vide : *Triguères*.

Treignel, 262 ; *Triagnel*, 105, 115 ; Triagnellum, 9, 13, 17, 18, 99 ; Triagnum, 68, 107 ; Trianellum, 97 ; Triangulum, 35, 89, 121. Vide : *Trainel*. (Ansellus de *Treignel*, dominus de *Poisi* ; Garinus de *Triagnel* ; Agnes, monialis Paracliti ; Anselmus, dominus de *Versines* ; Felis Testardi ; Garnerius, episcopus Trecensis ; Garnerius ; Garnerius [dominus de Marigniaco], sponsus Agnetis de Melloto ; Garnerus, dominus de Marigniaco, frater Droconis ; Guarnerius ; Guido, archidiaconus Laudunensis ; Guillermus ; Henricus Rufus ; Michael de Triangulo).

Treilliis (Petrus de), 287.

Treuges-en-Gastinois, 170. Vide : *Triguères*.

Triguères, Loiret, a. *Montargis*, c. *Châteaurenard*. Cfr. Tregiis, *Treuges*.

Troyes, Aube. Pagus Trecensis, 1, 3, 6. Diœcesis Trecensis, 1, 3, 6 ; episcopi : Hatto, Henricus, H. (Hervens), Garnerus de Triangulo, Johannes [III], Mainardus, Manasses [II de Pogeio], Nicolaus, Robertus, Stephanus *lege* Guillelmus ; archidiaconi : Ansellus, Galterus, Johannes de Cantu Alaude, M., Milo. Capitulum Trecense et ecclesia Sancti Petri, 78, 259, 263 ; decanus, *vide* : Petrus de *Bachi* ; canonici : Arnulfus, Bernardus, Droco, Jacobus *Cousin*, Johannes de Cantu Alaude, Milo, Simon, Stephanus. Curia Trecensis, 40, 102, 201, 229, 245, 252, 254, 261, 265, 266, 272 ; officiales : Johannes, Stephanus ; sigillator : Bartholomeus de Renavallo. Capitulum Sancti Stephani, 280 ; canonici : Johannes Motellus, Symon Motellus. Abbatia Cellæ Sancti Petri, vide : *Montier-la-Celle*. Abbatia Sancti Lupi, 32, 39, 48, 58, 117, 123, 164, 206 ; abbates : Drogo, Galterus, Johannes *Persin*, Philippus [II] ; canonicus : P. — Ecclesia Beatæ Mariæ Trecensis, *Notre-Dame-aux-Nonnains*, 287 ; canonicus : Petrus de Treilliis. Ecclesia Beati Remigii, 208 ; curatus : Petrus de Onjione. Comitatus in primis Trecarum postea Campaniæ et Briæ ; comites : Henricus, Hugo, Theobaldus [II], Theobaldus [III], Theobaldus [IV, dictus *le Chansonnier*], Theobaldus [V]. Comitissæ : Blan-

cha, regina Navarræ; Blancha *d'Artois*; Maria; Mathildis; Johanna, regina Franciæ. Ballivia Trecensis, 269, 275, 276; ballivi : Balduinus de *Laon*, Jacqueminus *Troussiaux*, Petrus de *Dicy* (Garnerus dictus *Torpins*, Petrus de Bordis). Cfr. Trece.
Tumulas (terra ad), 29. Vide : *La Tombe*.
Turonensis (diœcesis), 144. Vide : *Tours*.
Turre (Robertus *Goes* de), 64.
Tuscanus (diœcesis), *Toscanella*, vide : *Viterbe (Italie)*, 38.
Tusculanus (diocesis), *Tusculum* nunc *Frascati (Italie)*, 6, 13, 15, 20.

Ulmellos (decima apud), 12, 104, 105, 158, 218, 210. Vide : *Les Ormeaux*. (Willermus de Ulmellis).
Ulmos (apud), 408. Vide : *Les Ormeaux*.
Ulmis (Egidia de), 286.
Ulmum (terræ, *alias* vineæ apud), 35, 100. Vide : *L'Ormeau*.
Ulmum *Galamart* (terra apud), 36.
Ungeron (pratum infra), 37. Apud *Marnay (Aube)*.
Urbem Veterem (apud), *Orvieto (Italie)*, 48.
Urmellis (Guiardus de), 19. Vide : *Les Ormes*.

Vacua Grangia, 112, 196. Vide : *Wuide-Granche emprés Pons*.
Vado Rugiente (a) mareschium et aqua usque ad Brusletom juxta *Saint-Aubin (Aube)*, 70, 129.
Valeriaco (Hugo, Johannes de), 142. Vide : *Vallery*.
Valeriis (nemus de), 24. Vide : *Vallières*.
Valle Putei (decima de), 28. Vide : *Vaudepuits*.
Valdreux, Aube, a. *Troyes*, c. *Estissac*, co. *Chennegy*. Cfr. *Vauront*.
Valladie (decima de), in territorio de *Marigny-le-Châtel (Aube)*, 114.
Valle (Petrus de), 11.
Valle Renerii (Henricus de), 179.
Vallery, Yonne, a *Sens*, c. *Chéroy*. Cfr. Valeriaco.
Vallières, Yonne, a. *Sens*, c. *Sergines*, co. *Fleurigny*. Cfr. Valeriis.
Vallis Lucens, 28, 66, 67, 68, 115, 175, 332. Vide : *Vauluisant*.
Vallis Pruvini, 169. Vide : *Provins*.
Vane (fluviolus), 10 Vide : *La Vanne*.
Vanne (La), fluviolus affluens in Icauna (Yonne et Aube). Cfr. Vane, Venne.
Vareilles, Yonne, a. *Sens*, c. *Villeneuve-l'Archevêque*. Cfr. Vareliis.

Vareliis (Hugo de), 74. Vide : *Vareilles.*
Vaudepuits, meteria, *Aube, a. Nogent-sur-Seine, c. Romilly-sur-Seine, co. Pars-les-Romilly et Ossey-les-Trois-Maisons.* Cfr. **Vallis Putei.**
Vaulluysant (abbatia de), 284. Vide : *Vauluisant.*
Vauluisant, Yonne, a. Sens, c. Villeneuve-l'Archevêque, co. Courgenay. Abbates : [Aubertus], Guido, Norpaldus, Stephanus ; monachus : Milo Quassse Miche. Cfr. **Vallis Lucens,** *Vaulluysant.*
Vauront et Vaurront, en la chastellerie de Villemor (Odo de), 283, 285, 286. Vide : *Valdreux. La granche de Vaudron designatur in la prisie de Villemor, de l'an* 1328.
Veleri (Anselmus de), 90.
Velgerium (decima apud), 145. Vide : *Villegruis.*
Velletrensis (diœcesis), 37. *Velletri (Italie).*
Vellonessa (Odo), 63. Vide : *Villenauxe.*
Vendeil (Petrus de), 270. Vide : *Vindey.*
Venne (crux), 115. Vide : *La Vanne.*
Veneseio (Theobalbus de), 68. Vide : *Venisy.*
Venisy, Yonne, a. Joigny, c. Brienon. Cfr. **Veneseio.**
Ver (molendinum situm apud Jaunam), *Ver* (Ebrardus, *alias* Everardus de), 160, 165, 213. Vide : Jaunam.
Vergeron (prata de), 10.
Vergiers (Les), in finagio de *Marnay (Aube),* 276, 279.
Versines (Anselmus, dominus de), 205. Vide : *Voisines.*
Verlus, Marne, a. Châlons-sur-Marne. Cfr. **Virtuto.**
Vesines (censive de), 283. Vide : *Voisines.*
Verzinco (Bartholomeus de), 74. Vide : *Vezier (Le).*
Vezier (Le), Marne, a. Epernay, c. Montmirail. Cfr. **Verziaco.**
Vicecomitisse (furnus), 11. Vide : *Vicomté.*
Vicinis (censiva de), 157. Vide : *Voisines.*
Vicomté, Seine-et-Marne, a. Provins, c. Villiers-Saint-Georges, co. L'Echelle. Cfr. **Vicecomitisse.**
Viennensis (diœcesis), *Vienne, Isère,* 236. Hospitale Sancti Antonii ; magister : Guillelmus.
Vilerboneus (Comitissa de), 222. *Villiers-Bonneux.*
Viler Boncy (apud), 242. Vide : *Villiers-Bonnneux.*
Villadin, a. Nogent-sur-Seine, c. Marcilly-le-Hayer. Cfr. *Villeradin.*
Villa Grasii, *alias* **Villagriis** (Manasses de), 89, 90 ; *Villagruis* (parrochia, decima de), 12, 168. Vide : *Villegruis.*
Villamari (de), 35 ; **Ville Mauri** (pedagium), 66, 135 ; **Villa Maurorum,** 10 ; *Villemor,* 276, 277 ; **Villemoro** (de), 117. Vide : *Villemaur.* (Maria de Villa Mauri).
Villanova (census de), 19. Vide : *Villeneuve-l'Archevêque.*
Villanova (Robertus de), 102, 103. Vide : *Villeneuve-les-Charleville.*
Villapee (terra de), 103.
Villari (Heloissa de), 10.

Villaribus (Symon de), 173. Vide : *Villiers-Saint-Georges.*
Villaribus (Isabellis de), 240.
Villavant, 238. (Theobaldus *Roussiau* de).
Villegruis, Seine-et-Marne, a. Provins, c. Villiers-Saint-Georges.
 Curatus : Johannes. Sancti Medardi decimatio, 248. Domini :
 Henricus, Radulfus Jaicus. Cfr. Velgerium, Villagrasii, *Villa-gruis.*
Villemaur, Aube, a. Troyes, c. Estissac, 10, 35, 66, 103, 117, 135,
 176, 197, 236, 276, 277. Decanus xpistianitatis : Arnulphus ;
 cantor : Johannes *Huyart* ; canonici, 10 ; curatus : Radulphus.
 Domina : Elia, *alias* Elisabeth, Helia. Præpositura, 176, 276.
 Custos sigilli : Johannes *Boros*. Cfr. Villamari.
Villenauxe, Aube, a. Nogent-sur-Seine. Prioratus, 245. Cfr.
 Villanessa, Villonissa.
Villeneuve-l'Archevêque, Yonne, a. Sens. Cfr. Villanova (census de).
Villeneuve-au-Chatelot, Aube, a. Nogent-sur-Seine, c. Villenauxe,
 84. Cfr. Villenove (molendina).
Villeneuve-les-Charleville, Marne, a. Epernay, c. Montmirail.
 Cfr. Villanova (Robertus de).
Villeneuve-aux-Riches-Hommes, Aube, Nogent-sur-Seine, c.
 Marcilly-le-Hayer, co. Trancault. Cfr. Villenove Divitum
 Hominum.
Villenove Divitum Hominum (decima, Galterus), 9, 29, 140,
 196, 242. Vide : *Villeneuve-aux-Riches-Hommes.*
Villenove (molendina), quæ sita sunt juxta Pontes, *alias* juxta
 Castelet de Pont, 80. Vide : *Villeneuve-au-Châtelot.*
Villeradin, 278. Vide : *Villadin. (Felix le Camus de Villeradin).*
Villiers-Bonneux, Yonne, a. Sens, c. Sergines. Vide : *Viler Boneus.*
Villiers-Saint-Georges, Seine-et-Marne, a. Provins. Cfr. Villaribus (Symon de).
Villonissa (Galterus, Odo de), 15, 18, 79, 102. Vide : *Villenauxe.*
Villuis, Seine-et-Marne, a. Provins, c. Bray-sur-Seine. Curatus :
 Guillermus. Cfr. *Viluys.*
Viluys (Guillermus, curatus de), 276. Vide : *Villuis,*
Vimpelles, Seine-et-Marne, a. Provins, c. Donnemarie-en-Montois. Cfr. *Vinpuelle.*
Vinci, *alias* Vinzi (torcular apud), 36, 121. Vide : *Vindey.*
Vindey, Marne, a. Epernay, c. Sézanne. Cfr. *Vendeil*, Vinci,
 Vindi, Vinzi.
Vinneuf, Yonne, a. Sens, c. Sergines. Cfr. *Vinuef*, Vionovium.
Vimpuelle (Radulfus de), 143. Vide : *Vimpelles.*
Vinuef (Herbertus de), 142. Vide : *Vinneuf.*
Vionovium (apud), 19. Vide : *Vinneuf.*
Virtuto (abbas et conventus de), 208. Vide : *Vertus.*
Viterbiensis (diœcesis). *Viterbe (Italie)*, 38.

Voisines, Yonne, a. Sens, c. *Villeneuve-l'Archevêque*. Dominus : Anselmus de Triangulo. Cfr. *Versines, Vesines*, Vicinis.
Vologniers, Marne, a. Epernay, c. Esternay, co. Fontaine-Bethon. Cfr. *Gaigniminières*.
Vongnommers (vinea in loco qui nuncupatur), in territorio de *Chalautre-la-Grande*, 283.
Vosea, 155. Vide : *La Voulsie*.
Voulsie (La), rivus trajiciens civitatem Pruvini (Seine-et-Marne), 155. Vide : *Provins*. Cfr. Vosea.

Wastinensis (P. archidiaconus), 233. Vide : *Gâtinais*.
Wuide-Granche (empres Pons), vetus grangia Paraclitensis prope Pont-sur-Seine (Aube), 112. Cfr. Vacua Grangia.

Yaue Morte (L'), pratum situm in praeria de *Marnay (Aube)*, 280.

ERRATUM.

Au lieu de : Stephano (Trecensi episcopo), p. 279, *lisez* : Guillelmo (Trecensi episcopo) ; *même correction dans la Table des noms de personnes au mot* : Stephanus.

N. B. — *Les noms de personnes et de lieux qui se trouvent dans l'Introduction, ainsi que dans les sommaires des chartes (XIVᵉ s.), n'ont pas été portés dans les* Tables.

www.ingramcontent.com/pod-product-compliance
Lightning Source LLC
Chambersburg PA
CBHW052035230426
43671CB00011B/1663